모든 사람을 위한 인공지능

한세억

박영사

○

머리말

사랑했던 사람이 하늘나라로 떠났다. 오랫동안 몹시 그립고 그리워했다. 그 러던 어느 날 그 사람이 내 눈앞에 나타났다. 그리고 내 이름까지 불러준다면… 기가 약해져 헛것이 보이고 헛소리가 들린 것일까? 아니다. 흘러간 시간이나 미 래의 순간도 언제든 소환할 수 있다. Digital Transformation이 낳은 실제 같은 가상현상이다. 인공지능·바이오·나노기술의 융합과 VR·AR의 결합에 의한 체 험의 공간이다.

사람의 마음은 가상세계다. 자연환경이 제공하는 감각신호를 차단하지 않으 면서 경험을 넘어 추상화된 관념의 세계다. 마음속에서 구상된 가상현실이 컴퓨 터 가상현실로 재생될 수 있다. 컴퓨터에 의한 가상현실 재생능력은 놀랍다. 재 생과정에서 다양한 변화를 가져올 수 있다. 컴퓨터를 이용한 인공적 감각신호를 생성, 대체하여 인간으로 하여금 컴퓨터에 내재하는 추상 환경에 몰입하도록 하 는 가상세계. 컴퓨터에 의해 만들어진 추상 환경은 인간의 마음이므로 마음의 가상현실이 컴퓨터의 가상현실로 표현될 수 있다.

저자는 원래 문학을 좋아했던 사회과학도다. 공학과 수학의 경계너머에서 살 면서 어려워하고 두려워했다. 그런데 사회현상의 문제해결을 위한 솔루션으로서 인공지능을 알게 되었다. 지적 호기심과 함께 제4차 산업혁명의 물결에 올라타 야 한다는 일념으로 문외한인 영역에 도전하였다. 경계를 넘는 무한도전이랄까. 이제 시작에 불과하기에 아직도 건너고 넘어야 할 영역이 많다. 그런데 다행인지 인공지능을 선도하는 기업들이 자신들의 경험을 바탕으로 이용자들이 활용하기 편하게 패키지, 라이브러리, 플랫폼형태로 개방하고 있다. 마치 공공재처럼. 인공지능의 보편화, 대중화를 위한 노력과 경쟁이 치열하다. 모든 사람을 위한 인공지능을 지향하는 과정에서 보다 편리하고 쉬워질 것이다.

모든 사람을 위한 인공지능을 쓰겠다는 도전이 무모할 수 있다. 인공지능의 영역과 범주, 수준이 넓고 깊기 때문이다. 그럼에도 인공지능의 정체성(identity)을 이해·수용하고 활용하는데 조금이나마 도움이 될 수 있다면 바랄게 없다. 마치 본서가 Heidegger의 구분했던 손에 있는 상태(present-at-hand)를 넘어 쓰이고자 하는 상태(ready-to-hand)로 인식되면서 인공지능에 대한 실천적 앎(knowing-how)의 안내서로 활용되기를 소망한다.

코로나바이러스로 인해 많은 사람이 고통을 겪고 두려워했다. 만일 인공지능에 의해 백신과 치료제가 개발된다면… 나아가 미세먼지 문제를 해소하고, 저출산, 고령화, 청년 및 중장년실업, 양극화 문제의 해결에 기여한다면… 무슨 정신 나간 소리냐고 반문할 수 있다. 하지만 인공지능이 지닌 가능성이 희망을 갖게 한다. 진정한 과학의 힘이다. 과학으로서 인공지능은 문제해결은 물론 가치창출에 기여하리라 신뢰한다. 이러한 믿음은 훗날 인공지능이 인간을 위협하는 괴물이 아니라 인간을 돕고 창조성을 자극하는 협업파트너로 작용할 수 있으리라 긍정한다. 미력이나마 보탬이 되도록 새로운 도전을 이어갈 것이다. 덧붙여 자연지능과 인간지능을 창조하신 지혜의 근본, 미지의 존재를 향해 경외와 감사를 표한다.

2020년 8월

한세억

○

들어가며

행정학도로서 오랫동안 꿈꿔왔던 게 하나 있다. 정부를 지능적으로 변화시키는 것이다. 국민을 위해 반듯하고 올곧은 행정을 펼치는 정부랄까. 행정(行政)에 새겨진 올바른 아비와 진배없다. 사랑으로 봉사하고 책임을 다하기 위해 학습하는 정부다. 유독 정부의 학습능력이 떨어진다. 붕어빵 정책, 판박이 비리와 부패, 동일한 재난재해, 한결 같은 정부비효율과 무책임 등 반복되는 실수와 실패가 국민을 힘들게 한다. 학습하는 정부는 실수와 실패를 반복하지 않는다. 국민 누군가 언제 어디서든 어려움과 고통을 겪으면 지체 없이 해결해주는 정부다. 국민안위와 삶의 질 향상을 위해 지혜와 통찰을 발휘하는 정부, 마치 만화영화의 주인공 로봇 장가, 마징가, 아톰처럼… 정부가 상상 속 지능체(知能體)로 거듭나는 정부다.

요즘 기업의 마케팅 일환으로 구사되는 홍보문구에 약방감초 같은 게 있다. 인공지능(AI) 아닐까. "~AI를 접목했습니다."라는 설명. 이제 식상할 정도다. 정부도 예외가 아니다. AI 정부를 만들겠다고 한다. AI가 물론 대세인 만큼 이런 흐름은 유행이 아닌 당연한 현상이다. 물론 가끔은 너무 과장됐다는 느낌도 사실이다. AI를 너도나도 하고 있으니, 과연 그들이 말하는 AI를 모두 진짜 AI라고 할 수 있을까?

지금껏 정부가 바뀔 때마다 정부라벨도 바뀌었다. 제4차 산업혁명시대를 맞이하여 AI 정부를 만들겠다고 한다. 어떻게 AI 정부를 만들 것인가? 정부기능은 실로 복잡하면서 다양하다.. 하지만 의외로 단순하다. 한마디로 서비스다. 기능적으로 인식, 이해, 판단, 구분, 예측하는 것이다. 현장의 공무원에서 대통령에 이르기까지 매 순간 과거, 현재, 미래의 문제를 판단하고, 해결책을 분별하고 바람직한 가치 창출을 위해 예측해야 한다. 지금껏 그래왔다.

하지만 현실은 어떤가? 어느 문제 하나 제대로 해결하지 못한 채 거의 방치 수준이다. 저 출산, 고령화, 실업, 양극화, 미세먼지 등 헤아릴 수 없다. 행정을 둘러싼 변수도 다양하고 복잡하여 문제해결을 어렵게 한다. 그나마 다행인지 정부에 데이터가 쌓여있다. 이제 소수의 사람, 그들만을 위한 정부가 아닌 다수 국민의 정부를 만드는 것이다. 지능정부를 구현하겠다고 공허한 이론의 세계에서 헤매다가 운명처럼 인공지능을 만났다.

인공지능이야말로 정부개량과 혁신을 위한 최적의 솔루션이다. 제4차 산업혁명이든 디지털 전환이든 새로운 시대에 부응한 당위적 과제다. 가능한 것, 할 수 있는 것, 필요한 것부터 당장 시작해야 한다. 부서별, 부처별, 지역별 문제의 성격에 따라 차별적 적용으로 가능하다.

인공지능이 비즈니스세계를 넘어 생활 속으로 스며들고 있다. 과거에 비해 인공지능이 쉬워지고 편리해지고 있다. 하지만 여전히 많은 사람들에게 장벽이 높다. 인공지능이 정부, 글로벌 IT기업에게만 필요한 것이 아니다. 중소기업이나 소상공 자영업자에게도 필요하며, 개발자든 이용자든 살아가기 위한 전략이다. 모든 사람을 위해 보다 쉽고 편리해야 한다.

지금은 제4차 산업혁명이 진행 중이다. 모든 사람이 인공지능의 영향을 받을 것이다. 분명한 것은 인공지능을 개발하는 사람, 인공지능을 이용하는 사람 두 부류로 나뉠 것이다. 제4차 산업혁명시대의 승자의 조건은 인공지능을 올바로 이해하고 활용하는 능력이다. 본 서가 초 지능시대를 살아가는 최종병기로 활용되길 소망한다.

Contents

차 례

CHAPTER 03

인공지능의 학습비결과 성과

CHAPTER 09

인공지능과 국가, 그리고 정부

CHAPTER 10

모두를 위한 인공지능

새로운 물결, 제4차 산업혁명

"인공지능은 인류에게 작동하고 있는 가장 심오한 것 중 하나이다.
불이나 전기보다 더 심오하다."

-Sundar Pichai(2020년) Google CEO

제4차 산업혁명시대, 승자의 조건

정보통신기술(ICT)의 융합으로 이루어지는 차세대 산업혁명이다. 18세기 초기 산업혁명 이후 4번째로 산업혁명시대가 전개되고 있다. 이 혁명의 핵심은 빅 데이터 분석, 인공지능, 로봇공학, 사물인터넷, 자율운송수단(자율주행항공기, 자율주행자동차), 3차원 인쇄, 나노기술, 바이오 등과 같은 분야에서 새로운 기술혁신이다. 제4차 산업 혁명은 물리적, 생물학적, 디지털적 세계를 빅 데이터에 입각해서 통합시킨다. 경제 및 산업 등 모든 분야에 영향을 미치는 다양한 신기술로 설명된다. 물리세계와 디지털 세계의 통합은 O2O를 통해 수행되고, O4O를 지향한다. 생물학적 세계에서는 인체정보를 디지털세계에 접목하는 기술인 스마트워치나 스마트밴드를 이용하여 모바일헬스케어를 구현할 수 있다. 가상현실(VR)과 증강현실(AR)도 물리적 세계와 디지털 세계의 접목에 해당될 수 있다. 제4차 산업혁명은 연결, 탈중앙화·분권, 공유, 개방을 통한 맞춤시대의 지능화 세계를 추구한다. 지능화 세계의 구현을 위해 사물인터넷, 클라우드 컴퓨팅, 빅 데이터, 5G, 인공지능, 블록체인 등 여러 가지 기술이 동원된다. 맞춤시대의 지능화를 위해 현실세계의 모든 내용을 가상세계로 연결한 다음, 가상세계에서 빅 데이터와 인공지능 분석을 통해 예측과 분류, 맞춤을 예상하고 이를 현실세계에 적용한다. 이처럼 전 방위적으로 밀려오는 새로운 물결, 제4차 산업혁명시대에 생존을 넘어 번영의 승자가 되려면 어떻게 해야 할까?

새로운 물결, 제4차 산업혁명

1 문제 상황, 피할 수 없다면 알고리즘 하라!

우리가 발붙여 사는 세상은 천국이 아니다. 물론 지옥도 아니다. 그래서 기쁜 일도 있고 슬픈 일도 있다. 희로애락이 교차하는 삶을 살아가면서 누구나 피할 수 없는 게 문제(problem)다. 문제가 삶을 어렵게 하고 사업을 힘들게 한다. 문제는 방치해두면 골치 아픈 난제가 될 수 있다. 문제는 해결을 위해 존재한다는 사고방식으로 주먹구구식이 아닌 과학적 문제해결이 필요하다. AlphaGo의 아버지로 불리는 Deepmind의 CEO Demis Hassabis는 한 강연에서 자신의 목표는 지능(intelligence)이 무엇인지 풀어내는 것이며, 그 지능을 모든 문제(everything)를 푸는 데 쓰는 것이라고 했다. 그러면서 바둑은 지능의 원리를 탐색하는 과정일 뿐, 최종 목표는 인간의 뇌와 비슷하게 작동하는 프로그램을 만들어내는 것이라 했다. 그래서 불확실하고 불안정한 환경에서 새롭고 유용한 가치창출을 위해 보다 정교한 인지 과학적 대응이 요구된다.

제4의 물결이 거세지면서 데이터가 넘쳐난다. 정보가 범람하고 지식은 충만하다. 행동하는 지식이 힘이 되는 지능(intelligence) 시대가 전개되는 듯하다. 지능이란 문제해결과 가치창출의 지적 능력이다. 초지능이란 모든 것이 모든 것에 연결되는 IoT(internet of things)에서 사물이 소통하며 지능을 갖는 IoT(intelligence of

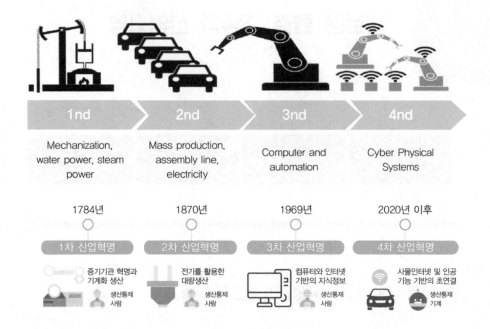

things)를 의미한다. 과거 인터넷으로 사물과 사물이 연결되었다면 이제는 연결된 사물들이 모은 데이터와 인공지능(AI)을 기반으로 학습하면서 지성을 갖춘 존재처럼 작동하고 있다.

제4차 산업혁명은 정보통신 기술(ICT)의 융합으로 구체화되고 있다. 이전에 경험한 산업혁명보다 심대한 변혁(transformation)이 전개되고 있다. 변혁의 핵심은 빅 데이터, 인공지능, 로봇공학, 사물인터넷, 무인운송 수단(무인항공기, 무인자동차), 3차원 인쇄, 나노기술과 같은 파괴적 기술혁신이다. 제4차 산업혁명의 성격은 초연결·초융합·초지능으로 요약된다. 지식기반의 서비스 융합이 확장되는 제4차 산업혁명 시대에서 데이터 기반의 최적 의사결정 기술로서 인공지능기술이 강조된다.

왜, 인공지능일까? 사람은 삶을 살아가면서 크고 작은 문제에 부딪힌다. 누구나 맞이하는 문제, 어떻게 대응하느냐에 따라 삶이 달라진다. 이러한 문제해결을 위해 인공지능이 활용된다. 이제 문제해결을 넘어 가치창출에 도움을 준다. 인공지능은 새로운 비즈니스 창출 도구로서 폭넓게 활용되고 있다. 당면한 문제 상황을 회피하거나 감내하지 않고 문제해결을 넘어 가치창출을 구현한 사례들이다.

이야기 하나, 2008년 어느 겨울밤, 펑펑 눈이 내렸다. 파리를 여행하던 한 남자, Travis Kalanick은 여행을 마치고 숙소에 가려고 택시를 잡으려 기다렸다. 하지만 30분 넘게 추운 곳에서 발을 동동 굴러야 했다. 그 순간 생각이 떠올랐다. "스마트 폰으로 버튼을 한 번 눌러 쉽게 택시를 잡으면 좋을 텐데…" 그는 고민을 풀기 위한 궁리 끝에 2009년 샌프란시스코에서 차량공유서비스 Uber를 시작했다.

Uber를 이용하려는 승객이 Uber App을 켜면 현재 위치가 GPS에 잡힌다. 가려는 위치를 입력하면 가장 가까운 위치의 운전기사와 matching 된다. 차량을 최적으로 배차하는 알고리즘이 Uber의 경쟁력이다. Kalanick은 인터뷰에서 "사실 Uber는 수학회사라고 해도 과언이 아닙니다. 데이터과학자, 통계학자, 핵물리학자 등이 함께 일하고 있지요. 우리의 목표는 5분 안에 배차하는 것입니다. 교통체증이 극심한 대도시에서 5분 배차는 어려운 도전입니다. 실시간 데이터를 정교하게 분석하는 알고리즘이 없이는 불가능하지요."

Uber의 운영시스템은 <그림 1-1>에서 보듯 시장예측 생성, 고객지원 티켓에 응답, 정확한 예상 도착시간 계산 및 운전자 App에서 자연어처리(NLP) 모델을 사용하여 원 클릭 채팅기능을 강화하고 다양한 사용사례에 걸친 고전적 머

그림 1-1 Uber의 머신러닝 접근모델

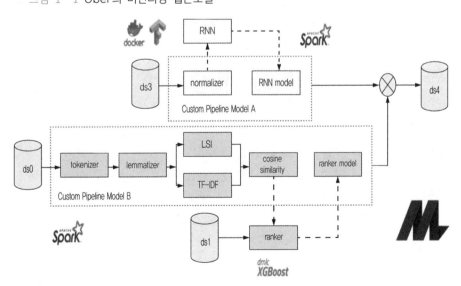

신러닝, 시계열예측 및 딥 러닝 모델을 지원한다.

이야기 둘, 독일 출신의 혁신기업가이며 교육자 Sebastian Thrun, 그는 고등학교 재학시절 교통사고로 친구를 잃었다. 이후 자동차를 운전하면서 인간적 실수(휴먼 에러)를 제거한 안전한 자율주행차를 만들겠다는 목표를 세웠다. 이후 Google에 영입되어 비밀연구조직 'Google X'를 설립, 이끌면서 자율주행자동차의 아버지라는 별명을 얻었으며 Google 부회장을 역임했다. 2012년 무크(MOOC·온라인 대중 공개강좌) 사이트 Udacity를 공동 설립한 후 현재까지 회장을 맡고 있으며 비행택시를 개발하는 Kitty Hawk Corporation의 최고경영자도 겸임하고 있다.

자율주행자동차가 스스로 주행하려면 인지·판단·제어 등 세 가지 기능이 반드시 필요하다. 인지기능은 카메라·레이더·라이다(LiDAR) 등 차체 내 Sensor 정보를 처리해 주변 환경 정보를 알아차린다. 판단기능은 인지된 정보를 이용해 향후 벌어질 일을 예측한 후 가장 안전하고 빠른 차량 궤적을 생성한다. 제어 기능은 최종적으로 생성된 차량 궤적을 부드럽고 정확하게 따라갈 수 있도록 운전대·액셀러레이터·브레이크를 조작한다. 실제로 여러 곳에서 세 가지 기능에 딥 러닝(deep neural network) 기술을 적용한 연구가 활발하게 진행 중이다.

자율주행은 중간기능 분류 없이 운전과정 전체를 학습하는 end-to-end 자율주행 방식이다. end-to-end 자율주행 자동차는 운전에 필요한 Sensor 데이터를 직접 입력받고 다양한 운행상황에 대해 학습한 후 steering과 액셀러레이터, 브레이크값을 직접 출력한다. 딥 러닝 알고리즘 안에서 인지·판단·제어 기능이 처음부터 끝까지 네트워크로 구현된다. 자율주행 자동차가 움직이려면 딥 러닝 기술 구현에 활용될 데이터 구축이 필수다. 자동차는 도로를 주행하며 차량 안팎의 다양한 Sensor를 동원, 빅 데이터를 형성하며, 데이터는 클라우드 서비스로 공유된 후 자율주행 자동차의 딥 러닝 알고리즘 학습에 활용된다. 빅 데이터를 통합 딥 러닝 학습은 한층 발전된 자율주행을 가능하게 하며, 자율주행으로 생성된 빅 데이터는 다시 공유, 학습된다.

🔍 Google의 자율주행자동차와 알고리즘

자율주행자동차는 시시각각 변화하는 환경에 직면할 수밖에 없으므로 환경에 AI가 잘 대응할 수 있도록 초점이 맞춰져 있다. 이에 따라 답 마인드는 강화학습을 통한 컴퓨터훈련 속도향상과 비디오게임(Starcraft2) 알고리즘을 다듬기 위해 활용했던 기술인 인구기반트레이닝(population-based training: PBT)을 적용하고 있다. 생물학적 진화에서 영감을 받은 PBT는 알고리즘 인구에서 후보자 코드(주어진 업무를 가장 효율적으로 하는)가 최적의 표본을 끌어오게 함으로써, 머신러닝 알고리즘의 선택속도와 특정한 업무를 위한 매개변수 속도를 향상시킨다. 자율주행자동차의 알고리즘은 보다 많은 데이터를 수집하고, 새로운 지역에 배치됨에 따라 재훈련 및 재측정될 필요가 있다. 실제로 머신러닝 코드의 효율적 재훈련방식은 AI가 다양한 맥락에서 유연하고 유용성을 갖도록 해준다. 끊임없는 네트워크 재교육과 코드재작성이 필요하다. 또한 상황변화에 신속하게 대응하는 AI개조역량이 자율주행자동차의 실전투입에 핵심요소다. 최신의 자율주행자동차들은 대부분 알고리즘과 기술들의 루비 골드버그 조합(Rube Goldberg combination)에 의해 통제된다.

머신러닝 알고리즘은 Sensor데이터에서 차선, 다른 차량, 보행자들을 찾아내는데 사용된다. 차량통제를 위해 전통적 기술이나 손으로 짜인 코드와 협력하면서 다양한 가능성에 반응한다. 자율주행시스템 버전은 엄격한 시뮬레이션 환경에서 테스트 되어야 한다. 자율주행차량들은 딥 러닝에 많이 의존하지만 적합한 속성과 매개변수를 가진 딥 신경망을 설정하는 것은 어려운 일이다. 후보 네트워크와 매개변수들의 선택작업, 시간적 소모, 프로세싱파워가 필요하다. 좁은 길 표시, 차량, 보행자를 감지하고 다른 머신러닝 알고리즘들에 공급되는 라벨이 붙은 데이터의 정확도를 검증하는 딥 러닝 코드개발 향상을 위해 PBT를 사용하고 있다. PBT를 통해 신경망을 재교육하는데 요구되는 컴퓨터 파워를 절반가량 줄였고, 개발 사이클 속도는 2~3배 끌어 올렸다. 현재 Google은 머신러닝 모델훈련 프로세스 자동화기술들을 개발 중이다. 그 일부로서 클라우드 오토 ML로 알려진 프로젝트를 통해 고객들에게 제공하고 있다. AI훈련을 보다 효율적이고 자동화시키는 것은 AI의 상업화 및 수익창출에 결정적 요인이다.

https://techit.kr/view/?no=20190728161220

이야기 셋, 대박의 꿈과 야망을 지녔지만 가난했던 두 청년(Brian Joseph Chesky와 Joseph Gebbia Jr). 20대 중반의 한량이었다. 그들의 삶은 그리 순탄치 않았다. 구한 직장은 둘의 눈높이를 만족시켜주지 못했다. 억지로 일하느니 차

라리 백수로 노는 삶을 선택했다. 그런데 문제가 생겼다. 둘이 실직한 사실을 알게 된 집주인 할머니가 아파트 월세를 올려 받기로 한 것이다. 돈이 필요해진 둘은 어떻게 집세를 마련할 것인지 고민했다. 마침 2007년 10월, 샌프란시스코에서 미국 산업디자인학회 연례 콘퍼런스가 열릴 예정이었다. 호텔은 꽉 꽉 찼다. 많은 산업 디자이너들이 호텔을 구하지 못해 발만 동동 굴렀다. 둘은 아이디어를 냈다. 여행객들에게 자신의 아파트 일부를 숙박용으로 빌려주고 아침을 제공하는 대가로 돈을 받으면 어떨까? 그리고 AirBed(공기침대) 3개를 구입하고 호텔을 예약하지 못한 디자이너들에게 자신들의 방을 빌려주고 아침을 제공했다. 여행객들의 반응이 좋았다. 1주일 만에 1,000달러의 돈을 벌어서 아파트 월세를 낼 수 있었다. 아이디어가 생각보다 괜찮은 사업아이템이 될 것임을 직감했다. 둘은 멋진 홈페이지 제작을 위해 동업자를 구했다. 마침 Gebbia의 예전 룸메이트였던 개발자 Nathan Blecharczyk에게 자신들의 아이디어를 들려주고 함께하자고 권유했다. Blecharczyk도 흔쾌히 동의했다. 2008년 8월 셋은 AirBed & Breakfast.com을 오픈하고 사업에 나섰다.

물론 Airbnb 이전에도 숙박서비스는 많았다. 하지만 월세나 전세의 개념이 아닌 호스트하우스로의 서비스는 없었다. 누가 자신의 집에 한 번도 보지 못한, 누구인지 모르는 사람을 들이겠는가? 이와 같은 우려는 초기서비스 시작과정에서 투자자들을 포함한 주위 사람들의 수많은 반대에 부딪혔다. 그런데도 창업자들은 끊임없이 서비스를 확장하려고 노력하여 숙박업계에 엄청난 반향을 불러일으켰고 숙박업계의 지각변동을 넘어 생각과 지형을 바꿔놓았다(레이 갤러거/유정식, 2017; IT 동아, 2018년 1월 2일자).

이야기 넷, Stanford 대학교 대학원의 1973년생 두 젊은이가 있었다. Soul-mate로 느껴질 정도의 Best Friend였다. 많은 대학원과 마찬가지로 조를 짜서 프로젝트를 진행하는 과목들이 있다. Larry Page와 Sergey Brin은 서로 다른 프로젝트를 수행하고 있었다. Larry Page는 <지구상에 있는 모든 웹 사이트를 서버에 긁어모으는 프로젝트>를 시작하였고, Sergey Brin은 <영화를 중심으로 사람들이 평가를 하는 알고리즘과 관련 프로젝트>를 진행하였다. 그런데, Larry Page의 프로젝트는 생각보다 쉽지 않았다. 더구나 당시 온라인상의 정보량이 급증하면서 어떻게 하면 많은 데이터를 효과적으로 분류하여 사용자가 원하는 정보를 빠르고 정확하게 제공할 수 있을까 고민했다.

예상보다 인터넷의 크기가 급속도로 확장되면서 금방 끝날 줄 알았던 프로젝트가 1년 넘게 진행되었다. Larry Page는 좋은 논문이란 인용이 많은 논문이라는 학계의 일반적 정설을 웹 페이지의 랭킹을 매기는 데 이용하고자 하였다. 이를 위해 특정 사이트가 다른 사이트로 연결되는 BackLinks를 조사하여, 각각의 웹 페이지가 얼마나 많은 사이트에 링크되었는지를 알아냈고, 이러한 바탕에서 랭킹을 매기는 아이디어를 구현하기 시작했다. 마침내 1995년에 검색엔진을 만들었으며, 1996년 최초 버전을 대학교 웹 사이트에 올렸다. 하지만 용량을 너무 많이 차지하여 대학교 서버에서 분리하였다. 그리고 1997년 google.com 도메인으로 독립하면서 매각하려 했다. 그러나 하늘이 도운 건지 팔리지 않았다. 1998년에 허름한 차고에서 <BackRub>이라는 이름으로 검색서비스를 시작하였다. 그들의 목표를 "어떻게 하면 전 세계의 정보를 체계화하여 모두가 편리하게 이용할 수 있도록 할 것인가?"에서 찾았다. 이후 Google로 이름을 변경하였다. 이는 10의 100제곱을 뜻하는 구골을 고의로 변경 표기한 것에서 유래되었다. 매우 큰 유한수를 의미하는 이 단어는 '엄청난 규모의 검색엔진을 만들겠다.'는 설립자들의 목표와 맞아 떨어졌다. Google은 사용자에게 수십억 개의 웹페이지가 아닌 질문에 대한 답을 제공하기 위해, 다섯 가지 검색알고리즘 방법을 활용하였다.[1] 검색어 의미를 이해하기 위해 단어 분석하기, 검색어와 일치하는 정보가 포함된 웹페이지 검색하기, 페이지의 유용성을 평가하여 순위매기기, 사용자 위치나 이전 검색기록과 같은 맥락을 고려하여 사용자에게 알맞은 검색결과 제공하기, 검색결과가 사용자의 검색유형에 유용한지 고려하여 최상의 결과를 제공하기 등이다. 이처럼 이용자의 긍정적 반응은 회사의 성장으로 이어졌다.

---

1 "How Google Search Works, Search Algorithms". 2018년 6월 17일.

네 가지 사례. 그냥 남의 이야기로 넘겨버릴 것인가. 나의 성공스토리로 만들 수 없을까. 사실 시장, 과학, 예술, 스포츠 등 삶의 현장에는 성공보다 실패가 일상적이다. 시장에서 일어난 사례에서 발견되는 공통점은 당면한 문제를 그냥 참고 견뎌냈다는 것이 아니다. 보다 능동적으로 해결하기 위해 치열하게 고민하고 궁리했다. 나아가 가치창출을 위해 실천했다는 점이다. 그 비결은 알고리즘에 있었다. 주어진 문제 상황이나 고통을 해결하기 위하여 절차나 방법, 논리와 도구를 활용하였다. 보다 능동적으로 문제해결을 넘어 의미 있는 가치창출을 위한 아이디어의 구체화과정에서 새로운 비즈니스가 탄생하였다.

그 동안 인류는 오랫동안 인간을 대체할 수 있는 자동화 된 노동력 또는 지능적 도구(agent)를 만들기 위해 노력해 왔다. 끊임없는 노력의 결과로 1990년대에 컴퓨터 공학과 기계 공학을 중심으로 탄생한 인공지능(Artificial Intelligence: AI) 분야는 지속해서 발전하였다. 그리고 제4차 산업혁명의 핵심 기술로 대두되면서 과거보다 활발한 연구가 이루어지고 있다(Schwab, 2016).

지금은 누구나 AI칩을 달아 스마트한 자동차, 자전거, 냉장고, 청소기, 세탁기, 심지어 반려동물 밥그릇까지 만들어내는 시대다. AI기반 기술로 놀라운 일을 할 수 있음은 사실이다. 하지만 여기서 지능이라는 용어는 단어 본래의 의미를 담고 있지 않다. 지능은 인간과 창의적인 대화가 가능한 시스템, 즉 생각이 있고 새로운 생각을 개발할 수 있는 시스템을 암시한다.

이제 인공지능은 물, 전기, 가스처럼 흔한 원자재가 됐다. AI는 대량의 데이터를 사용해서 아둔한 컴퓨터가 사람의 일을 할 수 있게 해준다. 알고리즘[2]을 통해 분류, 묶음, 추천과 같은 작업이 실행된다. 조금만 관심 있게 살펴보면 AI는 약간의 수학계산에 불과하다. 물론 인공지능의 모델설계와 알고리즘 구현과정에서 복잡하고 난해한 수학식이 적용되지만 대부분 공개된 라이브러리에서 자동적으로 반영해주고 있으므로 기본 개념과 원리만 이해하면 된다.

누구나가 활용할 수 있을 정도로 쉬워지고 편리해진 인공지능의 효용과 영향력은 갈수록 커지고 있다. 그래서 앞으로 10년간 국내 산업의 미래에 가장 큰 영향을 미칠 이슈는 인공지능으로 조사되었다. 인공지능은 지능형시스템의 필수 기반기술로써 현재의 컴퓨팅 시스템 성능한계의 극복으로 컴퓨팅 환경을 변혁적으로 발전시켜 자율주행 자동차, 무인항공기(Drone), 사물인터넷(Internet of Things), 지능형로봇, 지식서비스(검색, 광고, 미디어, 법률, 금융, 교육, 유통 등), 헬스케어 등 기술발전·적용산업을 견인하는 돌파구가 될 것으로 보인다. 특히, 기존 컴퓨터 연산에 비해 획기적으로 뛰어난 성능을 발휘하는 양자인공지능(AI) 알고리즘이 개발되어 AI기술의 Quantum Jump가 기대된다.

한국산업기술진흥협회(2018)의 「2030년 산업기술의 미래전망」 조사결과, 2030년까지 국내 산업에 가장 큰 영향을 미칠 환경 이슈는 '인공지능, 블록체인 등 4차 산업혁명 관련 기술의 발전(57.4%)'으로 나타났다. 실제로 현재 AI 기술은 더 이상 일부 공장이나 대학교 연구실에서 사용되는 기술이 아니라 일상적 생활의 기술로 자리 잡고 있다. AI 기술은 매일 사용하는 핸드폰, 세탁기, 청소기, 자동차 등에 적용되고 있다. 과거에 면대면(面對面)으로 제공되던 투자자문, 법률자문, 의료진단과 같은 지식 집약서비스도 로봇이라는 이름을 빌린 컴퓨터 시스템에 의하여 제공된다. 이러한 지능적 제품이나 서비스의 등장으로 일상생활과 직장에서 일하는 방식은 크게 변화될 것으로 예상된다(백승익 외, 2016).

---

2 알고리즘이란 어떠한 주어진 문제를 풀기 위한 절차나 방법을 말하는데 컴퓨터 프로그램을 기술함에 있어 실행 명령어들의 순서를 의미한다.

외국에서도 AI가 앞으로 10년간의 변화를 이끌어갈 핵심 추동력으로 평가된
다. 미국의 미래연구소와 Institute for the Future and Dell Technologies의
2030년 미래 전망보고서인 「초연결 삶의 미래(Future of Connected Living)」에 따
르면 2030으로 가는 핵심 추동력은 AI가 될 것으로 전망된다(Institute for the
Future and Dell Technologies, 2019). 동 보고서에서 제시된 2030년의 모습은 AI와
같은 지능정보 기술과 5G와 같은 초연결 기술을 이용한 ① 네트워크로 연결된
현실(Networked Reality), ② 커넥티드 모빌리티(Connected Mobility), ③ 디지털 도
시를 넘어 스스로 자각(自覺)하는 도시(From Digital cities to Sentient cities), ④ 에
이전트와 알고리즘(Agents and Algorithms), ⑤ 사회생활을 하는 로봇(Robot with
Social Lives) 등으로 나타났다.[3] 이 외에도 다양한 분석에서 AI가 향후 10년간 글
로벌 경제의 Game Changer로 작용할 것으로 전망된다(관계부처 합동, 2019).

바야흐로 초시대(超 時代)가 열리고 있다. <그림 1-2>에서 보듯 제4차 산

그림 1-2 제4차 산업혁명시대의 초 현상

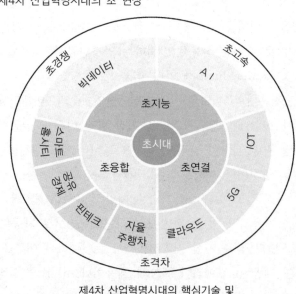

제4차 산업혁명시대의 핵심기술 및
초(Hyper)현상

3 IDG IT World(2019), 「델 테크놀로지스, 2030 미래 전망 리포트 '퓨처 오브 커넥티드 리빙' 발표」 October
⟨http://www.itworld.co.kr/news/132579⟩.

업혁명시대의 중추기술에 의해 초(Hyper)현상이 가속화될 것이다. 초 시대는 네트워크의 진화나 기존 산업의 변화수준을 뛰어넘는 인류의 생활 패턴을 송두리째 바꾸는 4차 산업혁명의 실질적이고도 거대한 담론이다. 달리말해, 기술과 산업의 진보를 뛰어넘어 정치, 경제, 사회, 문화, 교육, 산업 등 인류의 삶 전반의 혁신적 변화를 의미한다. 지금은 사상, 철학, 사고체계조차도 송두리째 바뀌어 이전과 완전히 다른 새로운 시대다. 사물현상에서 느린 것들은 존재의미가 약해지고 있다. 초능력과 초연결의 시대가 본격적으로 전개되면서 세상의 모든 것들은 연결되고 합쳐지고 스스로 작동하는 시대로 진행 중이다(정진호, 2019).

초시대의 핵심어(Key Word)는 초지능, 초연결, 초융합이다. <그림 1-3>에서 보듯 초지능은 빅 데이터와 인공지능 등 기반 기술이 발전하면서 사회, 교육, 문화, 산업 등 전 영역에 걸쳐 구현되면서 4차원의 신세계를 추동하고 있다. 초연결은 사람과 사람의 연결을 넘어 사람과 사물, 사물과 사물을 연결하는 초시대의 대동맥(大動脈)을 의미한다. 초연결(Hyper Connectivity)은 사람, 사물 간의 상호연결과 실시간 데이터 공유가 극대화되면서 실시간 데이터 공유가 질적·양적으로 크게 확대됨을 의미한다. 5세대(G) 이동통신이 개화하면서 초연결의 그림이 구체화되고 있다. 나아가 초융합은 초지능과 초연결을 통해 신기술이 전통과 혁신의 경계를 넘나들며 시장과 시장, 산업과 산업, 사회와 사회에 스며드는 초사회의 발판을 의미한다. 초융합(Hyper Convergence)은 연결과 공유를 통한 이종기술과 산업 간의 다양한 결합, 그리고 새로운 기술과 산업의 출현이 진행됨을

그림 1-3 초연결, 초융합, 초지능의 시대

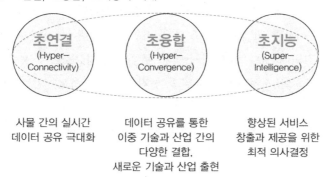

자료: 노상도(2019)

의미한다. 이전에는 생각할 수 없었던 異種 기술·산업 간 결합이 촉진되어 새로운 융합 산업 출현이 촉진됨을 의미한다. 사회의 모든 분야가 대상이다. 산업적으로 스마트시티와 스마트 홈, 스마트 팩토리, 자율주행자동차는 물론 카풀 서비스나 배달앱을 비롯한 대부분의 O2O(Online to Offline) 비즈니스, 핀테크, 공유경제까지 초융합의 산물이다.

　　Davos포럼의 핵심의제였던 제4차 산업혁명시대는 O2O(Online-to-Offline)의 융합을 강조한다. O2O는 사이버 물리시스템을 지칭하는 것으로 현실 세계에 물리적으로 실재하는 것과 사이버공간의 데이터 및 SW를 실시간으로 통합하는 시스템을 의미한다. O2O의 핵심기능은 예측과 맞춤이며, 이를 위해 AI가 필수적인 기술이다. 비즈니스에서 예측과 맞춤은 지능을 가진 인간 고유의 기능이었으나, AI의 발전으로 기계의 지능을 효과적으로 활용할 수 있게 되었다. 초지능(Super Intelligence)을 통해 더욱 향상된 제품과 서비스를 위한 최적의 의사결정이 가능해진다.[4] 서비스 활동의 질적인 향상, 즉 최적 의사결정을 통해 문제해결 등 더 나은 서비스를 제공하는 역량을 의미한다. 기술발전에 따라 더 많은 비즈니스에서 AI의 가치창출능력이 인간 지능을 확장시킬 것으로 예상된다.

2　초연결사회의 심화: AI기반 사물인터넷(AIOT)

　　초연결(Hyper-Connectivity)사회란 어떤 사회일까? 모든 것이 모든 것에 연결된 사회다. 그냥 대충 연결되거나 형식적 연결이 아니다. 마치 인간의 두뇌나 신체처럼. 사람은 60조 개에서 100조 개의 세포로 구성된 존재다. 수많은 세포들은 하나로 연결되어 있다. 자연생태 역시 무수한 구성요소들이 사슬처럼 연결된 시스템이다. 두뇌의 신경망에서 뉴런의 연결처럼 촘촘하고 의도된 연결을 의미한다.

　　신경조직의 기본 구성요소인 신경세포는 인간 두뇌에 $10 \times 10 \sim 10 \times 11$개가

4　https://www.cadgraphics.co.kr/newsview.php?pages=news&sub=news01&catecode=2&num=65 227.

존재한다. 각 신경세포는 1,000~10만 개의 다른 신경세포와 연결되어 있으며, 신경세포는 매우 단순한 계산능력밖에 없다. 처리속도는 컴퓨터의 연산 장치보다 훨씬 느린데도 그 복합체인 두뇌는 인지적 처리, 패턴인식, 언어처리 등 복잡한 일을 컴퓨터보다 훨씬 빠르게 잘 처리한다. 처리능력이 단순하고 느린 신경세포들로 구성된 인간의 두뇌가 복잡한 일을 컴퓨터보다 빨리 처리할 수 있는 것은 강력한 병렬성 때문이다. 이처럼 인공신경망도 존재, 생성, 시뮬레이션이 이루어지면서 인지, 학습, 사고하는 것을 의미한다. 마치 인간처럼 사물이 지능을 갖게 된다.

초연결(hyper-connected)이라는 용어는 2008년 미국의 IT컨설팅회사 Gartner Group이 처음 사용하였다. 초연결 사회는 인간과 인간, 인간과 사물, 사물과 사물이 네트워크로 연결된 사회다. 이 용어는 제4차 산업혁명의 시대를 설명하는 특징 중 하나를 설명하는 말로 모든 사물들이 마치 거미줄처럼 촘촘하게 사람과 연결되는 사회다. 초연결사회는 사물 인터넷(IoT: internet of things)을 기반으로 구현되며, SNS(소셜 네트워킹 서비스), 증강 현실(AR)같은 서비스로 이어진다.

캐나다의 과학자인 Anabel Quan Haase와 Barry Wellman에 의하면 시간, 장소 그리고 대상의 제약을 받지 않고 언제 어디서나 어떤 것이든 연결되는 것을 말한다. 이는 네트워크화된 조직사회에서 다양한 커뮤니케이션을 통해 사람, 사물 등이 서로 소통하는 것이다. 열, 빛, 온도, 압력, 소리 등 물리적인 양이나 그 변화를 알려주는 부품 또는 기구를 센서(Sensor)라고 부른다. 이러한 Sensor들이 인터넷으로 연결되면 다양한 정보를 수집할 수 있다. 가령 도로를 지나는 차량은 시간당 평균 몇 대며, 아침과 저녁 시간에 통행하는 차량 수의 차이, 비 오는 날과 맑은 날의 차이 등 다양한 분석을 통해 데이터를 산출할 수 있다. 산출한 데이터를 이용하면 신호방식을 제어해 교통 흐름을 개선하는 등 삶의 질을 향상할 수 있다.

최근 Sensor들의 연결이 무수하게 많아지고 있다. 수많은 기기가 인터넷으로 연결되어 다양한 정보를 수집한다. 특히 5G 통신서비스의 시작은 연결을 가속화하고 있다. 이러한 모든 제반 상황들이 초연결시대를 만들어 낸다. 인간을 둘러싼 만물(萬物)이 서로 통신을 통해 교감하는 만물인터넷(IoE·Internet of Everything) 시대가 지나고 있다. 똑똑해진 만물은 더 이상 사람이 사용하는 도구나 수단에 그치지 않는다. 이들은 Sensor와 칩을 통해 서로 연결돼, 사람의 개입 없이 실시간으로 정보를 주고받는다. 사람과 도시, 집, 자동차, 건물 등을 하나로 묶이고 있다. 이처럼 사람 사물 공간 등 세상 만물이 인터넷으로 서로 연결되고, 모든 것들로부터 생성되고 수집된 각종 정보가 공유 및 활용되는 사회시스템이 초연결사회다.

인공지능(AI), 사물인터넷, 빅 데이터, 클라우드 등 디지털기술의 발전으로 사람-사물-데이터간 연결의 영역초월이 심화되면서 경계가 허물어지고 있다. 특히 기업들은 기존에 익숙했던 경계 안에만 머물러선 생존이 어렵다. 경계를 넘어야 더 많은 소비자를 만나 더 나은 가치를 제공할 수 있게 됐다. 아마존은 오프라인 유기농 식품 체인점 Whole Foods를 인수했다. 그리고 Amazon Go라는 무인점포를 열었다. SK 텔레콤은 보안전문기업 ADT캡스를 인수하고 물리 보안 사업에 진출했다. 현대카드는 결제 데이터를 기반으로 해외 인기 패션 사이트를 찾아주는 <피코>라는 서비스로 검색엔진 사업에 진출했다. 이처럼 경계가 사라지면서 경쟁이 한층 치열해지면서 새로운 변화를 촉진하고 있다.

2012년 세계경제포럼(World Economic Forum)은 초연결사회에서 미디어의 공간적 제약이 사라지고 연락가능성(being reachable)이 증대하는 수준을 뛰어넘는 본격적 접속사회(all-connected society) 단계의 구현 가능성을 예측했다. 초연결 네트워크를 활용하는 새로운 애플리케이션과 디바이스가 지닌 복잡성(complexity), 다양성(diversity), 통합성(integration) 등에 힘입어 보다 폭넓은 커뮤니케이션 수요와 변화를 초래할 것이라는 예측(WEF, 2012)이 현실이 되고 있다.

말 그대로 연결의 영역초월이 이뤄지고 있다. 전 세계 20억 명의 인구가 인터넷에 연결돼 있으며, 디지털기기의 수는 전 세계 인구의 수를 뛰어넘은지 오래다. 인터넷은 24시간 개방돼 있으며 다양한 디바이스를 통해 여러 정보를 확인하는 것은 더 이상 낯설지 않다. 이른바 초연결사회(Hyper-connected society)란 <그림 1-4>에서 보듯 인간 대 인간은 물론, 기기와 사물 같은 무생물 객체끼리도 네트워크를 바탕으로 상호 유기적 소통을 해 새로운 가치와 혁신의 창출이 가능해지는 사회를 의미한다.

그림 1-4 사회 변화와 초연결사회의 도래

	정보화사회	모바일사회	초연결사회
수단	컴퓨터	스마트폰	초연결 네트워크
패러다임	디지털화, 전산화	온라인화, 소셜화	지능화, 사물정보화
시스템 (유통, 교육, 공공)	오프라인(물리전공간)	온라인(가상공간)	오프라인과 온라인 융합
통신	유선전화	무선전화(3G, LTE)	무선전화(5G)
커뮤니케이션	우편	E-mail	SNS
교통	내연기관	그린카, 네비게이션	ITS, 자율주행차

출처: 삼정KPMG 경제연구원

그 정의는 <표 1-1>에서 보듯 다양하다. 사람, 사물, 공간 등 모든 것들이 인터넷으로 서로 연결돼, 모든 것에 대한 정보가 생성 및 수집되고 공유·활용되는 것을 말한다. 컴퓨터, 스마트 폰으로 소통하던 과거의 정보화 사회, 모바일 사회와 달리 초연결 네트워크로 긴밀히 연결된 초연결사회에서는 오프라인과 온라인의 융합을 통해 새로운 성장과 가치 창출의 기회가 더욱 증가할 전망이다.

무엇보다 사물인터넷, 인공지능, Sensor 등 기술발달로 유통, 제조, 의료, 교육 등 다양한 분야에서 지능적이고 혁신적인 서비스제공이 가능하다. 가령 인공지능이 유통업계를 뒤흔들고 있다. 쿠팡에서는 AI만이 정확한 물건위치를 알고 있으며 하루 200만 개 로켓 배송을 총지휘한다. 백화점·마트는 AI가 소비성향 맞춤추천으로 편의점 신선식품 폐기율이 1% 미만으로 감소했다. 뿐만 아니라 식품관련 웹사이트와 SNS를 분석해 식품·과자·초콜릿 등 제품군별로 소비자가 선호하는 재료·맛을 추천한다(중앙일보, 2019년 11월 20일자). 초연결사회가 가져올 변화는 단지 기존의 인터넷과 모바일 발전의 맥락이 아닌 살아가는 방식 전체, 즉 사회의 관점에서 큰 변화를 야기한다.

초연결사회가 구축할 높은 상호연결성은 사람들이 더욱 긴밀히 협력하고 소통할 수 있게 함으로써 시대의 변화를 공유하고 나은 미래를 만드는 데 기여할 것이

표 1-1 국내외 기관들의 초연결사회 정의 및 중요성

구분		정의 및 중요성
해외 기관	이코노미스트(2011)	네트워크에 연결된 기기의 수가 증가함에 따라 기존보다 높은 수준의 성장과 가치 있는 거시 경제 트렌드 변화를 전망
	CISCO(2011)	네트워크에 연결된 사물(Things)이 2008년과 2009년 사이 전 세계 인구를 이미 초과하여 초연결 시대로 가고 있음을 제시
	세계경제포럼(2012)	새로운 기회와 도전 과제를 제공할 수 있는 초연결이 개인-개인, 소비자-기업, 국민-정부 등의 관계를 재정립하는데 깊이 관련되어 있으며, 경제·사회적 변화의 근본적인 원인으로 강조
	세계경제포럼(2016)	글로벌 위기 대안으로 4차 산업혁명을 강조하고 4차 산업혁명의 핵심으로 초연결에 주목
	클라우드 수밥(2016)	예측 불가능한 초연결사회가 자리 잡게 하기 위해서는 전 세계적인 공동 담론을 형성해야 한다는 점을 거듭 강조
국내 기관	서울디지털포럼(2011)	'초연결사회-함께하는 미래를 향하여'를 주제로 기술 진보 및 사회와의 관계성을 논의
	정보통신정책연구원(2015)	'초연결사회'라는 변화된 환경을 국민편익과 산업발전으로 연결하기 위한 다양한 정책지원과 전략 마련의 필요성 강조
	미래부, 산자부(2016)	'제4차 산업혁명을 잇는 초연결사회로의 도래'를 중심으로 따른 구체적인 전략과 대표적인 사례들이 제시

출처: 삼정KPMG 경제연구원

다. 초연결사회를 이끄는 IT기술들은 지금 이 순간에도 급격히 진화하고 있다.

사물인터넷의 확장범위는 개개인의 웨어러블 디바이스로부터 교통과 물류, 산업인터넷에 이르기까지 무궁무진하다. 예를 들어 GE(General Electric)에서 제안하는 산업인터넷(Industrial Internet)은 원거리 Sensor, 커뮤니케이션 기술, 클라우드 컴퓨팅기술과 산업현장에 설치된 기기들을 분석 솔루션과 연계하여 기계와 기계, 기계와 사람, 궁극적으로 기계와 비즈니스 운영을 연결시킴으로써 산업환경을 최적화하는 것을 주된 목표로 한다(GE Reports Korea, 2015년 8월 4일).

원래 사물 인터넷이라는 용어는 1999년에 MIT의 Auto-ID Center 소장이었던 Kevin Ashton이 "RFID 및 기타 Sensor를 일상생활 속 사물에 탑재함으로써 사물 인터넷이 구축될 것"이라고 언급하며 최초로 사용되었다. 2005년 국제전기통신연합(ITU)은 처음으로 사물 인터넷 관련보고서를 발간해 사물인터넷의 개념을 정립하고 관련 기술과 발전방향을 제시한 바 있다. ITU는 보고서에서 모든 기기 및 사물에 근거리 및 원거리 통신 모듈이 탑재되면서 사물과 사람 간 또는 사물 간의 새로운 통신 유형이 등장할 것을 예측하였다. 특히 각종 ICT 기술의 진화로 모든 사물이 소형화 및 지능화되면서 사물인터넷시대가 열릴 것이라고 전망했다. <그림 1-5>에서 보듯 확장되고 있다.

한편, 사물 인터넷(IoT) 내에서 연결되고 통신하는 장치의 수와 5G의 고속, 고 대역폭 가능성으로 인해 기존의 데이터 수집 및 분석으로는 더 이상 충분하지 않다. 고객 경험을 계획, 실행 및 최적화하기 위해 운영자는 보다 지능적인 의사 결정이 무한히 필요하다. 인공지능(AI)이 IoT Sensor, 장치에서 수집한 방대한 양의 데이터를 사용하여 스마트제조, 의료, 항공우주, 방위, 운송, 도시영

그림 1-5 사물인터넷의 확장

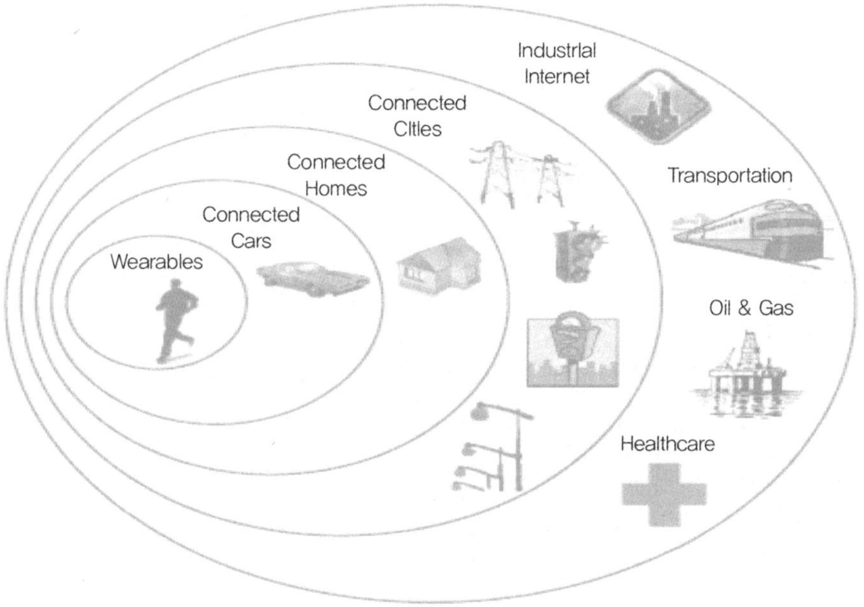

자료: Goldman Sachs Investment Research Global(2014: 3)

역에서 고객들에게 흥미로운 경험을 제시한다. 창고, 공장 현장 등의 수십억 개의 Sensor에서 거대한 데이터 흐름을 실시간으로 감지하고 이해하고 행동할 수 있다.

AI와 IoT를 통합하면 산업을 변화시키고 고객 경험을 높이며 비즈니스 성과를 기하급수적으로 가속화 할 수 있는 혁신적인 조합인 AIoT를 얻게 된다. AI와 IoT의 결합은 소비자, 기업, 산업 및 정부 시장부문에서 디지털혁신의 이점을 크게 가속화할 수 있는 잠재력을 지녔다. AI가 의사결정을 통해 IoT에 가치를 추가하고 IoT가 연결 및 데이터 교환을 통해 AI에 또 다른 가치를 추가하는 융합시너지를 AIoT(AI+IoT)라고 한다.

나아가 AI와 IoT의 융합을 한 단계 더 발전시킨 AI+IoT+5G라는 용어를 사용하기도 한다. 이러한 기술의 융합은 다양한 산업 분야와 로봇 공학 및 가상현실과 같은 기타 기술에서 더욱 발전할 수 있는 혁신을 불러일으킬 것이다. 가령 스마트 시티에서 새로운 AIoT와 5G의 상호 의존 기능을 활용하여 긍정적인 피드백 루프가 지속적으로 만들어질 것이다. AI는 IoT와 함께 스마트 도시 공급망을 실질적으로 개선할 것이다(인공지능신문, 2020년 2월 12일자).

3 초융합사회의 심화: AI기반 클라우드 컴퓨팅과 5G

지난 2016년 2월 22일 저녁 서울 마장동 한국기원. 한국의 이세돌 9단과 Google의 인공지능컴퓨터 AlphaGo의 대국 일정을 발표하는 자리였다. 한 기자가 손을 들었다.

"이세돌 9단과 대국을 위해 슈퍼컴퓨터 같은 것을 들고 한국에 오는 건가요?"

달리 말해 AlphaGo는 어디에 있냐는 물음이었다. 이에 Google 딥마인드의 CEO 데미스 Hassabis는 답했다.

"아닙니다. AlphaGo는 구름위에 있습니다. 한국에서는 클라우드에 있는 AlphaGo에 연결할 뿐입니다."

당시 기자는 AlphaGo가 슈퍼컴퓨터냐고 물은 것은 <Deep Blue>를 생각했기 때문이다. 1997년 IBM의 슈퍼컴퓨터 <Deep Blue>는 20년간 체스의 세계챔피언 자리를 지켜왔던 Gary Kasparov를 이겼다. 깜짝 놀랄 사건이었다. 컴퓨터가 체스에서 인간을 이긴다는 것은 상상하기 어렵던 시절이다. IBM <Deep Blue>는 물리적 컴퓨터였다.

제4차 산업혁명의 현상으로서 모든 것이 연결된 세상에서 사물 간 소통이 이루어지면서 많은 자료와 정보를 뿜어낸다. 수많은 데이터를 처리, 저장하기 위해 새로운 환경이 필요하다. 클라우드 컴퓨팅이란, 인터넷을 통해 컴퓨팅 파워를 이용하는 것이다. 그래서 클라우드는 4차 산업혁명시대의 전기와 같다. 가정이나 기업에서 발전기를 직접 설치하지 않고 전선을 통해 전기를 끌어다 쓰는 것과 비교할 수 있다. 필요한 만큼 전기를 쓰고 사용량만큼 요금을 내듯, 클라우드 컴퓨팅은 필요한 만큼 컴퓨팅 파워를 이용하고 사용량만큼 요금을 내면 된다.

Google은 수십만 대의 컴퓨터를 연결한 서버 풀(Pool)을 가지고 있다. 슈퍼컴퓨터처럼 빠르지 않지만, 일반 컴퓨터를 연결해 각 컴퓨터의 컴퓨팅 파워를 더했다. 슈퍼컴퓨터가 골리앗이라면, 클라우드 컴퓨팅은 다윗 수십, 수백, 수천 명이 힘을 모은 것과 비교할 수 있다. 이처럼 초연결과 함께 융합이 가속화되고 있다.

융합은 통섭이라는 단어와 함께 학문적 영역과 관계없이 하나의 문화적 대세로 자리 잡았다. 융합의 의미는 불분명하고 사용하는 사람들의 문맥에 따라 조금씩 다르다. 융합(融合)은 한자어로서 서로 다른 객체가 만나 녹아서 하나가 되는 현상을 의미한다. 다시 말해 외형적 변화보다는 내용적 변화를 지칭하고 마치 구리와 주석이 녹아 새로운 합금인 청동이 만들어지는 현상과 같다.

융합은 단어에서 알 수 있듯 융(融·녹이다)과 합(合·합치다)이 더해지듯 여러 가지를 합해 새로운 것을 만든다는 의미다. 융합은 생활과 밀접하다. 융합의 예로 칫솔에 전동장치를 합한 전동 칫솔, 프린터와 복사기를 합한 복합기, 냉방기와 난방기를 합한 냉·난방기 등을 꼽을 수 있다.

지금은 기술과 서비스 등 거의 모든 분야에서 융합이 이뤄지고 있다. 이른바 산업융합 시대로 발전하고 있다. 예를 들어 전자책(E-BOOK)은 동영상·이미지·문서 파일 등의 디지털 콘텐츠와 출판 서비스가 융합된 것이다. 방송·인터넷·전화를 하나처럼 쓸 수 있는 결합상품도 다양한 서비스가 융합된 예다. 지금의 융합은 산업과 산업, 산업과 기술, 기술과 기술이 창의적으로 결합해 기존 산업을 발전시키거나 새로운 산업을 만들어내고 있다. 융합의 기본은 이미 존재하는 것을 활용한다는 특징이 있다. 완전히 새로운 발명이 아니라 이미 있는 것을 활용한 것이다.

그러면 왜 융합이 미래를 이끌 것일까? 가장 큰 이유는 기존 산업이 한계에 이르렀기 때문이다. 사실 융합의 의미를 Convergence에서 도출하기 위해 화학적 변화나 합쳐짐을 통한 재탄생이라는 의미에 융합의 초점을 맞추면 여러 대상의 근접한 생산적 도출이 가능해야 한다.

보통 학문이나 기술 간 통합을 이야기할 때 사용되는 융합이라는 단어는 사실상 영어 Convergence의 번역어로 그 단어의 뉘앙스나 의미가 강하다. Convergence는 공학의 기술영역에서 주로 사용되는 반면, 수렴적 의미의 융합은 기술, 학문, 사회복지분야를 넘어 거의 모든 분야에 사용되고 있다. 그리고 이 단어는 학문 간의 상호작용을 통해서 새로운 무엇인가를 창출하고, 새로운 영역을 만들어내는 뉘앙스와 느낌을 준다. 앞서 언급했듯 Convergence의 사전적 의미는 수렴(收斂)이다. 수렴은 두 개의 강물이 한 개의 물줄기로 합쳐지는 것으로 비유될 수 있다. 그리고 수렴이라는 단어에는 하나의 점을 평행하거나 발산하지 않고 무한히 접근해 나가는 수열(series) 혹은 수학적 개념인 기하학적 구조를 연상케 하는 이미지가 강하다. 따라서 Convergence는 하나로 합쳐져서 더 확대된 산출물을 지칭할 때 많이 사용된다(최현철, 2015).

사물인터넷(IoT), 빅데이터, 클라우드, 인공지능 등이 온라인에서 오프라인(O2O: Online to Offline)으로 진화와 융합을 거듭하고 있다. 첫째, O2O 융합의 촉진이다. PC(Personal Computer: 개인용 컴퓨터) 시대에 분리되었던 디지털과 아날로그 세상이 이제는 O2O로 융합하고 있다. 온라인과 오프라인 세계의 융합이 글로벌 Unicorn(一角獸, 전설속의 동물)을 탄생시키고 있다. 가상과 현실이 융합하는 O2O 융합은 글로벌 Unicorn 기업을 탄생시키는 융합사회의 핵심 개념이다. 이제 현실세계와 1:1로 대응되는 가상세계에서 시공간을 재조합하여 현실을 최적화하는 O2O 융합의 세상이 열리고 있다. 일례로 내비게이션은 현실의 교통체계와 1:1 대응되는 가상 교통망에서 최적의 맞춤 길을 예측하여 알려준다. O2O 최적화는 병원, 공장, 여행 등 인간의 삶의 모든 분야로 확산하고 있다.

둘째, O4O 융합은 오프라인을 위한 온라인을 의미한다. 새로운 매출을 창출하는 비즈니스 플랫폼으로서 'O4O(Online for Offline)' 소비자에게 즉각적이고 편리한 서비스를 제공하는 온라인적 가치를 기반으로 한다. 가령 부동산중개서비스 다방(dabangapp.com)은 2020년 5월초 서울관악구에서 케어센터를 오픈했다. 방을 구하는 소비자와 공인중개사를 offline에서 연결해주는 부동산맞춤 상담센터로 online에서 경험할 수 있는 차별화된 서비스를 offline에서 제공한다. 이처럼 O2O가 고객 정보, 데이터베이스(DB)를 자산으로 오프라인에 진출해 고객에게 새로운 경험을 제공하고 편의성을 높여 줌으로써 온라인이 오프라인 경제를 이끌어 가는 O2O의 선순환 융합의 전형이다. 이와 함께 자연스럽게 Digital Twin이 부상하고 있다. 현실과 가상 두 개가 있다는 말로, 현실에 있는 상황을 컴퓨터 내에 그대로 가상으로 구현해놓고 가상세계에서 충분히 시뮬레이션을 한 후 가장 좋은 결과를 현실 세상에 적용하는 것을 말한다. 가령 공장을 Digital Twin화한다는 것은 생산라인의 모든 설비와 데이터를 컴퓨터에 그대로 만들어놓고 생산라인을 최적화하고 기계나 부품의 오동작 및 교체시기 등을 관리하고 개선해 이를 전 생산라인에 동시에 적용하는 것을 말한다. Digital Twin이 되기 위해 자동화 또는 스마트화가 선행돼야 한다.

O2O가 단순히 온라인 소비자를 오프라인으로 연결하는 역할에 그친다면, O4O는 기존 업계의 생태계를 그대로 유지하면서 오프라인시장의 영향력을 강화한다. O4O는 O2O보다 직접적 연결로 스마트폰에 앱만 설치되면 줄을 설 필요 없이 입장과 결제가 자동으로 이뤄지는 방식이다. 따라서 O4O는 기존 서비스 이용자들에게 새로운 경험을 제공하고 그 이상의 편의성을 제시하는 융합사회가 구현될 것이다.

O2O와 O4O 융합사회는 '인간을 위한 현실과 가상의 융합'이며, 그 본질은 기술이 아니라 인간을 위한 사회문제 해결을 위한 수단적 기술이다. 사물인터넷 사회는 모든 것들이 연결된 초연결사회를 기반으로 다양한 산업, 서비스, 문화, 예술 등이 융합되어 새로운 가치를 만들어 내는 초융합사회로 발전하고 있다. 사물인터넷은 생활 속 곳곳에서 활용되고 있으며, 고속도로 하이패스는 물론 버스 승강장에 있는 버스 도착 안내 서비스까지 엄청난 속도로 생활 속으로 다가왔다.

여러 산업분야에서 다양한 ICT 융합방식은 <그림 1-6>과 같이 나타낼

그림 1-6 정보통신기술의 융합

수 있다.[5]

　2000년대 초반까지만 해도 주로 융합은 기술과 기술의 결합 또는 제품과 제품의 결합이라는 의미로 활용되었다. 하지만 그 범위가 연관시장과 산업, 학문 등 모든 영역에 걸쳐 전 방위로 확대되고 있다. 빠르게 발전하는 정보통신기술은 융합의 가치를 극대화하는 훌륭한 매개체다. ICT를 다른 산업의 제품과 서비스에 접목해 제품의 첨단화와 서비스 혁신을 도모하고 새로운 가치를 만들어 낼 수 있다. 구체적으로, 센싱(Sensing) 및 네트워킹(Networking), 컴퓨팅(Computing), 작동(Actuating) 등의 ICT를 제품과 서비스에 결합해 기존 산업의 가치를 높이고 기능을 한층 고도화할 수 있는데 이른바 ICT 융합이다. 이러한 추세는 제4차 산업혁명 중추기술인 AI와 Cloud Computing의 예로써 AIaaS는 AI구현에 필요한 HW와 개발 툴을 지원하고 AI는 Cloud에 보다 많은 데이터와 정보를 제공할 수 있다. 이러한 바탕에서 유통(아마존고), 금융(챗봇), 보안 등에 활용되고 있다. 뿐만

5 http://ictstorage.blogspot.com/2018/11/ict_22.html.

아니라 AI와 5G의 상승적 상호작용으로 스마트폰, 스마트가전, 자율주행자동차, 스마트시티에 이르기까지 최적의 상황에서 고속의 신뢰성 높은 다양한 서비스의 제공이 가능할 것이다.

4 초지능사회의 전개: 빅 데이터와 AI

2012년 3월, 테드TED 강연장. 무대 위에 육중한 검은색 황소가 등장한다. 머리에 달린 삼지창 모양의 뿔이 투우장을 연상시킨다. 보기와 달리 황소는 무대 뒤에 얌전히 자리한다. 강연자는 황소 등에 손을 얹고 TED출연을 환영한다. 그리고는 청중을 향한다.

"이 황소의 무게는 얼마나 나갈까요? 여러분의 생각을 보내주시기 바랍니다."

강연은 이어졌고 마무리 즈음 강연자는 봉투 하나를 건네받았다. 청중들이 추정한 숫자가 적힌 봉투다. 숫자를 확인한 강연자는 '후…'하며 의미심장한 숨을 내쉰다. 청중이 추측한 황소의 무게는 500가지가 넘었다. 작게는 140킬로그램에서 가장 높게는 3.6톤까지. 도대체 황소 한 마리가 3톤이 넘는다고 생각한 사람은 누구였을까?

"여러분이 보내 준 황소 몸무게의 평균치는 813킬로그램입니다." 강연자의 입으로 시선이 집중된다. "황소의 실제 몸무게는…" 드디어 진실의 순간. "814킬로그램입니다." 청중들은 환호와 박수로 놀라움을 표현한다. 사실 황소 몸무게를 정확하게 맞춘 사람은 없었다. 그러나 강연장의 청중들은 집단으로서 어떤 황소전문가 못지않게 정확한 눈썰미를 과시했다.

<나 보다 똑똑한 우리> 황소몸무게 맞추기 퍼포먼스의 주인공은 Rior Zoref다. Crowd sourcing을 이용한 집단지성의 힘에 대해 깊은 인상을 준 강연이었다. Crowd sourcing은 Out sourcing의 대안으로 등장한 개념이다. 흔히 알고 있듯 기업 외부에 업무를 위임하는 비즈니스 전술이 아웃소싱이다. 자신은 잘하는 일에 집중하고 그 밖의 일은 외부 전문가에게 맡기는 방식이다. 반면 Crowd sourcing은 어떤 일을 외부 전문가에 맡기는 대신 방대한 사람들의 집합

인 Crowd, 즉 대중에게 도움을 청한다. 대중에게 수많은 정보와 지혜를 구하고 이를 결합해 결론을 이끈다.

2013년 뉴욕타임스에 보도되면서 유명해진 사건. 미국의 한 여고생 딸을 둔 아버지가 소매업체 Target매장을 찾아가 거칠게 항의했다.

"어떻게 여고생에게 임산부용 쿠폰을 보낼 수 있느냐"고.

하지만 며칠 뒤 이 중년신사는 다시 Target 매장을 찾아가 정중히 사과했다.

"미안하다. 딸이 임신 3개월인 것을 몰랐다"

Target이 여고생의 임신사실을 알고 부모보다 먼저 알아챘다. 여고생 딸이 지불능력이 없자 그 아버지에게 쿠폰을 보냈던 것이다. 이처럼 가족도 모르는 사실을 알아챌 수 있었던 것은 빅 데이터(Big Data)를 효과적으로 활용했기 때문이다. Target은 튼 살 방지 크림과 임산부용 속옷 등 구매이력을 토대로 고객의 임신사실 뿐만 아니라 임신 몇 개월인지 까지도 정확하게 짚어냈다. 빅 데이터는 단순한 마케팅기법이 아닌 기업 활동에 필수적인 제4의 경영자원으로 인식되고 있다.

인간지능을 증대시키는 초지능은 초연결에 인공지능이 더해진 상태다. 특히 로봇은 초연결, 초지능 시대를 사람들이 피부로 느끼게 해줄 첨병이다. 가정에서 사람과 함께 살며 삶을 보조하고, 감정을 공유하기 때문이다. 대표적인 사례가 반려로봇이다. 지난 2017년 3월 영국의 서비스로봇개발회사 Consequential Robotics는 노인을 위한 반려로봇 <Miro>를 내놓았다. 이어 11월에 일본의 Sony는 애완로봇 <Aibo>를 공개했다. Robopet은 가정 내 여러 기기와 사람을 연결하는 허브 역할을 하고, 필요하다면 이렇게 수집한 자료를 가족이나 케어센터, 또는 보안업체로 전송한다.

인간지능을 증대시키고자 하는 욕구는 어떻게 충족될 것인가? 컴퓨터의 도움을 받는 인간지능이 답이 될 수 있다. 인간의 기억도 컴퓨터의 도움을 받고, 사고력도 컴퓨터의 도움을 받는다. 감각도 컴퓨터의 도움을 받아서 더욱 섬세해지고 행동도 더욱 정교해진다. 즉, 인간과 컴퓨터가 한 몸처럼 되는 것이다. 일체가 되었기 때문에 인간이 원하는 것은 각 신체 부위가 컴퓨터의 도움을 받아서 초인적으로 처리할 수 있다. 이렇게 일을 처리하는 지능을 초지능이라 할 수 있다. 초지능의 실현을 위해 인간의 신경과 컴퓨터 전자회로가 연결되어야 한다.

생체신호와 전기신호가 연결되어 상호 작용해야 한다. 초지능시대가 되면 인간이 말을 하지 않아도 사물이 저절로 알아듣고 움직일 것이다.

초인공지능을 초지능이라고 한다. 다양한 분야에서 인간의 두뇌를 뛰어넘는 총명한 지적 능력을 말한다. 사람보다 단순히 계산을 더 잘한다는 정도의 능력이 아니라 과학 기술의 창조성, 일반적인 분야의 지식, 사회적인 능력에 있어서도 인류의 두뇌를 뛰어넘는 기계의 지능을 말한다. 초지능은 4차 산업혁명의 특징인 인공지능(AI)과 함께 등장한 개념이지만, Oxford대학의 인류미래 연구소 책임자인 Nick Bostrom은 앞으로 100년 이내에 기계의 지능이 인간을 능가할 확률이 높다고 미래를 예측하였다.

5 상상이 현실이 되는 AI시대

"사물인터넷과 빅 데이터를 활용해 사람의 걷는 모습만으로도 건강진단이 이뤄지고, 자동차가 자율로 움직이며, 택배는 하늘에서 떨어진다. 화재와 테러, 원전사고현장처럼 위험한 곳에는 첨단로봇이 달려가 재난을 해결하고, 사람 몸에 유연한 발전소자(素子)를 부착해 전기까지 생산해 낸다."

초연결, 초지능 시대에는 도시의 모습도 바뀔 것이다. 이른바 스마트 시티이다. 도시의 모든 인프라가 초고속인터넷을 통해 연결된 지능도시를 뜻한다. IoT라는 개념이 널리 알려 지면서 기존에 사용했던 사물에 인터넷을 연결하여, 과거에 소비자가 경험하지 못하였던 다양한 제품들이 등장하고 있다(윤영석 외, 2016).

많은 사람들의 관심의 대상이 되는 자율주행차는 과거에는 상상도 하지 못할 제품이었지만 네트워크 기술과 컴퓨팅 기술의 발전으로 가능하게 되었다. 자율주행차 외에도 일상생활에서 사용하고 있는 세탁기, 청소기, 심지어 집/건물 자체에도 AI기술이 적용된 지능형 제품이 제공되고 있다. 이런 제품들은 IF~THEN 규칙과 같이 단순한 지능을 포함하고 있는 것에서부터 음성인식이나 영상 인식과 같이 수준 높은 지능을 포함한다.

지능형 자동차, 지능형 책, 지능형 건물, 지능형 전화 등 일상생활에서 사용하는 거의 모든 물리적인 제품이 지능화되고 있다. 제품뿐만 아니라 서비스에 있어서도 소비자의 만족과 생산성을 높이기 위하여 AI 기반의 지능형 서비스가 개발되고 있다. 지능형 검색엔진, 지능형 게임, 지능형 쇼핑 사이트 등과 같이 기존에 사용하였던 서비스의 효율성과 소비자가 느끼는 효용을 높이기 위하여 AI 기반의 서비스가 추가되고 있다(백승익 외, 2016).

기존의 지능형 제품들은 지능적인 활동을 위해 입력된 지식베이스를 기반으로 적절한 판단과 행동을 하는 단순지능형 제품이었다. 하지만 근래에 들어 주변의 환경의 변화를 스스로 인지하고, 합리적 판단과 행동을 스스로 할 수 있는 기계학습 기능을 지닌 지능형 제품들이 소개되고 있다.

물리적 사물이나 제품뿐만 아니라 서비스에도 다양한 AI기술이 적용된 지능적인 서비스가 제공되고 있다. 전통적으로 오프라인 상에서 제공된 서비스뿐만 아니라 인터넷을 기반으로 한 e-서비스에도 업무생산성과 소비자만족의 제고를 위하여 AI 기술이 사용되고 있다. 급속하게 발전한 AI 기술을 이용하여 법률, 의료, 투자, 교육, 그리고 세무서비스와 같은 지식 집약적 서비스 분야에도 지능형 서비스가 소개되면서, 양질의 서비스를 저렴한 비용으로 보다 많은 사람이 그 혜택을 누릴 수 있다(백승익 외, 2016).

지식서비스는 대상 서비스의 효과적인 실행을 위하여 과학적으로 검증되고 체계화된 고도의 지식베이스 구축이 요구된다. 지식베이스란 특정 전문가들의 전유물이던 지식을 다수의 사람들이 공유·활용할 수 있게 컴퓨터를 통해 체계적으로 획득·저장·학습·가공·정리된 지식을 말한다. 지식서비스를 개발·출시하려면 사전에 완성도 높은 관련 지식의 확보가 필요하지만, 이후 지식의 지속적인 수정·보완·강화를 위한 유지보수가 더욱 중요하다. 기존의 글·그림·숫자 등 정형적인 지식표현 수단만으로는 경험·감성 등 인간의 다양한 지식을 표현하는 데 한계가 있어 완성도 높은 지식서비스의 개발 및 성장에 장애 요인으로 작용해 왔다.

AI는 빅 데이터와의 융합과 기계학습이라는 통계적 수단을 통해 비정형 및 정형 데이터로부터 지식을 직접 추출하여 전문지식을 학습할 수 있다. AI는 스스로 데이터의 수집 및 지식학습이 가능하고(자가학습), 복잡한 문제에 대한 해석 및 판단능력과(추론), 인간의 언어를 이해하고 소통하는 능력(자연어 처리)을 갖게 되었다. 인간보다 탁월한 데이터 고속처리능력에 더하여 자가학습·추론·자연어 처리능력을 보유한 AI는 지식서비스의 개발에 걸림돌이던 완성도 높은 지식베이스의 구축을 가능케 하는 기술적 돌파구가 될 수 있다. 반면, 기계학습을 통하여 직접 인간이 컴퓨터에게 지식을 주입해야 하는 문제를 해결할 전기(轉機)가 마련되었지만, 컴퓨터의 지식학습을 위한 데이터 확보의 범위와 깊이, 학습한 지식의 질적·양적 검증 및 완성도 향상, 그리고 지식의 유지보수 문제 같은 새로이 대두된 난제의 극복도 필요하다.

AI와 빅 데이터 기술의 융합을 통해 완성도 높은 다양한 전문지식의 창출·저장·공유·활용이 가능해 짐으로써 향후 다양한 지식서비스의 출현과 성장이 예견된다. 또한 단순·반복 업무 뿐 아니라 개인 감성까지 파악한 맞춤형 서비스의 일상화로 편리한 삶·쾌적한 삶·안전한 삶의 구현을 통해 삶의 질 향상에 기여할 것이다. 이를 통하여 4차 산업혁명 시대에는 지금까지 상상할 수 없었던 거대하고 새로운 기술·시스템의 출현도 예상된다.

초지능(Ambient Intelligence) 빅뱅 즉, 모든 산업 분야에 인공지능이 도입되고 특정 분야에서는 인간의 지능을 능가하는 수준의 인공지능이 등장하는 혁명이 시작됐다. 빅 데이터 수집·분석이 가능해지고 컴퓨팅 파워가 기하급수적으로 커지면서 초지능 기술진보는 더욱 빨라지고 있다. 인류가 직면한 난제를 해결할 것으로 기대되는 인공지능기술의 특징은 빅 데이터 최적화로 집약될 수 있다. 우주탐사, 교통·물류 혁신, 자율주행자동차, 기후변화 예측, 통신 네트워크 기술 등은 AI를 토대로 발전하고 있다. 검색엔진도 마찬가지다. 신약개발은 최단시간 내 분자 또는 그 이하 미세구조를 최적 분석하는 것이 관건이다.

더구나 양자컴퓨터는 AI와 동전의 앞뒤 관계인 빅 데이터 최적화 문제를 가장 잘 풀 수 있는 꿈의 컴퓨터다. 최적화 문제는 답을 찾아가는 확률 문제다. 양자컴퓨터는 이런 점에서 '가장 잘 찍는(답을 유추하는) 컴퓨터'라고도 한다. 신약개 offline발 등 최적화 문제에서 4∼5년, 혹은 그 이상을 내다보고 압도적인 우위를 선점하려는 기업들이 양자컴퓨터를 개발하거나 투자하고 있다. 미래 AI 기술은 양자컴퓨터로 완성될 것이다(한국경제신문, 2020년 5월 13일자).

인공지능의 성능은 영향력과 관련하여 약(weak) 인공지능과 강(strong) 인공지능으로 구분할 수 있다. 약한 인공지능은 사물을 분석·이해할 수 있는 능력으로서, 특정 분야에서는 인간보다 뛰어난 능력을 보인다. 그러나 자의식이나 창조력이 없는데 대부분의 인공지능이 이 범주에 속한다.

반면에 최근 부상하고 있는 강한 인공지능에서 기계학습은 강화학습(Reinforcement Learning)과 관련된다. 강화학습은 머신러닝의 방법론 중 하나로 Agent(특정 목적에 대해 사용자를 대신하여 작업을 수행하는 자율적 프로세스)가 주어진 환경에서 어떤 환경을 취하고 어떤 보상을 받으면서 학습을 진행한다. 일종의 시행착오를 통한 학습방법으로 대부분 게임 및 로봇분야에서 자율주행, 자원관리, 교육시스템 등의 문제를 푸는데 활용된다. 가령 Deep Learning은 Feature selection을 사람의 개입 없이 알아서 해주는데 Deep Learning＋강화학습(Reinforcement Learning)이 강한 인공지능의 핵심으로 부상하고 있다. 즉 제약조건(constraints)을 만족시키는 상황에서 최대화(maximization) 혹은 최소화(minimization)하는 최적화(optimization)가 역동적으로 변화하는 환경에 대응해서 실시간 계산과 적용, 피드백을 받는 동적 시스템이다.[6]

강한 인공지능이란, 어떤 문제에 대해 사람처럼 사고하고 학습·추리·적응·논증함으로써 특정 문제를 스스로 해결할 수 있는 인공지능을 뜻한다. 즉 일반적인 인간의 지능 수준과 동일하거나 더 뛰어난 지능을 나타내며, 자의식, 감성, 창의성을 가지고 스스로 행동하는 AI로서 강한 인공지능(자비스, 스카이넷, HAL 9000, 사만다, 아이로봇 등)의 출현 가능성에 대해 논란이 많다.

미국 전기자동차업체 테슬라 창업자 Elon Musk, 영국 물리학자 Stephen Hawking, 마이크로소프트 창업자 Bill Gates. 이 세 사람은 인공지능의 미래에 대해 우려를 표명해 언론의 주목을 받았다. 2014년 10월 Musk는 "인공지능 연구는 악마를 소환하는 것과 다름없다"고 말했다. 이어 Hawking은 "인공지능은 인류의 종말을 초래할 수도 있다"고 경고했으며, 2015년 1월 Bill Gates는 "인공지능 기술은 훗날 인류에게 위협이 될 수 있다"면서 초지능(superintelligence)에 대한 우려가 어마어마하게 커질 것이라고 말했다.

Bostrom은 2014년 7월 영국에서 출간된 <초지능>에서 "지능의 거의 모든 영역에서 뛰어난 능력을 가진 사람을 현격히 능가하는 존재"를 초지능이라고 정

---

6 https://rfriend.tistory.com/186[R, Python분석과 프로그래밍의 친구(by R Friend)].

의했다. 그는 기계가 초지능이 되는 방법을 두 가지 제시했다. 하나는 인공일반지능(artificial general intelligence)이다. 지금까지의 인공지능은 전문지식 추론이나 학습능력 같은 인간지능의 특정 기능을 기계에 부여하는 수준이다. 다시 말해 인간지능의 모든 기능을 한꺼번에 기계로 수행하는 기술, 곧 인공일반지능은 걸음마도 떼지 못한 정도의 수준이다. 2006년 인공지능이 학문으로 발족한 지 50년 되는 해에 개최된 회의(AI@50)에서 인공지능 전문가를 대상으로 2056년, 곧 인공지능 발족 100주년이 되는 해까지 인공일반지능의 실현 가능성에 대해 설문조사를 했다. 조사결과, 응답자의 18%는 2056년까지, 41%는 2056년이 지난 뒤에 인공일반지능을 가진 기계가 실현될 것으로 예상했다.

결국, 전체 응답자의 59%는 인공일반지능의 실현가능성에 손을 들었고, 41%는 기계가 사람처럼 지능을 가질 수 없다고 응답했다. 그렇다면 초지능이 먼 훗날 실현 가능성이 상대적으로 적은데도 그 위험성을 경고한 Musk, Hawking, Gates의 발언은 적절하지 못한 것이라 비판할 수 있을까. 과학을 잘 모르는 일반 대중을 상대로 저명인사가 과장해서 발언한 내용을 여과 없이 보도하는 언론에 문제가 없지 않다. 물론 미래에 대한 우려와 대응은 필요하다. 어떠한 경우이든 신중한 고려와 대응이 요구된다.

Bostrom은 기계가 초지능이 되는 방법으로 마음 업로딩(mind uploading)을 제시했다. 사람의 마음을 기계 속으로 옮기는 과정이다. 1971년 미국 생물노화학자 George Martin은 마음 업로딩에 관한 최초의 논문을 발표했다. 여기서 마음 업로딩을 생명연장기술로 제안했다. 이를 계기로 디지털 불멸(digital immortality)이라는 개념이 미래학의 화두가 됐다. 마음 업로딩은 미국 로봇공학자 Hans Moravec이 1988년 펴낸 <마음의 아이들(Mind Children)>에 의해 대중적 관심사로 부상했다.

Moravec의 시나리오에 따르면 사람 마음이 로봇 속으로 몽땅 이식돼 사람이 말 그대로 로봇으로 바뀌게 된다. 로봇 안에서 사람의 마음은 늙지도 죽지도 않는다. 마음이 사멸하지 않는 사람은 결국 영원한 삶을 누리게 되는 셈이다. 이런 맥락에서 인류의 정신적 유산을 모두 물려받게 되는 로봇, 곧 마음의 아이들이 지구의 주인이 될 것으로 전망했다. Bostrom은 기계뿐만 아니라 사람도 초지능이 될 수 있다고 주장했다. 그는 인간을 초지능 존재로 만드는 기술로 유전공학과 신경공학을 꼽았다. 유전공학으로 유전자 치료가 가능해짐에 따라 질병과 관련된 유전자를 제거하는 데 머물지 않고 지능을 개량하는 유전자를 보강할 수 있게 됐다. 또한 신경 공학의 발달로 뇌 안에 가령 기억능력을 보강하는 장치를 이식할 수 있으므로 초지능을 갖게 될 것이다.

할리우드 영화나 공상과학소설에서 인공지능(AI)은 세상을 집어삼키는 인간형 로봇으로 묘사된다. 하지만 현재의 인공지능 기술은 그 정도로 똑똑하거나 위협적이지 않다. 당분간 모든 산업 분야에서 이점을 제공할 것으로 예상된다.

가령 법률·세무·금융·투자·자산관리 등 다양한 사회·경제 분야의 지식집약 전문서비스 중 지식의 정형화가 가능한 상당 분야에서 의사결정을 지원하는 스마트 전문서비스가 일상화되고 있다. 데이터 분석을 기반으로 문제별로 판단 및 대응조치와 우선순위 및 판단의 근거를 제공하여 전문가의 정확한 최종 결정을 지원하며 인간 전문가와의 협업을 통해 오류방지와 최적 의사결정 지원을 위한 기반기술로서 빅 데이터 구축 및 분석, AI(전문지식의 학습), 맞춤형 가이드, 분야별 의사결정 최적화 모델링, 위험관리 등에 기여하고 있다.

이처럼 진행 중인 제4차 산업혁명 시대는 스마트 머신들의 새로운 종들이 등장하여 온 라인과 오프라인을 연결하는 새로운 서비스와 사업 생태계를 만들어 갈 것이다. 그리고 제4차 산업혁명을 가속화시키는 중추기술들이 인공지능(AI)로 통하면서 상상했던 미래가 현실로 가까워질 것이다.

인공지능의 정체성: 개념, 단계, 성격

> "오늘날 AI의 응용과 관련하여 1980년대와 아주 다른 새로운 세대로 가고 있다.
> 전문가시스템이 인간을 대신하는 세대이다. 1990년대는 인간을 더 스마트하게
> 만드는 건포도 빵 시스템(raisin bread system)으로 불리는 세대일 것이다. 즉 AI가
> 빵 속에 건포도처럼 시스템에 삽입된다. 그것은 많은 공간을 차지하지 않으면서
> 풍부한 영양을 제공할 수 있다. 건포도 없는 건포도 빵은 있을 수 없으며 여러 가지
> 다른 종류의 건포도가 있을 수 있다. 그것이 1990년대에 AI로부터 얻을 수 있는
> 이점, 즉 사람들을 더 스마트하게 만드는 건포도 빵 시스템이다…"
>
> -Patrick Winston, 1991.

인공지능이란 무엇인가?

AI경쟁에서 승자가 되려면 AI에 정체를 제대로 알아야 한다. 그 뿌리와 내력까지 따지고 물어야 한다. 이렇듯 인공지능의 활용을 위해 인공지능에 대한 정확한 기술과 이해의 바탕에서 설명할 줄 알아야 한다. 그래야 예측이나 비판, 통제도 가능하다. 섣불리 알았다가 자칫 큰 코 다칠 수 있다. 인공지능은 전문분야의 지식을 벗어나 제4차 산업혁명시대를 살아가는 사람들에게 상식이 되고 있다.

사실 인공지능의 뿌리에 대해 통찰해보면, 컴퓨터에 의해 조작되는 비트(bits)가 엄격한 규칙의 논리학이나 다소 느슨한 관계의 심리학과 결합하여 개념을 위한 기호로서 훌륭하게 자리 잡을 수 있다. AI는 결코 획일적인 과학이 아니다. 1970년대 중반까지 AI개척자들의 다양한 관심은 지금 인식할 수 있는 전문영역(recognizable specialties)을 낳았다(Crevier, 1993).

02

인공지능의 정체성: 개념, 단계, 성격

2019년 인도에서 〈Engineer.ai〉라는 Startup이 관심을 끌었다. 'AI로 모바일 앱 개발에 필요한 시간을 대폭 단축할 수 있다'고 홍보하며 약 3000만 달러를 유치했다. 한화 350억 원 정도니 제법 큰 돈이다. 그런데 그들의 주장이 전부 거짓이었다. 실제 〈Engineer.ai〉의 AI는 인공지능이 아닌 사람이었다. 모르고 쓴다거나 모른 척 넘어갈 수 있다. 문제는 그로 인한 역풍이다. 가짜 AI가 늘어날수록 AI에 대한 대중의 신뢰도는 낮아질 것이다. 나아가 AI산업 전반에 대한 불신과 투자위축으로 이어질 수 있다. 과거 인공지능이 몇 번의 혹독한 겨울을 맞이했던 이유도 당시 AI 기술수준이 부풀려진 대중의 기대를 충족시키지 못했기 때문이다.

오늘날 약 인공지능 시대에서 AI 구분의 경계가 모호하게 느껴진다. 정교하게 만들어진 자동화제품과 AI융합제품들은 겉으로 구분하기 어렵다. AI융합제품들이 자랑하는 핵심기능들도 대부분 스마트한 자동화 처리에 기반을 두고 있다. 포장만 잘하면 평범한 자동화기술도 AI로 둔갑할 수 있다.

인간지능은 다양한 지식과 반복된 경험(데이터)을 토대로 더 나은 행동이 무엇인지 학습하며, 삶에 적용하는 과정에서 시행착오를 통해 조금씩 성장한다. AI도 마찬가지다. 진짜 AI에 가까울수록 기능은 물론, 데이터에 많은 비중을 둔다. 반면, 가짜 AI 기업이나 AI를 겉핥는 기업이라면 그들은 자신들이 보유한 데이터의 품질이나 가공능력에 대한 질문에 자신 있는 답을 내놓지 못할 것이다.

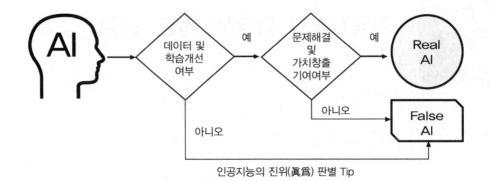

인공지능의 진위(眞僞) 판별 Tip

아울러 기업 내부에 AI기반 데이터를 관리하는 전문 인력을 얼마나 보유하고 있는지, 얼마나 많은 투자하고 있는지 확인하는 것도 좋은 판단기준이다. 특히 데이터 수집과 학습, 활용의 중요성이 진짜 AI와 가짜 AI를 구분하는 요소가 된다.[1]

1 인공지능의 역사(흐름과 전개과정)

인공지능은 하루아침에 이루어지지 않았다. AlphaGo가 갑자기 생겨난 것이 아니다. AI 역사는 우여곡절에 의한 부침(浮沈)의 역사다. 1950년대부터 열광과 몰락을 반복하며, 마침내 체감할 수 있는 파괴적인 기술로 부상하였다.

역사를 따라 되짚어 보면 인공지능과 로봇을 둘러싼 담론은 그리스신화에까지 미친다. 세계적 고전학자 Adrienne Mayor는 <Gods and Robots>에서 인간개입이 없이 작동하는 최초의 로봇(Automaton)인 탈로스를 등장시켰다. 청동으로 만들어진 거인 로봇은 해적과 침략으로부터 크레타 섬을 지키는 Android (인간모습을 하고 인간과 닮은 행동을 하는 지적 생명체)다. 이론적으로 인공지능 태동(胎動)의 역사는 17~18세기로 거슬러 간다. 그때는 인공지능 자체보다 뇌와 마음의 관계에 관한 철학적 논쟁수준에 머물렀다. 즉 마음(mind)은 내면에서 느끼는 감각의식이다. 마음의 실체는 육안으로 확인할 수 없지만 마음속에서 느끼고 떠올

1 http://www.epnc.co.kr, 〈테크 월드〉, 월간 3월호, 2020년 3월 12일자.

리고 생각하는 일이 생성된다. 그래서 마음은 의식을 가진 뇌로 인식되면서 지능, 자의식, 기억 등의 조건에 의해 확인된다.

마음에 관한 과학적 탐구의 가능성과 한계에 관한 문제는 철학자들을 두 입장으로 나누어 놓았다. 즉 마음의 문제는 과학적 방법으로 충분히 대답할 수 없다는 입장과 이를 부정하면서 과학적 탐구방법의 무한한 가능성에 기대를 거는 주장이 양립된다. 이것은 심리학이나 정신의학이 과학으로서 성립가능성과 한계와 관련된다. 그런데 이러한 논쟁에 과감하게 개입하는 학문영역이 바로 인공지능(AI) 공학이며 과학이다. 과학과 공학의 힘으로 사람의 마음처럼 기능하는 기계를 만들 수 있다면 마음의 과학에 관한 논쟁은 필요 없다. 이러한 야망을 품고 인공지능 연구가 시작되었다. 인공생명을 만듦으로써 생명의 신비가 해결될 수 있듯 마음과 대등한 인공지능을 만듦으로써 마음의 신비가 해결될 수 있으리라는 희망이었다(소흥렬, 1994).

하지만 당시 인간의 뇌 말고 정보처리기계가 존재하지 않았다. 시간이 흘러 1930년 무렵부터 인공지능관련 연구가 시작되었다. 인공지능의 시조라 할 수 있는 Warren McCulloch과 Walter Pitts은 수학과 임계논리(threshold logic) 알고리즘을 바탕으로 신경망을 위한 계산학 모델을 만들었고, 1943년 Neural Network 논문(A Logical Calculus of Ideas Immanent in Nervous Activity)을 발표했다.

이후 컴퓨터로 두뇌를 만들어 인간의 일을 대신하게 할 수 없을까?라는 의문이 제기되면서 빠른 속도로 인공지능이 학문의 영역으로 들어서기 시작했다. 1950년 Turing의 <컴퓨팅기계와 지능>이라는 논문에서 그 단초를 찾을 수 있다. Turing의 "Can machines think?"라는 문제의식에서 비롯되었다. 즉 인간처럼 생각하거나 대화할 수 있는 기계 혹은 시스템 개발을 제안하면서 본격적으로 시작되었다(Turing, 1950).

인간이 기계와 이야기하는지, 혹은 사람과 이야기하는지 분간할 수 없다면 컴퓨터의 지능보유를 인정해야 한다는 Turing Test[2]는 훗날 인공지능에 대한 개

2 주어진 문제 해결사고의 상황에서 판단하는 사람(Judge)이 기계(컴퓨터)의 출력과 사람의 출력을 구별할 수 없다면,

자료: 튜링테스트 진행과정 개요도(자료제공: 안치영)

넘적인 기반을 제공하였다.

인공지능 분야는 1956년 John McCarthy, Marvin Minsky, Nathaniel Rochester, Claude Shannon, Arthur Samuel, Herbert Simon, Allen Newell 등 당시 최고의 정보과학자들이 Dartmouth 대학에 모여 창시했다. New Hampshire주 Hanover에 있는 Dartmouth College에서 열린 총 8주간의 Workshop[3]에서 AI라는 이름과, 연구개발 목표와 추진방향을 제안하고 토론하였다. 이 과정에서 McCarthy는 1956년에 Automata이론, 신경망(Neural Network), 지능(Intelligence)에 대한 연구 워크숍에서 인공지능(artificial intelligence)이라는 용어를 처음 사용했다.[4]

🔍 불우했던 인공지능 천재, McCarthy

John McCarthy는 대공황기에 Boston의 가난한 이민가정에서 자랐다. 그의 가족은 직업을 구하러 여기저기 전전하다 LA에 정착한다. Caltec에 가서 중고 책자를 구해다가 집에서 혼자 수학을 독학한다. 가난했던 그는 생계를 위해 목수, 어부 그리고 발명가 등 잡다한 일을 한다. 지금의 수압식 과일흡착기(Orange‑squeezer)를 발명한 이력도 있다. 후에 Caltec에 입학해서 수학을 전공하고 24세에 Princeton에서 박사학위를 받는다. 1950년대 후반 이미 체스게임을 하는 IBM 머신을 개발하기도 한 대단한 천재였다.[5]

1956년의 학회가 인공지능의 효시로 불리는 것은 당시 <학습과 다른 지능의 특징을 기계가 시뮬레이션 할 수 있을 것이다.>라는 선언에서 비롯된다. 또

그 기계는 인간과 같은 사고를 하였다고 규정할 수 있다는 테스트이다.
3 Workshop을 창안하고 조직한 사람은 당시 Dartmouth College의 John McCarthy 수학과 교수였다.
4 1956년에 Dartmouth대학에서 열린 Workshop에서 인간처럼 생각할 수 있는 기계(thinking machine)를 인공지능이라고 명명하고 연구를 진행한 것이 인공지능개발의 시발점이었다.
5 http://www.agilesoda.com/resources/file/agilesoda800.pdf.

한 인공지능으로 명명된 연구영역이 시작되었다. 당시 AI에 관한 일치된 견해를 보지 못했다. 그러나 함께 선포한 목표는 "사람의 다양한 능력을 컴퓨터가 대신할 수 있도록 하는 것"이었다. 15~20년 후에는 "1990년까지 그 목표가 이루어질 것"이라고 선언했다.

인공지능은 <그림 2-1>에서 보듯이 1950년대부터 전개됐다. 물론 인공지능이라는 개념 자체는 훨씬 예전부터 있었다. 1943년 Warren McCulloch & Walter Pitts에 의해 출간된 "A Logical Calculus of the Ideas Immanent in Nervous Activity"에서 최초의 신경망모델이 제안되었다. 그들의 모델은 신경망이론의 효시로 여겨졌다. 네트워크 내 단순한 요소들의 연결을 통해 무한한 컴퓨팅 능력을 가진다는 점에서 매우 고무적이었다. 특히, 인간두뇌에 관한 최초의 논리적 모델링이라는 점에서 그 중요성이 매우 컸다. 이후 1949년에 캐나다의 심리학자 Donald Hebb이 두 뉴런 사이의 연결강도를 조정할 수 있는 학습규칙을 발표하였으며, 1957년에 Frank Rosenblatt은 '퍼셉트론'이라는 최초의 신경망모델을 발표하였다. 또한 Marvin Minsky와 Dean Edmonds는 미로를 통과하는 쥐(rat finding)을 Simulation한 최초의 인공신경망(Neural Network)을 만들었다.

인공지능은 수많은 혁신과 좌절, 새로운 도전의 누적적 산물로 이뤄진 인간지성의 도전영역이다. 물론 지능에 대한 연구와 추론 및 논증 능력에 대한 철학적접근, 다양한 자동화기기 발명은 인간 문명과 함께 한 오래된 영역이다. 하지만 인공지능은 컴퓨터시대에 들어오면서 컴퓨터 과학자의 본격적 연구대상이 되

그림 2-1 인공지능기술의 전개과정

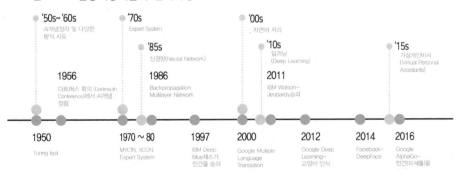

자료: http://www.igloose.co.kr/BLOG

었다. 그 이전에 논리학, 심리학, 철학 등의 발전도 AI에 대한 연구의 시발점이 되었다. 당시 AI 연구는 인간과 자연스럽게 대화할 수 있는 음성인식과 이해가 가능한 시스템을 만드는 데 그 초점이 맞추어져 있었다.

AI는 1940~1950년대에 시작하였다. 탐색과 추론의 시대에 AI에 관한 최초의 인공지능 연구는 전자식 컴퓨터가 만들어짐과 동시에 연구되었다. 최초의 전자식 컴퓨터는 1941년 Atanasoff-Berry Computer(ABC)라는 컴퓨터와 1946년 ENIAC이라는 컴퓨터가 만들어졌다. 놀랍게도 인간이 자동계산을 시작함과 동시에 인간의 두뇌 활동을 모방하려고 했다는 점이다.

Turing(1950)이 AI기술을 소개한 이후, 많은 과학자와 엔지니어는 음성인식 분야 이외에 기업의 생산성 향상을 위해 AI 기술을 기업에 적용하는 다양한 애플리케이션을 개발하였다. 그 중에서 AI 기술이 기업에 적용된 가장 성공적 애플리케이션 중 하나가 전문가 시스템(Expert Systems)이다(임규건, 2007). 전문가 시스템은 전문가인 인간의 지식과 추론과정을 컴퓨터로 모델링함으로써 전문가의 지식을 널리 활용하자는데 그 목표를 두고 있었다(Liebowitz, 1997). 당시 인공지능 연구의 핵심은 추론과 탐색이었다. 마치 인간처럼 생각하고 문제를 풀 수 있는 인공지능 연구는 1970년대까지 활발히 진행되었다. 하지만 복잡한 문제까지 풀기 위한 수준까지 도달하지 못했다. <그림 2-2>에서 보듯이 분기하면서 확장됐다.

1970년대까지 학자들은 검색을 통한 추론, 자연어분석, 마이크로 세계에 대한 모델링을 통해 긍정적으로 전망했다. 그러나 문제를 너무 쉽게 생각했다는 현실에 부딪히면서 인공지능의 겨울을 맞이했다. 한동안 침체했던 인공지능 연구는 1980년대에 부활을 맞이한다.

1980년대에 들어오면서 인간지식을 여러 방식으로 저장하고 이를 기반으로 논리적 추론기능이 첨가되면서 인공지능의 새로운 접근이 이뤄졌다. 1980년대 중반 다층신경망(Multi-layer Perceptron)의 학습알고리즘인 역 전파(back-propagation) 알고리즘이 연구되면서 신경망연구는 큰 반향을 일으킨다. 즉 Geoffrey Hinton 교수가 다층구조에서 가중치(Weight)값 추정을 위한 역 전파(Back propagation) 기법을 제안하며 주목을 받았다. 그러나 당시의 낮은 컴퓨팅 연산능력과 계층이 많아질수록 가중치 조정값이 앞쪽으로 반영이 잘 되지 않는 한계로 20여 년간

그림 2-2 인공지능의 발달과정

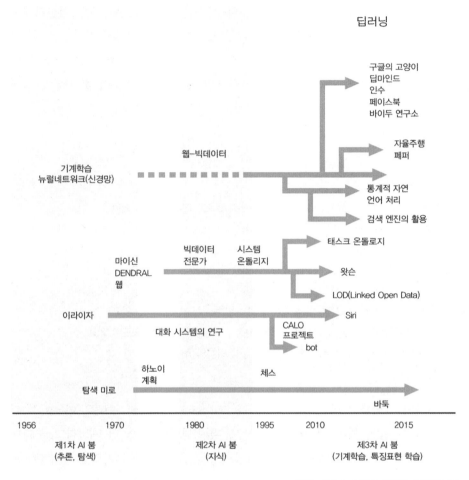

자료: 마쓰오 유타카, 박기원 옮김(2016)

활용되지 못하였다. 하지만 제2차 AI 붐으로 지식시대를 맞이하였다. 가령 전문가시스템과 의료진단, 유기화학물의 특징, 제5세대 컴퓨터 프로젝트 등을 들 수 있다. 그러나 대부분 노력이 난관에 부딪히면서 1990년대 초까지 다시 제2의 겨울이 찾아왔다.

그러나 1990대 후반 인공지능연구는 인터넷과 함께 성장을 맞이한다. 바로 검색엔진 등을 통해 이전과 비교할 수 없는 방대한 데이터를 수집할 수 있게 되었다. 이른바 머신러닝(Machine Learning)을 통해 수많은 빅 데이터를 분석하여 인공지능 시스템 자신 스스로 학습하는 형태로 진화한다.

이처럼 딥 러닝을 포함해 인공지능의 학습알고리즘을 통칭하는 머신러닝은 역사를 바꾸는 기술이었지만 곡절이 심했던 반세기의 연구에서 살아남은 운 좋은 기술이기도 하다. 인공지능은 역사에서 호황과 불황의 사이클을 수도 없이 오갔다. 위대한 약속의 시간이 오는가 싶으면 다시 AI의 겨울이 찾아왔고, 성과가 저조하면 Funding도 크게 줄었다.

🔍 인공지능의 부침(浮沈)

- 1950년: Alan Turing의 튜링 테스트 –기계지능의 테스트 방법 제안
- 1956년: 인공지능 용어 탄생(Dartmouth회의, John McCarthy)
- 1962년: Rosenblatt의 Perceptron 발명–최초의 인공신경망
- 1969년: Perceptron의 한계 증명(Minsky & 페퍼트)–XOR 문제
- 1974~1980년: 인공지능의 첫 번째 겨울 ⇐ 성과 부진+Minsky의 비판
- 1980~1987년: 인공지능의 부활(전문가 시스템, 신경망 역전파 알고리즘)
- 1987~1993년: 인공지능의 두 번째 겨울 ⇐ 신경망의 문제, 과도한 기대
- 1993년~현재: 머신러닝 기법 발달, 신경망 이론의 성숙

인간의 두뇌를 모방한 신경망 네트워크(neural networks) 구조로 이루어진 딥 러닝 알고리즘은 기존 머신러닝의 한계를 뛰어넘었다. 2006년 캐나다 토론토대학의 Geoffrey Hinton 교수가 딥 러닝을 처음 발표하면서 알려진 이후 Yann LeCun과 Andrew Ng과 같은 세계적인 딥 러닝 구루들에 의해 더욱 발전했고 이들은 Google, Facebook, Baidu 같은 글로벌 IT 회사에 영입되어 연구를 더욱 가속화하였다. 주로 음성인식, 영상이해, 기계번역 등에 쓰이고 있는 딥 러닝 알고리즘은 2012년 캐나다 토론토대학의 Alex Krizhevsky가 ImageNet이라 불리는 이미지인식 경진대회에서 딥 러닝을 활용하여 자체적으로 이미지를 인식하는 컴퓨터로 우승을 차지하면서 획기적 전환점을 맞이하였다.[6] 그의 방식은

---

6 ImageNet 경진대회는 1,000개의 카테고리와 100만 개의 이미지로 구성되어 정확도를 겨루는 대회다. 2012년 Alex의 우승이전까지 10여 년간 컴퓨터 이미지 인식률이 75%를 넘지 못하였는데 당시 Alex는 84.7%라는 놀라운

CNN을 이용하여 Alexnet이라 불리는 깊은 신경망(Deep NeuralNetwork)을 설계한 뒤, GPU를 활용하여 수없이 많은 이미지인식을 훈련하였다. 여기에 필요한 계산량은 CPU만으로 불가능할 정도로 매우 컸기에 병렬컴퓨팅에 유리한 GPU를 사용하여 딥 러닝에서 요구되는 엄청난 규모의 연산을 빠르고 정확하게 처리할 수 있었다.

2013년 이후 기계학습·딥 러닝 시대(데이터로부터 학습하는 AI)가 전개되었다. 특히, 인공지능연구 50년 역사에 있어 혁신적 돌파구인 Deep Learning에 의해, 거대 데이터 속에 존재하는 특정량의 추출이 가능해지면서 가속도로 진화하고 있다. 이후 딥 러닝 연구는 GPU와 함께 급속도로 발전하였고 2015년에 열린 <ImageNet> 경진대회에서 MS팀이 GPU를 활용하여 무려 96%가 넘는 정확도를 기록함으로써 이미지인식 부문에서 인간과 거의 유사한 수준에 도달하였다.

이처럼 Deep Learning 발전은 3박자가 갖추어졌기 때문에 가능했다. <그림 2-3>에서 알 수 있듯이 첫째, 알고리즘의 진화와 혁신이다. 딥 러닝과 같은 기계학습 알고리즘 기술의 진화로 정확도가 급격히 향상하였다. 둘째, 인터넷과 SNS 등의 보급 및 이용확산으로 인해 대용량의 데이터가 축적될 수 있었다. 인

그림 2-3 인공지능기술의 발달배경

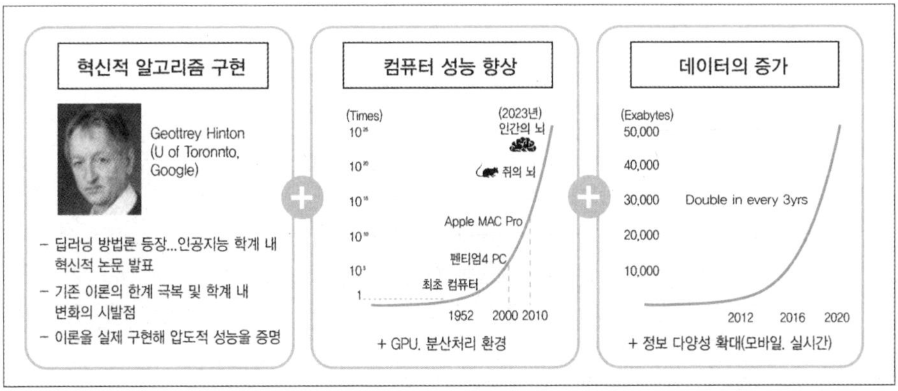

자료: LG경제연구원(2017)

정확도를 보여주었다.

터넷, 스마트 폰을 통한 데이터양이 급격히 증가하고 이를 수집/분석하기 위한 빅 데이터 처리환경이 발전하였다.

이처럼 컴퓨팅성능의 획기적 발전과 데이터용량의 급증을 바탕으로 신경망 시스템은 딥 러닝(Deep Learning)이라는 이름으로 비정형 데이터들을 학습, 예측 하는데 각광을 받았다(나영식·조재혁, 2018). GPU(Graphic Processing Unit) 등 데이터 처리를 위한 컴퓨팅 성능이 향상됨에 따라 과거 수개월 소요되었던 기계학습 처리시간이 단 몇 분/시간 만에 가능해졌다. 여기에 Open Source 등을 통한 소프트웨어 기술이 발전하고 Google, Facebook, Amazon 등 대형 IT회사들은 인공지능 연구에 집중하여 왔다. 이러한 요인들은 산업적 활용에도 가속화를 초래하였다.

인공지능기술은 이미 제조업(자율주행자동차, 지능형로봇, Smart Factory) 및 서비스업(의료, 교육, 금융 등)과 융합되어 상용화가 시작되었으며 매년 3.5~5.1조 달러 규모의 경제적 가치를 창출할 것으로 전망된다(McKinsey & Company, 2018). 정보기술뿐만 아니라 뇌에 대한 연구 및 바이오기술이 AI연구와 접목되면서 혁명적인 AI기술의 발전이 기대된다(백승익 외, 2016).

인공지능과 인간과의 대결은 주로 게임을 통해 이루어졌다. 1989년 IBM에서 만든 체스 전용 컴퓨터인 Deep Thought는 인간에게 도전했으나 실패했다.

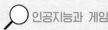
인공지능과 게임

Arthur Samuel
- 처음으로 머신러닝(Machine Learning)이라는 용어 사용
- 체커 게임(1959) – 스스로 학습하는 최초의 프로그램

IBM Deep Blue와 Watson
- 세계 체스 챔피언 가리 카스파로프에 승리(1997)
- TV 퀴즈쇼 Jeopardy(Jeopardy!)에서 우승(2011)

DeepMind의 AlphaGo
* 이세돌에게 4:1 승리(2016)/ 커제에게 3:0 승리(2017)
* 2019.12 현재 공식프로 대국 전적 - 69전 68승 1패

Libratus와 DeepStack
* 각각 텍사스 홀덤 포커 게임과 무제한 배팅 포커게임에서 승리(2017)

DeepMind의 AlphaStar(Starcraft용 인공지능 프로그램)
* 2919.11 현재 프로게이머(2명)와 대결하여 10승 1패

그러나 1997년 IBM의 Deep Blue는 당시 세계 체스챔피언인 Garry Kasparov 를 2승 1패 3무로 승리하였고, 체스공간보다 훨씬 복잡한(19x19)의 문제 공간 (Problem Space)을 가진 바둑에서 Google의 Deep Learning기술의 AlphaGo가 인간 이세돌 바둑 9단을 4승 1패로 이겼다. 2014년 6월 영국 레딩대는 Eugene Goostman으로 명명한 컴퓨터가 심사위원의 33%를 속이고 Turing 테스트를 통 과했다고 선전해 화제가 되었다. 그러나 영어가 모국어가 아닌 13세 소년 설정 의 Chatbot 수준으로 평가된다. 아직까지 수준 4의 강한 인공지능 수준의 종합 적 사고 능력을 보여주는 인간과 같은 컴퓨터는 개발되지 못한 실정이다.

만일 딥 마인드의 AlphaGo와 NHN의 한돌이 대국을 벌인다면 과연 누가 이 길까? 단순 비교하기엔 무리가 있지만 AlphaGo Zero와 아직 격차가 있다. AI가 학습을 계속하다 보면 정체구간이 있는데, AlphaGo Zero도 예외가 아니다. 딥 마인드의 논문을 보면, 경기를 통한 기억의 수치가 있다. 이것을 통해 상대비교 를 하면, Version up된 AlphaGo Zero이지 않을까 짐작된다. AlphaGo와의 차 이점은, 한돌은 앙상블 추론과 시뮬레이션을 통해 같은 데이터라도 학습시킬 때 효율적으로 트레이닝 시키려고 노력하였다. AlphaGo에서 사용된 모델은 다음 수에 대한 예측이나 승리에 대한 확률을 예측한다. 앙상블 추론은, 사람으로 치 면 여러 사람이 동시에 다음 수를 의논하는 것이다. 앙상블 추론과 통계를 통해 효율적 시뮬레이션이 가능하다.

이세돌과의 대국에서 AlphaGo는 4승 1패, 한돌은 2승 1패를 기록했다. 딥 마인드는 이세돌 9단과 겨뤘던 AlphaGo Lee보다 강력해진 AlphaGo Master를

이용, 중국의 유명 바둑기사 커제를 3:0으로 꺾었다. 이후 사람 기보를 사용하지 않으며 일본 장기와 체스에 응용 가능한 AlphaGo Zero를 발표했다. 한돌 개발은 2016년 이세돌과 AlphaGo 대국을 기점으로 결정됐다. 기력을 측정하는 ELO시스템을 기준으로 인간 9단은 약 3500 정도의 기력수준을 갖고 있다.[7]

1950년대에 컴퓨터등장과 함께 탄생한 인공지능은 지난 60여 년 동안 양립되는 두 가지의 큰 패러다임이 지배하였다.[8] 초기 30년 동안(1960~1990)의 제1기 기호주의(symbolism) 패러다임은 철학적으로 합리론(Rationalism)에 기초하며 지식 프로그래밍을 통해 지능을 구현하고자 하였다(Charniak & McDermott, 1985). 인간의 지식을 저장하고 추론하는 하향식의 지능 구현 방식이다.

고전적 AI라고 불리는 기호주의는 논리적이고 심리학적 지능에 대한 모델로 물리적 기호시스템 가정(Physical Symbol System Hypothesis)에 기반을 둔다. 물리적 기호시스템은 인간이 지닌 일반적인 지능의 표현을 위해 필요 충분한 수단이다. 정보를 표현하는 기호와 그것을 가지고 동작하는 프로그램만 적절히 만들어진다면 인간지능도 구현할 수 있다는 입장이다. 지식을 다양한 경험과 데이터를 통한 학습과정으로 축적한다. 이러한 접근이 기계학습(Machine Learning)이며, 결정트리, 클러스터링, Baysian 네트워크, 연관규칙, 귀납적 논리계획법, 유전알고리즘 등 다양한 방식이 개발되었다.

반면에 연결주의는 sub-symbolic AI로써 인간두뇌를 모방한 생물학적 모델이다. 매우 단순한 기능을 가진 신경세포들로 구성되고 이런 세포들의 복잡한 연결을 통해 고수준의 지능적 작업을 수행할 수 있다는 시각이다. 연결주의에 근거한 Deep Learning 성공은 현상학의 바탕에서 기호주의 한계(형식적 규칙과 명제적 앎)를 비판하고 연결주의의 강점(무의식적 본능과 실천적 앎)을 강조한 Dreyfus(1972)의 견해에서 알 수 있듯 인간지능의 확장가능성을 지녀왔다.

---

7 이창율 NHN 기술연구센터 게임AI팀장은 "한돌 0.1은 2,500, 1.0은 3,500 수준으로 이미 인간 9단과 대국이 가능한 수준을 갖추었으며, 한돌 2.0 초기 버전은 4000 정도의 기력을 가졌다"라고 밝혔다. 그래서 시간 지나면 격차는 줄어들 것이라 본다.

8 하향식과 상향식의 중간적 입장을 취하는 방법에는 상황 오토마타(situated automata)에 기초한 접근법이 있다(Nils J.Nilsson, 1998).

• 우도(likelihood)란 가능도(可能度)라고도 하며, 어떤 모델에서 해당 데이터(관측값)가 나올 확률이다. 이미 주어진 표본(x)들에 비추어 봤을 때 모집단의 모수(θ)에 대한 추정이 그럴 듯한 정도를 가리킨다. 우도가 클수록 추정이 그럴듯하다는 의미다. 알고 있는 표본들로 계산했을 때 표본들로부터 알려지지 않은 모집단 확률분포의 형태를 추정해가는 방법론이 최대우도추정(MLE)이다.

• 사전확률(prior probability)이란 사건이 발생하기 전 자신의 경험이나 데이터 등을 근거로 해당사건이 발생할 것이라는 기대를 확률로 나타낸 것으로 주관적 성격이 강하며 직업적 특성으로 기상예보관이나 도박사 등이 주로 관심을 둔다. 관측자가 관측하기 전에 시스템 또는 모델에 대해 가지고 있는 선험적 확률이다.

• 사후확률(posterior probability)은 사건이 발생한 상황에서 그 사건이 어떠한 원인으로부터 발생했는지 역으로 추정하여 확률로 나타낸 것으로 주로 형사들의 관심사항이다. 사건 발생 후(관측이 진행된 후) 그 사건이 특정 모델에서 발생했을 확률이다.

• Baysian이론은 사후확률과 밀접하다. 즉 Baysian정리("사전확률 P(X)와 우도P(Y/X)를 알면 사후확률 P(X/Y)을 구할 수 있다.")를 알면 사후확률의 추정이 가능하다.

후기 30년 동안(1990~현재) 제2기의 연결주의 인공지능(connectionism AI) 패러다임은 철학적으로 경험론(Empiricism)에 기초하여 데이터로부터 학습함으로써 지능시스템의 구현방법을 취하였다(Mitchell, 1997).

🔍 인공지능의 라이벌, 기호주의와 연결주의

Marvin Minsky와 Frank Rosenblatt은 각각 1927년, 1928년 1년의 시간차를 두고 뉴욕에서 태어나 지역명문 Bronx과학고등학교 동문으로 인연을 맺는다. 졸업 후 Minsky는 하버드와 프린스턴을 거치면서 수학을 공부하며, Rosenblatt은 코넬에서 심리학을 공부한다. 분야는 달랐지만 인공지능 정복을 위해 각자의 길을 걸었다. 먼저 두각을 드러낸 Minsky는 1956년 Dartmouth회의에서 최초로 인공지능(Artificial Intelligence)이라는 용어를 제안했다. 즉 인간지식을 기호화하고 기호 간 관계를 일일이 입력하여 학습시키면 컴퓨터는 인간과 비슷한 입력을 얻었을 때 출력도 비슷하게 낼 것이라는 가정에서 출발하였다. 〈만약 X라면 Y다〉라는 식의 규칙기반진영의 연구자들을 중심으로 컴퓨터에 생각하는 것을 가르치며 논리규칙을 encoding한다. 이를 기호주의라고 부르며 전형적 AI기법이 전문가시스템이다. 가령 MYCIN이라는 의료처방시스템이 성공사례. 의사들의 의학지식(증상에 따른 소견정보)을 컴퓨터에 주입시켜 처방을 내릴 수 있다. 기호주의로 독주하던 Minsky에게 도전자로 나타난 Rosenblatt은 연결주의를 선택한다. 인간 뇌는 수많은 신경망으로 이루어졌다는 것을 모티브 삼아 컴퓨터에 인간 뇌가 습득한 규칙을 일일이 가르치는 것이 아니라 인간 뇌 자체를 재건하려 노력했다. 그리고 1962년 컴퓨터에 신경망으로 학습시키고 추론하게 한다며 퍼셉트론을 제시하였다. 각각의 입력(X값)에 Weight 값을 곱한 후 더한 값이 출력값이다. 적절한 출력을 위해 Weight와 bias를 찾아 학습시킨다는 게 퍼셉트론의 핵심이다. 입력값에 어느 정도 오차가 존재해도 출력은 비슷하게 나온다는 효과가 있다. 실제로 신경망을 통해 알파벳과 숫자를 컴퓨터가 인식하게 하는데 성공하며 얼룩이 묻어 있는 글자도 성공적으로 인식하면서 인기가 치솟았다.[9]

후기 패러다임은 몇 년 사이에 딥 러닝을 통해서 빠르게 발전하고 있다. 딥 러닝은 복잡한 문제를 잘 해결하는 장점은 있으나 많은 학습데이터를 필요로 하고 모델의 해석이 어렵다는 한계를 지닌다. 반면에 기호주의 인공지능 모델들은 해석은 쉬우나 학습을 잘하지 못하는 단점이 있다.

🔍 갈등의 산고 끝에 탄생한 Deep Learning

기호주의와 연결주의가 충돌하던 상황은 AI의 한계가 보였던 시점이었다. 인공지능 개념의 출범당시 일반인들은 물론 과학자들도 AI에 대해 낙관하였다, 인공지능개발이 완료되면, 사람대신 컴퓨터가 일을 대신해줄 것으로 생각했고, 대규모펀드가 유입되었다. 그러나 시간이 지나도 성과가 기대에 미치지 못하자 썰물처럼 빠져나갔다. 1960년대 말 무렵 Minsky는 연결주의에 위기감을 느끼고 새싹을 짓밟아야겠다는 의도가 담긴 책, 〈퍼셉트론〉의 출간 (1969)으로 연결주의를 향해 '롱기누스의 창'을 던진다. 기존 연결주의(퍼셉트론)의 한계를

---

9 https://techit.kr/view/?no=20190505094913, https://pgr21.com/pb/pb.php?id=freedom&no=57391.

수학적으로 증명한다. 퍼셉트론은 XOR연산이 근본적으로 불가능하며, 실생활에 적용할 수 있는 부분이 매우 제한적일 수밖에 없다며 신랄하게 비판했다. 그 파장으로 연결주의에 투자된펀드는 모두 떠나고 관련 학자들도 이탈하기 시작했다. 결국, Rosenblatt은 1971년에 맞이한 생일에 Chesapeake Bay의 보트에서 자살한다. 이후 15년이 넘도록 혹독한 시련을 겪으며 AI Winter를 맞이한다. 그나마 Minsky의 기호주의방식은 명맥을 이었지만 연결주의는 10년 넘도록 싹도 나지 않을 정도로 무너졌다. 이 와중에도 Rosenblatt의 사도(미국 보스턴대 Stephen Grossberg와 일본 동경대의 Shunichi Amari, NHK연구소의 Kunihiko Fukushima, 핀란드의 Kohonen 등)들은 퍼셉트론 연구를 멈추지 않았다. 결국 1984년 David Rumelhart와 John Hopfield는 Marvin Minsky가 지적했던 XOR 연산에 대한 문제를 극복하고 hidden layer 채용 및 역전파 학습법을 고안하여 연결주의를 되살려낸다. 즉 다층 퍼셉트론을 이용하여 새로운 시도(NetTalk)를 단행한다. 컴퓨터에 말하는 법을 신경망으로 가르치는데 처음에는 아기처럼 옹알거리다가 차츰 성인처럼 이야기하는 과정이 소개되면서 신경망에 활력을 불어넣는다. 당시 신경망 인기가 대단하여 영화 터미네이터2에서 미래로봇의 신경망chip(neural network chip) 사용이 배경묘사가 될 정도였다. 오랫동안 AI의 변경에서 천대받던 신경망연구는 딥 러닝이라는 새 모양으로 단장하고 주류로 올라섰다. 2000년대 중반 AI연구의 개척자인 Geoffrey Hinton이 새로 쌓아 올린 인공신경망 층(layer)을 효율적으로 훈련하는 방법을 발견하면서 기존의 틀을 깨부순 신기술, 딥 러닝이 등장했다.[10]

최근에는 제1기의 기호주의 AI와 제2기의 연결주의 AI패러다임의 교훈을 바탕으로 그 장점을 살리고 한계를 극복하는 제3기의 새로운 인공지능 패러다임(인지주의 AI)이 제기되고 있다. <표 2-1>에서 보듯 제4차 산업혁명시대에 IoT 환경을 통해 새로운 종류의 데이터와 서비스가 등장하고 컴퓨팅 환경 및 정보 인프라가 고도화되고 있다. 특히 자동차, 드론, 로봇과 같은 자율주행물체들과 사물인터넷을 통해 물리세계로부터 자동으로 생성되는 Sensor 데이터는 지금까지 사람이 컴퓨터에 입력하던 데이터의 종류와 규모, 속도 면에서 비교가 안 될 정도다. 이로 인해 인공지능기술의 양적 성장만이 아니라 질적 변화와 혁신이 기대된다.

인지주의AI[11]는 합리론(기호주의 AI)에서 강조한 지능의 선험적 요소와 경험론

---

10 https://techit.kr/view/?no=20190505094913, https://pgr21.com/pb/pb.php?id=freedom&no=57391.
11 인지과학의 역사에서 보면 초기 고전 인지과학에서 사용한 Cognitivism 또는 Computationalism을 우리말로 인지주의라고 쓴다(장병탁 외 역, 2018). 인지주의는 현대 인지과학에서 널리 받아들이는 체화된 인지로서의 인지를

표 2-1 기호주의, 연결주의, 인지주의 인공지능 패러다임의 특성 비교

구 분	기호주의 AI (Symbolic)	연결주의 AI (Connectionist)	인지주의 AI (Cognitive)
철학적 기반	합리론(Rationalism)	경험론(Empiricism)	구성론(Constructivism)
개체-환경 관계	개체중심	환경중심	개체와 환경의 동적 상호작용
추론-학습 관계	추론중심	학습중심	행동을 통한 학습과 추론의 순환적 반복
시스템 구조	기호규칙집합	고정적 망구조	동적 재구성 다층망 구조(뇌인지 시스템 구조)

자료: 장병탁(2018)

(연결주의 AI)에서 강조한 지능의 환경적 영향이 별개가 아니라 상호작용을 통한 점진적 발달로 이해한다. 또한 구성주의 철학(Constructivism)에 기초한 인공지능패러다임으로 과거의 인공지능이 책벌레처럼 지능(book smarts)을 추구했다면 일상생활형 지능(street smarts)을 추구한다. 닫혀 있는 가상세계에서 생각만 하는 인공지능이 아니라, 실세계에서 Sensor를 통해 환경과 상호작용하며 인간과 교감하며 자율적으로 행동하는 인공지능형체(Embodied AI)를 연구한다(장병탁, 2018:17-26).

인간의 지능은 인공지능의 이상이자 모범이다. 물론 인공지능이 꼭 인간 지능을 닮아야 하느냐라는 의문이 제기될 수도 있다. 그러나 적어도 현재까지의 인공 지능 기술을 보면 그 약점과 한계를 극복하기 위해 여전히 인간지능이 이상적 모델을 제시한다. 뇌라는 컴퓨터는 평생 학습하는 시스템이고, 성장하는 기계이며, 미래를 예측하는 시스템이고, 상상력을 발휘하는 기계이며, 의도를 가진 시스템이다. 이러한 특성은 현재의 디지털 컴퓨터가 가지지 못 하였다. 구성주의에 기반을 둔 인지주의 인공지능이 모사해야 할 이상적인 지능시스템의 모델이라고 할 수 있다.

제3기의 인지주의 인공지능은 기계가 Sensor와 모터를 갖추고 환경과 상호작용하면서 학습 데이터를 스스로 만들어 내는 자율적 인지시스템이다. 이는 지능

의미한다. 더욱 엄격하게 '신인지주의' 또는 'Neo-Cognitivism'으로 부르는 것이 적절하지만 신(Neo)을 생략하고 약칭하였다.

향상에 한계가 없음을 뜻하며 진정한 인간수준의 인공지능(Human-Level Artificial Intelligence, HLAI) 또는 범용인공지능(Artificial General Intelligence, AGI)에 도달할 수 있는 기반을 제공한다.

산업적으로, 로봇, 자동차, 드론 등에 체화된 인지시스템을 볼 때 인공지능이 주입된 스마트머신 산업이 4차 산업혁명시대의 새로운 성장 동력이 될 것이다. <그림 2-4>는 다양한 종류의 스마트머신들이 체화된 인지시스템 관점에서 제시될 수 있다. 가로축은 고전적인 인공지능 관점에서 지능의 정도를 나타낸다. 인지과학 관점에서 마음에 해당하며 소프트웨어와 데이터의 성격이 강하다. 세로축은 체화된 정도를 표시한다. 위로 갈수록 신체에 해당하며 하드웨어와 디바이스 성격이 강하다.

고전적인 인공지능 관점에서 인공지능은 시리, Watson, AlphaGo를 통해 그 절정에 근접하였다. 반면에 Google 자율주행자동차와 Boston Dynamics의 아틀라스 로봇은 하드웨어 관점에서 절정을 보여준다. 앞으로 상상하기 어려운 다양한 새로운 종의 제품들이 탄생할 것으로 예상된다. 누가 이 분야를 선점하여 제품화하고 플랫폼을 지배할 것인지 여부에 따라 기업이든 국가든 제4차 산업혁명시대의 승자와 패자가 결정될 것이다(장병탁, 2018:17-26).

인공지능은 성능과 수준에 따라 세대(Generation)로 구분될 수 있다. 인공지능 기술·제품들은 시간이 지남에 따라 기술의 구현방법, 특징 등 패러다임 자체

그림 2-4 체화된 인지시스템으로서 스마트 머신과 인지주의 인공지능

가 조금씩 변화하며 발전하였다. 과거 1세대 인공지능은 가전제품에 구현되는
단순한 제어 프로그램 수준에 지나지 않았다. 이 기술은 규칙이 정해져 있어서
그대로 수행되는 구조이므로, 간단한 작업밖에 할 수 없었다. 그 후 경로탐색과
DB 서치 등을 활용한 2세대 인공지능이 나왔다. 많은 정보와 규칙을 두꺼운 시
나리오 북으로 미리 준비하고 탐색하는 방식으로 전문가 시스템이라고도 한다.
그 후 머신러닝으로 대변되는 3세대 인공지능 시대가 열렸다.

머신러닝이란 전문가시스템처럼 처음부터 방대한 규칙을 준비하는 대신, 컴
퓨터가 스스로 어떤 판별이나 예측비법을 익히도록 한다. 3세대의 머신러닝에서
는 데이터를 어떻게 추상화하여 로직을 찾을지 인간이 알려주어야 했다. 지금의
4세대 인공지능은 딥 러닝으로 대표된다. 딥 러닝은 기존 신경망분석(NN)의 발
전된 형태로써 추상화된 고급지식을 익힐 수 있다. 뿐만 아니라 데이터를 변형
하고 살피는 통찰(insight)조차 기계가 스스로 찾는다.

2016년 3월 9일~15일, 세기의 대국으로 세계의 이목을 집중시켰던 인공지
능 바둑 프로그램 AlphaGo는 16만 건이 넘는 프로기사 기보를 토대로 매일 3만
번의 실전경험을 쌓으며 스스로 학습하며 성장하였다. 수없이 많은 연산량은
176개의 GPU로 이루어진 고성능 시스템이 있었기에 가능했다. 일반적인 CPU

● 표 2-2 인공지능 세대의 변화

구분	1세대	2세대	3세대	4세대
시기	~1980년대	~1990년대	~2000년대	2010년~현재
방법	단순 제어 프로그램	경로탐색/ DB탐색	머신러닝	딥 러닝 (Deep Learning)
특징	• 전문가 제어 알고 리즘 작성 • 기계/전기제어 프로 그램 • 제어공학/시스템공학	• 모든 경우의 수를 탐색(탐색트리) • 구축된 DB를 통해 정답을 검색 • 전문가 시스템	• 입력데이터기반규 칙이나 지식을 스 스로 학습 • 로지스틱, D-Tree, SVM, 인공신경망	• 깊은 인공신경망 • 추상화된 특징표현 을 알아냄 • 신경망에 합성곱 연 산, 순환연결 등 기 법 추가
사례	자동세탁기	딥 블루의 체스정복 (1997)	문자/패턴인식 (감시카메라)	AlphaGo

시스템보다 30배 이상 연산속도가 빨랐기에 보다 짧은 시간에 효과적으로 연산이 가능해졌고 전력 소모도 크게 줄일 수 있었다. AlphaGo의 개발총책임자인 David Silver 교수는 AlphaGo의 브레인의 경우, 100개가 넘는 GPU라고 말할 정도로 AlphaGo에게 GPU의 역할은 절대적이다.[12]

한편, 2005년 인공지능 기술기업인 Numenta를 공동 창립한 Jeff Hawkins는 ① 전문가시스템의 고전적 인공지능을 1세대 AI, ② AlphaGo 등의 신경망(뉴런+시냅스)을 모방하는 인공신경망을 2세대 AI, ③ 신 피질(Neocortex)을 모방하는 생체모방 모델(biomimetic model)인 계층형 시간메모리(HTM, Hierarchical Temporal Memory)의 생체신경망을 3세대 AI로 분류한다.

2 인공지능의 개념과 유형

실리콘 칩과 구리선이 마치 인간이 뇌처럼 얽힌 인공지능, 그 개념은 최근에 등장한 개념은 아니다. 1950년대 처음 등장하였다가 치명적인 오류(기술적 한계)로 인해 정체기를 겪었다. 이후 컴퓨터 하드웨어 및 소프트웨어 기술 발전에 따라 실현가능성이 고조되어 관심을 받았다. 인공지능을 둘러싼 기술들은 인간의 지적 활동을 모방하기 위하여 개발된 기술들이다. 제4차 산업혁명을 구성하는 중추기술은 다양하다. IoT, Bigdata, AI, Cloud Computing, 5G, 3D Print, Blockchain 등이 꼽힌다. 이 중에서 제4차 산업혁명의 꽃은 인공지능이다.

인공지능은 1950년대 컴퓨터와 소프트웨어를 이용하여 인지적 과정을 연구하는 컴퓨터과학의 한 분야로 시작되었다.[13] 당시 인공지능의 선도적 연구자인 Marvin Minsky는 "인간에 의해서 행하여졌던 지식이 있어야 하는 일들을 하는 기계를 만드는 과학"이라고 하였다(Rissland, 1990). 그러나 인공지능은 외부 환

---

12 https://blogs.nvidia.co.kr/2016/03/13/history_of_ai/.
13 인공지능 연구의 역사에 관하여는 Smith et al., "The History of Artificial Intelligence", University of Washington, 2006, pp. 1-27; Russell & Norvig, Artificial Intelligence: A Modern Approach, 3rd. ed., Prentice Hall Press, 2013, pp. 16-28 참조.

경을 인식하고 스스로 상황을 판단하여 자율적으로 동작할 수 있으므로 그 본질에 대해 다양한 용어와 견해가 제시되고 있다.[14]

인공지능(Artificial Intelligence, AI)의 개념에 대한 정의는 <표 2-3>에서 보듯 다양하다. 그 까닭은 1950년대 인공지능의 태동부터 지금에 이르기까지 유례를 찾기 어려울 정도로 짧은 기간 동안 매우 다양한 학문(컴퓨터공학/인공두뇌학/언어학/철학/수학/경제학/신경과학/심리학 등)들이 인공지능에 직·간접적으로 관련되어 왔다. 여기서 공통적인 점은 학습, 문제 해결, 패턴 인식 등과 같이 주로 인간지능과 연결된 인지문제의 해결에 주력한 컴퓨터공학과 함께 로봇공학이나 미래의 모습을 내포한다. 하지만 인공지능은 공상과학소설에 나오는 작은 로봇을 넘어 첨단 컴퓨터공학의 현실이 되는 듯하다.

表 2-3 인공지능의 개념정의

구 분	정 의
John MaCarthy(1955)	지능적인 기계를 만드는 엔지니어링, 과학
Russell & Noving(2009)	인공지능의 사고과정, 추론 및 행동에 따라 4가지(① 인간처럼 생각하는 시스템, ② 합리적으로 생각하는 시스템, ③ 인간처럼 행동하는 시스템, ④ 합리적으로 행동하는 시스템)로 분류할 수 있으며, 이 중 하나를 추구하는 시스템
Garner(2016)	인공지능은 특별한 임무수행에 인간을 대체, 인지능력을 제고, 자연스러운 인간의 의사소통 통합, 복잡한 콘텐츠의 이해, 결론을 도출하는 과정 등 인간이 수행하는 것을 모방하는 기술
SAS	기계가 경험을 통해 학습하고 새로운 입력 내용에 따라 기존 지식을 조정하며 사람과 같은 방식으로 과제를 수행할 수 있도록 지원하는 기술
日本 人工知能学会 (2016)	지적인 기계, 특히 지적인 컴퓨터 프로그램을 만드는 과학과 기술
「지능형로봇개발 및 보급촉진법(2008)」	외부환경을 스스로 인식하고 상황을 판단하여 자율적으로 동작하는 기계장치

14 인공지능이라는 개념은 1956년 미국 Dartmouth 대학 존 매카시 교수에 의해 처음 등장했다. 당시 인공지능 선구자들은 인간의 지능과 유사한 특성을 가진 컴퓨터를 만드는 것이었으며, 인간의 사고력을 지닌 인간처럼 생각하는 인공지능을 '일반 AI(General AI)'라고 하였다.

앞서 인공지능의 역사적 배경에서 보았듯이 1956년 Dartmouth College에서 열린 학술회의에 John McCarthy, Marvin Minsky, Herbert Simon 등이 참석하여 인간지능이 컴퓨터프로그램으로 묘사될 수 있다는 발표에서 인공지능이라는 용어가 사용되었다. McCarthy는 인공지능을 "It is related to the similar task of using computers to understand human intelligence"라고 언급했다 (McCarthy, 2007). 그리고 Merriam-Webster사전에 따르면 인공지능은 ① a branch of computer science dealing with the simulation of intelligent behavior in computers, ② the capability of a machine to imitate intelligent human behavior 로 정의된다. 분야에 따라 차이가 있지만 일반적으로 인간지능 또는 합리성의 모방을 골자로 한다. 또한 일본인공지능학회는 "인공적으로 만들어진 지능을 가지는 실체, 또는 그것을 만들고자 함으로써 지능 자체를 연구하는 분야", "사람의 지적인 행동을 모방·지원·초월하기 위한 구성적 시스템" 등으로 정의하였다(고선규, 2019).

더욱 일반적인 정의로 지능은 정보를 지각·추론하거나 보존하여 환경이나 맥락 속에서 적응적으로 반응하는 능력이다. 달리 다양한 환경 속에서 목적달성을 위한 능력들의 총체로 규정된다(Legg & Hutter, 2007). 즉, 생명체가 오랜 세월을 거치면서 환경에 적절하게 대응한 결과다. 개체는 주변 환경에 최적화되어 있으며, 변화하는 주변 환경에 지능적으로 반응한다. 이처럼 환경에 적절하게 대응하는 능력이 지능이다. 사실 가장 범주가 넓은 지능은 자연지능이며 인간지능의 상위맥락을 이룬다. 자연지능은 자정, 조화, 균형, 치유, 순환기능을 지니면서 초월적 성격을 지닌다. 자연지능의 구성요소를 이루는 인간지능은 인공지능을 만들어 오늘에 이르렀다.

인공지능을 구성하는 핵심어로서 지능은 문제해결과 가치창출능력이다. 문제해결은 어떠한 모델에 입력이 들어가면 그 결과로 출력이 발생한다. 여기서 모델이란 어떤 행동을 할지 결정하는 수학적 모형이며, 이러한 중간과정을 처리하는 것이 지능의 역할이다. 가령 수식의 계산이나 사진 속 대상을 인식, 분류, 판단하거나 예측하는 활동이다. 또한 AlphaGo가 바둑판을 이해하고 다음 수를 결정하는 것 등이 문제 해결을 위한 지능적 행동이다. 나아가 가치창출이란 인간의 욕구나 관심을 끄는 좋고 유용하며 의미 있는 것을 충족시키는 행동이다. 즉 불확실한 상황에서 훌륭한 예측의 기술(art of good guesswork)이라고 할 수 있다. 가령 무엇을 해야 할지 알 수 없을 때 발휘되는 역량이기도 하다. 이 외에도 인공지능은 복잡하고 어려운 작업을 지능적으로 자동화하고자 할 때 사용되기도 한다.

인공지능은 학습능력이나 문제해결 능력과 같이 인간의 인지능력을 모방하는 기계의 연구 분야로 정의된다. 즉 인간의 인지기능 구현을 목표로 한다. 하지만 그 기능을 인간이 구현하는 양식과 동일한 양식으로 구현하지 않는다. 구현양식과 관계없이 기능을 복제한다. 사실 지능에 대한 일치된 정의는 없다. 그렇지만 논리적 사고 능력, 이해력, 자아의식, 학습, 정서 지식, 이성적 사고력, 계획, 창의성, 비판적 사고, 문제해결 능력으로 정의된다(Wikipedia, 2020).[15]

인공지능은 문제해결과 가치창출을 위해 다양한 환경에서 배우고 지식을 습득하며 경험한다. 즉 훈련을 통해 문제해결능력을 지니면서 성장한다. 인공지능은 인간의 사고과정을 모방하면서 기계를 통해 구현하는 과정에서 문제해결 능력을 갖고, 학습을 통해 스스로 규칙을 만들면서 동일한 모델에 범용으로 적용되고 있다. 이처럼 인공지능기술이 다양한 분야에 적용되고 각 분야의 관점에 따라 정의되고 있지만, "인간의 지적 활동을 모방하는 기술"이라는 공통된 내용을 드러낸다.

한편, 인공지능을 법적으로 정의하는 경우에 "스스로 인식하고 자율적으로 행동하는 것(김윤명, 2016)." 또는 "인간의 지능적인 행태를 모방할 수 있는 기계의 능력(이중기, 2016: 3)." 그리고 "인간의 인식과 판단 등의 지적 사고를 컴퓨터 하드웨어와 소프트웨어 알고리즘을 이용하여 인공적으로 구현한 것"으로 정의될 수 있다(오병철, 2017: 27). 하지만 아직 인공지능이 법적으로 명확하게 정의된 바 없다.[16] 「지능형로봇개발 및 보급촉진법(2008)」에서는 지능형로봇을 "외부환경을 스스로 인식하고 상황을 판단하여 자율적으로 동작하는 기계장치"라고 정의하고 있다(제2조 제1항). 다른 한편, 인공지능은 소프트웨어로 구현되기 때문에 「소프트웨어산업진흥법」이나 「저작권법」상의 소프트웨어 또는 컴퓨터프로그램저

---

15 https://ko.wikipedia.org.
16 인공지능을 정의하는 데 따르는 어려움은 인공지능의 개념이 아니라 지능의 개념적 모호성에 있다(Matthew U. Scherer, "Regulating Artificial Intelligence Systems: Risks, Challengers, Competencies, and Strategies", 29 Harv. J.L. & Tech. 353, 359 (2016).

작물로 볼 때 "소프트웨어 또는 소프트웨어와 결합된 형태로 외부환경을 스스로 인식하고 상황을 판단하여 자율적으로 동작하는 기계·장치"라고 정의 할 수 있다 (김윤명, 2016: 146). 또한 "새로이 또는 효율적으로 문제를 해결하기 위하여 문제해결에 관한 인간의 행동방식을 컴퓨터로 모방하는 정보학의 한 부분"이라고 할 수 있다. 이에 따라 인공지능의 핵심은 학습과 추론 기술을 통해 자연어를 이해하고 표현하여 지식을 구축하고, 새로운 지식을 추론하고 생성할 수 있으며, 학습과 추론을 통해 진화가 가능한 기술이라고 할 수 있다(정진명·이상용, 2017).

이처럼 인공지능에 대한 일의적 정의가 곤란하다. 왜냐하면 지능이란 것이 추상적, 복합적, 상대적이기에 다양한 정의가 가능하다. 사람과 비슷한 사고의 방식 즉, 스마트한 방법으로 소프트웨어를 작동시키는 폭넓은 방법을 일컫는다. 즉 머신 러닝, 컴퓨터 비전, 자연어 처리, 로봇공학 및 그와 관련된 주제들이 모두 인공지능(AI)의 범주에 속한다. 그래서 Minsky는 인간의 지능을 필요로 하는 작업을 처리할 수 있는 기계를 만드는 학문으로 정의하였다. 또한 Callan은 인간의 지능적 측면 즉, 기계가 잘할 수 있는 계산이 아니라 기계가 수행하기 어렵지만 인간은 비교적 쉽게 잘 할 수 있는 것들, 예를 들면 추론, 인식, 지각 등 모의 실험할 수 있는 기계 알고리즘을 만드는 학문이라 하였다.

이러한 논의를 종합하여 인공지능을 "개체나 환경 스스로 사물을 이해하고, 주

 문제 상황의 해결에 유용한 인공지능

- 전문가에 의한 해결이 필요한 경우
- 수치 연산(Numerical Computation)에 의해 단순 해결이 곤란하거나 이론적으로 계산 가능하더라도, 계산이 비현실적으로 오래 걸리거나 많은 계산자원이 사용되는 경우
- 보통 주먹구구식(Heuristic)으로 작업이 이루어져 결과를 보증할 수 없는 상태
- 시간에 따라 계속 변화하는 상황과 관련(예: Dynamic)되어 변화발생을 예상하여 미리 의사결정을 위한 규칙을 만들어 두거나 변화의 발생 시보다 좋은 해결책을 즉시 만들 필요가 있을 경우
- 하위문제(Sub-problem)들과 연관되어있어 쉽게 해결될 수 없는 경우
- 적당한 해결책의 결정 시 문제가 발생하는 맥락(Context)에 크게 의존할 경우

변 환경을 인식하면서 문제해결과 가치창출에 유연하게 적응·반응하며, 그러한 경험에 근거하여 학습할 수 있는 기계를 만드는 학문"으로 정의할 수 있다.

특히, 인공지능은 다음과 같은 문제 상황의 경우에 해결에 유용하다(Derek Partridge, 1998).

한편, AI는 <표 2-4>에서 보듯이 목표, 사고 여부 등 분류기준에 따라 여러 가지 구분이 가능하다. 즉 사고(Thinking) 및 행동(Acting) 여부, 즉 목표에 따라 4가지로 구분된다(Russell, et al., 2013). 일반적으로 사고 여부(정도)에 따라 약(Weak) AI, 강(Strong) AI로 구분된다. 현재 약 AI를 중심으로 상용화가 활발히 진행되고 있다. 첫째, 약 인공지능은 ANI(Artificial Narrow Intelligence)으로 불린다. 주어진 조건 아래서만 작동 가능하며, 스스로 사고하여 문제를 해결할 수 있는 능력이 없는 컴퓨터기반 AI(예 Google AlphaGo, IBM Watson, 카네기멜런대 Deepblue, 로봇 청소기 등 지능적 행동만 수행)이다. 컴퓨터기반의 인공적 지능을 만들어 내는 것에 관한 연구이며 컴퓨터기반의 Rule을 만들어서 여러 분야에 활용된다. 대표적으로 딥 러닝 기법을 이용한 AlphaGo와 자율주행 자동차가 있다. 둘째, 강 AI은 AGI(Artificial General Intelligence)으로 불린다. 인간과 같은 사고가 가능한 인공지능이며, 스스로 사고하여 문제를 해결할 수 있는 컴퓨터기반 AI로 스스로 인식하여 지각력 및 독립성을 갖추고 있다(예 영화 Iron Man의 Jarvis, HER의 Samantha, 비서로봇). 즉 인간처럼 지각력이 있고 스스로 인식한다. 인간을 완벽하게 모방한 인공지능으로 아직 이러한 수준에 도달하지 못했다고 봐도 무방하다. 셋째, 초인공지능은 ASI(Artificial Super Intelligence)로 불리며, 모든 영역에서 인간을 뛰어넘는 인공지능(예 Avengers의 Vision, Terminator의 Skynet)이 해당한다.

표 2-4 목표에 따른 AI의 구분

Thinking Humanly [Haugeland(1985), Bellman(1978)]	Thinking Rationally [Charniak and McDemott(1985), Winston(1978)]
Acting Humanly [Kuzweil(1990), Rich and Knight(1991)]	Acting Rationally [Schalkoff(1990), Lugar and Stubblefield(1993)]

표 2-5 지향 및 파급효과에 따른 AI의 구분

구분	문제해결지향	가치창출지향
선한 (좋은)	기존에 제기된 개인 및 사회적 문제의 해결을 위해 개발, 운영되는 선량한 인공지능	불확실한 상황에서 예측가능성을 높여주는 새롭고 의미 있고 부가적 가치를 창출하는 인공지공
악한 (나쁜)	인류의 전 세대에 갈등을 유발하거나 개인 및 사회에 고통을 주는 사악한 인공지능	개인, 조직 및 사회공동체의 가치 및 공익, 질서를 훼손하거나 파괴하는 인공지능

　　인공지능 도입으로 인한 유용성, 편리함이 강조되었고 다양한 분야에서 인공지능 활용방안이 마련되고 있다. 하지만 인공지능과 관련한 부작용에 대한 사전 검토 등의 노력이 필요하다. 인공지능은 <표 2-5>에서 보듯이 지향 및 파급효과에 따른 AI의 구분목적에 근거하여 기존의 문제해결과 미래의 가치창출, 영향 및 가치판단의 선(긍정)과 악(부정)에 따라 구분할 수 있다. 선한 문제해결로서 Stanford대에서 진행했던 프로젝트 중 하나인 Google Glass기반의 자폐증치료 연구에서 사람의 표정이나 목소리, 주변 상황을 파악하는 능력이 필요한 자폐아동들을 돕기 위해 인공지능기술을 이용한 Google Glass를 개발했다. 그리고 Google Glass에 탑재된 안면 인식 기술을 통해 상대방의 표정을 분석하여 자폐아동들에게 도움을 주었다.

　　장차 AI 기술을 로봇공학과 의학에 접목하여 글로벌 식량위기 해결을 위한 기술연구와 알츠하이머 질병의 새로운 치료법 개발 등 인류에게 편리함과 더 나은 삶을 가져다줄 가치창출이 기대된다. 하지만, 일상적이고 비가역적인 인공지능 위험도 동시에 증가할 수 있다. 급변하는 인공지능 기술 발전에 따른 부작용으로 초래할 인공지능 위험사회에 대한 논의와 대응이 요구된다.

3 인공지능의 구현기술과 분류 및 단계

　　지능이란 논리, 이해, 자기 인식, 학습, 정서, 계획, 창의력 및 문제 해결 능력을 포함한 복잡하고 불명확한 개념이다. 이로 인해 인공지능에 대한 정의도 다양하다. 더구나 사람에 대한 연구와 인지, 추론과 같은 생각의 과정 및 작동방식에

표 2-6 인공지능의 구현을 위한 기술

주요 기술	주요 내용
전문가 시스템(Expert System)	방대한 지식체계를 규칙으로 표현하여, 데이터를 입력하면 컴퓨터가 정해진 규칙에 따라 판단을 내리도록 함. 수많은 IF THEN ELSE로 구성된 시스템으로 룰의 종류가 많으면 많을수록 정확도는 높아짐. 특성상 제한된 상황에서 제한된 특정 물건을 인식하거나 행동할 때 문제가 되지 않지만 규칙에 없는 상황이나 물체에 대한 유연한 대응이 불가능함.
Fuzzy Theory	자연 언어에서 애매모호함을 정량적으로 표현하거나 그 반대로 정량적인 값을 애매모호한 값으로 바꾸기 위해 도입된 개념. 가령 인간이 '시원하다'고 느낄 때 그 온도가 얼마인지를 정해 사용하는 것임.
Machine Learning	컴퓨터에 인공적인 학습 가능한 지능을 부여하는 것을 연구하는 분야
인공신경망 (Artificial Neuron Network)	기계학습 분야에서 연구되고 있는 학습 알고리즘 중 하나. 주로 패턴인식에 쓰이는 기술로, 인간의 뇌의 뉴런과 시냅스의 연결을 프로그램으로 재현하는 것임. 가상의 뉴런을 시뮬레이션하는 것으로(실제 뉴런의 동작구조와 동일하지 않음), 일반적으로 신경망구조를 만든 다음 학습을 시키는 방법으로 적절한 기능을 부여함. 현재까지 밝혀진 지성을 가진 시스템 중 인간의 뇌가 가장 훌륭한 성능을 가지고 있기 때문에 뇌를 모방하는 인공신경망은 궁극적 목표를 가지고 발달된 학문이라 볼 수 있음
유전 알고리즘 (Genetic Algorithm)	자연의 진화과정, 즉 어떤 세대를 구성하는 개체군의 교배(Crossover)와 돌연변이(Mutation)과정을 통해 세대를 반복시켜 특정한 문제의 적절한 답을 찾는 것임. 대부분 알고리즘이 문제를 수식으로 표현하여 미분을 통해 극대/극소를 찾는 반면 유전자 알고리즘은 미분하기 어려운 문제에 대해 정확한 답이 아닌 최대한 적합한 답을 찾는 것이 목적임.
BDI 아키텍처 (BDI Architecture)	인간이 생각하고 행동하는 과정을 Belief(믿음), Desire(목표), Intention(의도)의 세 가지 영역으로 나누어 이를 모방하는 소프트웨어 시스템의 구성방법임. 사람은 자신이 알고 있는 진실의 바탕에서 자신이 이루고자 하는 목표달성을 위해 현재 수행할 수 있는 행동 중에서 가장 적합한 것을 골라 수행하는 행위의 의도를 결정하는 방법으로 구성됨.
인공생명체 (Artificial Life)	실제 살아있는 유기체처럼 스스로 움직이고 생활하기 위한 능력을 부여하는 것. 실제 생명체를 갖고 실험하기에는 너무 시간이 소요되기 때문에 가상의 시스템(환경)을 통해 생명체에 대한 연구를 수행함.
비디오 게임 (video game)	비디오 게임에 등장하는 적은 원시적 인공지능으로 가만히 있거나 플레이어의 움직임에 따라 반응해서 공격이나 방어, 회피 등을 구사하여 마치 살아 움직이는 생명체의 성격과 비슷함.

자료: 인공지능 - 나무위키(namu.wiki)

대한 이해가 필요하기 때문에 심리학, 논리학, 수학, 생물학, 신경과학, 뇌 과학 등 다양한 학문 연계가 필요하다. 가장 넓은 의미의 인공지능은 인공적으로 구현한 모든 수준의 지능을 포괄한다. 컴퓨터과학 측면에서 보면, 환경을 인지하여 어떤 목표를 성취할 가능성이 최대화되도록 행동을 취하는 지능적 객체에 대한 연구가 해당된다.

인공지능 기술은 기계가 인간과 같은 사고를 하는 기술에서부터 인간의 뇌와 같은 기능을 구현하는 기술, 인간의 지적인 활동의 일부를 재현하는 기술까지 폭 넓은 기술들을 모두 포함한다. 인공지능의 구현에 활용되는 기술은 <표 2-6> 과 같다.

인공지능기술의 핵심 기반기술은 기계학습이다. <그림 2-5>에서 보듯이 데이터 기반의 효율적 학습을 위한 새로운 기술들이 등장하고 있다. 그 중 딥 러닝, 전이학습,[17] 강화학습[18] 중심으로 연구개발이 활발하다. 경영컨설팅기관인 McKinsey는 기계학습 기술의 발전 방향과 적용 가능성을 기준으로 기술의 트렌 드를 분석하였다. 여기서 가장 최신의 기술이며 적용 가능성이 큰 기술로 딥러

그림 2-5 **기계학습기술의 발전 트렌드**

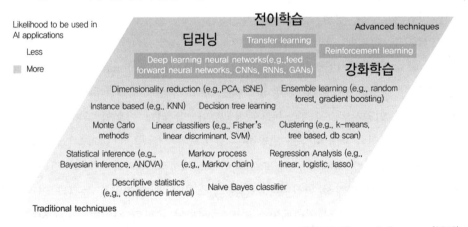

자료: McKinsey & Company(2018)

---

17 전이학습은 학습 완료된 모델을 유사 분야에 전이(Transfer)하여 학습시키는 기술로 적은 데이터에도 학습을 빠르게 하고 예측의 정확도를 높이는 방법이다.
18 스스로 현재의 환경에서 특정 행동의 시행착오 과정을 거치며 보상을 최대화하는 학습기법이다.

닝, 전이학습, 강화학습이라고 언급하였다(McKinsey & Company, 2018). 또한 세계적인 인공지능 석학인 스탠퍼드대학교의 Andrew Ng 교수는 주목할 만한 기계학습 기술로 딥 러닝, 전이학습, 강화학습을 주로 언급하면서 발전 가능성이 높다고 평가하였다.

머신러닝(Machine Learning)은 구체적으로 프로그래밍하지 않아도 스스로 학습하여 임무를 수행할 수 있는 능력을 컴퓨터가 갖도록 구현하는 AI의 한 분야이다. 딥 러닝(Deep Learning)은 데이터에 대한 다층적 표현과 추상화를 통해 학습하는 머신러닝의 기법이며 일반적으로 머신러닝은 딥 러닝을 포함한다.

인공지능은 단일기술이라기 보다는 인간의 지능적 활동을 모사한 다양한 기술들의 집합체로 이해된다. 실제 학계와 업계에서는 신경망 등 인공지능 알고리즘을 활용해 구현한 학습 및 추론, 인식, 인지 등 응용 기술들을 모두 인공지능 기술로 통칭한다.

인공지능 기술은 <표 2-7>에서 보듯 학습 및 추론, 상황·언어·시각이해, 인식 및 인지에 따라 세부기술로

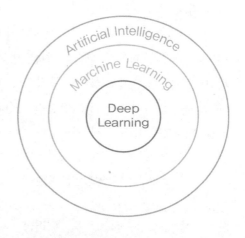

구분된다. 2017년에 미국 Stanford대와 미국 Sandia National Laboratories의 과학자들이 정보를 처리하고 저장하고 학습하고 기억하는 인간두뇌의 시냅스와 똑같은 유기 인공시냅스를 만드는 데 성공했다. 딥 러닝 이후의 두뇌 정보처리, 저장, 학습, 기억의 메커니즘을 모방하는 뉴로모픽 컴퓨팅, 뉴런과 시냅스의 다층적(Multi-Layered) 생체지능(BI, Biology Intelligence)과 두뇌와 기계의 인터페이스(BMI) 기술에서 획기적 혁신이다. 인공시냅스가 실제 살아있는 뉴런과 연결하고, 이것은 브레인-머신 인터페이스(BMI)의 진보를 유도할 것이다. 인공 시냅스 디바이스의 부드러움과 융통성은 또한 응용 생물학 환경에도 사용하게 될 것이다. 즉 인공시냅스는 두뇌 같은 컴퓨터의 일부가 되면서 시각 신호와 청각 신호를 동시에 처리하는 컴퓨팅이 될 것이다.

인공지능 기술은 인공지능 핵심기술과 관련 기술로 구성되어 있다. <그림 2-6>

표 2-7 인공지능기술의 분류

핵심기술	세부기술	기술개요
학습 및 추론 (Learning and Reasoning)	지식표현	분석된 지식을 컴퓨터가 이해할 수 있는 언어로 표현
	지식베이스	축적한 전문지식, 문제 해결에 필요한 사실과 규칙이 저장된 데이터베이스로 구축, 관리하는 기술
상황이해 (Context Understanding)	감정이해	사람의 기분, 감정을 인식, 구분할 수 있는 기술
	공간이해	시공간적 세계를 정확하게 인지하고, 3차원의 세계를 잘 변형시키는 기술
	협력지능	다른 에이전트와 교류하고, 이해하며, 그들의 행동을 해석하고, 효율 적으로 대처하는 기술
	자가이해	자기 자신(개성, 정신적 심리적 특성)을 이해하고, 느낄 수 있는 인지적 기술
언어이해 (Language Understanding)	자연어처리	인간의 자연적 언어를 형태소 분석, 개체명 인식, 구문 분석, 의미를 분석하는 기술
	질의응답	질문에 대한 답변을 제시하는 기술
	음성처리	디지털 음성신호를 컴퓨터에서 처리 가능한 언어로 변환
	자동통번역	한 언어에서 다른 언어로 자동으로 번역하거나 통역
시각이해 (Visual Understanding)	내용기반 영상검색	영상 데이터 차체의 특징정보인 색광과 모양, 질감 등 영상 데이터의 내용을 대표할 수 있는 특징들을 추출하고 이를 기반으로 색인과 검색을 수행하는 기술
	행동인식	동영상에서 움직이는 사물의 행동을 인식하는 기술
	시각인식	행동인식, 영상이해, 배경인식 등을 이용하여 영상 데이터로부터 지식정보를 추출, 생성하는 기술
인식 및 인지	휴먼라이프 이해	개인 경력관리, 건강, 대인관계, 재무관리 등 일상생활에서의 지능적 도움을 제공하기 위해 사람의 생활을 이해하는 기술
	인지 아키텍처	인지심리학 측면에서 사람의 마음 구조를 컴퓨팅 모델화

자료: 곽현 외(2016), p.9

그림 2-6 인공지능의 기능과 관련기술

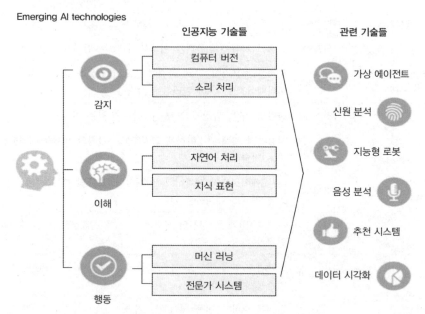

자료: Purdy, M. & Daugherty, P.(2016)/정소윤·이재호·강정석(2019)

에서 보듯 인공지능의 핵심기술은 일반적으로 인공지능의 두뇌 또는 소프트웨어 역할을 하는 알고리즘(algorithm), 인공지능이 직접 활용하고 결과를 도출하는 데 쓰이는 데이터(data), 인공지능의 몸 또는 역량이라고 할 수 있는 컴퓨터 파워 (computer power)를 말한다. 인공지능의 핵심기술과 더불어 데이터와 현상을 감지하고, 이해 및 해석하고, 이를 행동으로 옮길 수 있는 여러 기술들의 결합이 중요하며, 감지(sensing), 이해(comprehend), 행동(act)의 기술로 나눌 수 있다.

감지(sensing)는 외부에 존재하는 여러 정보를 감지하는 것으로 컴퓨터비전 (computer vision) 기술과 소리처리(audio processing) 기술로 나누어진다. 이해 (comprehend)와 관련된 기술은 자연어처리(natural language processing)와 지식표현 (knowledge representation)이 있으며, 인공지능이 수집된 정보를 이해하고 분석하게 한다. 행동(act)을 가능하게 하는 기술로 머신러닝(machine learning) 기술과전문가 시스템(expert system)[19] 기술이 있다. 딥 러닝관련 기술은 <표 2-8>과 같다.

---

19 여러 전문적인 작업에 대해 많은 규칙을 DB화하여 인간 대신 판단하도록 하는 것으로 인공지능 분야에서 가장 일찍

표 2-8 딥 러닝의 주요기술

주요 기술	설명
패턴인식	기계에 의해 도형, 문자, 음성 등을 식별
자연어 처리	인간이 보통 쓰는 언어를 컴퓨터가 인식하여 식별
자동제어	제어대상 오차를 자동으로 조정하는 기술
로보틱스 인지공학로봇	제어대상 오차를 자동으로 조정하는 기술
컴퓨터비전	로봇의 눈을 만드는 연구분야
가상현실	컴퓨터로 가상환경을 만들어 실제 상황처럼 상호작용하는 것
데이터마이닝	빅 데이터 가운데 실행 가능한 정보를 추출
시멘틱 웹	논리적 추론이 가능한 웹 구현

한편, 인도의 인공지능 소프트웨어기업 Xenon-Stack은 아래의 <그림>과 같이 인공지능 기술의 3가지 단계를 설명한다. 즉 1단계로 기계가 경험을 통해 학습하는 지능형 시스템의 알고리즘 Set(Machine Learning), 2단계는 기계가 경험을 통해 학습하는 고급형 알고리즘 Set(Machine Intelligence), 3단계는 외부데이터 필요 없이 경험을 통해 스스로 학습하는 기계의식(Machine Consciousness)의 수준이다. 현재 인공지능 기술은 Machine Intelligence에서 Machine Consciousness 단계를 지향하고 있다.

인공지능은 기술수준에 따라 4단계로 구분된다(마쓰오 유타카, 2015). 첫째 단계는 단순 제어프로그램이다. 내부 알고리즘은 학습하지 않고, 여러 가지 패턴 등을 적용하여 인공지능처럼 작동한다. 전자제품에 탑재된 단순 제어 프로그램 수준이며, 제어공학이나 시스템 공학 등의 학문 분야와 밀접하다. 가령 전자레인지, 세탁기, 청소기 등에서 보듯 전자제품의 자동화기능이 해당된다. Sensor에

발전한 대표적인 방법이다. 전문가시스템은 규칙을 정확히 알아야 하고 상황에 따른 적용을 사람이 파악하고 있어야 DB구축이 가능하며 환경이 변화하면 규칙을 바꾸는 게 어렵다. 또한 대용량이고 수치화가 힘들며 실시간으로 정보를 추적하는 빅.데이터가 활용되는 분야에서는 전문가 시스템을 사용하기 곤란하다. 빅 데이터 분야에서는 Tay블에 예쁘게 들어가 있는 (정형 데이터) 경우가 거의 없고 로그를 끌어오는 등 비정형 데이터가 많기 때문에 수치화가 쉽지 않다.

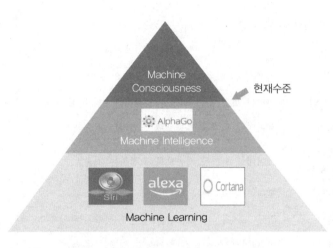

반응하여 청소하는 로봇청소기를 들 수 있다. 물론 모든 로봇청소기가 단순 제어 프로그램이 아니다. 어떤 로봇은 현재위치를 모두 지나다니면서 학습, 청소하는 로봇이 있다. 이런 경우 마치 모르는 집에 들어올 경우, 집 안 구석구석 조사하며, 집별로 특징을 파악한 다음 행동하는 고양이와 유사하기 때문에 거의 완벽한 인공지능이라 할 수 있다. 문제는 이러한 차이점을 정확하게 알 수 없기 때문에 프로그램이든 학습이든 동일하게 받아들인다는 것이 함정이다.

둘째 단계는 고전적 인공지능이다. 고전적이라는 의미가 어디까지인지 애매하지만, 장기나 바둑(AlphaGo 예외), 오목과 같은 프로그램 그리고 사람처럼 움직이는 게임에서의 NPC 등을 모두 인공지능으로 정의할 수 있다. 또한 입력과 출력의 수가 극단적으로 많은 경우, 적절한 판단을 위해 추론 및 탐색을 하거나 기존에 보유한 지식을 기반으로 판단할 수 있다. 가령, 간단한 퍼즐 해결, 진단 프로그램 그리고 스타크래프트 등을 들 수 있다. 컴퓨터가 알아서 물량을 뽑아내거나 유저를 공격하는 행동의 범위를 고전적 인공지능이라 할 수 있다. 그러나 사실상 단순 제어프로그램과 크게 차이가 없다. 어디까지나 패턴을 프로그래밍 하였기 때문이다. 로봇처럼 어떤 상황에서, 어떻게 행동하라는 패턴을 이미 입력하여 작동하기 때문에 학습이 아닌 이미 정해진 방식대로 행동한다. 첫째 단계와 차이라면, 패턴이 복잡하다는 것이다. 로봇청소기는 단순히 Sensor에 의지하여, 벽에 부딪히면 다른 곳으로 이동하던지 단순한 로직을 지녔지만, 게임의 경우 몇 수를 고민하기 때문에 추가적 알고리즘을 구현해야 한다.

셋째 단계는 기계학습을 통한 인공지능이다. 이 단계부터 진정한 인공지능이라 할 수 있다. 추론의 구조나 지식이 데이터를 바탕으로 예측이 이루어지는 경우를 의미하며, 전형적으로 머신러닝 알고리즘을 이용한다. 사람들이 어떠한 알고리즘을 입력한 것이 아니라 컴퓨터가 알아서 판단한다. 이 단계에서 컴퓨터는 기본적으로 통계와 같은 데이터를 통해 행동한다. 가령 NPC(Non-Player Character) 게임에서 컴퓨터패턴을 파악하여 컴퓨터에 맞는 필승전략을 짜서 계속 이긴다고 가정할 때 사람이라며 질려서 컴퓨터와 상대하기 싫을 것이다. 그러나 컴퓨터가 평소와 다른 루틴으로 사람들을 공략하여 의외성이 가미된다면 상황은 다르다. 오랫동안 싸웠다는 결과를 기반으로 하여 장차 컴퓨터가 유사한 패턴으로 진화하는 경우, 일종의 기계학습 범위에 해당된다. 이처럼 보편적으로 기계학습에 사용되는 알고리즘으로 의사결정나무(Decision Tree), RF(Random Forest), SVM(Support Vector Machine), 인공신경망(Artificial Neural Network, ANN) 등 고전적 기계학습 알고리즘이 활용된다.

넷째 단계는 심층학습(Deep Learning)을 이용한 인공지능이다. 머신러닝보다 발전하여 판단을 위한 특징(Feature) 자체를 학습하는 수준의 인공지능이다. 현재의 딥 러닝 기술이 해당되며 3단계와 구분하는 것

이 애매하다. 왜냐하면 4단계의 로직이 3단계보다 훌륭하다고 단언할 수 없기 때문이다. Deep Learning은 인공신경망의 하위범주에 속한다. 보편적으로 인공신경망보다 많은 학습단계가 있는 것을 Deep Learning으로 부른다. 문제는 더 많다고 더 뛰어난 프로그램이라 할 수 없다. 넷째 단계의 대표적 사례가 DeepMind의 AlphaGo다. 인공지능이 사람을 절대 이길 수 없다는 바둑영역에서 처음에는 사람들에게 패하다가 어느 순간 유럽 챔피언 Fan Hui를 이기고 최종에는 이세돌 9단마저 4대 1로 이기며 세계 사람들에게 인공지능 쇼크를 주었다.

튜링의 범용 인공지능(Artificial General Intelligence, AGI)는 기본적으로 인공지능의 다음 단계다. AGI는 컴퓨터가 "일반적으로" 사람이 할 수 있는 모든 지적

인 작업을 수행하고 자연어를 사용해 사람과 같은 방법으로 커뮤니케이션하는 단계다.

AGI라는 용어는 1987년에 등장했는데 초기 연구자들은 AGI(AI)의 현실화시기를 실제보다 빠르게 예상했다. 1960년대 당시 20년 후를 그 시점으로 봤다. Arthur C. Clark(2001)의 <Space Odyssey>는 그 시대에서는 보수적이었던 셈이다. 특히, 1960년대로 접어들면서 미 국방부는 인간의 기본적인 추론 방식을 흉내 낼 수 있도록 컴퓨터를 훈련하기 시작하였다. 1970년 국방고등연구기획국(DARPA)이 수행한 도로 지도화 프로젝트가 해당 사례라고 할 수 있다. 또한 국방고등연구기획국은 Siri, Alexa나 Cortana와 같은 인공지능의 개발 이전인 2003년에 지능형 개인비서를 개발하였다. 초기 연구자들은 Top-down(맨 위에서 시작해 아래로 내려가는) 방식이었다. 하지만 사람의 두뇌는 하향식으로 작동하지 않는다. 컴퓨터에 생각하는 방법을 가르치는 방식은 하향식은 아니다. 기본적으로 이성을 구축하고 본능을 향해 아래로 내려간다면 마음(mind)에 이를 수 없다.

오늘날 연구자들은 Bottom-up(아래에서 시작해 위로 올라가는) 방식이다. 또한 AGI에 이르기 위해 극복해야 할 장애물도 여전하다. 중요한 과제는 직관이다. 사람이라면 비교적 소량의 데이터로 할 수 있는 일을 머신러닝과 딥 러닝이 수행하고자 할 때는 대량의 데이터가 필요하다. 이러한 차이가 발생하는 이유 중 하나는 사람은 "볼 수 있다"는 점이다. 사람의 두뇌는 직관적으로 도약한다. 직관기반의 도약은 일종의 추측과 확인이다. 기계의 모의 담금질(simulated annealing)과 성격이 다르다.

4 인공지능의 성격과 접근

인공지능은 소프트웨어(software)다. 스마트한 방법으로 소프트웨어를 작동시키는 폭넓은 방법이다. 그 자체로 존재하기보다 컴퓨터과학을 비롯한 다른 분야와 직·간접적으로 관련을 맺는다. 로봇(robot), 데이터분석(data analysis), 자동차 등 다양한 분야에서 인공지능 기술요소를 도입하여 그 분야의 문제해결에 활용하려는 시도가 이루어지고 있다.

인공지능 기술은 지능서비스의 다양한 측면에서 기여하고 있다. 예를 들면 자율적 판단, 적절한 행동 생성, 환경에 대한 적응 등이다. 독립적으로 개발되고 있는 지능 요소들을 통합하기 위해 생물학적 및 공학적 접근의 조화가 필요하다. 앞으로 편의성과 효율성 증대를 통한 인간의 삶의 질을 향상하는 새로운 세상을 만들어가는 데 유용하게 활용될 수 있다.[20]

인공지능의 동작에서 통계분석과 확률계산은 가장 근간이다. 입력데이터를 바탕으로 통계학적 계산을 하여 예측하고 정해진 기준을 바탕으로 확률을 계산하여 분류한다. 가령 이세돌과 바둑을 두는 인공지능은 어느 수를 두어야 승리할 확률이 가장 높을지 분주하게 계산한다. 인터넷 쇼핑몰의 제품추천 인공지능은 구매확률이 가장 높은 제품을 보여준다. 자율주행자동차는 카메라에 포착된 주변 물체가 자동차일 확률, 보행자일 확률, 자전거일 확률 등등을 끊임없이 계산한다. 음성인식 인공지능은 스피커에 한 말이 어떤 단어에 해당할지 확률을 계산한다. AI스피커가 가끔 음성을 잘못 알아듣는 이유는 확률적 처리에 시간이 소요되기 때문이다.

인공지능이 지닌 특성은 인공지능의 자율성, 작동의 예측곤란성, 개발의 분산성 등이 대표적이다(정진명·이상용, 2017; 양종모, 2016: 544). 첫째, 자율성이다. 인공지능은 인간의 개입 없이 스스로 획득하고 분석한 정보를 바탕으로 독립적으로 행동할 수 있으므로 자율성(Autonomy)을 지닌다. 자율성은 스스로 어떤 결정을 할 것인지를 선택하고, 그 결정을 실행하는 능력이다. 통제를 받지 않는다는 개념의 자율성은 자율주행자동차처럼 인공지능이 사람의 제어나 감독 없이 복잡한 일을 수행하는 사실로 알 수 있다(양종모, 2016: 544). 자율성을 자신의 행동을 스스로 통제하는 개념으로 받아들일 때에 인공지능이 인간의 개입 없이 수행하는 일은 점차 늘어나고 있다. 인간의 고유한 영역까지 인공지능이 대신할 수 있으므로 인공지능 전체에 대한 총론적 규율의 필요성이 증가한다. 반면에 인공지능의 자율성은 공학적 자율성을 의미한다. 즉 기계가 사용자나 조종자의 직접적인 통제 하에 있지 않은 것을 의미한다. 현재의 과학기술로 인공지능은 자율성을

---

20 https://blog.skcc.com/2823 [SK(주) C&C 블로그].

가진 독립적인 주체라기보다 개체 또는 물건으로 보아야 한다(박해선, 2016: 270). 이 경우 기계의 자율성은 이용자 측이 아닌 제조자 측에 의해서 담보되어야 할 영역이므로 제조자책임이 확대될 수밖에 없다. 인공지능이 자율성을 가지면 행위의 비인격화가 문제된다(박해선, 2016: 271). 인공지능이 인간의 필요때문에 만들어진 창조물로서 여전히 법규범의 범주 내에 있으려면 행위를 누군가에게 귀속시켜야 하는 문제에 봉착할 것이다.

둘째, 예측곤란성이다. 인공지능은 의사결정에서 기계적 성격 때문에 인간이 갖는 특성이 배제된다. 즉 인간은 인지적 한계가 있으므로 가능한 모든 해결책을 찾기보다 만족할 수 있는 해결책을 모색한다. 반면에 인공지능은 가용한 모든 정보를 분석하여 최적의 결과를 도출하므로 인간과 다른 결정을 내릴 수 있다. 특히 인간은 자신의 의지, 사회통념, 경험법칙 등의 한계에 제약될 수 있다. 그러나 인공지능은 가용 되는 데이터 세트의 패턴과 상관관계에 의하여 작동되므로 인간이 가지는 인지적 제약에서 벗어날 수 있다. 이러한 특성으로 인하여 인공지능을 창의적이라고 생각할 수 있다. 다른 한편, 인간 입장에서 이해하기 어려운 예측곤란하다는 평가를 내릴 수 있다(양종모, 2016: 544). 이에 따라 인간이라면 직관으로 거부할 수밖에 없더라도 인공지능은 인지적 한계에서 자유로으므로 인간이 상상할 수 없는 방법으로 일을 처리할 수 있다. 인공지능이 가지는 예측불가능성(Unforeseeability)은 민사책임과 관련하여 여러 가지 법적 문제를 일으킨다.

인공지능이 가지는 예측불가능성은 인공지능이 기계학습 기법을 토대로 개발되고 있다는 데 있다. 즉 인공지능은 인지적 관점에서 볼 때 인간의 학습과 다르지만 그 사용단계에서 경험을 통해서 배우고 그 성능이 계속 향상된다. 따라서 인공지능의 설계자나 개발자에게 인공지능의 오작동으로 인하여 발생한 손해에 대하여 책임을 묻기 어렵다. 나아가 인공지능의 소유자나 사용자도 인공지능의 오작동으로 인하여 발생한 손해를 전혀 예견할 수 없다. 인공지능의 사용에 대한 주의의무를 기대하기 어려운 상황이다. 이러한 위험에도 불구하고 인공지능의 설계자나 개발자는 인공지능 개발을 통하여 경제적 이익을 얻는다. 특히 인공지능의 설계자나 개발자는 이러한 예측불가능성에도 불구하고 인공지능을 개발하는 것은 그로 인한 손해를 감수하겠다는 의도가 있다. 따라서 인공지능의 예측불가능성에 대한 법적 대안으로 무과실책임 법리를 채택한 제조물책임법이나 위험에 대한 책임을 다수에게 배분하는 보험에 의하여 해결하는 방안이 고려되어야 한다(양종모, 2016: 545).

셋째, 개발의 분산성이다. 인공지능은 특정 개발자가 모든 과정을 맡아서 개발하는 것이 아니다. 개발자는 기존의 오픈 프로젝트에서 진행된 결과물을 기반으로 자신의 구체적 작업을 진행한다. 즉 인공지능 프로그램은 여러 Component로 구성되고, 각 요소는 별개로 구축되거나 개발되므로 인공지능 시스템 개발자는 구성요소 중 오픈소스 라이브러리의 작동과정에 대하여 제대로 알지 못한다. 물론 인공지능 시스템 개발자가 모든 Component를 구축할 수 있다. 그러나 비용 절감 차원에서 외부에서 개발된 Component를 사용할 수밖에 없다. 또한 인공지능 시스템은 대부분 별도로 개발된 Component를 사용하여 개발되므로 시스템의 소프트웨어와 하드웨어 사이의 상호의존성이 매우 높다(양종모, 2016: 547). 이처럼, 오픈소스 라이브러리의 복잡성으로 인해 인공지능 시스템의 운영상 오류에 기인한 손해가 발생한 경우에 그 책임을 누구에게 물을 것인지가 문제된다(정진명·이상용, 2017: 양종모, 2016: 547).

한편, 인공지능시스템의 개발 방법론에 두 가지가 있다. 지식기반 방법론과 데이터기반 방법론이다. 지식기반 방법론은 저장된 지식을 기반으로 의사를 결정한다. 반면에 데이터기반 방법론은 데이터로부터 추출된 지식으로 의사결정을 한다. 인공지능 기술의 발달사를 살펴보았듯이 컴퓨터 발명 이후 50여 년간 부단히 계속되는 신기술의 출현과 퇴조가 반복되었다. 예를 들면 논리학, 최적화 이론, 확률적 모형, 탐색 이론, 규칙기반 시스템, 전문가 시스템, 퍼지 논리, 신경 회로망, 유전자 알고리즘, 카오스 이론 등이 있다. 인공지능의 대표적 기술로는 Search, Production System, Neural Networks 등이 있는데, Neural Networks의 경우 AlphaGo로 유명해진 학습 방법인 Deep Learning이 있다.

앞서 살펴본 하향식 접근방법(전통적 인공지능)은 위로부터 전체 시스템을 바라보면서 목적한 바에 따라 기능별 또는 구성체별로 세분화시키면서 현상을 파악하고 설계하면서 만들어간다. 예를 들면 세상을 작은 부품들의 결합으로 파악하려는 방식이다. 하지만 하향식 접근이 갖는 고정된 기계적 한계점, 즉 스스로 새로운 것을 만들어 내거나 환경변화에 수시로 적응하는 등 생명력을 갖는 유기체적 생동감의 결핍 현상이 상향식 접근을 낳는 계기가 되었다.

상향식 접근 방법(인공생명)은 단순한 행동을 보이는 개체적 유기체 시스템이 집단으로 상호작용함으로써 전체적인 모습(또는 목적)이 드러나는, 즉 창발적 방식이다. 이러한 방식과 독자적으로 연구 개발되고 있는 통합형 인공지능기술은 전통적인 인공지능 방법이 추구하는 상위 수준의 지능과 행동기반 지능이 추구하는 저 수준의 지능 사이에 협력이 필요하다. 전통적인 인공지능은 유연성이 부족하고 많은 시간을 소요하며, 행동기반 인공지능은 복잡한 문제를 해결하기에는 어려움이 따른다. 기호 수준의 표현과 연결주의 표현 사이의 협력이 필요하며, 사회성, 감정, 감성 등에 대한 연구가 필요하다.

인공지능은 <그림 2-7>에서 보듯 다양한 분야에 적용될 수 있는 범용성 높은 대표적 융합기술로서 경제, 사회, 문화 등에 미치는 파급력이 매우 크다. 경제 산업 측면에서는 이미 제조업(자율주행자동차, 지능형 로봇, 스마트 팩토리 등) 및 서비스업(의료, 교육, 금융, 서비스 등)과 융합되면서 다양하게 상용화되고 있다. 사회 문화적 측면에서는 고용구조의 변화, 새로운 사회 규범 확립 등이 요구된다(장우석, 2016).

그림 2-7 인공지능의 기반과 적용영역

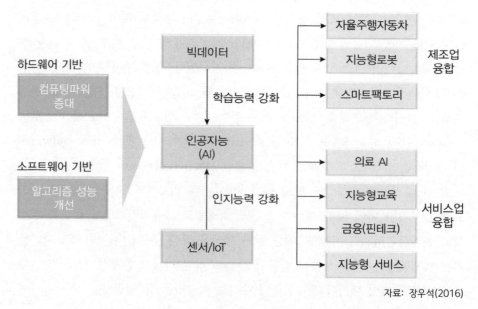

자료: 장우석(2016)

인공지능의 학습비결과 성과

"250년 이상 동안 경제성장의 근본적인 동인은 기술혁신이었다. 이들 중 가장 중요한 것은 경제학자들이 범용 기술이라고 부르는 것으로 증기기관, 전기, 내연기관 등을 포함하는 범주다. 오늘의 시대에 가장 중요한 범용기술은 인공지능, 특히 기계 학습이다."

-Erik Brynjolfsson & Andrew McAfee(2018년) MIT Sloan경영대학원

온고지신(溫故知新)하며 열공(熱工)하는 인공지능

제4차 산업혁명의 꽃으로 불리는 인공지능의 성능이 일신 우일신(日新 又日新)하고 있다. 이에 세상도 날로 새롭게 변하고 있다. 그 비결은 학습이다. 인공지능이 학습한다는 점에서 인간을 닮았다. 사람은 태어나면서부터 반복해서 말을 듣고 따라하고 연습을 거친다. 반복과정에서 반성하면서 갱신이 이루어진다. 인공지능도 사람처럼 생각하기 위해서 많은 자료를 저장하고 학습을 수행한다. 이러한 과정이 머신러닝이고, 좀 더 깊은 사고를 하기 위한 심화학습이 딥 러닝이다. 머신러닝 원리와 딥 러닝 원리는 빅 데이터이다. 빅 데이터는 사람이 계속해서 수많은 정보를 접하는 것과 같다. 그러나 기계에게 그럴 수 없기에 신경망컴퓨터 등의 연결로 엄청난 자료를 공유한다. 머신러닝 뜻은 말 그대로 기계를 연습시키는 것이고, 딥 러닝 뜻도 말 그대로 깊이 연습시키는 것이다. 연습시키는 대상이 빅 데이터라는 것이고 그것이 머신러닝과 딥 러닝의 원리다. 시간이 지날수록 개인이나 기업이나 친숙해질 수밖에 없는 인공지능의 학습비결은 성과를 낳는 요인이다.

03 Chpater

인공지능의 학습비결과 성과

1 인공지능 학습의 중요성과 성격[1]

　인공지능의 지능수준이 끊임없이 높아지고 있다. 2017년 9월 29일 미국 Google과 애플 등 주요 IT 기업이 개발한 인공지능(AI)의 지능지수(IQ)가 어린 아이 수준이라는 연구논문이 미국 코넬대 웹사이트에 공개됐다. 2014년에 비해 2배가량 성장했다. 끊임없이 학습을 통해 발달을 거듭하고 있는 인공지능이 방대한 빅 데이터 등의 학습을 통해 성장하고 있는 만큼 인간을 능가할 날이 머지않으리라 예상된다. 인간의 평균 지능지수(IQ)가 100 정도이며, 수재인 멘사회원의 IQ는 130 또는 148 이상이라고 한다. 아인슈타인이나 레오나르도 다빈치 같은 천재의 IQ는 200 정도. AI를 잘 활용한다면 과거 천재들 수준의 지능을 발휘할 날도 머지않은 듯하다. 이처럼 인공지능의 성장은 학습에 그 비결이 있다.

　인공지능의 학습비결은 무엇인가? 반복(iteration)과 반성(back propagation), 그리고 개선(update)이다. 인간의 반복(repeat)과 반성(reflection), 갱신(renewal)과 유사하다. 인간은 언어(말하기)나 행동(걷기)을 구사하기 위해 수백, 수천 번을 반복적으로 연습하고 교정하였다. 실수나 실패의 교정과정에서 반성과 차이(差異)

---

1 https://www.sas.com/ko_kr/insights/analytics/what – is – artificial – intelligence.html.

나는 반복을 통해 성장하고 성숙하였다.

반성이란 어원으로 보면 굴곡(屈曲)되어 되돌아오는 것을 의미한다. 일반적으로는 어떠한 활동에서 되돌아와 활동 자체에 주의를 기울여 음미하고 사색하는 것을 말한다. 반성은 쉽지도 간단하지도 않다. 심오한 의미를 지닌다. Locke는 내부감각이라는 의미로 사용했으며, Kant는 어떤 주어진 표상이나 인식원천이 감성과 오성의 어느 쪽에 속하는 것인가를 판별하는 것(선험적 반성)으로 서로 비교할 수 있다고 하였다.

인간의 지능수준은 교육이나 경험에 따라 그 변화를 드러낸다. 즉 기억과 학습에 의해 형성된다. 가령 아기일 때는 아무것도 모르는 상태였지만 주변 환경을 인지하고 상호작용을 하면서 조금씩 배워간다. 이 과정에서 실수하면 외부의 피드백을 통해 교정하다가 시간이 지나면서 스스로 교정한다. 교정을 위해 반성이 필요하다. 여기서 진정한 반성이란 어떤 실수에 대한 것이 아니라 자신의 인생 전체를 개혁하겠다는 거대한 결심이다. 잘했든 못했든 그것은 문제가 아니다. 그러므로 반성이란 자기 자신의 유연성을 기르는 행위다. 변할 준비가 돼 있다는 뜻이다. 그리고 자신을 획기적으로 바꾸는 길에 용기 있게 뛰어들었다는 의미다. 그래서 지능적인 사람은 매일 반성한다. 그래야 새로워질 수 있다.

인공지능 역시 반복적 학습과 데이터에 대한 통찰(insight)의 바탕에서 발견을 자동화한다. 인공지능은 하드웨어에 기반을 둔 로봇 자동화와 다른 개념이다. 수작업의 자동화를 넘어 반복적 대량의 전산작업을 간단하게 수행한다. 이러한 유형의 자동화를 위해 지속해서 시스템을 설정하고 올바른 질문을 전달하기 위한 인력(人力)의 노력이 필요하다. 인공지능은 기존 제품에 지능을 더한다. 인공지능이 개별 애플리케이션으로 판매되는 경우는 거의 없다. Siri가 Apple의 신제품에 새로운 기능으로 추가된 것처럼 이미 사용 중인 제품에 인공지능 기능을 탑재해 제품이나 서비스의 성능을 개선한다. 자동화, 대화 플랫폼, 봇, 스마트머신이 대량의 데이터와 결합되면서 보안지능과 투자분석 등 직장과 가정에서 이용하는 많은 기술을 개선할 수 있다.

인공지능에서 학습이란? 프로그램이 하나의 문제를 수행한 후 그 추론과정에서 얻은 경험을 바탕으로 시스템의 지식을 수정 및 보완한다. 다음에 그 문제나 비슷한 문제를 수행할 때 처음보다 효율적이고 효과적으로 문제를 해결할 수 있는 적응성으로 정의된다. 실수나 실패를 반복하지 않으려는 인간의 학습과 맥락을 같이한다. 달리 말해 경험의 결

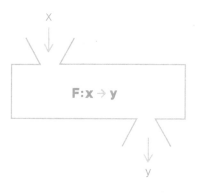

과로 나타나는 비교적 지속적인 행동의 변화나 그 잠재력의 변화 또는 지식을 습득하는 과정이다. 입력된 정보를 판단해 그에 맞게 출력하는 것이다. 달리말해 함수 F를 찾는 것이 바로 학습이다. AI는 학습이 오래 걸리지만, 러닝커브를 극복하면 이후에는 절대로 실수 없이 정확하게 분류, 예측, 판단, 제어한다.

인공지능은 학습알고리즘을 통해 스스로를 점진적으로 개선하고 데이터가 프로그래밍을 수행하도록 지원한다. 프로그래밍이란 컴퓨터에 실행을 요구하는 소통수단이다. 프로그래밍이란 0과 1밖에 알지 못하는 기계가 실행할 수 있는 정도로 정확하고 상세하게 요구사항을 설명하는 작업이며 그 결과물이 Code다. 이를 위해 먼저 무엇을 실행시킬 것인지에 대한 명확한 정의가 필요하다. 프로그래밍에 앞서 문제(요구사항)에 대한 올바른 이해의 바탕에서 문제해결 방안에 대한 정의가 필요하다. 이 과정에서 문제해결능력이 요구된다. 문제해결능력의 함양에 있어 알고리즘 학습이 유용하다. 대부분의 문제(요구사항)는 복잡하며 명확하지 않을 수 있다. 따라서 문제(요구사항)의 명확한 이해가 우선되어야 하며 복잡함을 단순하게 분해(Decomposition)하고 자료정리와 함께 구분 작업(Modeling)

등의 행위가 순서에 맞게 배열되어야 한다.

　문제해결 방안을 고려할 때 컴퓨터 입장에서 문제를 바라보아야 한다. 그래서 Computational thinking이 필요하다. 인간의 일반적 사고방식은 매우 포괄적이며 실생활에서 경험한 익숙한 사항에 대해 당연시한다. 문제해결 능력은 직관과 직감의 영역이다. 문제에 대한 사고와 경험에 영향을 받는다. 가령 듣다(Listen)라는 행위를 사람은 간단하고 당연한 기능으로 생각한다. 하지만 컴퓨터에 설명하는 것은 단순하지 않다. 가령 사람은 소리의 크기를 "크다" 또는 "작다"고 표현한다. 여기서 크다 또는 작다는 의미는 상대적인 개념으로 기준이 불명확하다. 컴퓨터에는 양적 개념인 숫자를 사용하여 명령해야 한다. "현재 볼륨보다 1단계 크게 조정하라" 또는 "볼륨을 38로 조정하라"는 식이다. 또한 "좋다", "붉다", "사랑"과 같은 관념적 표현은 컴퓨터에 매우 난해한 개념이다. 사람은 지인의 얼굴을 보고 누구인지 바로 인지하지만 컴퓨터에 매우 어려운 일이다. 반면 34의 79제곱 계산은 사람에게 어렵지만 컴퓨터에는 매우 쉬운 작업이다.

　사람이든 인공지능이든 존재 이유로서 문제해결은 중요한 능력이다. 인공지능의 경우, 문제해결 능력을 통해 만들어낸 해결방안은 프로그래밍 언어의 문법을 통해 표현한다. 즉, 작성된 코드는 해결 방안의 구체적 구현물이다. 그리고 이것은 프로그래밍언어의 문법에 부합됨은 물론 수행하고자 하는 목표를 정확히 수행하는 것이다. 즉 요구사항이 실현(문제해결이나 가치창출)되어야 의미가 있다. 대부분의 프로그래밍 언어는 변수와 값, 키워드, 연산자, 표현식과 문장, 조건문과 반복문에 의한 흐름제어(Control flow), 함수 그리고 객체, 배열 등의 자료구조와 같은 문법을 제공한다.[2]

　프로그래밍 언어가 제공하는 문법을 적절히 사용하여 변수를 통해 값을 저장

2 https://poiemaweb.com/coding.

하고 참조하며 연산자로 값을 연산, 평가하고 조건문과 반복문에 의한 흐름제어로 코드의 실행순서를 제어하고 함수로 재사용이 가능한 문의 집합을 만들며 객체, 배열 등으로 자료를 구조화한다. 결국, 프로그래밍은 요구사항의 집합을 분석하여 적절한 자료구조와 함수의 집합으로 변환한 후, 그 흐름을 제어하는 것이다.

인공지능은 데이터의 구조와 규칙성을 찾아내고 알고리즘이 이를 학습하도록 지원함으로써 알고리즘 분류도구 또는 조건자로 만든다. 이러한 알고리즘은 체스 두는 방법을 스스로 학습하듯 사용자의 온라인 구매제품 추천을 찾아낼 수 있다. 또한 새로운 데이터가 입력됨에 따라 학습하고 그 성능이 개선된다. 가령 초기 출력값이 적절하지 않은 경우, 새로운 학습과 추가 데이터 분석을 통해 모델이 스스로 개선하도록 기법이 활용된다.

인공지능은 보다 많은 데이터를 깊이 있게 분석하기 위해 숨겨진 다양한 층(layer)을 가진 신경망을 활용한다. 몇 년 전만 해도 5개의 은닉층을 가진 사기감지시스템의 개발은 불가능했지만 이제는 컴퓨팅 파워와 빅 데이터 덕분에 가능해졌다. 딥 러닝 모델은 데이터를 이용해 직접 학습하기 때문에 많은 양의 데이터가 필요한데, 입력 데이터가 많을수록 정확도가 높아진다.

예를 들어 Alexa, Google Search, Google Photos와 사용자의 인터랙션은 모두 딥 러닝기술을 활용한다. 보다 많은 사용자들이 서비스를 이용할수록 더욱 높은 정확도로 원하는 결과를 획득할 수 있다. 특히, 의료분야에서 딥 러닝, 이미지분류, 개체인식 등 인공지능기술이 MRI 이미지 분석에 활용되면서 숙련된 방사선기술자만큼 정확한 결과를 얻고 있다.

인공지능(AI)은 데이터의 활용도를 극대화한다. 알고리즘이 셀프 러닝을 수행할 때 데이터 자체가 지적 재산이 될 수 있다. 모든 문제의 해답은 데이터에 있으므로 인공지능을 데이터에 적용하여 해답을 찾을 수 있다. 데이터의 역할이 어느 때보다 중요해진 상황에서 데이터로 경쟁우위를 점할 수 있다. 경쟁이 치열한 산업일수록 유사한 기술을 보유하고 있더라도 최상의 데이터를 보유한 기업만이 경쟁우위를 점할 수 있다.

앞서 보았듯이 인공지능의 학습은 사람을 닮았다. AI의 발전을 위해 어린 아이가 경험을 통해 세상을 이해하는 방식의 딥 러닝이 필요하다. 머신러닝이란 인간이 가공한 빅 데이터를 AI가 분석하고 학습하면서 축적한 데이터를 토대로 판단이나 예측하는 형태다. 이는 학습한 데이터에서 특징과 상관관계를 도출하는 만큼 한계도 존재한다. 예를 들어 일반적인 고양이 사진을 머신러닝을 통해 학습한 AI는 담요 속에 숨어 꼬리만 내밀고 있거나 귀만 보인 고양이 사진을 고양이로 인식하지 못한다.

Bengio 교수는 AI를 유아(Baby AI)에 비유하면서 언어와 세계관을 함께 학습하는 모델(agents jointly learn language and world model)을 제시했다.[3] 유아가 개와 고양이를 구분해 인식하는 과정을 상상하면 이해가 쉽다. 유아는 부모와 길을 가다가 고양이를 보고선 부모에게 '저건 뭐야?', '고양이야'라는 대화를 통해 '고양이'라는 단어를 배운다. 이후 개를 보고선 '어 저기 고양이가 있다', '아냐 저건 강아지야'라는 대화를 통해 새롭게 '강아지'라는 단어를 학습하고 이후 여러 차례의 시행착오를 통해 개와 고양이를 분류한다. 이처럼 인간은 최초에 개와 고양이를 구분할 때 이미 분류된 수많은 사진을 놓고 배우지 않기 때문에 시행착오를 거치지만 보다 추상적이고 예측되지 않은 상황에서 두 종류의 구분과 분류 인식이 가능하다.

2 인공지능의 작동원리와 기법

McCarthy(1958)는 인공지능 연구의 궁극적 목표는 인간만큼 효율적으로 경험으로부터 학습하는 프로그램을 만드는 것이라고 했다. 즉 상식을 가지고 있어서, 프로그램이 이미 알고 있거나 새로 들은 것으로 즉석에서 넓은 범위의 일의 순서를 스스로 연역해내는 프로그램을 구상하였다.

인공지능은 데이터로부터 학습한다. 특히 그 구조의 층(Layer)이 깊은 경우, 심층학습이라고 부른다. 여기서 인공지능이 똑똑해지는 이유는 바로 학습능력에

---

3 캐나다 몬트리올대학교 Yoshua Bengio 교수는 AI가 이처럼 구조적 인식이 가능하게 하려고 '의식(consciousness)'의 중요성을 강조했다.

뿌리를 두기 때문이다. 데이터를 이용한 반복학습이 성능개선이나 경쟁력의 원천이다. 학습방법 중에 정답을 알려주면서 학습하는 방법을 지도학습(Supervised Learning)이라고 부른다. 가령 이미지를 인식하는 CNN(Convolution Neural Network)의 경우, 수백만 장의 사진을 보여주면서 각각 사진에 설명을 붙여야 한다. 동물이라면 사자인지 호랑이인지 고양이인지 알려줘야 한다. 이러한 작업을 인식표(Label) 혹은 태그(Tag)라고 한다. 또한 학습을 위해 수많은 사진도 모으고 태그도 붙여야 한다. 인공지능을 향상시키기 위해 노고와 비용이 소요된다. 그런데 데이터를 이용한 학습과정에서 입력하면 결과(Classification)를 출력한다. 여기서 정답과의 차이를 비용함수(Cost Function)로 규정한다. 학습과정에서 비용함수를 최소화하기 위해 인공지능 신경망의 변수(Variables)들을 조정해간다. 변수의 최적화과정이 바로 학습이다.

가. One-hot encoding/vector

원-핫 인코딩/벡터(One-hot encoding/vector)는 데이터를 쉽게 중복 없이 표현할 때 사용하는 형식이다. 즉 피처값의 유형에 따라 새로운 피처를 추가해서 고유값에 해당하는 컬럼에만 1을 표시하고 나머지 컬럼에는 0을 표시하는 방법이다. 가령 꽃과 과일을 분류하는 문제를 해결한다고 가정하면, 사람이야 꽃 이름, 과일 이름을 사용해서 분류하는 것이 편하지만 컴퓨터 입장에서는 모든 것을 숫자로 표현하는 것이 편하다. 사과-1, 오렌지-2 와 같은 식으로 표시한다. 하지만 단순히 각 아이템에 고유번호를 적용하여 사용하기에는 문제가 발생한다. 그래서 머신 러닝에서는 데이터를 학습할 때 벡터로 데이터를 나타낸다. 리스트에 사과, 오렌지, 멜론이라는 세 개의 아이템이 담겨있다고 하자. 여기서 각 아이템은 원-핫 벡터로 다음과 같이 표현된다. 사과, 오렌지, 멜론을 표기하는 경우, 사과-[1, 0, 0] 오렌지-[0, 1, 0] 멜론-[0, 0, 1] 같은 식으로 표현한다.

One - Hot Encoding(Representation)

Index	Job
1	Police
2	Doctor
3	Student
4	Teacher
5	Driver

One hot encoded data
[1   0   0   0   0]
[0   1   0   0   0]
[0   0   1   0   0]
[0   0   0   1   0]
[0   0   0   0   1]

컴퓨터 또는 기계는 문자보다 숫자를 잘 처리한다. 자연어처리에서 문자를 숫자로 바꾸는 여러 기법의 하나가 One-hot encoding이다. One-hot(원핫)인코딩이란? 단 하나의 값만 True이고 나머지는 모두 False인 인코딩을 말한다. 즉, 1개만 Hot(True)이고 나머지는 Cold(False)이다. 예를 들면 경찰은 [1, 0, 0, 0, 0]이다. 1번째(Zero-based index)이므로 1이고, 나머지는 0이다. 원-핫 인코딩은 단어집합의 크기를 벡터의 차원으로 하고, 표현하고 싶은 단어의 index에 1의 값을 부여하고, 다른 index에는 0을 부여하는 표현방식이다. 이렇게 표현된 벡터를 원-핫 벡터(One-hot vector)라고 한다. 텍스트를 유의미한 숫자(벡터)로 바꾸는 가장 손쉬운 방법론은 바로 '원-핫 인코딩(one-hot encoding)'이다. 이는 N개의 단어를 각각 N차원의 벡터로 표현하는 방식이다. 단어가 포함되는 자리엔 1을 넣고 나머지에는 0을 넣는다. 사전이 [인간, 펭귄, 문어, 사람]이라면 인간을 표현하는 벡터는 [1, 0, 0, 0]이 되는 식이다. 단어 하나에 index정수를 할당한다는 점에서 '단어 주머니(Bag of Words, BoW)'라 부르기도 한다. One-Hot Encodingd의 한계를 보완하기 위해 index에 정수가 아닌 확률값으로 표현하는 Distributed Representation(분산표현)이 있다.

One-hot encoding과정은 다음과 같다. 각 단어에 고유한 index를 부여하고, 표현하고 싶은 단어의 인덱스 위치에 1을 부여, 다른 단어의 인덱스 위치에는 0을 부여한다. 아이템이 많을 경우, 크기(size)가 급격히 늘어난다는 단점이 있다. 그리고 단어의 속성이 벡터에 반영이 되지 않는다. 이러한 단점으로 인해 머신 러닝에서 원-핫 인코딩 방식으로 표현된 벡터를 임베딩시켜 사용한다.

94 모든 사람을 위한 인공지능

나. 소프트맥스(softmax)

인공지능 신경망의 출력함수로 사용되는 Softmax 함수의 특징은 결과값을 확률로 해석할 수 있다는 점이다. 신경망 뉴런의 출력값에 대한 분류를 위하여 마지막 단계에서 출력값을 정규화해주는 함수다. Softmax는 출력값에 지수함수를 적용하되 모든 뉴런에서 나온 값으로 정규화 형태를 보인다. Softmax함수의 결과값은 0에서 1.0 사이의 실수다. 또한 출력의 총합이 1이 되고 출력값이 모든 입력값의 영향을 받기 때문에 확률적 해석이 가능하다. 다중 클래스 분류 모델에서 가능한 각 클래스의 확률을 구하는 함수다. 확률의 합은 정확히 1.0이다. 예를 들어 Softmax는 특정 이미지가 강아지일 확률을 0.9로, 고양이일 확률을 0.07로, 염소일 확률을 0.03으로 판단할 수 있다. Softmax는 Logistice Regression 을 일반화한 것이며 그 결과는 총합이 1인 확률분포를 갖는다.

🔍 Softmax

Softmax는 입력받은 값을 출력으로 0~1 사이의 값으로 모두 정규화(Normalization)하며, 출력값들의 총합은 항상 1이 되는 특성을 가진 함수다. 분류하고 싶은 클래스의 수만큼 출력으로 구성한다. 가장 큰 출력값을 부여받은 클래스가 확률이 가장 높은 것으로 이용된다. 그러나 Softmax결과값이 [0.4, 0.3, 0.2, 0.1]로 나와 1등한 0.4와 [0.7, 0.1, 0.1, 0.1]로 나와 1등한 0.7은 다를 것이므로 그 정도에 따라 추가 판단하기도 한다. 어떤 값이든 양수 값으로 바꿔주고 큰 값 일수록 더욱 크게 만들어준다. 소프트맥스를 구하는 산식은 좌측과 같다. K는 출력층의 뉴런수이며, 분모에는 합이 있고 분자에는 개별값이 있으므로 총합은 1이 된다.

$$f(\vec{x})_i = \frac{e^{x_i}}{\sum_{k=1}^{K} e^{xk}} \quad \text{for} i = 1, ..., K$$

입력값의 대소 순서가 출력값의 대소 순서와 같다. 결국 가장 큰 값은 이미 소프트맥스 이전에 가장 큰 값이었다. 따라서 추론(운영)단계에서 연산속도를 빠르게 하려고 생략하기도 한다. 소프트맥스 결과값을 One hot encoder의 입력으로 연결하면 가장 큰 값만 True값, 나머지는 False값이 나오게 하여 이용 가능하다. 파이썬 코드를 통해 실행한다.

다. 엔트로피와 크로스엔트로피(Cross Entropy)

Entropy는 1865년 독일의 물리학자 Rudolf Clausius가 처음으로 사용했다. 에너지라는 뜻의 그리스어원에서 출발한 entropy는 일반적으로 무질서나 혼돈의 정도와 상태를 나타낸다. 그런데 열역학 제2법칙에서는 항상 전체 계(System)의 엔트로피가 증가하는 방향으로 사건이 일어난다고 한다. 동 법칙에 따르면 시스템은 엔트로피가 증가하는 쪽으로, 즉 무질서인 방향으로 변하려 한다. 그래서 전 우주에서 부분으로 뭉쳐있는 에너지가 전체에 걸쳐 평평하게 흩어지는 과정의 엔트로피 증가로 이해한다. 즉, 엔트로피 증가는 평형상태로의 이동이며 에너지관점에서 안정화방향이다. 하지만 물리법칙과 반대로 인공지능에서는 엔트로피의 감소방향으로 학습을 최적화한다. 아래 그림 중 엔트로피가 가장 높은 것은 구름이다. 반면에 가장 낮은 것은 고체인 얼음이다.

Entropy가 가장 높은 것은 ?

전자공학의 하위분과인 정보공학 분야에서 엔트로피 개념이 사용된다. 특히 인공지능과 관련해 정보이론을 이용해서 인공지능 네트워크를 최적화하고, 그 이론을 뒷받침하려는 정보이론수학과 인공지능의 만남이다. 정보이론에서는 정보의 양을 지수(I)로 표현한다. 어떤 일이 일어날 확률을 P(x)라고 할 때, 그것이 갖는 정보량은 $I = -Log2(P(x))$로 표현된다. 정보를 확률의 로그함수로 표현한다. 예를 들어 확률이 50%인 $P(x) = 1/2 = 0.5$라고 하면 정보량 $I = -Log2(1/2) = 1$이 되어 $I = 1$이 된다. 정보는 1비트의 2진수로 표현할 수 있다.

이러한 정의와 수식에 따라 확률이 낮을수록 정보량이 커진다. 거꾸로 확률이 높으면 정보량이 적어진다. 가령 학교성적분포를 들 수 있다. 학교성적이

넓게 골고루 퍼져 있으면 정보량(I)이 많다. 점수가 골고루 분포돼야 학생의 능력을 구별하기 쉽고, 성적 주기도 편하다. 반면에 높은 성적과 낮은 그룹이 명확하게 구별되면 성적이 특정 점수대에 몰려 있게 된다. 이때 정보량이 낮다. 학점은 2개 종류밖에 없다. 나아가 정보이론에서 엔트로피(Entropy)가 정의된다.

엔트로피는 정보량과 확률 곱의 결과물이다. 정보량과 마찬가지로 넓게 골고루 분포하면 엔트로피가 높고, 특정 지점에 확률이 몰려있으면 엔트로피가 낮다. 위측에서 보듯 검은색과 흰색 공이 구분된다고 할 때 확률이 높을수록 엔트로피 값은 낮다. 예를 들어 주사위의 경우, 모두 6개의 면이 나올 확률이 1/6이다. 그래서 확률이 넓게 퍼져있다. 이 경우 엔트로피가 높다. 반면 윷놀이는 도(4/16), 개(6/16), 걸(4/16), 윷(1/16), 모(1/16)가 나올 확률이 각각 다르다. 분포가 균등하지 않다. 결국 윷놀이는 각각 확률의 차이가 크기 때문에 엔트로피가 낮다. 이러한 개념의 엔트로피가 인공지능에 그대로 사용된다. 인공지능에서는 결과가 잘 구별되도록 엔트로피를 낮게 최적화한다.

인공지능에서 출력값은 분명할수록 좋다. 그래야 인공지능이 명확하게 판단하거나 미래를 예측할 수 있다. AlphaGo가 게임을 할 때 인공지능이 이길 승률이 가장 높은 수를 명확히 알려준다. 그래서 인공지능 출력의 확률 분포는 엔트로피가 낮을수록 좋다. 인공지능은 엔트로피가 작은 방향을 선호한다.

심층신경망(Deep Neural Network, DNN)은 크게 두 종류로 구분된다. 이미 정답을 알고, 정답을 이용해서 인공지능을 교육하는 지도학습(Supervised Learning)과 정답 없이 인공지능 스스로 학습하는 비지도 학습(Unsupervised Learning)으로 나누어진다. 지도 학습의 경우, 입력 데이터를 넣고, 인공지능 예측결과를 얻는다. 예를 들어 사진을 입력으로 넣고, 고양이인지 호랑이인지 판독한다. 이때 주어진 정답과 인공지능 출력이 같을 수도, 다를 수도 있다. 이때 정답과 인공지능 출력, 두 개의 차이를 함수로 정의하는데 이를 수학적으로 비용함수(Cost Function)라고 한다. 이러한 비용함수의 최소화를 위해 인공지능 네트워크 변수들을 정해간다. 이를 학습(Training)이라고 부른다. 비용 함수의 선택에 따라 학습의 속도, 정확성에 차이가 난다.

가장 이해하기 쉽고 많이 쓰이는 비용함수가 제곱오차함수(Mean Square Error,

MSE)다. 즉, 정답과 인공지능 결과의 차이(오차)를 제곱해서 모두 더하는 것이다. 그래서 두 차이가 클수록 비용함수값이 커진다. 최종 학습결과로 비용함수가 0이 되면 가장 좋다. 그때 비용함수의 미분도 0이 된다. 이처럼 비용함수가 최소화할 때까지 학습을 계속한다. 또 다른 유용한 비용함수가 정보이론에서 제시하는 엔트로피함수이다. 엔트로피 함수를 사용하면 학습이 빠르다. 다른 말로 혼란을 최소화하고, 분명한 결과를 내려면 엔트로피값이 최소화해야 된다.[4]

한편, Cross는 p(x)와 q(x)를 서로 교차해서 곱한다는 의미다. Cross entropy[5]는 일종의 loss fuction(cost function)이다. Entropy값이 정보를 최적으로 인코딩하기 위한 필요한 bit수였다면, Cross – entropy는 틀릴 수 있는 정보량을 고려한 최적으로 인코딩할 수 있게 해주는 정보량이다. Regression에서는 주로 최소자승법(MSE)이 cost function으로 쓰이고 Classification문제에서는 Cross entropy가 cost function으로 쓰인다. 다중class를 분류하는 Softmax에서 Cost Function으로 쓰이기도 한다. weight update를 하는데 MSE를 Cost Function으로 쓰면 업데이트 되는 양이 너무 작아서 생긴 새로운 Cost Function이 Cross function이다.

다중class 분류문제로 일반화한 로그 손실이다. 교차 엔트로피는 두 확률 분포 간의 차이를 계량한다. entropy란 불확실성(uncertainty)에 대한 척도이다. 예측모형으로 하려는 것은 불확실성을 제어하기 위함이다. 가령 가방 안에 빨간 공만 들어있다면, 불확실성은 없다. 왜냐하면 어떤 공을 꺼내도 빨간 공이기 때문이다. 따라서 이 경우 entropy는 0이다. 여기서 신경 써야 하는 부분은 가방 안에서 꺼내는 공에 불확실성이 있는 경우다. 만약, 어떠한 사건이 같은 비율로 발생한다고 하고, 사건의 개수를 n이라고 하면 entropy는 log(n)이다. 예를 들어 가방 안에 빨간 공과 녹색 공이 50:50으로 들어있다면 이 경우 entropy는 log(2) = 0.69이다. 두 색깔의 공만 50:50으로 들어있을 때, 가장 entropy(불확실성)이 크다. 이를 직관적으로 이해하면, 공을 꺼낼 때, 반반으로 들어있다면, 어

4 http://www.newspim.com/news/view/20190911001200.

5 https://3months.tistory.com/436; https://towardsdatascience.com/understanding – binary – cross – entropy – log – loss – a – visual – explanation – a3ac6025181a.

떤 공이 더 자주 관찰될지 예측할 수 없기 때문에 entropy가 크다고 할 수 있다. 하지만 가방 안에 각기 다른 색의 공들이 다른 비율로 들어있는 경우, entropy를 아래와 같은 식으로 구한다. 여기서 C는 범주의 개수이고, q는 사건의 확률 질량함수(probability mass function)이다.

확률과 Entropy의 계산

구 분	P (Black)	P (White)	P(winning)	-log₂(P(winning))	Entropy
●●●●	1	0	1×1×1×1=1	0+0+0+0	0
●●●○	0.75	0.25	0.75×0.75×0.75×0.25=0.105	0.415+0.415+0.415+2	0.81
●●○○	0.5	0.5	0.5×0.5×0.5×0.5=0.0625	1+1+1+1	1

자료: http://incredible.ai/machine-learning/2018/11/08/Entropy/

예를 들어, 가방 안에 검은 공과 하얀 공이 20:80의 비율로 들어있다고 할 때 $H(q) = -(0.2\log(0.2) + 0.8\log(0.8)) = 0.5$이다. 이보다 더 많은 경우의 수가 존재한다고 해보자. 가령 100개의 각기 다른 색깔과 모양의 공이 가방 안에 들어있는 경우, 어떤 색과 모양을 갖는 공이 관찰될지 알기 매우 힘들다. 즉 각 공이 동일한 확률로 관찰된다고 가정할 때 $entropy = \log(100) = 4.6$이다. 하지만 100개의 공이 들어있다고 하더라도, 한 종류의 공이 99%를 차지하고 있으면 entropy는 매우 작아진다($-(0.99*\log(0.99) + 99*(0.01/99*\log(0.01/99))) = 0.1$). 이처럼, entropy는 예측하기 쉬운 경우보다 예측하기 힘든 경우에 더 높다.

Cross−entropy에 대해 살펴보면, 예측모형에서 실제 분포인 q를 모르고, 모델링을 하여 q분포를 예측하는 것이다. 예측모델링을 통해 구한 분포를 p(x) 라고 해보자. 실제 분포인 q를 예측하는 p분포를 만들었을 때, 이때 cross−entropy는 아래와 같이 정의된다.

$$H_p(q) = -\sum_{c=1}^{C} q(y_c)\log(p(y_c))$$

q와 p가 모두 식에 들어가기 때문에 cross-entropy라는 이름이 붙었다. 틀릴 수 있는 정보를 가지고 구한 최적의 엔트로피값으로 머신러닝을 통한 예측 모형에서 훈련 데이터에서는 실제 분포인 p를 알 수 있기 때문에 cross-entropy를 계산할 수 있다. cross-entropy는 실제값과 예측값의 차이(dissimilarity)를 계산하는데 사용할 수 있다. 또한 Cross-entropy>=entropy이다. 예를 들어, 가방에 0.8/0.1/0.1 의 비율로, 빨간/녹색/노랑 공이 들어가 있다고 하자, 하지만 직감에는 0.2/0.2/0.6의 비율로 들어가 있을 것 같다. 이때, entropy와 cross-entropy는 아래와 같이 계산된다.[6]

$$H(q) = -\left[0.8\log(0.8) + 0.1\log(0.1) + 0.1\log(0.1)\right] = 0.63$$
$$H_p(q) = -\left[0.8\log(0.2) + 0.1\log(0.2) + 0.1\log(0.6)\right] = 1.50$$

예측모델(소프트맥스로 구현된 값)과 실제값(원 핫 엔코딩값) 사이의 차이를 줄이기 위해 사용하는 것이 Cost Function이다. 사용방법은 예측이 안 되면 엄청 큰 값을 주고 예측이 잘 되면 아주 작은 값을 주는 식으로 구현한다. 예측 못 하면 엄청 비싼 값을 치르게 하고, 예측되면 아주 작은 값이 나오게 해준다.

Diffusion

정리하면, 딥 러닝 학습과정은 Cross-entropy를 감소시키는 방향으로 진행한다. 자연스럽지 않은 강제적인 비자발적 학습과정으로 볼 수 있다. 딥 러닝 학습과정에서 Cross-entropy를 감소시키는 학습과정은 물리학에서 잉크를 물에 떨어뜨렸을 때와 비교할 수 있다. 잉크 방울과 물이 어지럽게 섞여 있는 복잡한

---

6 softmax 함수와 마찬가지로 TensorFlow에서 cross entropy 계산이 함수화되어 있다. https://3months.tistory.com/436.

상황으로부터 시간을 거슬러 올라가서, 잉크 방울과 물이 섞이기 전의 초기 상
태로 강제로 시간을 거슬러 엔트로피를 감소시키는 방향으로 강제로 상태를 이
동시키는 과정이다. 잉크가 물과 섞이는 과정의 시간을 거꾸로 올라가면 초기의
상태에 이르는데, 물과 잉크가 완전히 분리된 상태로 어떤 것이 정확히 물이고
어떤 것이 정확히 잉크라고 명확히 지칭할 수 있는 상황에 이른다. 결국 상태를
명확히 분류할 수 있게 되어 고양이인지 개인지 명확히 판단을 내릴 수 있을 정
도로 충분히 학습되었다고 볼 수 있다.[7]

    S(y)는 softmax를 통해 예측된 값이고 L은 실제 데이터를 의미한다. <그
림>의 CROSS−ENTROPY는 S와 L과의 거리를 계산한다. 값이 0에 가까울수
록 수가 높아지고 1에 가까울수록 0에 수렴하게 된다.[8]

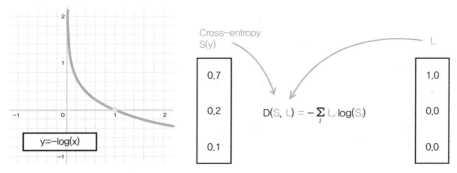

자료: https://www.udacity.com/course/viewer#!/c-ud730/l-6370362152/m-6379811817

🔍 Cross Entropy

    정보이론에서 entropy는 불확실성을 나타내며, entropy가 높다는 것은 정보가 많고, 확
률이 낮다는 것을 의미한다. 확률분포 p에 담긴 불확실성을 나타내는 지표값이 클수록 일정
한 방향성과 규칙성이 없는 chaos를 뜻한다. 정돈된 세계, 고차원 지능은 엔트로피가 낮아
야만 가능하다.

7 http://www.aitimes.kr/news/articleView.html?idxno=14235.
8 https://m.blog.naver.com/wndrlf2003/221023988351.

Cross-entropy는 틀릴 수 있는 정보량을 고려하여 최적으로 인코딩할 수 있게 해주는 정보량이다. Cross-entropy는 예측값(estimated value)과 실제 정답 값이 서로 얼마나 근사한지 보는 법이다. Deep Learning 모델을 학습시킬 때, Cross-entropy를 최소화하는 방향으로 파라미터들을 업데이트한다. Cross는 말 그대로 p(x)와 q(x)가 서로 교차해서 곱한다는 의미로 사용된다. Cross entropy는 일종의 loss fuction(cost function)이다.

Cross-entropy는 실제 분포 q에 대하여 알지 못하는 상태에서, 모델링을 통하여 구한 분포인 p를 통하여 q를 예측하는 것이다. q와 p가 모두 들어가서 크로스 엔트로피라고 한다. 머신러닝을 할 때 실제 환경의 값과 q를, 예측값(관찰값) p를 모두 알고 있는 경우가 있다. 머신러닝 모델은 몇 %의 확률로 예측했는데, 실제 확률은 몇 %야! 라는 사실을 알고 있을 때 사용한다. 그래서 Cross-entropy에서는 실제값과 예측값이 맞을 때에는 0으로 수렴하고, 값이 틀리면 값이 커지기 때문에, 실제값과 예측값의 차이를 줄이기 위한 엔트로피라고 보면 될 것이다. Kullback-Leibler Divergence(KLD)은 실제 정답값의 분포도에서 상대적으로 얼마나 다른지에 대해 수치로 나타낸 값이다. 즉 실제 정답값을 예측값과 비교함으로써 실제 어느 정도 필요한지 나타낸 값이다. 또한 어떠한 확률분포 P가 있을 때, 샘플링 과정에서 그 분포를 근사적으로 표현하는 확률분포 Q를 P대신 사용할 때 엔트로피 변화를 의미한다.[9] 따라서 원래의 분포가 가지는 엔트로피 H(P)와 P대신 Q를 사용할 때의 cross entropy H(P, Q)의 차이를 구하면, 아래와 같이 나타낼 수 있다.

$$D_{KL}(P \parallel Q) - H(P, Q) - H(P) = \left(-\sum_x p(x)\log q(x)\right) - \left(-\sum_x p(x)\log p(x)\right)$$

라. 역 전파(backpropagation): 반성(反省)하기

학습이란 각 뉴런의 매개변수(가중치, 편향)에 의해 계산된 최종 출력을 토대로 손실함수(데이터의 레이블과 실제 출력 간 오차)를 구하고, 그 손실함수를 최소화하는 방향으로 각 뉴런의 매개변수(가중치, 편향)를 변화시켜 나간다. 학습 완료된 모델이 손실함수가 최소화되도록 모든 뉴런에서 각각의 매개변수값을 찾았다는 의미이다. 즉 매개변수(가중치)의 값 자체는 학습 모델의 출력에 영향을 미치고, 학습 모델의 출력은 매개변수의 변화량에 영향을 미친다.

수식적으로 생각해보면, 학습과정에서 다음 매개변수(가중치)의 값을 구할 때

---

9 https://en.wikipedia.org/wiki/Kullback%E2%80%93Leibler_divergence#Motivation.

손실함수를 가중치에 대해 미분한 값을 현재의 가중치에서 빼준다. 손실함수를 가중치에 대해 미분한 값은 수식적으로 가중치의 변화에 따른 손실함수의 변화이다. 달리 말해, 손실함수에 현재의 가중치가 얼마나 많은 영향을 끼치는가 정도로 해석할 수 있다. 단일 퍼셉트론일 때는, 뉴런이 하나이므로 매개변수 가중치도 하나이다. 단일 퍼셉트론의 출력에는 하나의 가중치 값이 출력에 100% 영향을 끼치기 때문에, 손실함수의 최소화를 하기 위한 가중치의 변화 계산도 단순하다. 그러나 뉴런이 많아지고, 층이 깊어지면 각 뉴런이 모두 각각의 가중치를 가지고 있기 때문에, 출력에 대한 각각 가중치의 영향력을 알아야만 각 가중치의 다음 값이 결정된다.

가중치값은 출력에 영향을 주고 출력은 가중치 변화량에 영향을 준다. 가중치가 여러 개라면 각각의 가중치가 출력에 얼마나 영향을 끼치는가를 알아야 그 가중치의 변화량이 결정된다. 예를 들어 두 개의 뉴런(가중치)을 가진 모델에서 두 뉴런의 가중치는 출력에 끼치는 영향력이 각각 다르다고 가정한다. 출력의 오차가 크면 영향력이 큰 가중치를 변화시켜 오차를 크게 줄일 수 있다. 출력의 오차가 작다면 영향력이 큰 가중치는 거의 변화시키지 않고, 영향력이 작은 가중치를 변화시켜 오차를 서서히 줄일 수 있다. 즉, 출력에 대한 각 가중치의 영향력에 따라 각 가중치의 변화량도 달라진다. 이것이 학습 시 출력에 대한 가중치의 영향력의 정량적 값을 알아야 하는 이유다.

인공지능이 똑똑해지는 비결은 오차 역 전파(Back propagation)로 가중치를 조정하기 때문이다. 출력에 대한 영향력을 알기 위해 오차역전파(Back Propagation)를 사용한다. 이 알고리즘은 학습 시 입력부터 출발하여 각 노드의 매개변수를 통한 계산 후 출력으로 나오는 순 전파(Forward Propagation)와 반대로 출력으로부터 입력까지 연쇄법칙(Chain Rule)을 통해 거슬러 올라간다. 이 연쇄법칙을 이용하면 출력에 대한 각 노드 매개변수의 미분값이 바로 특정 매개변수가 전체 출력에 주는 영향력이다.

역전파는 신경망(Neural Network)에서 경사하강을 수행하는 기본 알고리즘이다. 즉 신경망의 학습 또는 훈련을 위해 사용되는 기술이다. 역전파는 신경세포(Neuron)를 위해 사용되는 전이함수(transfer function, 활성화함수(Activation Function)가 기울기 계산을 위해 미분가능(differentiable)해야 한다. ① 신경망에 훈련샘플을 부여한다. ② 신경망의 출력과 그 샘플 쌍에서 요구되는 출력을 비교한다. 각 출력 뉴런에서의 에러를 계산한다. ③ 각 뉴런에 대해 에러, 실제 출력, scaling factor를 계산하고, 기대값보다 얼마나 높거나 낮은지 계산한다. 이것이 local error이다. ④ 각 뉴런으로 들어오는 (connection)에 대한 가중치를 사용해서, 이전 레벨의 뉴런에 대해 local error를 위한 blame을 할당한다. ⑤ 이전 레벨의 뉴런에 대해 위의 단계를 반복한다. 이때 각 뉴런에 대해 error로서 blame을 사용한다. 에러(그 결과로서의 학습(Learning))가 출력노드로부터 내부노드로 역으로 전파한다. 기술적으로 말하면, 역 전파는 변경 가능한 가중치(weight)에 대해 네트워크의 에러의 기울기를 계산하는데 사용된다. 여기서 기울기는 에러를 최소화하는 가중치를 찾기 위한 확률적 기울기 하강(Gradient Descent)에서 사용된다.

Back propagation학습 알고리즘은 최소평균자승 알고리즘(Least Mean Square Algorithm)의 비선형적 확장이다. <그림>에서 보듯 미분의 반복규칙(chain-rule)을 여러 번 반복적으로 적용하여 확률 근사치 프레임워크(stochastic-approximation framework)와 관련지으면서 유도해낼 수 있다. Backpropagation에 관한 기록을 보면 Parker가 80년대 초에 학습논리(learning logic)로서 알고리즘을 유도했고, Paul Werbos는 1974년 Harvard 대학의 박사학위 논문으로 'Dynamic feedback'을 유도했다. Werbos는 Backpropagation을 통계적으로 공식화했으며 1970년대와 1980년대에 경기예측과 여러 문제에 응용하였다.[10] Werbos는 인간의 두뇌와 평행한 새로운 지능형 컨트롤 디자인을 고안했다. 그는 backpropagation 및 AI 신경 네트워크에 대한 공로가 인정되어 1995 IEEE Neural Networks Council Pioneer Award를 수상했다. David Rumelhart 등은 1980년대 후반에 출판된 <병렬분산처리(Parallel Distributed Processing)>에서 Backpropagation 알고리즘을 널리 유행시켰다. PDP연구팀은 일반화 델타규칙(generalized delta rule)이라고 불리는 Backpropagation 알고리즘을 제안하였다. 이것은 Minsky와 Papert가 상세히 분석한 perceptron모델의 한계를 극복했다. 이로써 10여 년간 침체했던 신경망 연구에 새로운 장을 열었다. 많은 컴퓨터관련 과학자들과 인지과학자들이 신경망 이론과 응용을 통칭하는 연결주의(Connectionism)의 개가다.

---

10 http://www.aistudy.com/neural/backpropagation.htm.

역전파 알고리즘

$$net_{pj} \sum W_{ji} O_{pi}$$

$$O_{pj} = f(net_{pj}) = \frac{1}{1 + \exp(-net_{pj})}$$

$$net_{pk} = \sum W_{kj} O_{pj}$$

$$O_{pi} = f(net_{pk}) \qquad E = \frac{1}{2} \sum_{k} (t_{pk} - O_{pk})^2$$

$$\Delta W_{kj} = -\alpha \frac{\delta E}{\delta W_{kj}} = \alpha \frac{\delta E}{\delta O_{jk}} \frac{\delta O_{pk}}{\delta net_{pk}} \frac{\delta net_{pk}}{\delta W_{kj}}$$

$$= -\alpha(-(t_{pk} - O_{pk})) f'(net_{pj}) O_{pf}$$

$$= \alpha(t_{pk} - O_{pk}) f(net_{pk})(1 - f(net_{pk})) O_{pj}$$

$$= \alpha(t_{pk} - O_{PK}) O_{pk}(1 - O_{pk}) O_{pf}$$

$$= \alpha \delta_{pk} O_{pf}$$

출력층과 은닉층의 강도 $\Delta W_{kj}(n+1) = \beta \Delta W_{kj}(n) + \alpha \delta_{pk} O_{pi}$

은닉층과 입력층의 강도 $\Delta W_{jt}(n+1) = \beta \Delta W_{jt}(n) + \alpha \delta_{\pi} O_{pi}$

자료: https://www.fmkorea.com/1181249428

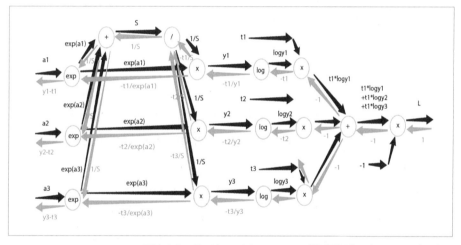

자료: http://bakbang.blogspot.com/2017/08/backpropagation.html

그 무렵 Sejnowski는 Backpropagation 학습알고리즘을 사용하여 텍스트(text)를 음성(speech)으로 합성하는 NETtalk 시뮬레이션에 사용하였다. Backpropagation 알고리즘이 소개된 PDP 책은 신경망에 관련된 참고 문헌으로 널리 사용되었으며 수많은 Backpropagation 소프트웨어들이 개발되기 시작했다. 가령 주식시장 예측 등 응용분야에서 수많은 시뮬레이션이 시도되었다. 일부 생리학자(pysiologist)들은 Backpropagation 알고리즘을 인간의 두뇌(brain) 및 중추신경 시스템으로까지 여겼다. 이와 함께 Backpropagation 학습알고리즘의 한계도 드러났다. ① 종종 수렴에 실패하고 국지적 최솟값(local minimum)에 봉착한다. ② 비지역성(nonlocality), 동시성(synchrony), 감독(supervision)과 긴 훈련시간 등으로 생물학적인 신경망과 상당한 차이점이 있다. ③ 불연속 시뮬레이션에서 항상 수렴하는 것은 아니다. 즉, 초기의 상태를 어떻게 선택하느냐에 따라 진동(oscillation)하거나 최악의 경우, 제멋대로 방황(chaotic wandering)하기도 한다.

마. 최적화: Gradient Descent[11]

최적화(optimization)란 어떤 목적함수(objective function)의 결과값을 최적화(최대화 또는 최소화)시키는 파라미터(변수) 조합을 찾는 것이다. 예를 들어 카메라의 Calibration에서 Parameter(초점거리 등)를 찾는 문제와 같다. 다른 시점에서 찍은 두 카메라영상 3D정보의 복원, 비디오영상에서 비디오 촬영당시 카메라 궤적의 복원, 인체비디오 영상에서 관절움직임을 skeleton으로 모델링하는 문제, 고저가 있는 지형에서 목적지까지 차량에너지(연료) 소모의 최소화 이동경로 탐색 등이 모두 최적화 문제에 해당된다. 이 때 만일 목적함수가 $f(x) = 2x + 1$ 등과 같이 하나의 파라미터(변수)로 되어 있다면 1변수 함수에 대한 최적화 문제가 되며 $f(x, y) = xy - x + 5$ 등과 같이 여러 개의 파라미터(변수)로 되어 있다면 다변수 함수에 관한 최적화 문제가 된다.

또한 목적함수가 $f(x_1, x_2, \cdots, x_n) = b + a_1 x_1 + a_2 x_2 + \cdots + a_n x_n$과 같이 모든 파라미터(변수)에 대해 1차 이하의 다항식으로 구성되면 선형최적화(linear optimization) 문제라 한다. 그리고 $f(x, y) = y \sin x + x$, $f(x,y) = x_2 + y$, $f(x,y) = xy - 1$ 등과 같이 그 외의 경우를 비선형 최적화(nonlinear optimization) 문제라 한다. 그리고 목적함수 외에 파라미터가 만족해야 할 별도의 제약조건이 있는 경우를 constrained optimization문제, 별도의 제약조건이 없는 경우를 unconstrained optimization 문제라 칭한다. 이렇듯 최적화문제는 원하는 어떤 조건(함수값을 최소화 또는 최대화)을 만족시키는 최적의 파라미터(변수)값을 찾는 것을 말한다.

최적화는 크게 최대화(maximization) 또는 최소화(minimization) 문제로 나눌수 있다. 목적함수가 이윤, 점수(score) 등의 경우, 최대화 문제이다. 반면에 비용(cost), 손실(loss), 에러(error) 등의 경우, 최소화 문제로 볼 수 있다. 그런데 f를

---

11 https://darkpgmr.tistory.com/149.

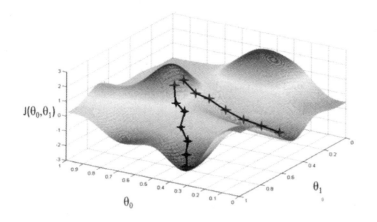

$J(\theta_0, \theta_1)$

최대화시키는 것은 −f를 최소화시키는 것과 동일하므로 방법론상으로 최대화 문제와 최소화 문제를 동일하게 볼 수 있다.

그러면 인공지능은 최적화 문제를 어떻게 풀까? 최적화의 기본원리는 비교적 단순하다. 현재 위치에서 함수값이 감소(최대화 문제라면 증가)하는 방향으로 조금씩 조금씩 파라미터값을 이동한다. 위의 <그림>[12]에서 보듯 한 걸음을 내딛은 후 그 위치에서 어느 방향이 가장 내리막길인지를 봐서 그 방향으로 한 걸음을 내딛고, 다시 그 위치에서 가장 내리막 방향을 찾는다. 그리고 더 이상 내려갈 수 없는 곳(local minima)에 다다를 때까지 반복한다. 이러한 과정을 반복하다 보면 언젠가(비록 local minimum일 수도 있지만) 함수값이 최소화되는 지점을 발견할 수 있다는 원리다. 여기서 가장 중요한 점은 어느 방향으로 내려갈 것인지와 한 번에 얼마큼씩 이동할 것인지를 결정한다. 그리고 기존의 여러 최적화 기법들(뉴턴 방법, gradient descent 방법, Levenberg−Marquardt 방법 등)이 있다. 하지만 그 차이는 결국 이동할 방향과 이동할 양을 어떤 방식으로 결정하느냐의 차이다. 이동할 방향과 이동할 양을 결정할 때 사용되는 가장 기본적인 수학적 원리는 1차 미분(기울기)과 2차 미분(곡률)의 개념이다.

최적화과정에서 비용함수를 정하는 것이 중요하다. 정답률(Mean Square Error, MSE)로 할 수 있고, 엔트로피라 불리는 정보량을 기준으로 할 수도 있다. 다르

---

12 http://blog.datumbox.com/.

게 비용, 시간, 거리, 에너지, 수율 등 인공지능망 설계자가 의도한 방향으로 정할 수가 있다. 다만, 수학적 표현이 미분 가능해야 한다. 공학에서 비용함수는 정확성이나 효율을 강조한다. 여기에 주관적 감정이나 변화, 차이, 차별, 신뢰, 도덕, 인성, 재현성, 생산성 측면뿐만 아니라 인간적, 도덕적, 추상적 가치를 비용함수에 넣을 수 있다. 이처럼 인간이 어떤 가치를 최고로 삼느냐에 따라 인공지능 학습이 달라질 수 있다. 그래서 인간의 가치와 생각이 인공지능에 그대로 반영된다는 의미다.

한편, 인공지능이 빠르게 학습하도록 정답과 오답 사이에 확률 차이를 최대화한다. 양극화 추구 과정에서 정답과 오답을 갈라놓아야 분명한 답을 얻을 수 있다. 이때 Softmax 함수가 인공지능 신경망의 출력 함수로 사용된다. 사람이 원하는 차별적 요구가 인공지능 학습과정에 반영되는 것이며 단지, 수학 수식을 통해 전달할 뿐이다.

인공지능이 데이터 없이 학습하는 방법으로 강화학습(Reinforcement Learning)은 다양한 시도를 스스로 하고 반응을 보면서 최적의 정책(Policy)을 세우는 방법이다. 게임이나 주식 투자와 같이 환경에서 직접 행동과 반응을 보고, 최적의 전략을 정해가는 방법이다. AlphaGo 바둑 게임에서 사용된 학습방법인데 가장 큰 장점은 데이터 없이도 학습할 수 있다는 점이다. 그런데 강화학습과정에서 보상(Reward)을 정하고 이를 수학적으로 표현한 가치함수(Value Function)를 사용한다. 이러한 보상체계에 따라 인공지능 신경망을 최적화해 간다.

강화학습과정에서 설계자의 의도와 가치 체계에 맞게 얼마든지 정할 수 있다. 효율이 될 수도 있고, 협력, 신뢰와 같은 주관적인 가치체계일 수도 있다. 가치함수로 표현하기만 하면 된다. 강화학습은 인간이 정한 보상체계를 따른다. 생각보다 인공지능이 상당히 가치 지향적으로 만들어질 수 있다. 그래서 가치가 올바른 인공지능을 개발하기 위해 먼저 인간 자체의 가치관이 잘 확립되어야 한다. 여기에 믿음, 신뢰, 사랑, 배려, 공정, 정의, 평등, 공존, 협력, 평화, 자유 등 기초 가치가 사회에서 흔들리지 말아야 한다. 인공지능도 그대로 따라하기 때문이다.[13]

---

13 http://www.newspim.com/news/view/20191111000662.

인공지능의 핵심은 기존의 해석적 모델이 아니다. 데이터를 이용해 학습하는 알고리즘인 기계학습(Machine Learning)이다. 이러한 이유로 인공지능 학습에 빅데이터가 필요하다. 인공지능과 빅 데이터는 서로 떼려야 뗄 수 없는 숙명적인 관계다.

기계학습 중에서 정답을 이용한 학습방법을 지도학습(Supervised Learning)이라고 한다. 그래서 인공지능 기계학습 개발 과정에서 데이터를 이용해서 학습한다. 이 과정을 순방향 학습(Forward Propagation)이라고 한다. 그리고 다시 정답을 비교해 인공지능 신경망 속의 수백만 또는 수천만 변수(Weight)를 바로잡아 가는 과정을 역 전파 학습(Backward Propagation)이라고 부른다. 역 전파 학습과정에서 최대한 빠른 시간에 학습을 마치고 변수(Weight)들을 확정할 필요가 있다.

학습방법 중에 가장 많이 쓰이는 최적화 방법은 경사 하강(Gradient Descent)법이다. Cost function을 최소화하기 위해 반복적으로 파라미터를 조정해 나간다. 즉 Cost(비용)의 최소화를 위한 최적화 알고리즘이다. 해당 함수의 최솟값 위치를 찾기 위해 Cost Function의 Gradient(파라미터에 대해 편미분한 벡터) 반대방향으로 정의한 step size를 가지고 조금씩 움직여가며 최적의 파라미터를 찾는 방법이다. 보다 쉽게 표현하면, 정답과의 차이를 비용함수(Cost Function) 또는 목적함수(Objective Function)라고 부르며, 비용함수를 미분해서 기울기가 零(0)이 되는 지점으로 변수를 조정한다. 아래 산식은 Linear Regression에서 Cost function으로 Cost값이 최소가 되는 것은 W의 값이 가운데로 수렴하게 된다는 것을 의미한다.

$$\text{cost}(\theta) = \frac{1}{m} \sum_{i-1}^{m} (h\theta(x^{(i)}) - y^{(i)})^2$$

파라미터 벡터로서 theta는 임의의 값으로 시작(random initialization), 조금씩 cost가 감소되는 방향으로 진행한다. 다음 그래프에서 보듯 임의의 파라미터가 정해지면, 해당 파라미터의 위치로부터 최솟값을 찾아 탐색하는 기준으로 경사도를 구해야 한다. 즉, a 위치일 때 경사의 기울기가 양수이므로, W의 값을 감소시킨다. 반면에 b의 위치일 때 경사의 기울기가 음수이므로, W의 값을 증가시킨다. 이처럼 경사의 기울기를 알기 위해서 미분이 필요하다.

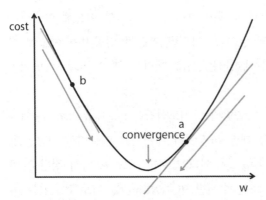

접선의 기울기의 절대값이 0이 되는 지점이 바로 최솟값이 되며, 최적의 W값이 된다. Parameter값의 1회 Update하다는 것은 선을 다시 한 번 새로 긋는 것과 같다. 좌표상의 모든 점(훈련예제)에 잘 적응되도록 반복해서 학습하는 것이다. 이렇게 반복해서 조정해 나가면, 언젠가는 최솟값을 찾는다. 여기서 언젠가는 어느 정도의 보폭으로 갈 지 정해주는 의미로서 학습률(learning rate)에 달렸다.[14]

경사하강(傾斜下降)법은 마치 산등정 이후 하산과 같다. 계곡을 따라 하산하고, 등산로 입구까지 빨리 내려오는 방법과 유사하다. 하산할 때 산 주변 지형의 굴곡이나 등고선을 알아야 한다. 수학적으로 보면 등고선의 직각 방향으로 가장 가파른 계곡을 만난다. 달리 말해 어느 지점의 등고선과 직각 방향이 가장 가파르며 그 방향으로 물이 흐른다. 인공지능은 그 방향으로 학습 최적화를 한다. 등고선 함수를 미분하면 직각 방향으로 벡터가 만들어진다. 수학적으로 벡터 미분(Gradient)이며 주로 미분법이 사용된다.

인공지능의 학습과정에서 행렬(行列) 다음으로 많이 사용되는 수학이 미분(Differentiation)이다. 결국, 등고선 미분 방향으로 계속 가면 계곡을 만나고, 계곡을 따라 물이 흐른다. 인공지능도 마찬가지다. 비용함수의 등고선의 미분 벡터방향을 따라 빠르게 학습해 간다. 바닥지점에서 물의 흐름이 멈추듯 인공지능은 학습을 멈춘다.

---

14 https://23min.tistory.com/4.

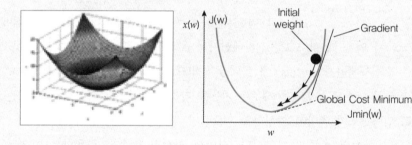

🔍 Gradient Descent(경사하강법): 최적화알고리즘

기계 학습은 매개변수인 W(weight, 가중치)와 B(bias, 편향)을 찾기 위해 반복 작업을 수행한다. 최적화 알고리즘(optimizer)은 매개변수를 찾기 위해 최적화된 알고리즘을 제공하는 가장 기본적인 것이 Gradient Descen다. 이름에서 풍기는 것처럼 기울기를 구한 후, 기울기가 낮은 쪽으로 계속 이동시켜서 극값에 이를 때까지 반복한다. 좀 쉽게 비유하면, 산을 등산한다고 가정을 해보자. 꼭대기로 이동한다면 인간은 어떻게 움직일 것인가? 바로 경사가 높아지는 쪽으로 계속 움직여서 정상에 도착할 것이다. 반대로 하산한다면, 경사가 낮아지는 쪽으로 움직일 것이다. 이러한 간단한 원리가 바로 Gradient Descent이다.

경사하강법(Gradient Descent)

• 오차함수의 낮은 지점을 찾아가는 최적화 방법
• 낮은 쪽의 방향을 찾기 위해 오차함수를 현재 위치에서 미분함

$$J = \frac{1}{2m}\sum_{i-1}^{m}(y - \hat{y}) \quad , \quad \nabla J = \frac{1}{m}(y - \hat{y})$$

3 인공지능의 학습을 지원하는 활성화함수

활성화함수는 신경학적으로 볼 때 뉴런발화(Firing of a Neuron)의 과정에 해당된다. 최종출력 신호를 다음 뉴런으로 보내줄지 말지 결정하는 역할을 한다. 뉴런이 다음 뉴런으로 신호를 보낼 때 입력신호가 일정 기준 이상이면 보내고 기준에 달하지 못하면 보내지 않을 수도 있다. 그 신호를 결정해 주는 것이 활성화 함

수(Activation Function)다. 많은 종류의 활성화 함수가 있고, 그 결정이 결과에 크게 영향을 준다. 실제 세계에서는 입력값에 비례해서 출력값이 나오지 않을 때도 많다. 대개 어떤 임계점을 경계로 큰 변화가 생긴다. 마치 물이 끓는 것이나 비행기의 이륙과 같다. 이와 마찬가지로 뇌의 뉴런도 하나의 뉴런에서 다른 뉴런으로 신호를 전달할 때 어떤 임계점을 경계로 출력값에 큰 변화가 있는 것으로 추정된다.

딥 러닝 네트워크에서는 노드에 들어오는 값들에 대해 곧바로 다음 레이어로 전달하지 않고 주로 비선형 함수를 통과시킨 후 전달한다. 이때 사용하는 함수를 활성화 함수(Activation Function)이라 부른다.

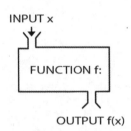

퍼셉트론은 Input값이 weight와 계산되어 더하고 사전에 설정한 임계값(threshold)과 비교해서 임계값을 넘으면 Output으로 1을 출력하고, 그렇지 못하면 0을 출력했다. 여기서 함수란 무언가를 집어넣었을 때 좌측 그림에서 보듯 박스 안에서 어떤 일들이 일어나 결과를 뱉어내 준다. 그 어떤 일을 하는 것이 함수이다. 가령 편의점에서 핫도그를 사 먹을 때 핫도그를 전자레인지에 돌리고 꺼내면 뜨겁다. 차가운 핫도그(Input)가 전자레인지(Function)에 들어갔다 밖으로 나오니 뜨거워졌다(Output). 이처럼 활성화 함수도 무언가를 해주는 기능을 가진 것으로 활성화(activation)라는 말 그대로 입력신호의 총합이 활성화를 일으킬지 정하는 역할을 한다.

활성화 함수의 종류는 다양하다. 다양한 활성화 함수를 사용하는 이유는 크게 두 가지다. 하나는 모델 layer들 사이에 존재하면서 학습을 도와주고, 하나는 모델의 가장 마지막 출력에 관여하면서 출력형태를 변화시킨다. 각각의 활성화 함수가 어느 상황일 때 잘 작동해서 모델의 비선형성을 학습하고 좋은 모델 성능을 끌어낼지를 알아야 한다. 마지막 layer에 붙어있는 활성화함수의 경우, 모델이 출력해야 할 output이 어떤 형태로 나와야 하는지 잘 알아야 한다. 다중 분류 문제의 경우에는 softmax 함수를 출력으로 가장 먼저 생각할 것이고, 0~1 사이로 한 사건의 확률을 모델링 할 경우에는 Sigmoid 함수를 가장 먼저 고려해야 한다.

가. 계단함수(Step function)

입력이 양수일 때 1(보낸다)을 음수일 때 0(보내지 않는다)의 신호를 보내주는 이 진적인(Binary) 함수이다. 직관적으로 상당히 좋다. 0 이상이면 출력하고 0 이하 면 뉴런을 죽인다. 하지만 실제 모델의 Optimization과정에서 미분해야 하므로 미분되지 않으면 쓸 수가 없다. 간단하게 0보다 크면 1, 작으면 −1로 나눈 것 이다. 딥 러닝이 등장하기 전에 인공신경망을 구성하였던 perceptron의 활성화 함수로 사용된 함수다.

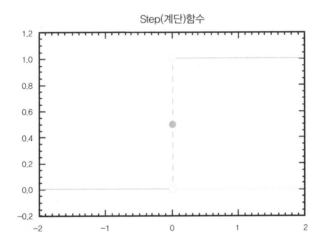

나. 시그모이드 함수(sigmoid function)

신경망에서 주로 이용하는 활성화 함수는 sigmoid 함수다. sigmoid 함수는 Logistic 함수라고도 불린다. 선형인 멀티퍼셉트론에서 비선형값을 얻기 위해 사 용하기 시작했다. 함수는 수식은 아래와 같다. 입력을 받아서 출력을 돌려주는 변 환기로서 sigmoid는 다음의 특징을 갖는다. 함수값이 (0, 1)로 제한되며, 중간값 은 1/2이고, 매우 큰 값을 가지면 함수값은 거의 1이며, 매우 작은 값을 가지면 거의 0이다.

$$\sigma(a) = \frac{1}{1 + e^{-a}}$$

신경망에서는 입력 신호를 받아서 변환하여 전달할 뿐이다. 계단함수보다 완만한 곡선 형태로 비선형이다. 특정 경계를 기준으로 출력이 확 바뀌어버리는 계단함수와는 달리 sigmoid 함수는 완만하고 매끄럽게 변화하기에 신경망학습에서 중요하다. 하지만 완벽해 보이는 매력적인 함수지만 문제점이 있다. 바로 Gradient Vanishing(손실)문제이다. x가 0일 때 기울기가 최대가 되는데, 그 미분값이 1/4이다. 딥 러닝을 위해서 Layer를 많이 쌓아야 하는데 이렇게 작은 미분값은 에너지 함수 최적화 과정에서 Layer를 거쳐 갈 때마다 곱하기 연산을 거쳐 deep할수록 기울기가 사라져 버리는 Gradient Vanishing을 일으킬 수 있다. sigmoid 함수와 sigmoid 함수의 미분함수를 그래프로 나타내면 아래 <그림>과 같다.

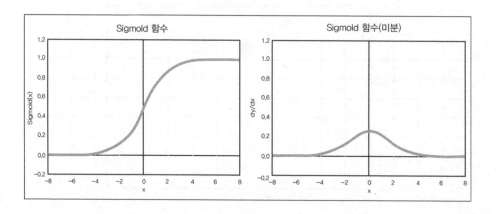

다. 탄젠트하이퍼볼릭(Tangent hyperbolic function) 함수

쌍곡선 함수 중 하나이다. 쌍곡선 함수란 삼각함수와 유사한 성질을 가지고, 표준 쌍곡선을 매개변수로 표시할 때 나오는 함수이다. Tanh함수는 sigmoid함수를 transformation 해서 얻을 수 있다. 함수는 다음과 같이 정의된다.

$$f(x) = \frac{e^x - e^{-x}}{e^x + e^{-x}} = \frac{2}{1 + e^{-x}} - 1$$

Tanh함수는 함수의 중심값을 0으로 옮겨 sigmoid의 최적화 과정이 느려지는 문제를 해결했다. 하지만 미분함수에 대해 일정값 이상 커질 시 미분값이 소실되는 gradient vanishing 문제는 여전히 남아있다.

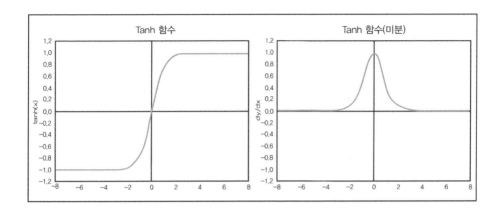

라. ReLu(Rectified Linear Unit)

ReLu함수는 최근 가장 많이 사용되는 활성화 함수이다. 함수는 아래와 같이 정의된다. ReLU함수의 특징을 살펴보자. x>0이면 기울기가 1인 직선이고, x<0 이면 함수값이 0이 된다. sigmoid, tanh 함수와 비교 시 학습이 훨씬 빨라진다. 연산 비용이 많이 들지 않고, 구현이 매우 간단하다. x<0인 값들에 대해서는 기울기가 0이기 때문에 뉴런이 죽을 수 있는 단점이 존재한다.

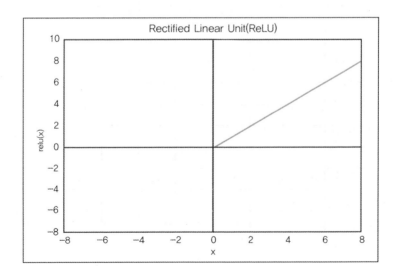

4 인공지능의 학습 성과

인공지능기술은 삶의 곳곳에 적용되고 있다. 공상과학영화나 머릿속의 인공지능이 어느새 일상 깊숙이 파고들고 있다. 스피커, 세탁기, 청소기 등 실생활은 물론, 자동차에서부터 유통, 운송 및 통신에 이르기까지 다양한 산업 및 지역에 걸쳐 적용돼 다양한 비즈니스를 창출하면서 편익과 혜택을 제공하고 있다. 모든 게 전례 없는 방법으로 학습한 성과들이다. 컴퓨터가 말하고, 보고, 듣고, 의사결정을 내릴 수 있게 되면서 광범위한 활용사례가 잠재적 비즈니스 기회를 확대시키고 있다. 장차 인공지능은 산업혁명, 컴퓨터 시대, 스마트 폰 혁명과 같은 과거의 변화와 동등한 차세대 기술변화의 촉매제로 인식된다.

인공지능의 적용영역을 분야별로 살펴보면 의료분야가 대표적이다. 질병진단과 치료에서 핵심은 정확성이다. 한때 고도로 훈련된 의료진이 육안과 촉진(觸診)으로 판단했던 일이다. 환자 상태파악 같은 의료 활동 상당수는 인공지능영역으로 넘어간 지 오래다. 쇼핑현장에서도 인공지능은 열일 중이다. 오랜 경험에서 나온 연륜으로 고객 표정만 보고 그가 어떤 상품을 원하는지 귀신같이 알아맞힌다. 점포 주인처럼 인공지능은 상품판매과정에서 지원과 개선이 필요한 맥(脈)을 정확히 짚어낸다. 게다가 AI는 수백 개 체인을 보유한 대형쇼핑서비스에서도 지치는 법 없이 똑같은 집중도로 일을 해낼 수 있다. 그것도 세계 전 지역에서 동시에 가능하다.

글로벌 시장조사기관인 Tractica의 보고서에 따르면 AI의 직접 및 간접 응용프로그램에서 발생한 수익이 2017년 54억 달러(약 6조원)에서 연평균 성장률(CAGR) 45%의 급격한 성장률로 2025년에는 1,058억 달러(약 119조 7천억 원)로 예상된다(인공지능신문, 2019년 1월 22일자). 인공지능은 이미지인식을 비롯하여 이미지합성, 추론, 의미이해, 문자 및 음성 자동변환, 의사결정, 행동계획 등 다양한 기능을 수행하고 있다.

딥 러닝이 할 수 있는 일을 알고리즘(단위기능별) 사례로 살펴보면 이하와 같다.[15]

---

15 김광일(2017), 〈딥러닝 인공지능의 과거, 현재 그리고 미래〉, 제9기 차세대에너지리더 과정 특강자료.

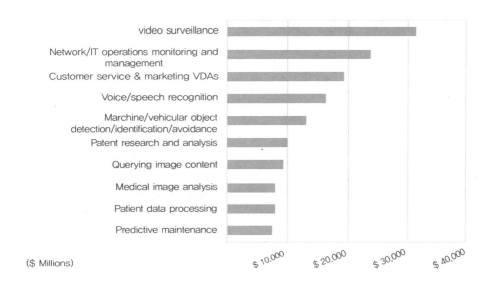

video surveillance

Network/IT operations monitoring and management

Customer service & marketing VDAs

Voice/speech recognition

Marchine/vehicular object detection/identification/avoidance

Patent research and analysis

Querying image content

Medical image analysis

Patient data processing

Predictive maintenance

($ Millions)

$ 10,000 $ 20,000 $ 30,000 $ 40,000

가. 이미지 인식

이미지/영상 데이터 기반의 시각 지능은 이미 인간 수준을 넘은 시각 인식률을 보이며 상황을 이해하고 새로운 이미지를 생성하는 기술로까지 발전하였다. 시각인식의 경우, 이미지 객체 인식의 정확도를 경쟁하는 ImageNet 경진대회에서 2015년 Microsoft가 96.43%의 정확도를 달성하며 인간의 인식률(94.9%)을 추월하였다. 2017년에는 중국 대학팀이 97.85%의 인식률을 달성하였다.

- 교통 표지판 인식(IJCNN 2011): 인간(1.16%) vs 기계(0.54%) ─ 2011년
- 손글씨 숫자(MNIST): 인간(0.2%) vs 기계(0.23%) ─ 2012년

시각이해의 경우, 이미지/영상의 외형적 특징을 통해 이해하는 기술이 발전하고 있다. 눈, 코, 입 모양 등의 상관관계를 분석해 표정을 이해하거나 감정을 추측[16]하고, 이미지 속 상황을 정확히 이해하여 언어로 표현하는 기술이 등장하였다 (O. Vinyals, et al., 2015). 이미지생성의 경우, Ian Goodfellow에 의해 제안된 GAN(Generative Adversarial Networks)기술의 등장으로 데이터의 양이 부족한 환경에서 실제와 매우 유사한 이미지를 생성하였다(Ian Goodfellow, et al., 2014).

---

16 Microsoft Emotion API.

나. 이미지 컬러화(Image Colorization)

인공지능이 바둑을 넘어 사진 영역으로 들어왔다. 이름도 거창하다. 실례로 '색이 있으라(Let there be Color!)'는 인공지능 기술로 낡은 흑백사진을 컬러사진으로 바꿔주는 기술이다. 일본 와세다대학 연구원인 사토시 이즈카, 에드가 시모 세라, 히로시 이시가와가 공동저자로 발표했다.

핵심은 인공지능 기술인 딥 러닝기법의 하나인 합성곱 신경망(Convolutional Neural Networks) 기술이다. 컴퓨터가 사진에서 점이나 선, 면 정보를 분석해 사진 속 부분 정보를 기존 사물 정보와 합쳐 색깔을 입히는 방식이다. 합성곱 신경망 기술은 우선 보편적 정보들, 이를테면 사진이 촬영된 곳이 실내인지 야외인지, 촬영 시간이 낮인지 밤인지, 계절은 봄인지 여름인지 등을 사진에서 뽑아낸다. 여기에 사진 속 대상물의 고유 정보를 더하면 촬영 당시 환경에 가장 근접한 색깔이 나온다. 가령 흑백사진이 해 질 녘에 촬영됐다는 정보와 사진을 찍은 곳이 햇살을 받은 해변이라는 정보를 뽑아내면, 컴퓨터가 이 둘을 결합해 석양이 깔린 해변 색깔을 재현한다. 이런 식으로 구름 낀 하늘색이나 사진 속 인물의 촬영 당시 얼굴색도 알고리즘이 찾아낸다. 사람의 개입은 전혀 없다.

싱가포르 정부기술청(GovTech)의 데이터과학·인공지능 부서는 흑백 사진을 컬러 사진으로 바꿔주는 사이트 <Colourise.sg>를 개설, 정식 운영한다고 밝혔다. 동 사이트에는 130만 장 이상의 컬러사진을 기계·신경망 학습 인공지능으로 분석해 만든 데이터 세트인 ImageNet이 적용된다. GovTech에 따르면, 동 사이트는 데이터 세트와 비교해 흑백사진 속 물체의 색깔을 인식한다. 이어 인식한 물체의 색깔을 적대적 신경망 네트워크로 다시 한 번 비교, 재현 정확도를 높였다.

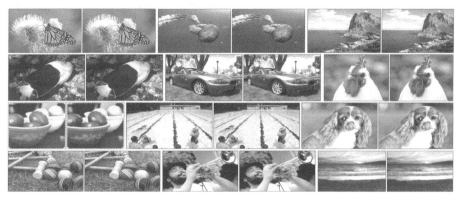

자료: https://richzhang.github.io/colorization/

다. 이미지 합성(Image Synthesis) 및 문맥전달(Semantic Transfer)

지난 2018년 NVIDIA와 MIT의 연구팀은 동영상에 존재하지 않는 사물과 배경을 다른 것으로 새로 생성 대체할 수 있는 Video-to-Video Synthesis 인공지능(AI) 분야에서 획기적인 기술인 <vid2vid>를 개발했다. 연구팀이 개발한 <vid2vid>가 장면의 모든 요소를 변경해 얼마나 생생한 HD 비디오 영상을 생성했는지 동영상을 보면 잘 알 수 있다. 앞으로 <vid2vid>을 영화제작에 사용하는 경우, 1년에 수천 개의 영화촬영이 가능해진다. <vid2vid>는 영상을 변환하는 인공지능을 새로운 방식으로 학습시켜 만들었다. 연구팀은 사진과 영상 내용을 각각 인식시키는 Discriminator 알고리즘을 사용해 <시공간 진행학습(Spatio-temporally Progressive Training)>이라고 불리는 기법으로 인공지능을 학습시키고 있다. vid2vid 알고리즘 코드는 Github에 공개되고 있다. 특히 8개의 GPU로 훈련하는 방법, GPU 1개를 설정하는 방법 등 신경망 훈련 방법 관련 교육 안내서까지 제공하고 있다. 컴퓨터 사양은 Linux 또는 macOS 시스템, Python 3, NVIDIA GPU+CUDA cuDNN 등만 있으면 된다(김들풀, 2018).

한편, AI Startup 머니브레인이 사람의 목소리와 얼굴을 똑같이 합성해 국내 최초로 <AI 뉴스앵커>를 탄생시켰다. 동 기술은 뉴스앵커의 영상을 AI 기술로

Input style   Input content   Gatys et al   Ours

학습해 실제 뉴스앵커와 똑같은 말투, 억양 등의 목소리뿐만 아니라 영상으로 말하는 얼굴, 표정 및 움직임까지 합성할 수 있도록 개발됐다. 머니브레인은 얼굴 특징 추출과 피부합성, 감정표현 등을 위해 첨단 인공지능 기술을 적용했다. 영상과 음성을 결합해 딥 러닝 훈련과정을 거쳐 실제 사람을 닮은 인공지능 영상으로 제작했다. 특히 AI 영상합성 기술은 중국의 오벤, 일본 AI 스타업 스펙티, 미국 등 4곳에서만 성공한 기술적으로 어려운 딥 러닝 기술이다. 머니브레인 기술은 중국에 비해 자연스러운 얼굴 움직임을 구현했고, 미국의 오바마 합성과 다르게 별도의 영상 보정 없이 순수 딥러닝 기술만으로 구현한 세계 최초의 기술이다(최광민, 2017).

라. 스타일 전달(Style Transfer)

인공지능(AI)은 온라인 의류 쇼핑 분야에서도 활용된다. 고객의 구매패턴을 파악해 비슷한 스타일의 옷을 추천하는 서비스는 이미 일반화되었다. AI 스타일리스트가 고객의 다양한 정보를 반영해 의류를 추천하고, 착용 시뮬레이션을 통해 어울림 정도를 파악할 수 있는 서비스까지 상용화 됐다. 2018년 11월 16일 Style Grab은 블록체인기반 인공지능 스타일링 서비스를 제공하였다. 인공지능 알고리즘과 데이터 Curation을 통해 소비자 취향을 분석하고, 패션 전문가의 감성을 더하여 소비자에게 가장 잘 어울리는 스타일링을 제안해주는 패션숍이다. 또한 StyleFit은 고객성향과 체형, 얼굴형 등 다양한 정보를 종합해 AI 스타일리스트가 가장 어울리는 옷을 추천해 주는 스타일 테크가 적용됐다. 아마존은 사진을 이용해 원하는 스타일의 의류를 검색할 수 있는, StyleSnap이라는 기능을 모바일 앱에 추가하였다.

스타일스냅은 고객이 제공한 사진을 머신러닝을 활용해 분석한 후, 가장 유사한 형태의 의류를 아마존닷컴에서 검색해서 보여준다. 추천 제품을 보여줄 때는 색상이나 스타일뿐만 아니라, 브랜드, 가격, 고객 리뷰와 같은 다양한 요소를 고려한다. 2019년 6월 4일부터 7일동안 미국 라스베이거스에서 개최된 <re: MARS 2019 Conference>에서, Consumer Worldwide CEO인 Jeffrey Wilke가 기조연설을 통해 공개했다.

마. 이미지 복원(Image Inpainting)

Guilin Liu가 이끄는 NVIDIA 연구진은 편집되거나 손상된 이미지 복원이 가능한 첨단 딥 러닝 기법을 도입했다. 동 기법은 콘텐츠를 삭제하고 그 여백을 채우는 등의 이미지 편집도 가능하다. image inpainting이라는 프로세스를 수행하는 NVIDIA의 첨단기법은 원하지 않는 콘텐츠를 삭제하고 대신에 사실적인 컴퓨터 생성 이미지를 대신 채워 넣는 포토 에디팅 소프트웨어에서 구현 가능하다. NVIDIA모델은 모양, 크기, 위치, 이미지 외곽선으로부터의 거리에 관계없이 구멍을 로버스트(robust)하게 처리할 수 있다. 반면, 기존의 딥 러닝 접근법은 이미지 중심부의 사각 영역을 위주로 하며, 고비용의 포스트 프로세싱에 의존한다. NVIDIA연구진은 뉴럴 네트워크를 트레이닝 시키기 위해 다양한 형태 및 크기의 선과 구멍으로 구성된 트레이닝용 마스크 55,116개를 무작위로 생성했으며, 약 25,000회의 테스트를 진행했다. 이미지 복원 정확도를 개선하기 위해 마스크는 인풋 이미지의 상대적인 크기에 따라 6개 범주로 분류했다. 노이즈가 가득한 사진과 노이즈가 거의 없는 사진 50,000세트를 신경망 학습 인공지능에 보여주고 훈련을 진행했다. 이 결과로 노이즈가 많이 낀 사진은 복원되고, 노이즈가 거의 없는 사진은 더 선명한 이미지로 개선할 수 있는 능력을 갖추게 됐다. 뿐만 아니라 워터마크가 가득한 사진에서 워터마크를 제거하고 오롯이 사진만을 추출하는 모습도 보였다.

바. 문자·음성 자동변환: Text To Speech(TTS)

사용하기 간편한 API로 강력한 신경망 모델을 적용하는 Google Cloud Speech－to－Text를 사용하면 개발자가 오디오를 텍스트로 변환할 수 있다. 이 API는 120개 이상의 언어와 방언을 인식해 글로벌 사용자층을 지원한다. 음성 명령 및 제어 기능을 구현하고 콜센터의 오디오를 텍스트로 변환하는 등의 작업을 할 수 있고 Google의 머신러닝 기술을 사용하여 실시간 스트리밍 또는 사전 녹음 오디오를 처리할 수 있다. TV홈쇼핑, T커머스(TV와 전자상거래의 합성어) 업체들의 고객센터가 진화하고 있다. 단순히 상품 문의와 주문을 받고 불만사항을 접수하는 전화 응대 수준에서 벗어나 빅 데이터, 인공지능(AI) 기술 기반의 솔루션을 도입해 고객 수요와 성향을 분석하려는 노력이 활발히 이뤄지고 있다.

나아가 문자로 변환되어 쌓인 데이터는 AI를 통해 유형별 분류가 가능해진다. 예를 들어 의류상품의 반품요청이 많아진다면 어떤 사유로 반품 횟수가 늘어나는지를 키워드별로 분석할 수 있다. 단순히 문의사항의 빈도수 분석뿐만 아니라 고객의 감정 상태도 분석할 수 있다. '불편하다' '문제 있다' 등 고객의 말 속에서 감정을 나타내는 용어를 파악해 상품에 대한 고객 감정까지도 데이터로 축적하기가 한층 쉬워진다는 의미이다.

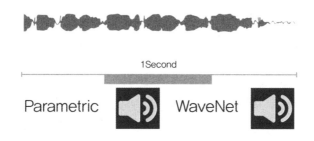

사. 딥 러닝과 자연어처리(Natural Language Processing)

언어지능은 텍스트/음성데이터 기반 학습을 통해 사람에 의존하지 않고 스스로 언어를 이해하며 인간의 억양과 유사한 수준으로 음성을 생성하는 단계로 진입하였다. 자연어처리의 경우, 기존 Ontology[17] 기반 기술에서 인간의 개입을 최소화하고 데이터 기반 학습을 통해 스스로 언어를 이해하게 하는 Word Embedding 방식으로 전환하였다. 가령 Google은 데이터 기반 word2vec[18]이라는 알고리즘을 개발하여 뉴스 서비스를 통해 약 1,000억 개의 단어를 기계학습에 적용하였으며, 개별 단어가 아닌 구문 단위로 유사한 단어를 벡터 공간에 위치하는 방식(Word Embedding)으로 구현하였다.

음성생성 및 인식의 경우, 언어 인식의 지능을 갖게 된 인공지능은 사람의 목소리를 이해하고 생성하며 악센트뿐만 아니라 문장 단위에서의 억양까지 매우 정교한 수준으로 구현하였다. Deepmind는 기존 최고 수준이었던 Google의 음성 생성기술인 TTS(Text-to-Speech)를 획기적으로 발전시켜, 방대한 데이터를 통해 사람의 목소리 패턴을 분석하여 언어를 생성하는 방식의 WaveNet 논문

---

17 Ontology(온톨로지): 전문가가 단어 간의 관계를 사전에 설정하는 방식으로, 전문가의 능력, 경험, 투자비용 등의 한계가 있다.

18 Word2Vec은 단어의 유사도를 평가하여 벡터로 변환해주는 알고리즘이다.

을 발표하였다(Oord, et al., 2016). 또한 IBM은 음성인식에서 딥러닝 기술과 WaveNet을 결합한 모델로 정확도가 5.5% 에러율에 도달하였으며(Engaget, 2017), Microsoft는 음성 인식의 정확도가 5.1% 에러율에 도달해 인간 수준을 넘어섰다고 발표하였다(Tech Crunch, 2017). Microsoft의 경우 1990년 초반부터 연구자들이 음성 인식 성능을 테스트하기 위해 사용한 2,400개의 전화 대화 녹음을 통해 확인하는 방법으로 2016년 5.9% 에러율을 0.8%감소하였다.

- 동의어/유사어 찾기
- 정보추출: 인명, 지명, 회사명, 가격, 날짜, 제품명
- 분류: 장르/주제 탐지, 감성 분석
- 기계 번역
- 질의응답
- 대화시스템
- 텍스트 생성
- 대화 인식

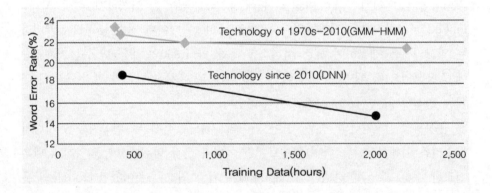

Chapter 04 **인공지능의 모델과 알고리즘**

"이 나라의 모든 사람은 프로그램을 공부해야한다. 프로그래밍은 생각하는 방법을 가르쳐주기 때문이다. 이것은 마치 법대에서 법을 공부하면 모든 사람들이 변호사가 되지는 못해도 생각하는 방법을 배우게 되는 것과 마찬가지이다. 프로그래밍도 법을 공부하는 것과는 조금 다르지만 생각하는 방법을 가르쳐준다. 나는 컴퓨터 프로그래밍이 미술이나 역사와 같은 교양 과목으로 채택되어 모든 사람들이 최소한 1년 정도는 공부해야 한다고 생각한다."

-Steve Jobs, Apple 창업자

인공지능과 소통하는 방법

인공지능과 함께 살아가기 위해 인공지능과 소통할 수 있는 방법이 더욱 중요해지고 있다. 바야흐로 인공지능과 컴퓨터를 이해하고 소통할 수 있는 역량이 강조되고 있는데, 그것이 바로 '21세기 라틴어'로 불리는 역량이다. 국어, 영어역량이 사람과의 소통을 위한 것이었다면 제4차 산업혁명 시대에는 인공지능 및 컴퓨터와 대화할 수 있는 언어를 익혀야 한다. 이것이 바로 코딩이다. 코딩교육은 컴퓨터 프로그래밍의 방법을 배우는 것이다. 컴퓨터에 소프트웨어가 없으면 단지 기계 상자에 불과하듯 코딩은 프로그래밍을 통해 컴퓨터가 움직이는 방법을 설계하는 것이다. 오바마 전 미국 대통령은 코딩교육의 중요성을 미국의 미래라고 강조하면서 "비디오 게임을 구입하는 대신에 비디오 게임을 직접 만들어 보라"고 말하고 있다.[1]

---

1 https://sbasncc.tistory.com/1184 [SBA 아카데미 블로그].

04

Chpater

인공지능의 모델과 알고리즘

1 인공지능 모델이란? 개념과 구성요소

개인이든 기업이든 국가든 살아가면서 무수한 의사를 결정한다. 가령 개인의
경우 자동차구매에 관한 의사결정 시 막연히 '세상에서 가장 멋진 차'라는 추상
적인 개념은 별 도움이 안 된다. 또한 '가장 적합한 차'라는 답은 사람마다 다르
다. 하지만 멋진 차와 적합한 차를 선택하기 위해 측정 가능한 변수가 제시된다면
상황은 다르다. 고려될 수 있는 변수들을 나열하면, 차종·브랜드·가격·산지·
인지도·연료타입·안전도·디자인·색깔·인테리어·배기량·코너링·뒷좌석크기·
트렁크용량·할인여부·할부이자율·애프터서비스·유지비용·수리비용 등이 있다.
사람마다 중시하는 변수가 제각각이며, 결정도 상이할 수밖에 없다. 이처럼 고
려해야 할 요소가 많은 경우, 각 변수에 가중치를 부여하고 그것을 종합해서 점
수를 매기면 결정이 쉬워진다.

기업이나 정부도 마찬가지다. 정도의 차이가 있겠지만 사업 및 정책결정이나
추진과정에서 명확하게 해결책이 제시되는 경우는 매우 드물다. 하지만 주어진
여건과 상황에 따라 여러 변수로 쪼개어 보고, 무엇이 급하고 중요한지 완급과
경중에 따라 점수를 매겨보면 판단오류의 가능성을 최대한 줄일 수 있다. 그런
데 가중치를 부여할 때 주관적 감정이나 개인적 편의나 임의로만 정하면 오류가

생길 수 있다. 하지만 고려하는 변수가 많다면 엉뚱한 답이 나오는 경우는 드물다. 컴퓨터를 이용한 모델도 이와 유사하게 작동한다.

이처럼 의사결정과정에 통계적 모델링을 이용하면 목적에 부합하는 변수들이 선택되고 각기 가중치가 부여되며 그에 따른 점수가 합산된다. 여기서 사용자는 통계적 지식과 무관하게 그저 모델점수가 높은 타깃부터 먼저 정하여 조치를 취하면 된다. 점수에 따라 확률이 높은 대상을 중심으로 필요한 조치를 취하면 그렇지 않은 경우보다 좋은 결과를 얻을 수 있다. 이런 작업을 통계전문가에 의해 이루어질 때 모델링이라고 한다. 그리고 기계가 하면 머신러닝이라고 한다. 기본적 원리는 비슷하다. 공정이 자동화가 되어서 기계가 작업하면 새로운 데이터가 입력됨과 동시에 모델 공식과 점수도 업데이트된다는 것이 차이점이다.

이처럼 모델을 구현하거나 최적의 알고리즘을 찾아내는 작업의 핵심은 코딩이다. 모델이란 모든 기호구조와 그 구조에 관련된 계산 집합으로 정의될 수 있다(Nils J.Nilsson, 1998). 여기서 기호구조와 계산은 코딩으로 구현되는데 코딩과정에서 문제해결을 위해 논리력과 창의력이 요구된다. 일종의 컴퓨터의 사고(Computational Thinking)라고 한다. 기계에 지능을 아웃소싱(Outsourcing)하면서 과거에 불가능했던 것들이 가능해지고 풀지 못했던 기존 문제와 새로운 가치의 창출가능성이 높아지고 있다. 코딩의 힘이다. 가령 죽은 사람에 대한 사무치는 그리움의 욕망을 인공지능(AI)과 가상현실기술을 통해 현실세계로 구현할 수 있다.

🔍 죽은 사람도 다시 살리는 코딩의 힘

죽은 사람이 다시 살아올 수 있을까? 역사 속 영웅 안중근, 유관순, 윤봉길의사(義士)가 눈앞에서 대한독립만세를 외친다면…. 인공지능을 갖춘 일종의 디지털 Avatar다. 〈특이점이 온다(The Singularity is Near)〉의 저자이자 인공지능전문가 겸 미래학자 Ray Kurzweil은 AI를 연구하게 된 계기를 '돌아가신 사랑하는 아버지를 살려내기 위한 것'이라고 밝혔다. 그는 자신의 아버지와 관련된 모든 데이터를 수집 중이다. 데이터가 충분히 쌓이고, 알고리즘과 모델이 개발된다면 디지털세상 속에서 아버지가 환생하는 것이라고 믿는다. 사실 인간의 본질은 패턴이다. 인간을 구성하는 체세포는 끊임없이 사멸과 복제를 거듭한다. 그렇기에 물리적으로 오늘의 나는 1년 전의 내가 아니다. 몸은 복제의 패턴 속에서 더해진다. 패턴 외에

남는 것은 기억과 운영체제, 혼(魂)이라 할 수 있다. 지난 CES2020에서 항공기승무원, 교수, 리포터 등 현실의 인간 모습을 드러냈다. 인간과 소통하며 감정을 드러내면서 상황에 맞게 반응하는 지능도 갖추었다. 이제 기억을 만들거나 새로운 기술도 스스로 배울 수 있다. 이를 가능하게 해주는 것이 바로 세상을 바꾸는 힘을 지닌 코딩(coding)이다.

- 중앙일보, 2020년 2월 20일자

이처럼 현실로 느껴지는 인공지능은 어떻게 구현되는 것일까? 기능에 따라 모델이 정해진다. 흔히 모델링이란 의사소통을 하면서 그에 대한 기록을 남기는 것이다. 어떤 현상에 대해 기록하고 남겨 자신 스스로 또는 다른 사람에게 적절한 의미를 주기 위해 고대부터 기록의 문화는 발전해 왔다. 모델이라고 하는 것은 모형(模型), 축소형(縮小型)의 의미로서 사람이 살아가면서 나타날 수 있는 다양한 현상에 대해서 일정한 표기법에 따라 표현해 놓은 모형이다. 이 역시 사람이 어떤 목적을 달성하기 위해 상호작용과 소통의 효율성을 극대화한 고급화된 표현방법으로 설명될 수 있다. 사람이 살아가면서 나타날 수 있는 다양한 현상은 사람, 사물, 개념 등에 의해 발생한다. 모델링은 이것을 표기법에 따라 규칙을 가지고 표기하는 것이다. 즉 모델을 만들어가는 일 자체를 모델링으로 정의할 수 있다.

모델링은 다량의 다양한 데이터를 사용하기 편하도록 간추려주는 역할을 한다. 모델의 공식 안에 여러 가지 변수들이 있을 수 있지만, 사용자들은 질문에 대한 답을 간단한 점수의 형태로 얻게 되면서 의사결정이 훨씬 쉬워지고 있다. 더욱이 모델링은 데이터베이스의 빈 곳도 채워주며, 미래에 대한 예측도 가능하게 한다(중앙일보, 2020년 5월 11일자).

수많은 변수와 이해관계자를 고려해 머신러닝 알고리즘을 적용하는 경우, 학문적으로 시민과 정책 사이의 역동적 관계를 관찰할 수 있다. 공공기관은 테스트결과로 정책을 수행하는 과정에 대한 통찰을 얻을 수도 있다. 또한 정부나 정당의 의사결정과정에 적용해서 얻은 결과를 활용한 정책입안도 가능하다.[2]

Webster사전에서 모델이란 ① 가설적 또는 일정 양식에 맞춘 표현(a

---

[2] 실제로 Lucidmind AI라는 컨설팅회사는 기업 또는 개인 사용자가 가상 시장(Mayor)이 되어 경제 정책 결정을 내리고 impact를 볼 수 있는 서비스(의사결정시뮬레이션) 플랫폼인 Homopoliticus를 개발, 서비스하고 있다.

hypothetical or stylized representation)으로 어떤 것에 대한 예비표현이며 그로부터 최종대상의 구축계획에 기여하는 것 ② 복잡한 현실세계를 단순화시켜 표현하는 것 ③ 사물 또는 사건에 관한 양상(Aspect)이나 관점(Perspective)을 연관된 사람이나 그룹을 위하여 명확하게 하는 것 ④ 현실세계의 추상화된 반영 등으로 정의된다.

모델을 구성하는 핵심요소로서 <그림>과 같이 크게 Network, Objective Function(목적함수), Optimizer(최적화기)로 이루어진다. 여기서 네트워크는 사람의 두뇌처럼 신경망의 노드와 층(layer)으로 구성된다. 목적함수는 비용함수라고도 불리며 가중치와 편향으로 구성되며 Optimizer에게 오차를 갱신하라고 알려주고 명령을 내린다. Optimizer는 Network를 갱신하면서 최적화하는데 사용한다. 즉 목적 또는 손실[3]함수(loss function)의 결과값을 최소화하는 모델의 인자를 찾는 것을 의미한다. 모델의 구성요소를 보다 세부적으로 살펴보면 가설, 분류기, 학습 알고리즘, 파라미터 등으로 구성되며 의미를 정리하면 다음과 같다(Sebastian Raschka, 2018).[4]

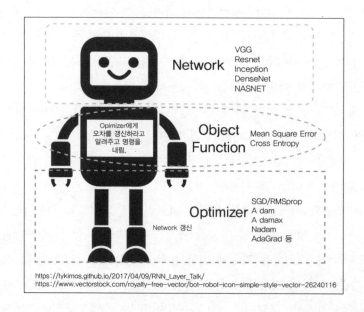

① 목적 함수(Objective/Target function)

편리한 생활의 추구를 위해 개발된 각종 제품들은 각기 고유한 성능의 제공을 위해 설계되었다. 제품의 성능은 하나 이상일 경우가 대부분이지만, 성능의 중요도는 각기 다르다. 가령 에어컨의 주된 성능은 더운 날 실내온도를 원하는 수준으로 낮추는 것이다. 하지만 에어컨의 기술발전과 사람들의 욕망이 지속해서 증가하면서 저소음, 공기정화, 저가격 등과 같은 부가적 성능들이 중시되고 있다. 이러한 성능들을 가장 잘 만족시키는 제품을 설계하는 일을 최적설계(optimum design)라고 한다. 가장 최적의 만족을 위해 설계한 성능을 목적함수로 정의한다. 특정 제품의 개발에 많은 성능이 고려되지만, 해당 설계업무 시 고려 대상이 되는 성능만 목적함수에 해당된다. 따라서 제품의 개발목표에 따라 목적함수가 달라지며, 각 목적함수 내 포함된 세부 성능들의 상대적인 중요도도 달라질 수 있다. 일반적으로 각 세부성능에 가중치(weighting factor)를 곱하여 대수적으로 합한 것으로 정의된다.

② 가설(Hypothesis)

잠정적 결론을 의미하는 가설은 모델링하려는 Target함수, 즉 진짜 함수와 비슷할 것이라고 믿는(혹은 희망하는) 어떤 함수이다. 가령 Spam분류에서라면 Spam이메일을 구분하는 분류규칙이다.

③ 모델(Model)

머신러닝 분야에서 가설과 모델이 종종 혼용된다. 다른 과학 분야에서 둘은 다른 의미를 지닌다. 가설은 잠정적 결론으로 과학자에 의해 성립된 추측이며, 모델은 이 가설을 테스트하기 위한 추측의 구현체이다.

④ 학습 알고리즘

목표는 목적 함수를 찾거나 근사하는 것이고, 학습 알고리즘은 훈련 데이터 세트를 사용해 목적 함수를 모델링하려는 일련의 명령 집합이다. 학습 알고리즘은 가설 공간을 동반하며 미지의 목적 함수를 모델링하기 위해 가능한 가설들을 탐색하여 최종 가설을 만든다.

⑤ 분류기(Classifier)

분류기는 가설의 특별한 경우다. 개개의 데이터 포인트(범주형) 클래스 레이블을 지정하는 가설 또는 이산 값(discrete value)을 출력하는 함수다. 이메일분류의 경우, spam 또는 햄으로 이메일을 분류하려는 가설이 분류기가 될 수 있다. 그러나 가설이 분류기와 동의어는 아니다. 다른 애플리케이션의 경우, 가설이 학생의 학습시간과 교육이력을(연속형이므로 회귀에 적합한) 앞으로 받을 SAT 점수와 매핑하는 하나의 함수일 수 있다.

⑥ Hyperparameter

머신러닝 알고리즘의 튜닝 parameter다. 예를 들면, 학습률, Traing 반복횟수, 회귀분석의 평균제곱오차(mean squared error), 비용함수(cost function)에서 L2 페널티penalty의 규제(regularization) 강도나 결정 트리의 최대 깊이 설정값이다. 반대로 모델 파라미터는 학습알고리즘이 훈련데이터에서 학습하는 파라미터다. 즉 모델 자체가 가지고 있는 parameter이다. 예를 들어 선형회귀의 가중치 계수(coefficient: 또는 기울기)와 편향(또는 y축의 절편)이 모델 parameter다.

🔍 가중치(Weight)와 편향(Bias)[5]

기계학습은 weight값을 정하는 작업이다. 학습알고리즘에 따라 방식이 다를 뿐 weight를 생성하는 것이 학습이라는 차원에서 동일하다. 가중치(weight)는 입력신호가 출력에 주는 영향의 정도를 조절하는 매개변수다. 퍼셉트론은 다수의 신호(Input)을 입력받아 하나의 신호(Output)을 출력한다. 마치 뉴런이 전기신호를 내보내 정보를 전달하듯 weight가 그 역할을 한다. 즉, 선형경계의 방향성 또는 형태를 나타내는 값이다. 각각의 입력신호에 부여되어 입력신호와 계산을 하고 신호 총합이 정해진 임계값(θ; theta,세타)을 넘었을 때 1을 출력하며 넘지 못하면 0 또는 −1을 출력한다. 각 입력신호에는 고유한 weight가 부여되며 weight가 클수록 해당 신호가 중요하다고 볼 수 있다. 편향(bias)은 하나의 뉴런으로 입력된 모든 값을 더한 후(가중 합) 이 값에 더해주는 상수이다. 이 값은 하나의 뉴런에서 활성화 함수를 거쳐 최종적으로 출력되는 값을 조절한다. 편향은 뉴런(또는 노드)이 얼마나 쉽게 활성화(1로 출력; activation)되느냐를 조정하는(adjust) 매개변수이다.

모델로서 필요한 요소를 갖추었다고 학습이나 작업이 완료되는 것이 아니다. 좋은 모델을 지향해야 한다. 좋은 모델이란 어떤 것을 의미할까? 이를 위해 모델평가를 통해 좋은 모형인지를 파악할 수 있다. 모델평가는 예측을 위해 생성된 모이 기존 방법(random model이나 base model)보다 우수한지, 고려된 서로 다른 모델 중 어느 것이 가장 우수한 예측력을 보유하고 있는지 등을 비교하고 분석하는 과정이다. 성능이 좋은 모델을 찾기 위한 기준도 예측 변수의 형태에 의해 다르게 고려되어야 한다.

모델평가에 대한 기준은 다음과 같은데, 대표적으로 ① 일반화의 가능성(안정성), ② 효율성(경제성), ③ 정확성 등을 통해 모형을 평가할 수 있다. 여기서 일반화의 가능성은 같은 모집단 내의 다른 데이터에 적용하는 경우 얼마나 안정적인 결과를 제공해 주는지, 확장하여 적용 가능한지에 대한 여부로 좋은 모델인지를 알 수 있다. 효율성은 모델이 얼마나 효과적으로 구축되었는지, 얼마나 적은 입력변수로 모델을 구축했는지 등을 기준으로 파악할 수 있다. 정확성은 생성된 모델이 얼마나 분류와 추정에서 뛰어난 성능을 보이는지를 통해 알 수 있다. 아무리 안정적이고 효과적인 모델이라 할지라도 실제 문제에 적용했을 경우, 결과가 모두 빗나간다고 하면 아무런 의미가 없을 것이다.[6]

2 모델의 유형과 종류

머신러닝의 모델은 학습종류에 따라 3가지로 나눌 수 있다. 특히, 레이블(label)의 유무에 따라 지도학습과 비 지도학습으로 구분된다. 여기서 레이블이란, 학습 데이터의 속성을 무엇을 분석할지에 따라 정의되는 데이터를 뜻한다.

5 https://sacko.tistory.com/10 [데이터 분석하는 문과생, 싸코].
6 https://ybeaning.tistory.com/14.

가. 지도 학습(Supervised Learning)

결과에 대한 사전 지식이 필요하다. 과거의 지식을 바탕으로 예측과 분류를 하는 것이다. 지도 학습의 기법으로 선형모델 상에서 하나 이상의 변수를 대상으로 일반화된 모델을 구축하는 일반화 선형 모델, 몇몇 입력 변수를 바탕으로 목표 변수의 값을 예측하는 모델을 생성하는 것을 목표로 하는 의사결정 트리, 여러 개의 결정 트리들을 임의로 학습하는 방식의 앙상블 방법인 랜덤 포레스트, 연속되는 트리가 이전 트리의 예측 오류를 수정해 나가는 그래디언트 부스팅 머신, 그리고 딥 러닝 등이 있다. 사람이 교사로서 각각의 입력(x)에 대해 레이블(y)을 달아놓은 데이터를 컴퓨터에 주면 컴퓨터가 그것을 학습하는 것이다. 사람이 직접 개입하므로 정확도가 높은 데이터를 사용할 수 있다는 장점이 있다. 대신에 사람이 직접 레이블을 달아야 하므로 인건비 문제가 있고, 가용할 수 있는 데이터양도 적다. 지도 학습 알고리즘은 한 세트의 사례들을(examples) 기반으로 예측을 수행한다. 예를 들어, 과거 매출 이력(historical sales)을 이용해 미래 가격을 추산할 수 있다. 지도 학습에는 기존에 분류된 학습용 데이터(labeled training data)로 구성된 입력변수와 원하는 출력변수가 수반된다. 알고리즘을 이용해 학습용 데이터를 분석함으로써 입력 변수를 출력변수와 Mapping시키는 함수를 찾을 수 있다. 이렇게 추론된 함수는 학습용 데이터로부터 일반화(generalizing)를 통해 알려지지 않은 새로운 사례들을 Mapping하고, 눈에 보이지 않는 상황(unseen situations) 속에서 결과를 예측한다.

1) 선형회귀(Linear Regression)

미래는 불확실하다. 그래서 과거와 현재의 데이터를 추세를 통하여 미래를 예측할 수 있다. 선형회귀란 가장 적합한 선(Fitting Line)을 찾는 작업이다. 오차가 가장 적은 선을 의미하며 선을 바탕으로 예측할 수 있다. 이미 알고 있는 과거 데이터를 바탕으로 아직 보지 못한 상황을 예측하는 것은 인공지능도 인간과 동일하다.

선형회귀는 가장 기본적인 머신러닝의 기법의 하나로, 데이터를 선형 상관관계로 모델링해 알고자 하는 값을 예측해내는 방식이다. 가령 날씨가 더우면 아이스크림이 많이 팔릴 것 같다. 신장이 크면 몸무게가 많이 나간다. 도시인구가 늘면 세수입이 늘어날 것이다. 이러한 예를 통해 한쪽이 늘어나면 다른 한쪽도 늘어난다는 관계가 있다고 예측할 수 있다. 이러한 관계를 수학적 지식을 바탕으로 보다 정확한 예측을 시도한다. 즉 Training data를 이용하여 데이터의 특성과 상관관계 등을 파악하고, 그 결과를

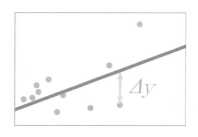

바탕으로 새로운 데이터가 주어졌을 연속적인 숫자 값으로 결과를 예측한다. 그러나 실제로 과거에 일어난 일들은 한결같지 않고 굴곡이 존재한다. 우측 그림같이 흩어진 점들의 모임(산점도)이 될 수 있다. 여기에 어떻게 그럴듯한 곡선을 그릴 수 있을까?

연속값을 예측하는 문제, 회귀문제다. 보통 엑셀에서 그래프 그릴 때 많이 접한다. 데이터들을 쭉 뿌려놓고 가장 잘 설명하는 직선 하나 혹은 이차함수 곡선 하나를 그리고 싶을 때 회귀기능을 사용한다. 사실 세상의 데이터는 매우 복잡하기 때문에, 수치를 완전하게 맞추고자 한다면 직선적인 동작만으로 잘 되지 않는다. 그러나 그럴듯한 직선을 그릴 수 있다면 어느 정도의 오차를 허용하고 예측할 수 있다. 데이터와 직선 사이의 거리가 가까운 것이 좋다. 위 그림의 ΔY의 길이가 짧은 것이 좋다.[7]

완전히 딱 맞는 직선(일차함수 $y=ax+b$)은 그릴 수 없다. 그래서 각각 점과 직선거리의 합이 가장 작아지도록 직선을 긋는 것을 목표로 한다. 여기서 선의 길이는 (데이터 점의 값) – (직선값)으로 계산할 수 있다. 하지만 점이 직선 위에 있는지 아래에 있는지에 따라 긋는 순서가 반대로 되어버려, 플러스나 마이너스가 되기도 한다. 마이너스 x 마이너스는 플러스이므로 이 방법이라면 점이 직선의 위아래 어느 쪽이든 상관없이 직선과 점의 거리가 크면 클수록 플러스값이 된다. 이 값이 작으면 직선과 점의 거리가 가까울 것이다.

이러한 작업을 하나의 점에만 해서는 의미가 없어서 각각의 점 전부를 이렇게 제곱으로 계산하여 그 합계를 알아본다. 그리고 그것이 가장 작아지도록 직선을 그릴 때 가장 알맞은 선이 될 것이다. 제곱의 값을 최소로 하는 방법을 최

---

7 https://doooob.tistory.com/24?category=825950.

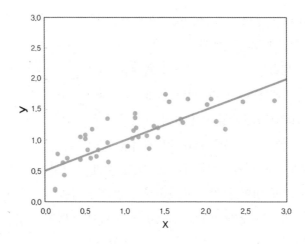

소제곱법이라고 한다.

$$\sum (\Delta y)^2 = \sum [Y - (ax + b)]^2$$

최소제곱법은 가장 표준적인 최적화 방법론으로 다양한 현장에서 사용되고
있다. 이렇게 흩어진 데이터들을 가지고 직선과의 차이가 가장 작아지도록 직선
또는 곡선을 계산해내는 분석방법이 회귀분석이다.

그러면 어떻게 적절한 곡선을 그릴 수 있을까? 이차함수(y=x²)를 직선 방정
식 (y=ax+b)에 더하면 왼쪽의 직선과 중간의 이차함수를 더한 것이 오른쪽의
곡선이다.

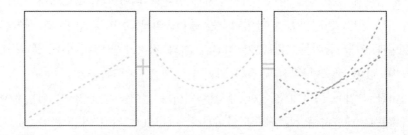

조금 틀어진 곡선이 되었다. 이것을 보면 그밖에도 다양한 곡선의 식을 더하
여 복잡한 곡선을 표현할 수 있다. 그렇게 완성된 함수를 f라고 명명하면 이전의

오차를 합한 식이 $\sum \Delta y^2 - \sum (y-f)^2$이다. 이 곡선의 식을 사용하여 알맞은 곡선을 찾는 방법을 비선형회귀라고 한다.[8] 직선을 사용한 관찰과 결과 간 선형회귀모형 관계, 루트 평균제곱 오류 및 Gradient Descent는 가능한 최상의 선을 맞추기 위해 사용된다.

선형회귀분석의 목표는 Training Data의 특성과 분포를 가장 잘 나타내는 임의의 직선, y=ax+b에서의 [a, b]를 찾는 것이다. 이러한 방법론은 결과에 더 큰 영향을 주는 요소에 대한 통찰력을 제공한다. 예를 들어, 자동차의 색상은 자동차가 고장 날 확률과 강한 상관관계를 갖지 않을 수 있지만 제조업체/모델은 훨씬 더 강한 상관관계를 가질 수 있다.

지금까지 살펴보았듯이 임의의 직선(y=ax+b)에서 최적의 가중치(a, b)를 찾는 process를 아래 <그림>과 같이 나타낼 수 있다. 즉 입력데이터를 바탕으로 손실함수를 계산하여 최소의 값을 찾으면 학습을 종료하고 그렇지 않으면 미분을 통하여 가중치(a, b)를 Update하며 처음 순서를 반복한다.

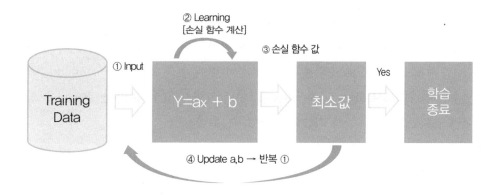

2) 로지스틱 회귀분석[9]

로지스틱 회귀는 이름에서 보듯 회귀를 암시한다. 하지만 실제로 분류기법이다. 회귀를 사용하여 데이터가 어떤 범주에 속할 확률을 0에서 1 사이의 값으

---

8 https://doooob.tistory.com/24.

9 파이썬 라이브러리 Scikit-learn을 통해 모델을 생성하고 각 속성(feature)들의 계수를 구할 수 있다. 이때 각 계수(coefficients)들은 데이터를 분류하면서 해당 속성이 얼마나 중요한지 해석하는 데에 사용할 수 있다.

로 예측하고 그 확률에 따라 가능성이 큰 범주에 속하는 것으로 분류해주는 지도학습 알고리즘이다. 가령 Spam 또는 Ham, 악성 또는 양성과 같이 이진(1 또는 0)응답의 확률을 추정하거나 동물, 인간 또는 자동차 등 2개 이상의 범주값을 예측하는데 활용된다.

로지스틱회귀분석은 ① Trainng Data의 특성과 분포를 나타내는 최선의 직선(Linear Regerssion)을 찾고 ② 그 직선을 기준으로 데이터를 분류 또는 구분(Classification)하는 알고리즘으로 데이터간의 관계를 이해하고 결과를 예측하거나 의사결정의 개선에 도움을 준다. 예를 들어, 제조업체의 분석 팀은 통계 소프트웨어 패키지의 일부로 로지스틱 회귀분석을 사용하여 기계의 부품고장 확률과 해당 부품이 재고로 유지되는 시간을 파악할 수 있다. 또한 spam메일 분류기를 예시할 수 있다. 어떤 메일을 받았을 때 그것이 spam일 확률이 0.5 이상이면 spam으로 분류하고, 확률이 0.5보다 작은 경우 ham으로 분류한다. 이처럼 데이터가 2개의 범주 중 하나에 속하도록 결정하는 것을 2진 분류(binary classification)라고 한다.

로지스틱회귀분석은 출력값(y)이 1 또는 0 만을 가져야 하는 분류(Classification) 시스템에서 함수값으로 0~1 사이의 값을 가지는 sigmoid함수를 사용할 수 있다. 즉, Linear regression의 출력(Wx+b)이 어떤 값을 갖더라도 Sigmoid 출력 함수를 사용하므로 Sigmoid계산값이 0.5보다 크면 1, 0.5 미만이면 0이 나올 확률이 높다는 점에서 분류 기능을 수행할 수 있다.

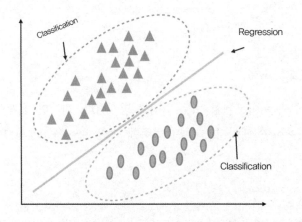

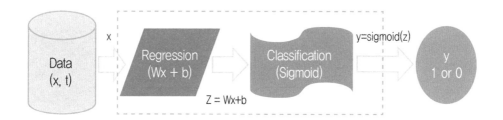

로지스틱 회귀에서는 데이터가 특정 범주에 속할 확률의 예측을 위해 아래와 같은 단계를 거친다.[10] ① 모든 속성(feature)의 계수(coefficient)와 절편(intercept) 을 0으로 초기화한다. ② 각 속성의 값(value)에 계수(coefficient)를 곱해서 log-odds를 구한다. 여기서 선형 회귀에서는 각 속성의 값에 계수(coefficient)를 곱하고 절편 (intercept)을 더해 예측값을 구한다. 그래서 구한 예측값의 범위는 $-\infty$에서 $+\infty$이다. 로지스틱 회귀에서도 마찬가지다. 마지막에 예측값 대신 log-odds를 구한다는 차이가 있다. log-odds를 어떻게 구하는지 알려면 일단 odds부터 계산해야 한다. odds는 아래와 같이 구한다.

$$Odds = \frac{P(event\ occurring)}{P(event\ not\ occurring)}$$

사건이 발생할 확률을 발생하지 하지 않을 확률로 나눈 값이 odds다. 그래서 만약 학생이 0.7 확률로 시험에 합격한다면, 당연히 시험에서 떨어질 확률은 0.3 이 되니까 이렇게 계산할 수 있다.

$$z = b_0 + b_1 x_1 \cdots + b_n x_n$$

그런데 로지스틱 회귀에서는 아래와 같이 여러 속성(feature)들에 계수(coefficient) 를 곱하고 절편(intercept)을 더해서 최종값 log-odds를 구하기 때문에 좀 까다 롭다. 여기서는 (내적 혹은 점 곱이라고 부르는) dot product 방식으로 log-odds를 구한다. 일단 각 속성(feature)들의 값이 포함된 행렬, 그 속성들 각각의 계수 (coefficient)가 포함된 행렬을 아래와 같이 계산할 수 있다.[11] ③ log-odds를

10 http://hleecaster.com/ml-logistic-regression-concept/.
11 연산은 파이썬 numpy의 np.dot()으로 쉽게 처리할 수 있다.(log_odds=np.dot(features, coefficients)+intercept.

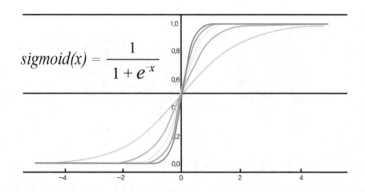

$$sigmoid(x) = \frac{1}{1 + e^{-x}}$$

sigmoid 함수에 넣어서 [0,1] 범위의 확률을 구한다. 로지스틱 회귀에서는 확률을 0에서 1 사이로 커브 모양으로 나타내야 하는데, Sigmoid 함수가 log-odds를 0부터 1 사이의 값으로 변환해 준다.

　로지스틱 회귀가 확률을 제대로 예측해주는지, 즉 구해놓은 속성들의 계수(coefficients)와 절편(intercept)이 적절한지 확인하기 위해 손실(Loss)을 고려해야 한다. 모델의 적합성을 평가하기 위해 각 데이터 샘플의 손실(모델 예측이 얼마나 잘못되었는지)을 계산한 다음 그것들을 평균화해야 한다. 로지스틱 회귀에 대한 손실 함수는 Log Loss(로그 손실)라고 부르며, 아래와 같이 구할 수 있다.

$$-\frac{1}{m}\sum_{i=1}^{m}[y^{(i)}\log(h(z^{i})) + (1-y^{(i)})\log(1-h(z^{(i)}))]$$

　로지스틱 회귀 모델의 목표는 로지스틱 함수를 구성하는 계수와 절편에 대해 Log Loss(로그 손실)을 최소화하는 값을 찾는 것이다. 그런데 이 로그 손실을 두 개로 나눠서 이해할 필요가 있다. 왜냐하면 로지스틱 회귀는 특정 범주로 분류될 것인가, 그렇지 않을 것인가, 즉 2진 분류하기 때문이다. 여기서 데이터가 클래스에 속할지 말지 결정할 확률 컷오프를 Threshold(임계값)이라 한다. 기본값은 0.5이지만 데이터의 특성이나 상황에 따라 조정할 수 있다.

　결국, 분류(레이블)가 y=1, y=0일 때 각각의 손실함수를 그래프로 나타내면 그림과 같다. 정확한 예측은 손실이 거의 없는 반면 잘못된 예측은 거의 무한대에 가까운 큰 손실을 초래하는 꼴이다. 예측이 잘못되면서 손실이 점진적으로 증가하는 꼴을 줄이고, 올바른 예측을 하면서 손실이 작아지는 모델에 가까워

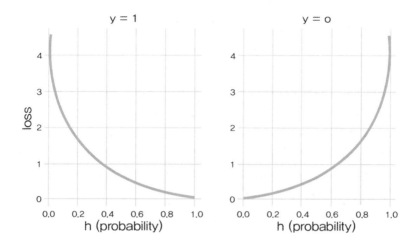

지도록 하는 게 목표다. 그래서 선형 회귀와 마찬가지로 경사하강법(Gradient Descent)을 사용하여 모든 데이터에서 로그 손실(Log Loss)을 최소화하는 계수를 찾을 수 있다.

데이터를 두 개의 그룹으로 분류하는 문제에서 가장 기본적인 방법은 로지스틱 회귀분석이다. 회귀분석과의 차이는 회귀분석에서는 원하는 것이 예측값(실수)이기 때문에 종속변수의 범위가 실수이지만 로지스틱 회귀분석에서는 종속변수 y값이 0 또는 1을 갖는다. 그래서 주어진 데이터를 분류할 때 0인지 1인지 예측 모델을 만들어야 한다.

🔍 예측과 분류

예측(Forecasting)이란? 과거 및 현재 데이터를 기반으로 미래를 측정하는 과정이다. 예측은 동향(trends)을 분석하기 위해 가장 많이 사용된다. 예를 들어 올해와 전년도 매출을 기반으로 내년도 매출을 추산하는 과정이다.

분류(Classification)란? 데이터가 범주형(categorical) 변수를 예측하기 위해 사용될 때 지도학습을 분류라고 부른다. 이미지에 강아지나 고양이와 같은 레이블 또는 지표(indicator)를 할당하는 경우가 해당된다. Label이 2개인 경우를 이진 분류(binary classification), 범주가 2개 이상이면 다중클래스분류(multi-class classification)라고 부른다. 여기서

Label y가 이산적(Discrete)인 경우, y가 가질 수 있는 값이 [0,1,2…]와 같이 유한한 경우 분류, 혹은 인식문제이다. 일상에서 가장 접하기 쉬우며, 기업들이 가장 관심을 두는 문제이다. 이런 문제들을 해결하기 위한 대표적 기법들로 로지스틱 회귀법, KNN, SVM, 의사결정트리 등이 있다. 가령 주차게이트에서 번호판 인식(티켓을 뽑지 않고, 차량번호판을 찍어서 글자를 인식하는데 정확도를 높였다. 번호판은 정형화되어있으므로 전통적 컴퓨터비전으로 처리가능), 오염 등에 대해 정확도를 높이려면 기계학습이 유용하다. 이미지 픽셀값에 따라 숫자글자를 분류한다. Facebook이나 Google포토의 얼굴인식은 컴퓨터비전과 기계학습을 결합한다. 가령 Facebook에 사진을 올리면 친구얼굴 위에 이름이 자동으로 달리는 것은 기계학습을 활용한 것이다.

3) 의사결정나무

귀납적 추론을 기반으로 하는 의사결정 트리(Decision tree)는 데이터를 분석하여 이들 사이에 존재하는 패턴을 시각적이고도 명시적인 방법으로 보여주는 지도 학습 알고리즘이다. 선을 긋는 것은 아니고 분류의 정확도가 높아지도록 분류 경곗값을 계산하여 학습시킨다. 의사결정나무는 데이터를 분석하여 이들 사이에 존재하는 패턴을 예측 가능한 규칙들의 조합으로 나타내며, 그 모양이 나무와 같다고 해서 의사결정나무라 불린다. 질문을 던져서 대상을 좁혀나가는 '스무고개' 놀이와 비슷하다.

의사결정나무는 의사결정 규칙(Decision Tree)을 도표화 하여 관심 대상이 되는 집단을 몇 개의 소집단으로 분류(Classification)하거나 예측(Prediction)을 수행한다. 분석결과는 조건 A이고 조건 B이면 결과 집단 C라는 형태의 규칙으로 표현된다. 그래서 이해가 쉽고, 분류 또는 예측을 목적으로 하는 다른 계량적 분석 방법에 비해 쉽게 이해하고 활용할 수 있다는 장점이 있다.

의사결정나무의 구조는 맨 위쪽에 위치하는 마디를 가리켜서 뿌리마디(Root Node)라고 부르는데, 분류대상이 되는 모든 개체집단을 의미하게 된다. 하나의 마디가 하부마디로 분화가 될 때, 특정마디 위쪽에 존재하는 마디를 부모마디 (Parent Node)라고 부르고 특정마디 아래쪽에 존재하는 마디를 자식마디(Child Node)라 부르며 더 이상 마디가 분화되지 않는 최종마디를 끝마디(Terminal Node)라고 부른다. 이와 같은 각 마디가 분화된 모습이 나무의 모양을 닮았다고 하여 이를 의사결정나무라 부른다.

의사결정나무의 분석과정은 다음과 같다. ① 목표변수와 관계가 있는 설명변수들의 선택 ② 분석목적과 자료의 구조에 따라 적절한 분리기준과 정지규칙을 정하여 의사결정 나무의 구조 작성 ③ 부적절한 나뭇가지는 제거(가지치기) ④ 이익(Gain), 위험(Risk), 비용(Cost) 등을 고려하여 모형평가 ⑤ 분류(Classification) 및 예측(Prediction)을 수행한다.

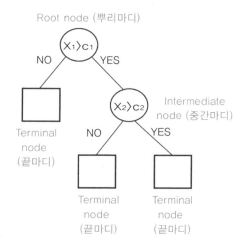

의사결정나무의 정지규칙이란 더 이상 분리가 일어나지 않고 현재의 마디가 끝마디가 되도록 하는 여러 가지 규칙을 의미한다. 이러한 규칙에는 최대 나무의 깊이, 자식마디의 최소 관측치 수, 또는 카이제곱 검정통계량, 지니계수, 엔트로피 지수 등이 될 수 있다. 의사결정나무 가지치기란 끝마디가 너무 많으면 모형이 과대 적합된 상태로 현실문제에 적용할 수 있는 적절한 규칙이 나오지 않게 된다. 따라서 분류된 관측치의 비율 또는 MSE(Mean Squared Error)등을 고려하여 적절한 수준의 가지치기 규칙을 제공하여야 한다.

현재까지 연구된 의사결정나무분석 알고리즘은 4가지 정도의 종류가 있다. 가장 널리 사용되는 알고리즘으로 1975년 J.A.Hartigan에 의해 개발된 CHAID 알고리즘이며 명목형, 순서형, 연속형 등 모든 종류의 목표변수와 분류변수에 적용이 가능하다. 이후 1991년 Biggset al.에 의해 Exhaustive CHAID 알고리즘으로 발전하였다. 하나의 부모마디 밑에 2개의 자식마디만이 생기는 이지(Binary) 분리 알고리즘인 CART 알고리즘은 1984년 Leo Briemans & Associates에 의해 개발되었고 CHAID와 마찬가지로 목표변수나 분류변수의 척도에 관계없이 적용할 수 있다. 그 이후에 만들어진 C5.0알고리즘은 호주의 수학자인 J. Ross Quinlan 박사에 의해 1986년 ID3라는 이름의 알고리즘으로 만들어졌다가 1993년에 C4.5를 거쳐 1998년에 완성된 알고리즘으로 명목형 목표변수만을 지원하는 단점이 있는 반면에 가장 정확한 분류를 만들어 주는 알고리즘으로 평가받아 데이터 마이닝 분야에서도 폭넓게 사용되고 있다.

의사결정나무의 학습과정은 입력변수영역을 2개로 구분하는 재귀적 분기 (recursive partitioning)와 구분된 영역을 통합하는 가지치기(pruning) 두 가지 과정으로 구분된다. 우선 재귀적 분기는 차례로 엔트로피를 계산한 뒤, 변수를 기준으로 정렬하고 같은 작업을 반복한다. 모든 경우의 수 가운데 정보획득이 가장 큰 변수와 그 지점을 택해 분기한다. 이후 동일한 작업을 반복하면서 분기를 계속해 나가는 과정이 바로 의사결정나무의 학습이다.

의사결정나무모델 다른 축은 가지치기(pruning)다. 모든 terminal node의 순도가 100%인 상태를 Full tree라고 한다. 이렇게 Full tree를 생성한 뒤 적절한 수준에서 terminal node를 결합해 주어야 한다. 왜냐하면 분기가 너무 많아서 학습데이터의 과 적합(overfitting)이 우려되기 때문이다. 의사결정나무의 분기 수가 증가할 때 처음에는 새로운 데이터에 대한 오분류율이 감소하나 일정 수준 이상이 되면 오분류율이 되레 증가하는 현상이 발생한다. 이러한 문제를 해결하기 위해서 검증데이터에 대한 오분류율이 증가하는 시점에서 적절히 가지치기를 수행해줘야 한다. 마치 나뭇가지를 잘라내는 것과 같다. 매우 직관적이며 가지치기 개념도는 아래의 그림과 같다. 다만, 가지치기는 데이터를 버리는 개념이 아니고 분기를 합치는(merge) 개념으로 이해해야 한다.

의사결정나무 분석기법은 단순한 조건 분기만으로 만들어진 결정트리지만, 해석 가능성의 효율성 측면에서 유용하다. DB마케팅, CRM, 시장조사, 광고조사, 의학연구, 품질관리 등의 다양한 분야에서 활용되며, 구체적인 활용 사례는 DM의 응답자분석, 고객 타겟팅, 고객들의 신용점수화, 캠페인 반응분석, 고객행동예측,

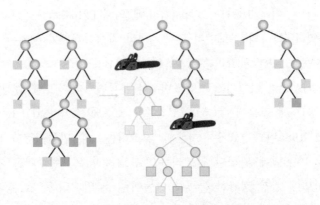

https://ratsgo.github.io/machine%20learny/2017/03/26/free/

고객세분화, 시장 세분화, 신상품 수용도 분석, 광고효과측정, 상표 이미지 테스트 등을 들 수 있다(나종화, 2017).[12]

의사결정나무는 한번 분기 때마다 변수 영역을 두 개로 구분하는 모델이다. 구분기준과 관련하여 타깃 변수(Y)가 범주형 변수인 분류나무를 기준으로 설명하면, 분류나무는 구분 이후 각 영역의 순도(homogeneity)가 증가, 불순도(impurity) 혹은 불확실성

높은 이질성 ⇔ 낮은 순수도

$G = 1 - (3/8)^2 - (3/8)^2 - (1/8)^2 - (1/8)^2 = 0.69$

낮은 이질성 ⇔ 높은 순수도

$G = 1 - (7/8)^2 - (1/8)^2 = 0.24$

자료: 나종화(2017)

(uncertainty)이 최대한 감소하도록 하는 방향으로 학습을 진행한다. 순도가 증가하거나 불확실성이 감소하는 것은 정보이론에서 정보획득(information gain)이라고 한다. 의사결정나무 알고리즘은 정보획득을 최대화하는 방향으로 학습이 진행된다.

4) SVM(Support Vector Machine)

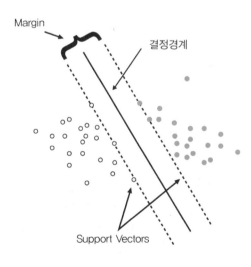

Margin

결정경계

Support Vectors

서포트 벡터 머신은 결정경계 (Decision Boundary), 분류를 위한 기준선에 대하여 정의하는 모델이다. 즉 분류와 회귀에 응용할 수 있는 지도학습(supervised learning)의 일종이다. SVM은 선형 또는 비선형 분류뿐만 아니라 희귀, 이상치(Outlier) 탐색에 사용되며 특히, 복잡한 분류문제에 잘 맞는다. 그래서 분류되지 않은 새로운 점이 나타나면 경계의 어느 쪽에 속하는지 확인해서 분류를 수행한다. SVM에서 중요한 3가지는 Margin, Support Vector, Kernel이다. 옆의

---

12 http://contents.kocw.or.kr/document/dcoll/354.pdf.

<그림>에서 보듯 서포트벡터머신의 핵심 서포트 벡터들은 두 클래스 사이의 경계에 있는 데이터 포인트들이다. 많은 데이터가 있지만 그중에 서포트 벡터들이 결정 경계를 만드는데 영향을 준다. 이 데이터들의 위치에 따라 결정 경계의 위치도 달라진다. 즉, 데이터들이 결정 경계를 지지(support)하고 있기 때문에 Support Vector라 한다.[13]

SVM에서 풀고자 하는 문제는 다음과 같다. "How do we divide the space with decision boundaries?" 1. '+'샘플과 '−' 샘플을 구별하고 싶다면 어떤 식으로 나눠야 하는가? 2. 만약 선을 그어 나눈다면 어떤 선이어야 할 것인가? 가장 쉽게 그리고 직관적으로 생각할 수 있는 답은 '+' 와 '−' 샘플 사이의 거리를 가장 넓게 쓰는 점선이다. 어떤 결정 경계가 가장 적절한가? 두 클래스(분류) 사이에서 거리가 가장 먼 것이다. 결정경계는 데이터 군으로부터 최대한 멀리 떨어지는 게 좋다.

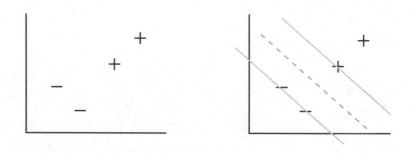

실제로 Support Vector Machine에서 Support Vectors는 결정 경계와 가까이 있는 데이터 포인트들을 의미한다. 이 데이터들이 경계를 정의하는 결정적인 역할을 한다. 마진(Margin)은 결정 경계와 서포트 벡터 사이의 거리를 의미한다.

결정경계는 선이 아닌 평면이다. 이렇게 시각적으로 인지할 수 있는 범위는 3차원이다. 차원, 즉 속성의 개수가 늘어날수록 복잡해진다. 결정경계도 단순한 평면이 아닌 고차원이며 초평면(hyper plane)이라고 부른다.

Decision Boundary를 정하기 위한 decision rule은 어떤 형태일지 생각해보

---

13 https://bskyvision.com/163.

면, 먼저 $\vec{w}$를 하나 그린다. 이 벡터는 street의 중심선에 대해 직교하는 벡터이다. 여기에 모르는 샘플 $\vec{u}$ 하나가 있을 때 궁금한 것은 street를 기준으로 오른쪽에 속할지 혹은 왼쪽에 속할 지다. 여기서 해볼 수 있는 한 가지 방법은 $\vec{w}$와 $\vec{u}$를 내적한 후 그 값이 어떤 상수 c보다 큰지를 확인하는 것이다. $\vec{w} \cdot \vec{u} \geq c$. 혹은 일반성을 해치지 않는 범위에서 아래와 같이 기술할 수 있다.

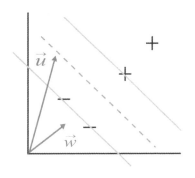

$$\vec{w} \cdot \vec{u} + b \geq 0 \text{ then } '+' \quad (1)$$

논리는 간단하다. 내적을 한다는 것은 위의 그림에서 $\vec{u}$를 w에 projection 한다는 것이고, 그 길이가 길어서 어떤 경계를 넘으면 오른쪽, 짧으면 왼쪽에 속한다고 이해할 수 있다. 따라서 수식 (1)이 decision rule이다. SVM을 이해하는데 필요한 도구다. 하지만 수식에서 어떤 $\vec{w}$를 정해야 하는지 어떤 b를 잡아야 하는지 알 수 없다. 다만 w는 street의 중심선에 직교한다는 것이다. 하지만 $\vec{w}$는 매우 다양하게 그릴 수 있다. 그래서 $\vec{w}$와 b를 계산할 수 있도록 수식에 여러 제약 조건들을 추가하는 작업이 필요하다.

SVM의 과정은 ① 서로의 클래스에 가장 가까운 서포트 벡터 선정, ② 서포트 벡터의 선형함수 그리기, ③ 서포트 벡터 선형함수들을 기준으로 그 중간 거리에 하이퍼플레인의 선형함수 그리기, ④ 테스팅, ⑤ 새로운 데이터가 들어오거나 오차발생(새로운 서포트 벡터의 출현)시, 해당 서포트 벡터의 선형함수를 그리고 또다시 거리계산 등을 반복한다.

SVM은 데이터 포인트들을 올바르게 분리하면서 마진의 크기를 최대화해야 한다. 이러한 과정에서 이상치(outlier)를 잘 다루어야 한다. 위의 그림을 보면 선을 살펴보기에 앞서 왼쪽에 혼자 튀어 있는 옅은 점과, 오른쪽에 혼자 튀어 있는 짙은 점이 있다. 누가 봐도 아웃라이어이다. 아웃라이어를 허용하지 않고 기준을 까다롭게 세운 경우로서 하드 마진(hard margin)이라고 부른다. 그리고 서포트 벡터와 결정 경계 사이의 거리가 매우 좁다. 즉, 마진이 매우 작아진다. 개별

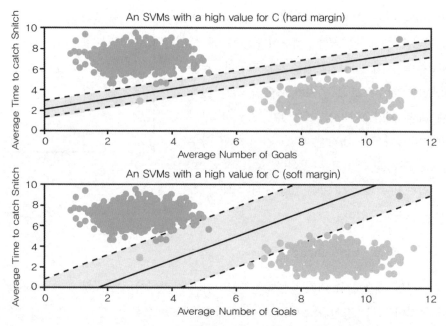

자료: http://eunsukimme.github.io/ml/2019/11/04/svM/

적인 학습 데이터들을 다 놓치지 않으려고 아웃라이어를 허용하지 않는 기준으로 결정 경계를 정해버리면 overfitting 문제가 발생할 수 있다. 아래 그림은 아웃라이어들이 마진 안에 어느 정도 포함되도록 너그럽게 기준을 잡았다. 이걸 소프트 마진(soft margin)이라고 부른다. 이렇게 너그럽게 잡아 놓으니 서포트 벡터와 결정 경계 사이의 거리가 멀어졌다. 즉, 마진이 커진다. 대신 너무 대충대충 학습하는 꼴이라 underfitting 문제가 발생할 수 있다.[14]

　　SVM의 분류 방식은 크게 선형분류와 비선형분류가 있다. 비선형분류의 경우 커널 트릭(Kernel Trick), 방사기저 함수(RBF), 하이퍼볼릭 탄젠트(Hyperbolic tangent), 가우시안 방사 기저(Gaussian radial basis) 함수, 다항함수(Polynomial function) 등을 사용한다. 커널 함수 중 하나인 RBF는 가우시안 분포의 확률밀도 함수를 테일러급수를 이용하여 무한개의 확률밀도함수의 합으로 뻥튀기시키는데, 이는 무한 차원의 공간에 데이터를 매핑시키는 것과 동일한 효과가 있다. 최

---

14 http://hleecaster.com/ml-svm-concept/.

대 마진을 구하는 문제를 역수를 취해 최소화 문제로 바꾸는 경우, 즉 n개의 선형 부등식을 가진 2차 함수의 최적화 문제를 라그랑제 승수를 이용하여 해결할 수 있다.

라그랑제 승수법의 기본 개념은 제약이 있는 최적화 문제에서 목적함수로 제약을 옮김으로써 제약이 없는 문제로 변환하는 것이다. 라그랑지안 승수법(Lagrange multiplier method)은 제약식에 형식적인 라그랑지안 승수를 곱한 항을 최적화하려는 목적식에 더하여, 제약된 문제를 제약이 없는 문제로 바꾸는 기법이다.

SVM 알고리즘 중에서 가장 성능이 좋고 일반적으로 널리 사용되는 것은 RBF 커널 SVM이다. 그런데 좋은 성능을 얻으려면 매개변수인 C와 gamma를 잘 조정해야 한다. C는 데이터 샘플들이 다른 클래스에 놓이는 것을 허용하는 정도를 결정하고, gamma는 결정 경계의 곡률을 결정한다. 두 값 모두 커질수록 알고리즘의 복잡도는 증가하고, 작아질수록 복잡도는 낮아진다. 일반적으로 grid search로 경험적으로 최적의 매개변수값들을 찾아간다.

SVM은 원래 이진분류(binary classification)를 위해 개발되었다. 현재 생물정보학(bio-informatics), 문자인식, 필기인식, 얼굴 및 물체인식 등 다양한 분야에서 성공적으로 적용되고 있다.

나. 비지도 학습(Unsupervised Learning)

사전지식 없이 데이터만을 통해 의미 있는 지식을 얻고자 할 때 사용한다. 학습 기법으로는 개체를 상호 유사한 클러스터로 그룹화하는 클러스터링, 예상치 못한 결과를 식별해 처리하는 비정상 탐지, 고려대상의 변수를 줄여나가는 차원 축소가 있다. 비지도 학습을 수행할 때 기계는 미분류 데이터만 제공받는다. 그리고 기계는 클러스터링 구조(clustering structure), 저차원 다양체(low-dimensional manifold), 희소 트리 및 그래프(a sparse tree and graph) 등과 같은 데이터의 기저를 이루는 고유 패턴을 발견하도록 설정된다.

사람 없이 컴퓨터가 스스로 레이블 되어 있지 않은 데이터에 대해 학습한다. 즉 y없이 x만 이용해서 학습한다. 정답이 없는 문제를 푸는 것이므로 학습이 맞는지 확인할 수 없지만, 인터넷에 있는 거의 모든 데이터가 레이블이 없는 형태로 있으므로 앞으로 기계학습이 나아갈 방향이다.

1) 군집화(Clustering)

유사한 성격을 가진 개체를 묶어 그룹으로 구성하는 군집화(Clustlering)는 데이터가 뿌려져 있을 때 레이블이 없다고 해도 데이터 간 거리에 따라 대충 2~3개의 군집으로 나눈다. 일정 기준에 따라 유사한 데이터 사례들을 하나의 세트로 그룹화한다. 즉 전체 데이터 세트를 여러 그룹으로 분류하는 과정이다. 사용자는 고유한 패턴을 찾기 위해 개별 그룹 차원에서 분석을 수행할 수 있다. 클러스터링의 주요 목적은 주어진 데이터에서 구조를 찾는 만큼 사용할 수 있는 선택 범위가 넓기에 실험하기에 편리하다.

① 그룹 평균 초기화다. 각 그룹의 평균 mk를 초기화 한다. 참고로 초기화하는 방법에도 여러 가지가 있는데 가장 기본적인 방법은 랜덤값을 평균으로 취하는 것이다. ② 그룹할당이다. 모든 데이터 xn에 대해 가장 가까운 평균에 속하게 한다. 즉, 각 데이터 포인트에 대해 각 그룹의 평균까지의 거리를 계산하고, 가장 가까운 그룹으로 속하게 한다.

K-Means 알고리즘은 모집단 또는 범주에 대한 사전 정보가 없는 경우 주어진 관측값들 사이의 거리 또는 유사성을 이용하는 분석법이다. 전체 데이터를 몇 개의 집단으로 그룹화하여 각 집단의 성격을 파악함으로써 데이터 전체의 구조에 대한 이해를 돕는다. 데이터(Training Set)들의 기준점(Code-Vector)을 중심으로 Euclidean 거리가 최소가 되도록 K개의 묶음으로 군집(Clustering)하여 분류하는 데이터 마이닝 기법이다. 주어진 데이터를 사전 정의된 K개의 클러스터로 묶으며, 각 클러스터와 거리차이의 분산을 최소화하는 방식으로 동작한다. 입력값으로 K를 취하고 군집 내 유사성은 높게, 군집간 유사성은 낮게 되도록 N개의 객체집합을 K개의 군집으로 군집하는 기법이다.[15]

---

[15] https://needjarvis.tistory.com/140.

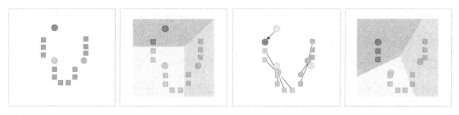

K-Means 알고리즘의 수행절차는 아래 그림과 같다. 군집의 수 K에 대한 정의 및 초기 K개 군집의 중심(Centroid)을 선택하고, 각 관측값들을 가장 가까운 중심의 군집에 할당한다. 새로운 군집의 중심을 계산하고, 재정의된 중심값 기준으로 다시 거리기반의 군집 재분류, 경계가 변경되지 않으면 종료한다.

군집화에서 더 나아가 데이터들이 뿌려져 있을 때 데이터들이 어떤 확률 분포에서 나온 샘플들인지 추정하는 문제를 분포 추정(Underlying Probability Density Estimation)이라 한다.

2) 주성분분석(Principal Component Analysis)

PCA는 분포된 데이터들의 주성분(principal component)을 찾아주는 방법이다. PCA는 개별 데이터에 대한 성분을 분석하는 것이 아니라 여러 데이터가 모여 하나의 분포를 이룰 때 분포의 주성분을 분석하는 방법이다.

주성분분석(PCA)은 자료의 요약이나 선형관계식을 통하여 차원(dimension)을

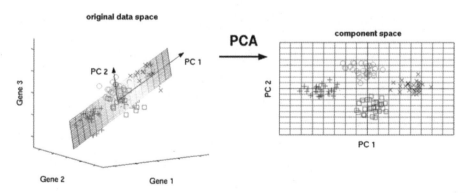

감소시켜 해석을 용이하게(data reduction and interpretation) 하는데 목적이 있다. 주성분들은 서로 상관이 없거나 독립적인 새로운 변수들로서 정보의 손실이 최소화되도록 구한다. 변수들 사이의 관계를 분석하기 위해서 주로 공분산행렬(covariance matrix) 또는 상관 행렬(correlation matrix)을 사용하여 고차원의 자료를 2차원 또는 3차원 주성분 공간으로 사영(projection) 시켜 저차원 공간에 그래프로 나타내어 자료가 갖는 특성을 찾는다.

주성분분석은 데이터 전체의 분포를 유사한 새로운 지표로 합성하여 차원을 줄이는 방법이다. 가령 무게, 압력, 탄력, 경도, 촉감의 5가지 요소를 섞어서 푹신함과 매끈함이라는 2개의 지표로 잘 합성했다면, 5차원을 2차원으로 줄일 수 있다. 이처럼 합성된 지표를 주성분이라 한다.

주성분은 기여도에 따라 서열이 있다. 기여도는 원래 데이터(무게, 압력, 탄성, 경도, 촉감)에 대한 상관관계의 강도를 나타내는 값이다. 예를 들면 아래 <그림>과 같은 기여도인 경우 푹신푹신함이 제3주성분 미끌미끌함이 제 4주성분이다. 제4주성분까지 기여도의 합계가 0.95인데 일반적으로 원본 데이터의 90% 정도로 근사(近似)하면 충분하므로 차원은 여기까지가 OK라고 판단하는 기준이 된다.[16]

주성분분석의 목표는 변환 결과인 차원 축소의 벡터가 원래의 벡터와 가장

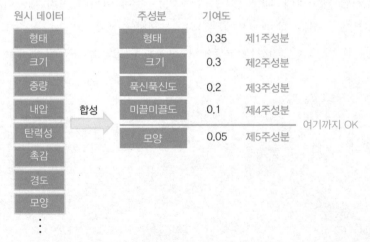

자료: https://doooob.tistory.com/135

---

16 https://doooob.tistory.com/135.

유사하게 되는 W값을 찾는 것이다. 입력 데이터들의 공분산행렬(covariance matrix)에 대한 고유값 분해(eigen decomposition)라고 할 수 있다. 여기서 나오는 고유 벡터가 주성분벡터로서 데이터의 분포에서 분산이 큰 방향을 나타내고 대응되는 고유값(eigenvalue)이 그 분산의 크기를 나타낸다.

변수 중에서 관찰된 여러 변수 중에서 서로 연관성이 있는 변수들끼리 선형 결합 형태로 묶어 몇 개의 잠재 변수(latent variable)로 변수를 축약하는 기법이다. 잠재변수는 주성분 분석에서는 Principal Component, 요인 분석에서는 Factor, 또 구조방정식 모형(SEM, LISREL)에서는 Construct로 불리는데 동일한 개념이다.

주성분 분석의 결과를 시각화하면 그림과 같다. 가령, 가수가 어떤 Concept 의 음반을 내고자 하면 거기에 맞춰 음반의 디자인, 색깔, 곡의 가사, 리듬, 무대 복장, 춤 등 다양한 형태의 변수들을 고려해서 음반 작업을 기획한다. 역으로 측정 가능한 변수에서 잠재변수를 도출해 내면 거꾸로 이 잠재변수를 변화시키기 위해 측정 변수를 교정한다. 예를 들어 마트의 관리자는 고객이 자신의 마트에 대해 느끼는 이미지를 개선하고자 하면 이미지를 창출해내는 측정 또는 통제 가능한 변수들을 고쳐야 한다. 따라서 이미지와 측정 가능 변수 간의 관계를 도출해내는 것이 중요하다. 다음 생각할 수 있는 것은 마트관리자가 자신의 마트의 문제점을 어떻게 인식하는 것이 가능한가 하는 점이다. 이는 경쟁 상대 마트들과 비교함으로써 가능하다. 즉 경쟁 마트 회사들과 비교해서 자신의 마트가 시장에서 소비자에게 어떻게 인식되는지 상대적인 위치(positioning)를 파악해 냄으로서 가능하다.

주성분 분석모형은 간단하다. 원래 관찰 가능 변수 X의 공분산에서 고유값과 고유벡터를 구하고 그 고유벡터를 정규화 (normalization,즉 길이가 1이 되도록) 한다. 그런 다음 P 행렬의 첫째, 세로 벡터에 가장 큰 고유값에 해당하는 고유벡터를 넣고 두 번째 세로 벡터에 둘째 큰 고유값에 해

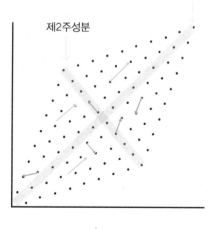

제1주성분

제2주성분

당하는 고유벡터를 집어넣는다. 그런 식으로 변수의 개수 k개까지 계속한다. 그런 다음 변수치환을 하면 새로운 변수 Y를 얻을 수 있다. 이때 새 변수 Y가 주성분이 된다. 연립 방정식 형태에서는 고유벡터는 세로가 아닌 가로로 보면 된다.[17]

차원 축소(Dimension Reduction)는 변수 분류 차원을 줄이는 작업이다. 대체로 원 데이터(raw data)는 분류 측면에서 다양한 차원을 갖는다. 이때 일부 특징들은 중복되거나 작업과 아무 관련이 없다. 따라서 차원 수(dimensionality)를 줄이면 잠재된 유의미한 관계의 도출이 용이하다. 고려 중인 변수의 개수를 줄이는 작업이다. 많은 애플리케이션에서 원시 데이터(raw data)는 매우 높은 차원의 특징을 지닌다. 이때 일부 특징들은 중복되거나 작업과 관련이 없다. 따라서 차원 수(dimensionality)를 줄이면 잠재된 진정한 관계의 도출이 쉬워진다.

다. 강화 학습(Reinforcement Learning)

머신러닝기법 중 최적화분석을 위해 가장 효과적인 모델로 강화학습이 활용된다. 미래가치 극대화를 위해 의사결정을 스스로 학습한다. 지도학습과 달리 Target은 성과(Reward)이고 예측값은 정책 혹은 수행전략(Action)이다. 비즈니스 상황에 맞는 State, Reward, Environment, Action 등의 최적화된 설계가 중요하다.

1) 강화학습의 필요성과 목적

강화학습은 행동심리학에서 영감을 받았으며, 어떤 환경 안에서 정의된 에이전트가 현재의 상태를 인식하여, 선택 가능한 행동 중 보상을 최대화하는 행동 혹은 행동 순서를 선택하는 방법이다. 이러한 문제는 게임이론, 제어 이론, 운용과학, 정보 이론 시뮬레이션 기반 최적화, 다중 에이전트시스템, 떼 지능, 통계학, 유전알고리즘 등의 분야에서도 연구되고 있다.

데이터가 비록 없어도 단기간에 높은 성능을 발휘할 수 있다. 스스로 다양한

시도를 통하여 최적의 결과를 산출하는 방법을 스스로 찾는 알고리즘의 기반에서 일정한 규칙만 익히고 실전에 활용한다. 즉 컴퓨터가 실험을 통해 프로그래머가 가르칠 수 없는 것을 스스로 알아낼 수 있다.

강화학습은 환경으로부터의 피드백을 기반으로 행위자(agent)의 행동을 분석하고 최적화한다. 기계는 어떤 액션을 취해야 할지 듣기보다는 최고의 보상을 산출하는 액션을 발견하기 위해 서로 다른 시나리오를 시도한다. 시행착오(Trial-and-error)와 지연 보상(delayed reward)은 다른 기법과 구별되는 강화 학습만의 특징이다.

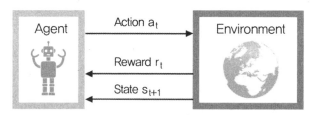

자료: http://solarisailab.com/archives/57

강화학습은 현재의 상태(State)에서 어떤 행동(Action)을 취하는 것이 최적인지 학습한다. 행동을 취할 때마다 외부 환경에서 보상(Reward)이 주어지며, 이러한 보상을 최대화하는 방향으로 학습이 진행된다. 그리고 보상은 행동을 취한 즉시 주어지지 않을 수도 있다(지연된 보상). 이 때문에 문제의 난이도가 앞의 두 개에 비해 대폭 상승한다.

대표적으로 게임인공지능을 제작한다고 하자. 가령 체스에서 현재 나와 적의 말의 배치가 State가 된다. 여기서 어떤 말을 어떻게 움직일지가 Action이다. 상대 말을 잡으면 보상이 주어지는데, 상대 말이 멀리 떨어져 이동할 때까지의 시간이 필요할 수 있으므로, 상대 말을 잡는 보상은 당장 주어지지 않을 수 있다. 심지어 말을 잡은 것이 전술적으로 이익이지만 판세로 불이익이 끝났을 경우 게임에 질 수도 있다. 따라서 강화학습에서는 당장의 보상값이 조금은 적더라도, 나중에 얻을 값을 포함한 보상값의 총합이 최대화되도록 Action을 선택한다. 게다가 행동하는 플레이어는 어떤 행동을 해야 보상값의 합이 최대화되는지 모르기 때문에, 미래를 고려하면서 가장 좋은 선택이 뭔지 Action을 여러 방식으로

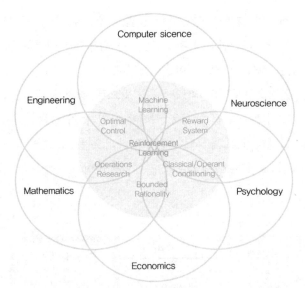

자료: http://brunch.co.kr/@minkh/1

수행하며 고민한다. 좋은 선택이 뭔지 Action을 탐색, 지금까지 나온 지식을 기반으로 가장 좋은 Action을 찾는다. 강화학습 알고리즘은 이 둘 사이의 균형을 어떻게 잡아야 할지에 초점을 맞춘다.

강화학습은 위의 그림에서 보듯 다양한 학문이 융합하면서 발달하고 있다. 컴퓨터 사이언스 분야에서 머신 러닝의 한 분야에서 사용되기도 하지만, 엔지니어 분야에서 최적의 제어를 위한 방법을 찾을 때 사용되고 있다. 뇌 과학 분야에서도 사람이 경험을 통해서 얻게 되는 보상이라는 시스템의 작용방식을 설명한다.

2) 강화학습의 내용

강화학습 알고리즘에서 action을 수행하는 agent는 어떤 환경(environment)안에 존재한다. 환경은 특정 상태(state)에 있으며, 에이전트가 액션을 수행함으로써 환경은 다른 상태로 전이한다. 특정 경우에 액션은 보상(reward)을 받는다. 그리고 액션은 변경된 상태에서 또 다른 액션을 수행한다(Sutton and Barto, 2017).

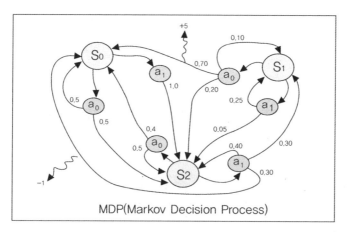

MDP(Markov Decision Process)

자료: wikiwand

환경은 확률적(stochastic)이며, 액션을 수행한 후 환경이 전이되는 상태와 보상은 랜덤하다. 특정 상태에서 수행할 액션을 선택하는 규칙을 정책(policy)이라고 부른다. 강화학습 알고리즘은 MDP(Markov Decision Process)를 이용하여 수식화 할 수 있다. 아래는 MDP 예다. MDP는 상태들의 집합 S, 액션들의 집합 A, 상태 간 전이 확률 P, 보상 함수 R로 구성된다. Finite MDP는 유한 상태 시퀀스로 표현할 수 있다.

$$S_0, \ A_O, \ R_1, ..., \ S_{t-1}, \ A_{t-1}, \ R_t, \ S_t, \ A_t$$

MDP에서 다음 상태와 보상은 현재 상태와 액션에만 의존성을 가진다. 위와 같은 시퀀스에서 다음에 받을 보상과 환경이 전이할 다음 상태는 아래와 같이 확률로 표현할 수 있다.

$$\Pr[R_{t+1} = r, \ S_{t+1} = s' | S_0, \ A_0, \ R_1, ..., \ S_{t-1}, \ A_{t-1}, \ R_t, \ A_t]$$

MDP의 경우 다음 상태와 보상은 현재 상태와 액션에만 의존성을 가지므로, 다음에 받을 보상과 환경이 전이할 다음 상태는 다음과 같다.

$$\Pr[R_{t+1} = r, \ S_{t+1} = s' | S_t, \ A_t]$$

이처럼 다음 상태와 보상은 현재 상태와 액션에만 의존성을 가지는 경우 상태는 Markov 특성을 가진다. 강화학습의 목적은 (discounted) future reward를 최대로 하는 액션선택 규칙, 즉 정책(policy)을 찾는 것이다. 참고로 Deepmind 의 David Silver 교수는 MDP를 아래와 같이 정의한다.

A Markov decision process (MDP) is a Markov reward process with decisions. It is an *environment* in which all states are Markov.

Definition

A *Markov Decision Process* is a tuple $\langle \mathcal{S}, \mathcal{A}, \mathcal{P}, \mathcal{R}, \gamma \rangle$

- $\mathcal{S}$ is a finite set of states
- $\mathcal{A}$ is a finite set of actions
- $\mathcal{P}$ is a state transition probability matrix,
  $\mathcal{P}_{ss'}^a = \mathbb{P}[S_{t+1} = s' \mid S_t = s, A_t = a]$
- $\mathcal{R}$ is a reward function, $\mathcal{R}_s^a = \mathbb{E}[R_{t+1} \mid S_t = s, A_t = a]$
- γ is a discount factor $\gamma \in [0, 1]$.

강화학습은 지도학습 및 비지도 학습과 상이한 종류의 학습알고리즘이다. 지도 및 비지도학습의 알고리즘들이 데이터(data)가 주어진 정적인 상태(static environment)에서 학습을 진행하였다면, 강화학습은 에이전트가 주어진 환경(state)에 대해 어떤 행동(action)을 취하고 이로부터 어떤 보상(reward)을 얻으면서 학습을 진행한다. 여기서 에이전트는 보상(reward)을 최대화(maximize)하도록 학습이 진행된다. 즉, 강화학습은 일종의 동적인 상태(dynamic environment)에서 데이터를 수집하는 과정까지 포함된 알고리즘이다. 강화학습의 대표적인 알고리즘으로 Q-Learning이 있고, 딥 러닝과 결합된 Deep-Q-Network(DQN) 방법으로 사용되기도 한다.

강화 학습은 환경으로부터의 피드백을 기반으로 행위자(agent)의 행동을 분석하고 최적화한다. 최고의 보상을 산출하는 활동을 발견하기 위해 서로 다른 시나리오를 시도한다. 시행착오(Trial-and-error)와 지연보상(delayed reward)은 다른 기법과 구별되는 강화 학습만의 특징이다.

Q-러닝(Q-Learning)은 특정 상태에서 행동에 대한 미래값(Q)을 계산하여, 최적 정책을 찾는 마르코프 의사결정기반 학습기법이다. 가령 마르코프 의사결정은 다음 상태의 확률은 오직 현재 상태와 행동에만 영향을 받고, 이전 상태에서 영향받지 않는다. Q-러닝의 학습절차는 다음 <그림>과 같다.[18] ① value

18 http://blog.skby.net/g-learny(도리의 디지털라이프).

table Q를 초기화한다. ② 정책기반 Action을 선택, 수행한다. ③ 새로운 상태 및 보상 후 관찰한다. ④ 다음 상태 최대보상 업데이트한다. ⑤ 새로운 상태설정, 반복 수행한다. 여기서 정책(policy)에 대해 살펴보면, 앞서 정의된 Q 함수가 있다고 가정하자. 그리고 에이전트가 어떤 상태 s에 있고, 이 상태에서 취할 수 있는 액션 a와 b가 있다고 할 때 이 중 어느 액션을 선택할지

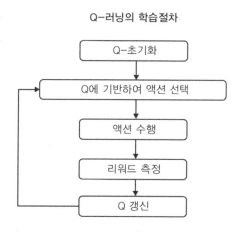

Q-러닝의 학습절차

- Q-초기화
- Q에 기반하여 액션 선택
- 액션 수행
- 리워드 측정
- Q 갱신

게임이 끝났을 때 어느 경우에 최종 점수가 높은지에 따라 달려 있다. 다시 말해 가장 높은 Q함수 값을 갖는 액션들을 선택하면 된다. 그리고 각 상태 s에 대해 Q함수값이 가장 높은 액션들을 선택하는 규칙을 정책(policy)이라고 부른다.

$$\pi(s) = \mathrm{argmax}_a Q(s, a)$$

Bellman equation과 관련하여, 일단 Q함수가 있다고 가정하자. Q함수가 최곳값을 가지는 액션들의 규칙, 즉 정책을 찾을 수 있다. 최적의 정책을 찾는 것이 강화학습 목적이다. 그러면 이러한 정의를 만족하는 Q함수가 존재하느냐와 어떻게 계산하느냐다. Q함수 정의는 재귀적이다. Q함수는 최적의 규칙에 따라 액션을 수행할 때 예상되는 미래 보상의 최댓값이다. 최적의 규칙, 정책을 따르면 최곳값을 가지는 Q함수가 된다. 즉 Q함수는 최적의 규칙을 정의하는 함수다. 최적의 규칙이란 Q함수가 최댓값을 가지게 되는 액션들의 집합이다. Q함수는 아래와 같이 정의될 수 있다. Q함수는 현재 상태의 최고보상 r과 다음 상태에서의 미래 보상의 최댓값의 합이다. 이러한 정의를 Bellman equation이라 한다.

$$Q(s, a) = r + \gamma \max_{a'} Q(s', a')$$

Q-learning의 핵심은 Bellman equation을 반복적으로 사용하여 Q함수를 근사할 수 있다는 점이다. 가장 간단한 방법은 행렬 형태를 사용하는데 각 행은 상태(state)에 해당하며, 각 열은 액션(action)에 대응하며, 행렬 요소의 값은 Q함

수가 가지는 값 Q(s, a)이다. 이와 같은 행렬형태를 사용하는 경우 Q함수는 아래와 같이 반복적으로 계산하여 근사할 수 있다.

```
initialize Q[num_states,num_actions] arbitrarily
observe initial state s
repeat
        select and carry out an action a
        observe reward r and new state s'
        Q[s,a] = Q[s,a] + α(r + y maxa'] - Q[s,a])
        s = s'
until terminated                    테이블 형태의 Q-learning 알고리즘
```

라. 딥 러닝(Deep Learning)

딥 러닝은 컴퓨터가 인간두뇌와 비슷한 모양의 인공신경망을 형성하는 일종의 기계 학습이다. 딥 러닝에서는 대규모 인공신경망에 학습 알고리즘과 지속적으로 증가하는 양의 데이터를 공급함으로써, 사고 능력과 처리 데이터의 학습 능력을 지속적으로 개선한다.

딥(Deep)이란 단어는 시간이 지나면서 축적되는 신경망의 여러 층을 의미하며, 신경망의 깊이가 깊어질수록 성능이 향상된다. 현재 대부분의 딥 러닝이 인간의 감독하에 진행되지만, 자체 훈련과 독립적인 학습이 가능한 신경망 구축이 목표이다. 딥 러닝이란, 기존의 지도학습(supervised learning)에 보다 능동적인 비지도 학습(unsupervised)이 결합돼 컴퓨터가 마치 사람처럼 스스로 학습할 수 있는 인공지능 기술이다. 기술적으로 보면, 인공신경망(ANN, Artificial Neural Networks)에 기반을 둔 일련의 기계 학습의 집합체로 컴퓨터에 사람의 사고방식을 가르치는 알고리즘이다.

딥 러닝이란 용어는 2000년대 딥 러닝의 중흥기를 이끌어간다고 평가할 수 있는 Geoffrey Hinton과 Ruslan Salakhutdinov에 의해 사용되었다. 그들은 기존 신경망의 과 적합(overfitting)[19] 문제를 해결하기 위해 unsupervised RBM

---

19 과 적합이란 모델이 엄청 유연해서 학습 데이터는 귀신같이 잘 분류하지만, 다른 데이터를 넣어봤을 때는 제대로 성능을 발휘하지 못하는 것을 말한다. 어느 데이터를 넣어도 일반적으로 잘 들어맞는 모델을 만드는 것이 중요하다.

(restricted Boltzmann machine)을 통해 학습시킬 앞먹임 신경망(Feedforward Neural Network)을 사전훈련(pre-trainning)하여 과적합을 방지할 수 있는 수준의 initialize point를 잡았고, 이를 다시 supervised backpropagation를 사용하는 형태로 학습을 진행하였다. 또한 2013년에는 신호처리학회인 ICASSP에서 RBM을 대체하여 과적합을 방지할 수 있는 Drop-out이라는 개념이 소개되면서 사전훈련 보다 훨씬 간단하고 강력한 형태로 과적합을 방지할 수 있게 되었다.

딥 러닝이 주목받게 된 이유는 첫째, 기존 인공신경망 모델의 단점이 극복되었다. 그러나 과적합 문제만 해결되었다고 해서 느린 학습시간이 줄어드는 것은 아니다. 둘째, 하드웨어의 발전이라는 또 다른 요인이 존재한다. 특히 강력한 GPU는 딥 러닝에서 복잡한 행렬 연산에 소요되는 시간을 크게 단축시켰다. 셋째, 빅 데이터를 들 수 있다. 대량으로 쏟아져 나오는 데이터들, 그리고 그것들을 수집하기 위한 노력 특히 SNS 사용자들에 의해 생산되는 다량의 자료와 태그정보들 모두가 종합되고 분석되어 학습에 이용될 수 있다.

1) Perceptron

퍼셉트론(perceptron)은 인공신경망의 한 종류로서 1957년 Fank Rosenblatt 이 고안(考案)한 알고리즘이다. Perception(무언가를 인지하는 능력)과 Neuron(감각 입력 정보를 의미 있는 정보로 바꿔주는 뇌에 있는 신경 세포), 두 단어가 조합된 용어이다. 생물학적 뉴런이 감각정보를 받아서 문제를 해결하는 인공뉴런이다.

퍼셉트론은 다수의 신호(흐름이 있는)를 입력으로 받아 하나의 신호를 출력한다. 퍼셉트론은 신호를 입력으로 받아서 '그렇다/아니다(1 또는 0)'라는 정보를 전달한다. 퍼셉트론의 출력값은 1 또는 0(or -1)이기 때문에 선형 분류(linear classifier) 모형으로 볼 수 있다. 보통 실수형의 입력 벡터를 받아 선형조합을 계산한다. 그래서 가장 간단한 형태의 피드포워드(Feedforward) 네트워크-선형분류기-로도 볼 수 있다.

다음 그림에서 보듯 x_1, x_2는 입력신호, y는 출력 신호, w_1, w_2는 가중치(weight)를 의미한다. 원을 뉴런 또는 노드라고 부른다. 입력 신호가 뉴런에 보내질 때는 각각 고유한 가중치가 곱해진다(w_1x_1, w_2x_2). 뉴런에서 전달받은 신호

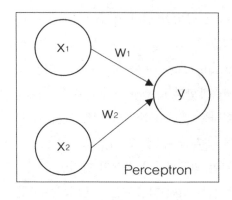

의 총합이 임계값을 넘을 때만을 출력한다. 초등학교 때 옆에 앉은 짝꿍과 티격태격하다 책상 중간에 선을 쫙 긋고 "이 선을 넘으면 다 내거"라고 했던 기억이 한 번쯤은 있을 것이다. 선형 분류는 이와 비슷하게 평면상에 선을 쫙 그어서 여기 넘으면 A, 못 넘으면 B 이런 식으로 분류하는 것이다.

퍼셉트론은 복수의 입력신호 각각에 고유한 가중치를 부여한다. 가중치는 각 신호가 결과에 주는 영향력을 조절하는 요소로 작용하며, 가중치가 클수록 해당 신호가 그만큼 더 중요함을 뜻한다.[20]

신경망 학습은 이 매개변수의 값을 정하는 작업을 컴퓨터가 자동으로 하도록 한다. 학습이란 적절한 매개변수값을 정하는 작업이며, 사람은 퍼셉트론의 구조 (모델)를 고민하고 컴퓨터에 학습할 데이터를 주는 일을 한다. 즉 처음에는 임의로 설정된 weight로 시작한다. 학습 데이터를 퍼셉트론 모형에 입력하며 분류가 잘못됐을 때 weight를 개선해 나간다. weight를 개선해 나간다는 의미는 수학 문제를 잘못 풀었을 때 다시 풀면서 정답을 찾는 것으로, 학습이라고 부른다. 퍼셉트론은 오류가 최소화될 수 있는 방향으로 가중치를 조금씩 조정한다. 여기서

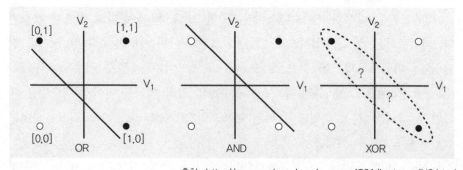

출처: http://ecee.colorado.edu-ecen4831/lectures/N3.html

---

[20] https://excelsior-cjh.tistory.com/169 ; https://sacko.tistory.com/10.

더 정확도를 높이기 위해 편향(bias)를 포함시켜 미세한 조정을 해주면서 결국 최적의 값을 찾는다.

퍼셉트론은 영문자와 같은 간단한 이미지를 비슷한 것들끼리 스스로 분류해 식별하는 능력을 보여주면서 인공지능 분야에서 센세이션을 불러일으켰고 연구 과제와 기금도 이쪽으로 몰렸다. 하지만 퍼셉트론이 지닌 한계점이 밝혀지면서 신경망열기가 급격히 냉각되고 연구자금도 끊기면서 한동안 소외당하는 이론이 되었다. 앞의 그림에서 보듯 XOR에서는 선형으로(직선 하나로) 분류할 수 없음을 알 수 있다. 간략히 말하면, 직선 하나로 나눈 영역만 표현할 수 있어 XOR과 같은 데이터 형태는 분류가 불가능하다는 한계가 있다. 퍼셉트론을 제시한 Rosenblatt은 1971년 7월 자살로 세상을 떠났다. 그리고 세월이 흐른 뒤 1982년 John Hopfield의 연합신경 네트워크 발명과 함께 그의 업적이 재조명받았다.

그러나 단일 퍼셉트론으로는 XOR을 분류할 수 없지만, 다층 퍼셉트론으로 극복할 수 있다. 다층(multi-layer)이라는 말은 하나의 퍼셉트론에 또 다른 퍼셉트론을 덧붙인다는 의미다. 단층 퍼셉트론이 비선형 영역을 분리할 수 없다는 것이 문제이며 다층으로 할 경우 비선형으로 이를 해결할 수 있다.[21] 즉 이런 식으로 층을 겹겹이 쌓아나가면서 선형 분류만으로 풀지 못했던 문제를 비선형적으로 풀 수 있게 된다.

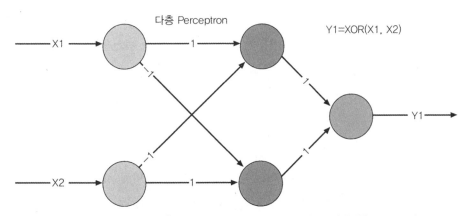

출처: https://commons.wkimedia.org/wiki/file:perception-xor.og

---

21 https://sacko.tistory.com/10 [데이터 분석하는 문과생, 싸코].

퍼셉트론은 입력값에 대해 가중치를 적용해 계산한 후, 확인해서 결과를 전달한다. 가령 퍼셉트론 기반의 자율주행자동차라고 하면, 왼쪽에 장애물이 있으면 오른쪽으로 핸들을 틀고 오른쪽에 장애물이 있으면 왼쪽으로 핸들을 작동하게 하는 식이다. 장애물 위치를 입력받아서 어느 방향으로 핸들을 틀지 결정해준다. 그런데 퍼셉트론은 자신이 내린 결과를 확인해서, 미래에 보다 나은 결정을 하도록 자기 자신을 수정한다. 훗날 딥 러닝의 힘이다. 물론 현실세계는 단순하지 않기 때문에 수많은 퍼셉트론을 묶어놓은 일종의 다발, 신경망(neural network)을 형성해서 문제를 해결해야 한다.[23]

세상만사 모든 일이 선형을 기준으로 설정해서 쉽게 결정을 내릴 수 없다. 즉 현실 세계는 녹록지 않기에 비선형적 결정기준을 설정하기 위해 등장한 것이 신경망(Neural Networks)이다.

2) CNN(Convolutional Neural Network)

David H. Hubel과 Torsten Wiesel은 1958년과 1959년에 시각피질의 구조에 대한 결정적인 통찰을 제공한 고양이 실험을 수행했다. 이들은 시각피질 안의 많

---

22 https://excelsior-cjh.tistory.com/169 [EXCELSIOR].
23 http://hleecaster.com/ml-perceptron-concept/.

은 뉴런이 작은 local receptive field(국부 수용영역)을 가진다는 것을 보였다. 이것은 뉴런들이 시야의 일부 범위 안에 있는 시각 자극에만 반응한다는 의미이다.[24] 고양이가 보는 것마다 자극받는 뇌의 위치가 다른 것을 보고 아이디어를 얻어 CNN을 만들었다. 이후 1998년 Yann LeCun 등의 논문에서 손글씨 숫자를 인식하는데 사용한 LeNet-5가 소개되면서 합성곱[25] 신경망(CNN)이 등장하게 되었다.

CNN의 구조는 합성곱층(convolutional layer)[26]과 풀링층(pooling layer)으로 구성되어 있다. 합성곱층은 CNN에서 가장 중요한 구성요소다. 완전연결 계층과 달리 합성곱층은 입력데이터의 형상을 유지한다. 3차원의 이미지 그대로 입력층에 입력받으며, 출력은 3차원 데이터로 출력하여 다음 계층(layer)으로 전달하기 때문에 CNN에서는 이미지데이터처럼 형상을 갖는 데이터의 학습가능성이 높다. 합성곱층의 뉴런은 입력이미지의 모든 픽셀에 연결되는 것이 아니라 합성곱층 뉴런의 수용영역(receptive field)의 픽셀에만 연결된다. 이 층에서는 저수준 특성에 집중하고, 그다음 합성곱 층에서 고수준 특성으로 조합해 나간다.

수용영역(receptive field)을 합성곱 층에서 필터(filter) 또는 커널(kernel)이라고 한다. 즉, image의 전체가 아닌 부분을 보는 것으로 이에 해당하는 것을 filter라고 한다. 다음 <그림>처럼 필터가 바로 합성곱층에서의 가중치 파라미터에 해당한다. 학습 단계에서 적절한 필터를 찾도록 학습되며, 합성곱 층에서 입력데이터에 필터를 적용하여 필터와 유사한 이미지의 영역을 강조하는 특성 맵(feature map)을 출력하여 다음 층(layer)으로 전달한다.

합성곱 신경망(CNN)은 시각적 이미지 분석에 사용되는 Feed Forward 인공신경망의 한 종류이다. 딥 러닝에서 심층 신경망으로 분류되며, 시각적 이미지 분석에 가장 일반적으로 적용된다. 이미지 및 비디오 인식, 추천 시스템, 이미지 분류, 의료 이미지 분석 및 자연어 처리에 응용된다.

---

24 https://excelsior-cjh.tistory.com/180 [EXCELSIOR].

25 하나의 함수와 또 다른 함수를 반전 이동한 값을 곱한 다음, 구간에 대해 적분하여 새로운 함수를 구하는 연산자이다(wikipedia). 합성곱연산은 푸리에 변환(Fourier transform)과 라플라스 변환(Laplace transform)에 밀접한 관계가 있으며 신호 처리 분야에서 많이 사용된다.

26 합성곱층(convolutional layer)에서는 합성곱이 아닌, 교차상관(cross-correlation)을 사용한다. 그 이유는 합성곱 연산을 하려면, 필터(filter/kernel)를 뒤집은(반전) 다음 적용해야 한다. 그런데, CNN에서는 필터의 값을 학습하는 것이 목적이기 때문에, 합성곱을 적용하는 것이나 교차상관을 적용하는 것이나 동일하다.

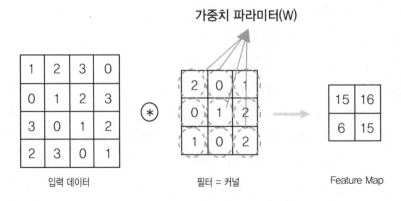

가중치 파라미터(W)

| 입력 데이터 | | 필터 = 커널 | | Feature Map |

풀링 계층(Pooling Layer)은 합성곱 계층의 패딩과 스트라이드처럼 데이터의 공간적 크기를 축소하는데 사용한다. 주로 합성곱 계층(Conv Layer)에서 출력데이터 크기를 입력데이터 크기 그대로 유지하고, 풀링계층(Pool)에서만 크기를 조절한다. 풀링에는 Max–Pooling과 Average pooling이 있다. Max–Pooling은 해당 영역에서 최대값을 찾는 방법이고, Average–Pooling은 해당 영역의 평균값을 계산하는 방법이다. 이미지 인식 분야에서는 주로 Max–Pooling을 사용한다.

CNN은 정규화된 버전의 다층 퍼셉트론이다. 다층 퍼셉트론은 일반적으로 완전히 연결된 네트워크, 즉 한 계층의 각 뉴런이 다음 계층의 모든 뉴런에 연결됨을 의미한다. 이러한 네트워크의 "완전한 연결"은 주어진 데이터에 과 적합되는 경향이 있다. 일반적인 정규화 방법에는 손실 함수에 몇 가지 형태의 가중치 측정을 추가하는 것이 포함되지만, CNN은 정규화를 향한 다른 접근 방식을 취한다. 데이터에서 계층적 패턴을 활용하고 더 작고 간단한 패턴을 사용하여 더 복잡한 패턴을 조립한다. 따라서 연결성과 복잡성의 규모에서 CNN은 극단적으로 낮다.

Max Pooling

각 pixel마다 최댓값을 뽑아내는 maxpooling은 layer의 feature가 많아지면 발생할 수 있는 overfitting(모델이 실제 분포보다 학습샘플들 분포에 더 근접하게 학습되는 현상)을 방지하기 위해 실시한다. 가령, 얼굴인식의 경우, 방향이나 각도에 따라 다른 특징이 추출되면 일반적으로 신경망의 상위층에서 이를 제대로 인식할 수 없으나, 맥스풀링은 눈, 코, 입 등 구성 요소의 상대적인 위치에 무관하게 얼굴을 인식할 수 있다. 그러나 맥스풀링에서는 구성 요소의 상대적인 위치와 방향을 고려하지 않고 특징을 추출하기 때문에 이미지의 각도나 크기가 변하면 해당 이미지를 다르게 인식하는 근본적 한계가 있다. 이를 개선하기 위해 다양하게 변형된 이미지를 학습 데이터로 활용하는 방법이 사용되지만 학습시간이 증가하는 문제를 야기한다.

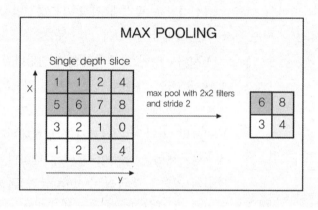

CNN은 뉴런 사이의 연결패턴이 동물 시각피질의 조직과 유사하다는 생물학적 과정에 의해 영감을 받았다. 개별 피질뉴런은 수용장으로 알려진 시야의 제한된 영역에서만 자극에 반응한다. 상이한 뉴런의 수용 필드는 전체 시야를 커버하도록 부분적으로 중첩된다. CNN은 다른 이미지 분류 알고리즘보다 상대적으로 전처리를 거의 사용하지 않는다. 이는 네트워크가 기존 알고리즘에서 수작업으로 제작된 필터를 학습한다는 것을 의미한다. 피처 디자인에 대한 사전 지식과 인간 노력과의 독립성은 CNN의 주요한 장점이다.

3) RNN(Recurrent Neural Network)

음악, 동영상, 에세이, 시, 소스 코드, 주가차트… 이것들의 공통점은 무엇일까? 바로 시퀀스라는 점이다. 음악은 음계들의 시퀀스, 동영상은 이미지의 시퀀스, 에세이는 단어들의 시퀀스로 볼 수 있다. 시퀀스의 길이는 가변적이다. 소설에는 한 페이지짜리 단편소설도 있고 열 권짜리 장편소설도 있다. 기존의 신경망알고리즘은 이미지처럼 고정된 크기의 입력을 다루는 데는 탁월하다. 하지만 가변적인 크기의 데이터 모델링에는 적합하지 않다.

순환 또는 재현신경망(RNN)은 인공신경망의 한 종류로, 유닛 간의 연결이 순환적 구조를 갖는 특징을 갖는다. 이러한 구조는 시변(時變)의 동적 특징을 모델링할 수 있도록 신경망 내부에 상태를 저장할 수 있게 해준다. 전방 전달 신경망과 달리, 순환인공신경망은 내부의 메모리를 이용해 시퀀스형태의 입력을 처리할 수 있다. 따라서 순환 인공신경망은 필기체 인식이나 음성인식과 같이 시간변화의 특징을 가지는 데이터를 처리할 수 있다.

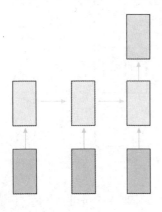

RNN은 시퀀스 데이터를 모델링하기 위해 등장했다. RNN이 기존의 뉴럴 네트워크와 다른 점은 기억(다른 말로 hidden state)을 갖고 있다는 점이다. 네트워크의 기억은 지금까지의 입력데이터를 요약한 정보다. 새로운 입력이 들어올 때마다 네트워크는 자신의 기억을 조금씩 수정한다. 결국, 입력을 모두 처리한 후 네트워크에 남겨진 기억은 시퀀스 전체의 요약정보가 된다. 이는 사람이 시퀀스를 처리하는 방식과 비슷하다. 좌측 <그림>에서 보듯 맨 아래쪽 사각형은 입력, 중간의 사각형은 기억, 맨 위쪽 사각형은 출력을 나타낸다. 첫째, 입력이 들어오면 첫째 기억이 생성된다. 둘째, 입력이 들어오면 기존 기억과 새로운 입력을 참고하여 새 기억을 만든다. 입력의 길이만큼 이 과정을 얼마든지 반복할 수 있다. 각각의 기억은 그때까지의 입력을 요약해서 갖고 있는 정보다. RNN은 요약된 정보를 바탕으로 출력을 만들어낸다.[27]

RNN의 입력과 출력은 네트워크에 시키고 싶은 것이 무엇이냐에 따라 얼마든지 달라질 수 있다. 아래는 몇 가지 예시다. ① 고정크기 입력과 고정크기 출력이며, 순환부분이 없기 때문에 RNN이 아니다. ② 고정크기 입력과 시퀀스 출력형태로 이미지를 입력해서 이미지에 대한 설명을 문장으로 출력하는 이미지 캡션 생성을 들 수 있다. 즉 이미지라는 고정된 크기의 입력을 받아서 몇 단어

27 https://dreamgonfly.github.io/rnn/2017/09/04/understanding-rnn.html

로 표현될지 모를 가변적인 길이의 문장을 만들어낸다. ③ 시퀀스 입력과 고정 크기 출력형태로서 문장을 입력해서 긍정과 부정정도를 출력하는 감성분석기를 들 수 있다. ④ 시퀀스 입력과 시퀀스 출력형태로서 Google의 번역기와 네이버의 파파고의 자동번역기는 기존 통계기반 모델보다 성능이 우수하다. 이러한 구조의 모델을 다른 말로 encoder-decoder 모델이라고도 부른다. ⑤ 동기화된 시퀀스 입력과 시퀀스 출력형태로서 문장에서 다음에 나올 단어를 예측하는 언어모델을 들 수 있다.

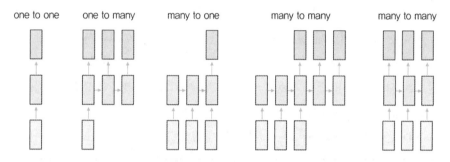

자료: https://discuss.pytorch.org/t/example-of-many-to-one-lstm/1728

좌측 다이어그램은 만들려고 하는 모델을 변수 기호와 함께 나타낸 것이다. Xt는 t시간 스텝에서의 입력 벡터, St는 t시간 스텝에서 RNN의 기억을 담당하는 hidden state, σ는 출력벡터이며 U, W, V는 모델의 파라미터이다. 첫 다이어그램에 없던 S_{init}은 hidden state의 초기값으로, 구현을 위해 필요한 부분이다.

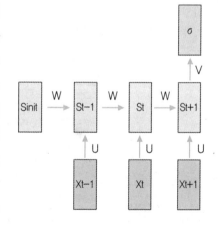

네트워크의 기억에 해당하는 hidden state St는 입력 x와 과거의 기억 St-1을 조합하여 만들어진다. 조합방식은 파라미터 U와 W에 의해 결정된다. U는 새로운 입력이 새로운 기억에 영향을 미치는 정도를, W는 과거의 기억이 새로운 기억에 영향을 미치는 정도를 결정한다. 비선형함수로는 tanh나 ReLU가 주로 사용된

다. 여기서 출력, 즉 예측값은 마지막 hidden state로부터 계산된다. St와 V를 곱하는데, V는 hidden state와 출력을 연결시켜주며 출력벡터 크기를 맞춰주는 역할을 한다. 마지막으로 출력을 확률값으로 변환하기 위해 softmax함수를 적용한다. softmax함수는 모든 출력값을 0~1 사이로 변환하고, 출력값의 합이 1이 되도록 한다.

인간은 이전 수(과거)의 체면을 중시하여 수를 두는 경향이 있다. 하지만 인공지능은 그런 요소를 완전히 무시하고 가장 강력한 수를 놓는다. RNN은 과거를 기억하고 이용하는 기술이다. 그러나 기억하는 범위가 커지면 경사(과거의 어떤 정보가 얼마나 영향을 미치는지)가 복잡해져서 전달해야 할 오차가 감소하거나(경사손실 문제), 기억한 것을 어떻게 살릴 것인지 계산량이 증가한다. 그래서 기억할 범위를 조금 전까지로 한정하고, 그 이전의 것은 버린다. 하지만 현실은 좀 더 이전의 정보를 사용하지 않으면 작동하지 않는 경우가 많다. 따라서 RNN의 개량형태로 등장한 것이 LSTM(Long Short-Time Memory)이다.

RNN과 LSTM의 구조는 다음과 같이 나타낼 수 있다. 기존 MLP신경망은 은닉 층의 노드값을 계산할 때 입력에 가중치를 곱해서 은닉층의 노드(상태)값을 업데이트한다. 그러나 순환신경망은 그와 달리 은닉층의 노드 값을 계산할 때 이전 히든(hidden) 노드에 대한 상태값과 입력을 모두 활용한다.

RNN이 주로 사용되는 분야는 <그림>과 같다.

Recurrent Neural Network이 주로 사용되는 분야

자연언어처리 Natural Language Processing	자연언어이해 Natural Language Understanding

기계번역 Marchine Translation	텍스트분석 Text Analysis	음성인식 Speech to Text	이미지분석 Image Analysis
감정인식 Emotion Recognition	문장생성 Deep Writing	음성합성 Text to Speech	영상분석 Video Analysis

개인비서 Personal Assistant	챗봇 Chat Bot

-https://doooob.tistory.com/158?category=825950

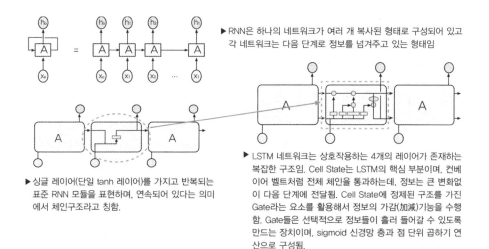

▶ RNN은 하나의 네트워크가 여러 개 복사된 형태로 구성되어 있고 각 네트워크는 다음 단계로 정보를 넘겨주고 있는 형태임

▶ 싱글 레이어(단일 tanh 레이어)를 가지고 반복되는 표준 RNN 모듈을 표현하며, 연속되어 있다는 의미에서 체인구조라고 칭함.

▶ LSTM 네트워크는 상호작용하는 4개의 레이어가 존재하는 복잡한 구조임. Cell State는 LSTM의 핵심 부분이며, 컨베이어 벨트처럼 전체 체인을 통과하는데, 정보는 큰 변화없이 다음 단계에 전달됨. Cell State에 정제된 구조를 가진 Gate라는 요소를 활용해서 정보의 가감(加減)기능을 수행함. Gate들은 선택적으로 정보들이 흘러 들어갈 수 있도록 만드는 장치이며, sigmoid 신경망 층과 점 단위 곱하기 연산으로 구성됨.

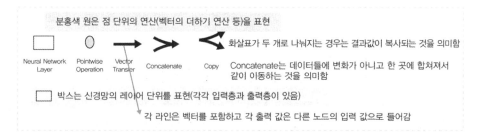

보다 구체적으로 살펴보면 LSTM은 메모리가 있다. 메모리입출력 컨트롤을 위한 소자(논리적 장치)로서 게이트(gate)라고 한다. 게이트에는 입력, 출력 그리고 망 각 게이트가 있다. LSTM학습방법은 기본적으로 BPTT(Backpropagation Through Time)을 사용한다. 알고리즘은 BP와 유사하지만 순환신경망에서는 시계열데이터를 다루면서 은닉층이 이전 은닉층 상태값까지 고려하기에 복잡하다. 순환신경망그래프 안에 네트워크가 연결된 구조를 펼쳐(unfold) 오차에 준하는 만큼 역으로 따라가며 전파하여 가중치를 학습한다.[28]

---

28 https://tbacking.com/2017/08/18.

Word2Vec[29]

　단어 embedding방법론으로 단어의 효율적 의미 추정기법(Word2Vec 알고리즘)은 말 그대로 문자로 이루어진 단어(text)를 벡터(수치)로 바꿔주는 알고리즘이다. 단어 embedding은 텍스트를 구성하는 하나의 단어를 수치화하는 방법의 일종이다. 중심단어와 주변단어 벡터의 내적 코사인 유사도가 되도록 단어벡터를 벡터공간에 embedding한다. Neural Network Language Model(NNLM: 신경망 언어모델)을 계승하면서도 학습속도와 성능을 비약적으로 향상시켜 주목을 받고 있다. 즉 NNLM은 단어 간 유사도를 구할 수 있도록 워드 embedding의 개념을 도입하였고, NNLM의 느린 학습속도와 정확도를 개선하여 탄생한 것이 Word2Vec이다. Word2Vec(CBOW)은 워드 embedding 자체가 목적이므로 다음 단어가 아닌 중심단어를 예측하게 하여 학습한다. NNLM이 예측단어 이전 단어들만을 참고했던 것과 달리, Word2Vec은 예측단어의 전, 후 단어들을 모두 참고한다. Word2Vec 모델은 CBOW(주변의 단어를 이용해 하나의 단어는 찾아내는 방법) 또는 Skip－Gram(하나의 단어에서 여러 단어를 예측하는 방법) 알고리즘(처리하려고 하는 현재의 단어 하나를 사용해서 주변 단어들의 발생을 유추하는 모델)을 사용한다.[30] 학습말뭉치를 만드는 방식이나 subsampling, negative sampling 등의 기법을 통해 성능은 끌어올리고 계산복잡성은 낮추었다. 은닉층이 하나인 뉴럴네트워크 구조이나 하이퍼볼릭탄젠트, 시그모이드 등 비선형 활성함수를 사용하지 않아서 사실상 선형모델이다.

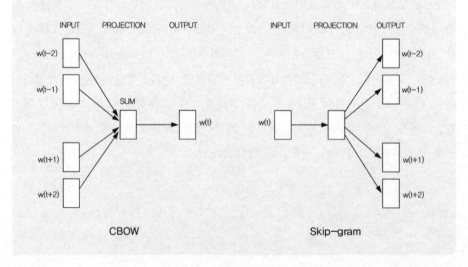

마. Deep Learning 이후의 학습모델

인공지능은 연산능력의 규모와 속도, 데이터 규모와 다양성, 심층신경망의 발전과 알고리즘의 고도화와 함께 주어진 환경 안에서 정의된 에이전트의 상황인식, 선택 가능한 행동 중 보상의 최대화 방법에 따라 진화할 것이다. 딥 러닝 이후 활발히 연구되고 있는 AI학습모델의 경향은 모방을 통한 데이터 활용극대화, 인간개입 최소화, 통합화, 범용화 등으로 요약할 수 있다. 특히, 모방과 관련하여 학습모델 내부 또는 학습모델 간 경쟁을 통해 현실 데이터와 유사한 데이터를 생산하여 제한된 학습데이터의 양적 증가추세가 강화되고 있다(이승민, 2018).

1) 생성적 적대 신경망(Generative Adversarial Networks)[31]

GAN은 대립하는 두 시스템이 서로 경쟁하는 방식으로 학습이 진행되는 비지도(Unsupervised) 학습모델이다. CNN, RNN 등 딥 러닝 이후 주목받는 모델로서 기존 데이터를 모방하여 새로운 결과물을 생성한다. 새로운 결과물(이미지, 음성 등)을 만들 수 있다는 것은 사물인식의 수동적 수준에서 무엇인가 생산하는 능동적 수준으로의 진입을 의미한다. 2014년 Ian J. Goodfellow가 NIPS(Neural Information Processing System)에 소개한 이후 학계의 관심이 증가하고 산업계 활용이 본격화되고 있다(Goodfellow et al., 2014).[32] CNN, RNN 등은 이미지와 음성을 인식하지만 새로운 이미지와 음성을 생성하지는 못하고 대부분 지도학습 기반으로 활용되고 있다는 한계가 있다. GAN의 혁신성은 기존 딥 러닝 알고리즘과 달리 비 지도학습 방식으로 스스로 이미지와 음성을 생성한다는 데 있다. 즉

---

29 Word2Vec Tutorial: The Skip-Gram Model Efficient Estimation of Word Representations in Vector Space.

30 Google의 연구원인 Tomas Mikolov와 Kai Chen, Greg Corrado, Jeffrey Dean이 작성한 논문인 "Efficient Estimation of Word Representations in Vector Space(벡터공간상에서 단어 의미의 효율적인 추정)"에서 제안한 알고리즘을 말한다.

31 Hinton, Yann LeCun, Andrew Ng 등은 GAN과 같은 비교사 학습모델이 딥 러닝의 미래를 이끌 것으로 전망하고 GAN을 지난 10년 동안 가장 혁신적인 알고리즘이라고 평가하였다.

32 2014년 이후 지금까지 DCGAN, iGAN, StackGAN, CycleGAN, DiscoGAN, LAPGAN, BIGAN, EBGAN 등 200여 개의 GAN 변형들이 계속 발표되고 있다.

현실 세계에서는 라벨링 된 데이터에 비해 라벨링 되지 않은 데이터가 대부분이며 정답이 없는 데이터가 훨씬 많기 때문이다.

GAN은 생성기와 판별기로 구성된 서로 다른 주체가 적대적으로 경쟁하며 자신의 성능을 강화하는 과정을 통해 진본 데이터에 가까운 위조 데이터를 생성하는 원리다. 즉 생성기에서는 임의의 분포로부터 위조 데이터를 생성하고, 판별기는 진본 데이터와 위조 데이터를 구별하기 위해 학습을 진행한다. 이 과정에서 생성기를 판별기를 최대한 잘 속이기 위해 노력하고 판별기는 진본데이터와 위조 데이터를 최대한 구별하기 위해 경쟁적으로 학습한다. 결과적으로 GAN은 진짜와 같아지는 학습을 통해 사용자가 입력한 조건에 가장 가까운 샘플을 만들어 보다 생생한 데이터(이미지, 음성 등)를 생성할 수 있다.

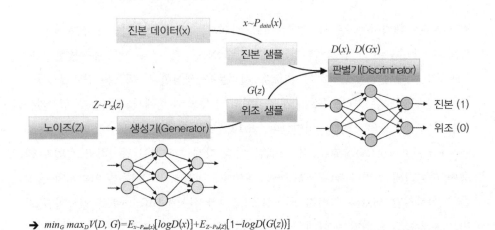

$$min_G \ max_D V(D, G) = E_{x \sim P_{data}(x)}[logD(x)] + E_{Z \sim P_z(z)}[1 - logD(G(z))]$$

자료: 이승민(2018)

생성기 G는 가지고 있는 진본데이터 x의 분포를 알아내려고 경쟁한다. 만약 G가 정확히 진본데이터 분포를 모사할 수 있다면 이로부터 추출한 샘플은 진본데이터 분포의 샘플과 구분할 수 없다. 판별기 D는 자신이 판별하려는 샘플이 생성기 G가 만든 위조 샘플인지 혹은 진본데이터로부터 만들어진 진본 샘플인지 구별하여 각각의 경우에 대한 확률을 계산한다. 판별기 D는 진본데이터로부터 추출한 샘플 x의 $D(x) = 1$이 되고, 생성기 G에 임의의 노이즈 분포로부터 추출한 z로 만들어진 샘플에 대해서는 $D(G(z)) = 0$이 되도록 경쟁한다. 즉, D는 실수할 확률을 낮추기(min) 위해 경쟁하고 반대로 G는 D가 실수할 확률을 높이기(max) 위해 경쟁하는 minimax 문제이다.

　GAN은 인공지능이 수동적 인식에서 능동적 생성으로의 활용가능성을 한 단계 끌어올리면서 지능보다 창작자로서 새로운 가능성을 제시하였다. 현재 200여 개에 달하는 GAN 변형기술은 딥 러닝이 안고 있는 비 교사학습과 라벨링 되지 않은 데이터 활용 문제를 해결할 수 있는 돌파구로 인식된다. GAN은 스스로 새로운 지식과 경험을 축적할 수 있는 방향으로 진화할 가능성을 확인시켜 주었고 향후 산업적 활용 가능성이 매우 클 것으로 기대된다. 그러나 GAN을 이용한 Deep Fake 등 가짜 콘텐츠 생성으로 인한 심각한 사회 문제를 발생시킬 수 있다는 부작용이 우려된다. GAN은 데이터 생성이 용이하고 스스로 새로운 모형을 생성할 수 있다는 장점이 있었지만 생성기와 판별기간 성능 불균형이 클 경우, 학습이 어렵다는 기술적 한계가 있다. GAN은 최소최대화(minimax) 문제를 기반으로 두 네트워크를 경쟁적으로 학습시켜 새로운 데이터를 생성하는 데 우수하나 최소최대화의 근본적인 문제가 존재한다. 이를 해결하기 위한 다양한 기법이 제시되고 있으나 아직까지 생성적 적대 문제를 완벽하게 해결할 방안은 없으며 지속적인 연구가 필요하다(이승민, 2018).

2) 심층강화학습(Deep Reinforcement Learning)

　기존 강화학습은 2016년 AlphaGo와 이세돌 9단과의 바둑대결 이후 본격적인 관심을 받았으며, 2017년 MIT 10대 혁신기술 중 하나로 선정되었다. 강화학습은 특정 환경에서 정의된 에이전트가 현재 상태를 탐색하고 보상을 최대화하는 행위를 선택하며 스스로를 개선하는 학습모델이다. 반복적 시행착오를 통해 문제 해결방법을 스스로 터득한다는 점에서 기존 지도학습, 비지도 학습의 정적인 학습방식과 상이하다. 반면에 심층 강화학습은 심층학습과 강화학습을 결합한 기술로서 기존 강화학습의 한계를 극복하고자 개발되었다. 단순한 게임 분야를 넘어 자율주행자동차, 로보틱스 등 잘 정의되지 않는 복잡한 분야에서 적용 가능성을 확인하는 단계이다.

　DeepMind는 DQN(Deep Q-Network)이라는 심층 강화학습을 개발하여 2013년 Atari Breakout 게임에 적용 이후 AlphaGo에 이르기까지 놀라운 성과를 보여주었다. Deepmind는 Breakout 게임 외에도 2015년 49종류의 게임에서 인간 수준 이상의 능력을 보인 결과를 Nature지에 발표하고 심층 강화학습의 가능성을 제시하였다. 2016년 AlphaGo와 이세돌 간 바둑 대결은 DQN 심층 강화학습의 응용 가능성과 기존 알고리즘의 확장 가능성을 보여준 결정적 계기를 마련하였다. AlphaGo에 적용된 DQN은 사람의 개입 없이 바둑 AI끼리의 대국을 통해 스스로 데이터를 만들고 높은 점수를 획득할 수 있는 행동패턴을 스스로 학습하였다.

심층 강화학습은 게임 분야 외에 충분한 주행 데이터 확보가 어려워 학습이 어렵거나 시간이 많이 소요되는 자율주행기술 구현에 본격적으로 활용되기 시작하였다. 자율주행을 학습하기 위해 모든 주행상황을 고려한 학습데이터를 수집하거나 실제 주행환경을 완벽히 재현한다는 것은 불가능하기 때문이다. 강화학습은 다양한 주행 데이터를 반복적으로 미세 조정하여 수백만 번의 주행상황을 재현함으로써 매우 효과적으로 학습모델을 생성할 수 있다.[33]

심층 강화학습은 복잡한 실제 상황을 이해하고 스스로 최적의 행위를 수행하는 로봇 분야의 제어 및 동작 등의 연구에 활발히 적용 중이다. 심층 강화학습은 상태와 행위, 보상 등을 명확히 정의하기 어려운 환경에서 제한된 데이터만 제공되는 경우에도 매우 효과적으로 학습모델을 생성하였다. 로봇의 물리적 제어뿐 아니라 인간의 표정과 행동을 통해 인간과 교감하는 로봇의 감성적 분야에서도 적용 가능성이 기대된다. DeepMotion연구팀은 심층 강화학습을 이용하여 사람과 같은 동작을 하는 아바타 생성 기술을 개발하고 향후 애니메이션, 로봇 동작 등의 구현 가능성을 제시하였다. NVIDIA는 제조, 물류, 농업 등 다양한 산업 분야에 활용할 수 있도록 차세대 자율로봇 개발 플랫폼 Isaac[34]을 공개하였다.

심층 강화학습은 영상, 음성 데이터를 넘어 시행착오를 통해 행동 데이터를 학습, 딥 러닝의 활용가능성을 획기적으로 확장할 수 있다는 측면에서 의의가 크다. 특히 게임과 같이 보상이 확실한 분야뿐만 아니라 학습에 필요한 충분한 데이터를 구하기 어렵거나 현실적으로 재현이 어려운 경우에 효과적인 적용이 가능하다. 데이터가 부족하면 인간과 기계의 인지 과정의 구조적 차이로 인해

---

33 완성차 업체 중심으로 Sensor와 딥 러닝 등 기존 방법과 함께 강화학습을 보완적으로 적용 연구를 진행 중이다.
34 아이작에는 Jetson Xavier 로봇 프로세스가 포함되어 있으며 심층 강화학습 등 인공지능 알고리즘 SW 개발 툴을 제공하였다.

학습모델 생성에 한계가 존재하기에 심층강화학습과 함께 생성적 적대 신경망, 전이학습 등이 주목받고 있다. 특히, 자율주행 분야에서 심층강화학습이 활발히 연구되고 있으며 점차 다양한 로봇과 복잡한 환경에 적용되어 인간의 작업을 자연스럽게 묘사할 수 있는 기술로 발전할 것으로 전망된다.

뿐만 아니라 전이학습(Transfer Learning) 등과 결합하여 심층 강화학습으로 생성된 지식을 다른 분야에 재활용하는 연구에 유용하다. 전이학습의 사례로서 펜실베이니아 대학과 Google의 AI 프로젝트팀은 탄자니아의 카사바질병을 진단하기 위해 식물질병 학습 모델과 전이학습을 활용하여 소량의 카사바 이미지 데이터를 통해 98%의 정확도로 갈색 줄무늬병을 구분하였다. 또한 스탠퍼드대 연구진은 인공위성이 촬영한 이미지데이터와 전이학습을 사용하여 빈곤과 관련된 한정된 데이터를 통해 아프리카 국가들의 빈곤지도를 개발하였다.

3) 설명가능 인공지능(Explainable AI)

그동안 많은 경우, 컴퓨터가 데이터를 가지고 직접 알고리즘을 만들기 때문에 인간은 인공지능이 내리는 판단에 대해 그 이유를 알지 못 했다. 미국 DARPA에 있는 David Gunning은 <그림 4-1>처럼 알고리즘의 정확도가 높아질수록 그 이유를 설명하는 수준, 즉 인간의 이해정도가 낮아진다고 하면서[35] 향후 인공지능을 정책결정과정에 접목하는데 장애요인의 하나로 작용할 것으로 전망했다.

딥 러닝이 금융, 의료 등 다양한 분야로 확산되고 산업적 가능성을 인정받으면서 학습결과에 대한 신뢰성과 도출과정의 타당성 요구가 증가하고 있다. 사람의 생명과 밀접한 의료, 자동차 등의 분야와 기업의 의사결정 프로세스 분야를 중심으로 인공지능 알고리즘의 투명성 보장을 위한 법적, 기술적 요구도 증가하고 있다. 먼저 제도적 관점에서 2018년 EU의 GDPR(General Data Protection Regulation) 규제 조항 마련이 설명 가능한 알고리즘 개발 요구를 강화시키는 기폭제로 작용하고 있다. 기술적 대응으로 2017년 DARPA의 XAI(Explainable AI)

---

35 David Gunning, Explainable Artificial Intelligence, DARPA/I20. http://www.cc.gatech.edu/~al a nwags/DLAI2016/(Gunning)%20IJCAI-16%20DLAI%20WS.pdf.

그림 4-1 인공지능의 예측정확도와 설명력 관계

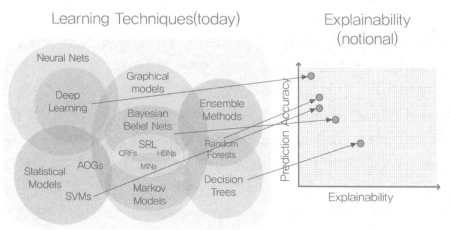

프로젝트를 계기로 설명 가능한 인공지능 알고리즘 기술개발이 본격적으로 전개되고 있다.[36]

DARPA는 2017년부터 사용자가 인공지능 알고리즘의 작동과정을 이해하고 판단결과에 대한 이유를 설명할 수 있는 기술개발을 추진하였다. 예를 들어 고양이 이미지에 대한 인식의 결과만 알려주는 딥 러닝과 달리 XAI에서는 고양이라고 판단한 근거(수염, 털, 발톱 등)를 제시할 수 있어야 한다는 것이다. DARPA의 XAI 프레임워크는 크게 설명 가능한 모델과 사용자 인터페이스개발을 포함한다. 특히 설명 가능한 모델은 크게 딥 러닝을 개선해 설명 가능한 특징값을 학습할 수 있는 기술(Deep Explanation), 결과의 도출과정을 해석할 수 있는 모델(Interpretable Model), 모델 추론(Model Induction) 등의 방법이 제시되었다.

첫째, Deep Explanation이다. 설명 가능한 특징값을 학습할 수 있도록 기존 딥러닝 알고리즘을 변형하거나 결합하는 방향으로 접근한다. 딥 러닝의 각 은닉 계층의 노드에 의미 있는 속성(예 고양이, 개 등의 발톱, 콧수염 등)을 연결, 학습하여 분류 결과에 대한 근거를 제공한다(Hui Cheng et al., 2014). 기존 CNN 알고리즘은 이미지 내의 객체를 인식하도록 학습하고 RNN 알고리즘은 CNN으로 학습한 특징값을 단어와 갭션으로 번역하도록 학습함으로써 이미지 캡션을 생성한다.

---

36 David Gunning, "Explainable Artificial Intelligence(XAI)", DARPA/I2O Program Update, 2017.11.

그림 4-2 DARPA XAI 프레임워크

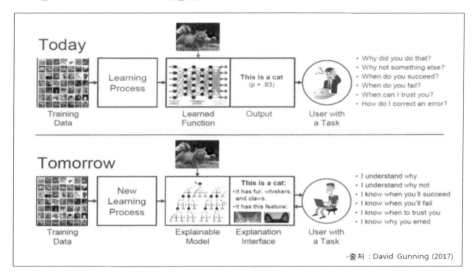

-출처 : David Gunning (2017)

둘째, Interpretable Model이다. 입력 데이터(문자, 이미지 등)의 특징값을 확률적 추론을 통해 학습하여 새로운 모델을 개발하는 방향으로 접근한다. 사람이 하나의 예만으로 새로운 개념을 배워서 사용할 수 있는 것처럼 Baysian 방법(Bayesian Program Learning)으로 추론하여 필기체 인식에 적용한다(Brenden M. Lake et al, 2015). 이미지의 특징값(색, 선, 위치 등)의 관계를 AND-OR 그래프로 표현하여 최종결과에 이르는 과정과 확률을 제공하여 원인과 결과를 이해할 수 있도록 한다(Zhangzhang Si and Song-Chun Zhu, 2013).

셋째, Model Induction이다. 타 학습모델과 비교하여 예측결과에 대한 근거를 제시하거나 결정과정을 통해 설명가능 모델을 생성한다. 기존 블랙박스 속성의 머신러닝 알고리즘을 설명 가능한 타 학습 모델과 비교하여 예측한 결과에 대한 근거를 제공한다(Marco Tulio Ribeiro et al., 2016). 기존 고차원의 특징값을 Baysian룰(Bayesian Rule Lists)을 사용하여 단순하고 연속적인 결정과정으로 구분하여 인간이 이해할 수 있는 예측 모델을 생성한다(Benjamin Letham et al., 2015).

설명가능 AI 모델은 사람이 이해할 수 있는 근거를 제공함으로써 법적인 문제와 사회적 차별을 낳을 수 있는 기존 인공지능 알고리즘의 한계를 극복하려는 점에서 의의가 있다. 알고리즘 자체의 문제뿐만 아니라 학습 데이터에 전적으로

그림 4 - 3 Explainable Model의 세 가지 접근 방법

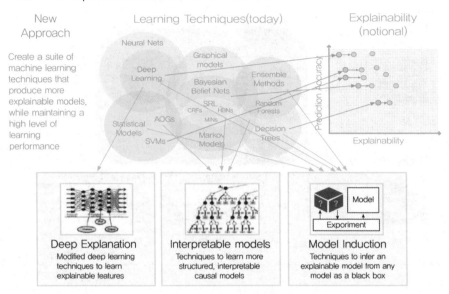

의존하는 AI 알고리즘 특성에 비추어 볼 때 알고리즘의 프로세스를 볼 수 있다는 것은 결과에 설명력과 신뢰성을 높여 인공지능의 실질적인 활용 범위를 확장시킬 것으로 기대된다. 다만, 판단 결과가 일관성을 제공하지 못하면 데이터의 문제인지 알고리즘 설계의 문제인지를 명확히 밝힐 수 있는 근거가 필요하다. 나아가 설명가능 AI는 인공지능 알고리즘의 품질 인증과 적용 가이드라인 마련에 중요한 기준이 될 것이다.

설명가능 AI 모델 연구는 지금까지 다양한 접근 방법으로 진행됐으나 학계중심의 이론적 수준에 머물고 있으며 실용적 단계에 이르기까지 많은 기술적 난관이 예상된다. 인간의 결정 과정에서 '先결정 後설명' 경우가 발생하듯이 XAI 연구의 필요성과 별개로 과연 XAI 연구의 기술적 가능성에 대한 의문이 존재한다. 그럼에도 불구하고 EU의 GDPR을 계기로 인공지능 시스템이 산업과 실생활에 사용되었을 때 발생할 법적, 사회적 문제에 대응할 기술적 요구는 지속될 것이다. 나아가 적용영역에 따라, 제품과 서비스 제공 시 인공지능이 내린 결정과정을 설명할 수 있는가의 여부는 향후 기업 경쟁력의 중요 변수로 작용할 것이다.

4) 캡슐 망(Capsule Networks)

Hinton 교수 외 연구진은 2017년 <Dynamic routing between capsules> 논문에서 캡슐망(Capsule Networks)이라는 새로운 신경망 알고리즘을 제안하였다 (Sara Sabour, Nicholas Frosst, Geoffrey E. Hinton, 2017). 이 논문에서는 1979년에 처음 제안했던 아이디어를 알고리즘으로 구현함으로써 기존 CNN(Convolution Neural Networks)의 구조적 한계에 대한 극복 가능성을 보여주었다. 기본적인 아이디어는 눈으로 획득한 시각정보를 계층적으로 해체하고 이전에 습득한 지식과 비교해 객체의 종류와 위치, 방향 등의 정보를 역 추론하는 것으로 사람의 사물 인식 방식과 유사하다.

캡슐 망에서는 각각의 뉴런이 독립적으로 작동하는 CNN과 달리 여러 뉴런들의 그룹을 캡슐이라는 단위요소로 정의하고 특정 개체가 존재할 확률과 성질을 벡터로 표현하여 출력값을 계산한다. CNN의 뉴런 출력값은 scalar이지만 캡슐의 출력값은 vector이다. vector의 크기는 특정 개체가 존재할 확률을, vector의 방향은 개체의 성질을 나타낸다. 캡슐 망에서는 개체가 존재할 확률을 효과적으로 표현하기 위해 새롭게 제안한 비선형 함수인 스쿼싱 함수(squashing function)를 사용하고 아래층 갭슐의 출력벡터 가중치를 계산하기 위해서 max pooling[37]이 아닌 동적 라우팅(dynamic routing) 방법을 사용한다. 동적 라우팅에서는 단순히 얼굴을 구성하는 눈, 코, 입 등 구성 요소의 존재(스칼라)만으로 얼굴을 인식하는 것이 아니라 각 요소 간 상관관계(벡터)를 계산한다.

하지만 논문에서 제시된 MNIST 데이터 세트(28×28) 보다 큰 이미지에 대해서도 캡슐망이 우수한 성능 보장에 대해 충분히 검증되지 않았다. 또한 학습 소요시간이 기존 CNN보다 길다는 문제가 제기된다. 그런데도 CNN에 비해 사람의 사물 인식 과정에 더 가까운 캡슐망의 접근 방식은 혁신 가능성에서 기대가 높다. 마치 1980년대 오류역전파(Back Propagation) 기술이 30년이 지난 후 컴퓨팅 파워, 데이터 등의 발전으로 인해 딥 러닝 기술을 혁신시켰듯이 지

---

37 max pooling이란 CNN에서 학습시간을 줄이고 이미지 구성요소의 위치에 상관없이 해당 이미지를 잘 인식할 수 있도록 주변 영역의 추론 결과값 중 최댓값만을 상위층에서 이용한다. 결과적으로 특징 탐색을 위한 시간이 1/4로 단축되고 특징 추출의 부하(load)가 감소한다.

금의 캡슐(Capsule) 신경망은 인공지능 알고리즘의 연구방향에 큰 전환점이 될 것이다.[38]

5) 연합학습(Federated Learning)

　　Google이 2019년 8월 발표한 연합학습은 모든 데이터를 서버로 모아 AI를 학습하는 방식과 달리 사용자의 스마트 폰에서 데이터를 처리하고 모델을 강화하며 보다 정교한 모델을 만들어 다시 배포하는 방식이다. 상대적으로 적은 데이터로 최적화한 AI모델을 개발할 수 있다. 방대한 데이터를 저장하는 storage 나 데이터처리를 위한 고성능 프로세서를 사용자 개인디바이스로 분산시키면서, 필요사항만 공유해 최적화한 모델을 다시 배포하기 때문에 트래픽부담이 적다. 또한 개인정보 침해 가능성 역시 상대적으로 적어 제도적 장벽 역시 쉽게 넘을 수 있다.

　　연합학습은 개발자와 조직이 여러 위치에 분산된 훈련데이터를 사용하여 심층신경망(Deep Neural Networks)을 훈련시킬 수 있는 새로운 학습패러다임이다. 이를 통해 의료전문가들은 임상데이터를 직접 공유할 필요 없이 공유모델에 대해 협업할 수 있다.[39] 그림에서 보듯 스마트폰은 사용량에 따라 모델을 로컬로

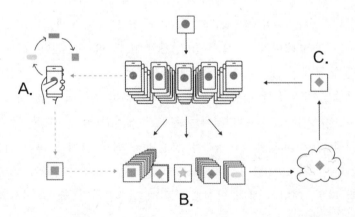

자료: Google AI Blog

38 James Somers, "Is AI Riding a One-Trick Pony?", MIT Technology Review, 2017.09.29.
39 http://www.aitimes.kr/news/articleView.html?idxno=14473.

개인화 하고(A) 많은 사용자의 업데이트가 집계되어(B) 공유모델에 대한 합의 변경(C)이 이루어진 후 절차가 반복된다.

연합학습은 AI 알고리즘이 서로 다른 사이트에 있는 방대한 범위의 데이터에서 경험을 얻을 수 있다. 동 접근방식을 통해 여러 조직에서 모델개발에 대한 공동 작업이 가능하다. 특히, 연합학습이 주목받는 곳은 의료기관이다. 일반적으로 건강관리 AI알고리즘의 경우, 경험은 많고 다양한 고품질 데이터 세트의 형태로 제공된다. 그러나 데이터 세트는 수집에 매우 어렵다. 예를 들어, 의료기관은 환자인구 통계, 사용된 도구 또는 임상 전문화에 의해 편향될 수 있는 자체 데이터 source에 의존하고, 다른 기관의 데이터를 모아 필요한 모든 정보를 수집해야 한다. 하지만 연합학습은 개인 정보 등 민감한 임상 데이터를 서로 직접 공유할 필요 없이 여러 번의 반복학습과정에서 공유모델은 단일 조직이 자체적으로 보유한 것 보다 훨씬 광범위한 데이터를 얻게 되므로 한층 매력적이다.

지금까지 살펴본 인공지능 모델은 입력데이터를 의미 있는 출력으로 변환한다. 알고 있는 입력과 출력의 샘플로부터 학습하는 과정이다. 달리 말해 입력데이터를 기반으로 기대출력에 가깝게 만드는 유용한 표현(representation)을 학습한다. 여기서 표현이란, 데이터를 인코딩(encoding)하거나 묘사하기 위해 데이터를 바라보는 방법이다. 머신러닝 모델은 입력 데이터에서 적절한 표현을 찾는다. 데이터변환은 분류작업 같은 문제를 더 쉽게 해결할 수 있도록 만들어 준다. 머신러닝에서 학습은 보다 나은 표현을 찾는 자동화된 과정이다.

반면에 머신러닝 알고리즘은 주어진 작업을 위해 데이터를 더 유용한 표현으로 바꾸는 변환을 자동으로 찾는다. 이러한 연산은 좌표변환일 수도 있고 선형 투영(linear projection: 정보를 잃을 수 있음), 이동(translation), 비선형 연산(예 x > 0인 모든 포인트를 선택하는 것) 등이 될 수도 있다. 일반적으로 알고리즘에서 변환을 찾기 위해 창의력은 없다. 가설 공간(hypothesis space)이라 부르는 미리 정의된 연산의 모음들을 자세히 조사하는 것뿐이다. 기술적으로 말하면 머신러닝은 가능성 있는 공간을 사전에 정의하고 피드백 신호의 도움을 받아 입력데이터에 대한 유용한 변환을 찾는 것이다. 음성인식에서부터 자율주행자동차까지 아주 다양한 분야에서 지능에 관한 문제를 해결한다.

3 인공지능의 알고리즘

가. 개념과 요소

페르시아 수학자인 Al－Khowarizmi(780?~850?)의 이름에서 유래되었다는 알고리즘(algorithm), Al－Khowarizmi는 2차 방정식을 푸는 근의 공식과 인수분해 등을 개발하였다. 그가 쓴 산술(arithmetics)이 라틴어로 번역되면서 간결하고도 쉬운 연산기법을 통칭하여 알고리즘으로 부르게 되었다.[40]

알고리즘이란? 어떠한 문제를 해결하거나 가치의 창출을 위한 절차나 방법이다. 보다 정확하게 어떠한 행동의 실행을 위해 만들어진 명령어들의 유한집합(finite set)이다. 문제가 생겼을 때 여러 가지 방법으로 해결할 수 있는 것처럼 알고리즘도 다양하게 표현할 수 있다. 즉 특정 문제의 해결을 위한 Recipe(처방)와 유사한 일련의 처리명령에 해당하는 수학공식이다. 전 영역에서 광범위하게 쓰이기에 그 원리가 복잡한 것으로 생각된다. 하지만 간단한 원리로 작동된다. 가령 "이러한 경우 이렇게, 저러한 경우 저렇게"라는 규칙으로 답을 찾아가는 논리적 방법이나 절차다. 일정한 규칙을 만들어 놓고 설계하면 그 규칙에 맞추어 답을 찾아가는 것으로 인공지능이 헤매지 않고 빠른 시간에 답을 내놓는 비법이다.

생활 속에서도 다양하게 적용된다. 실례로 일종의 루틴이라고 할 수 있는 학교에 가는 알고리즘, 그릴치즈를 만드는 알고리즘, 마트에서 필요한 물건을 찾는 알고리즘 등이 있을 수 있다. 물론 검색엔진, 쇼핑, 영화, 음악추천서비스 등에서도 알고리즘 작동원리를 따른다. 보다 복잡한 알고리즘으로 Google Hangouts은 어떻게 인터넷에서 실시간 영상을 빠르게 전송할까? 오디오·비디오압축 알고리즘이 사용된다. Google Maps은 어떻게 서울에서 부산까지 어떻게 경로를 찾을까? 경로 찾기 알고리즘이 적용된다. Pixa는 어떻게 가상 공간에서 캐릭터의 3D 모델을 조명을 반영해 색칠할까? Rendering 알고리즘을 사용한다. NASA는 ISS

---

40 네이버 지식백과 – Algorithm(알고리즘).

의 태양광 패널을 어디로 언제 움직일지 어떻게 알까? 최적화와 스케줄 알고리즘을 사용한다. 이렇듯 모든 알고리즘이 동일하지 않다.

그렇다면 좋은 알고리즘이란 무엇일까? 알아보기 쉽고 불필요한 동작을 하지 않게 만든 알고리즘이다. 여기에 가장 중요한 두 가지, 문제 해결과 가치 창출을 효과적으로 실행할 수 있어야 한다. 알고리즘은 수학적 기술이다. 특정 작업, 즉 머신러닝의 예측알고리즘의 경우, 통계학자와 수학자에 의해 파생되었다. 모든 알고리즘은 그 속에 수학적 형태를 지녔다. 컴퓨터에서 코드형태로 구현된 경우에만 컴퓨터가 높은 계산을 쉽게 처리하면서 유용성이 증가한다.

컴퓨터프로그램은 정교한 알고리즘들의 집합이다. 수학이나 컴퓨터과학에서 말하는 알고리즘은, 보통 반복되는 문제를 풀기 위한 진행절차(procedure)를 의미한다. 컴퓨터발명 이후 알고리즘은 컴퓨터를 통해 실행되었다. 하지만 알고리즘 자체는 컴퓨터가 등장 이전부터 존재했다. 즉, 사람이 수동으로 종이를 사용해 일정한 절차로 문제를 풀더라도 알고리즘에 해당한다. 다만, 컴퓨터의 등장과 함께 알고리즘이 급속도로 발전하게 되었다.

알고리즘은 다음과 같은 특징을 지닌다. 첫째, 재료중립성(substrate neutrality)이다. 알고리즘은 절차적 논리에 의해 결과를 도출한다. 재료가 갖는 인과적 힘은 알고리즘의 작동에 어떤 영향도 갖지 않는다. 둘째, 마음 없는 토대(underlying mindlessness)이다. 알고리즘 구현을 위해 과업의 목적과 함께 논리성과 합리성이 중시된다. 또한 알고리즘의 절차는 세분된 일련의 단계들로 구성된다. 각각의 단계들은 별다른 의미해석이 요구되지 않을 만큼 단순하다. 셋째, 결과보장(guaranteed result)이다. 일단 알고리즘의 각 단계들이 실수나 오류 없이 수행된다면, 알고리즘은 최종 단계에서 반드시 성공적인 결과물을 산출한다(다니엘 데닛, 2015: 184–185). 달리 말해 주어진 입력에 따라 명령을 명확하게 실행하고, 입력에 따른 결과물을 효과적으로 도출한다. 반대로 명령에 애매함이 있다거나 유한한 시간 안에 끝나는 것이 보장되지 않은 경우를 메서드(Method)라고 한다. 가령 산에서 길을 잃었을 때 계곡을 찾아 아래로 내려간 뒤 물길을 따라 하류로 가면 된다는 문장은 Method다.[41]

---

41 https://namu.wiki/.

그러면 어떤 알고리즘을 사용해야 할까? 수많은 종류의 머신러닝 알고리즘을 접하는 상황에서 제기되는 의문이다. 사실 이러한 질문에 대한 답변은 수많은 요인에 따라 달라진다. 심지어 숙련된 데이터 과학자(Data scientist)조차 여러 알고리즘을 직접 써보기 전까지 최고의 성과를 낼 수 있는 최적의 알고리즘을 구별하기란 쉽지 않다. 머신러닝 작업 시 데이터, 가용 연산자원 및 시간, 작업의 긴급성, 의도하는 목적 등을 고려해야 한다.

머신러닝 작업 시 고려사항

① 데이터의 양과 질, 특성
② 가용 연산(계산)시간 및 자원
③ 작업의 긴급성과 우선순위
④ 데이터 활용목적 및 예상성과

알고리즘은 모델과 어떤 관계일까? 통상적으로 머신러닝 학습알고리즘이 기계에서 구현될 때 모델이 필요하다. 알고리즘 방정식과 데이터를 사용하여 모델이 생성된다. 또한 알고리즘에 의해 모델이 훈련된다. 알고리즘은 허용 가능한 입력을 원하는 출력으로 안정적으로 변환시키는 방법이다. 일반적으로 알고리즘은 프로그래밍언어로 작성된 프로그램으로 구현된다. 가령 머신러닝 프로그램과 관련하여, 선형회귀를 위한 경사하강 알고리즘은 입력데이터 세트를 취하여 모델인 방정식을 출력한다. 여기서 모델은 어떤 의미에서 기계학습 알고리즘의 출력인 실행파일이다. 모델은 나중에 입력을 받고 출력(예측)을 생성하는 배포 entity로 사용된다.

또한 머신러닝 과정에서 모델검증을 위한 Hold Out과정을 통해 알고리즘과 모델의 관계를 살펴볼 수 있다. 수집된 데이터에서 훈련데이터와 테스트샘플을 분리해 놓은 후 주어진 문제에 적합한 학습알고리즘을 고른다. <그림>에 나타난 Hyperparameter Values는 학습알고리즘의 parameter 또는 meta parameter이다. Hyperparameter는 수동으로 지정한다. 학습알고리즘은 모델 parameter와 달리 훈련데이터로부터 Hyperparameter를 학습할 수 없다. Hyperparameter는 모델이 학습하는 동안 학습되지 않기 때문이다. 그래서 별도로 최적화하기 위한

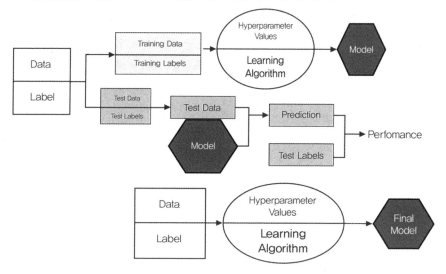

모델 검증을 위한 Hold Out과정: 알고리즘과 모델의 관계

−Sebastian Raschka(2018), Model Evaluation, Model Selection, and Algorithm Selection in Machine Learning. −http://arxiv.org/abs/1811.12808

추가적인 과정 또는 외부 루프가 필요하다. 때로 직관에 따라 정할 수 있거나 머신러닝 라이브러리를 사용하는 경우 알고리즘에 내장된 기본값을 사용할 수 있다. 학습알고리즘이 이전 단계에서 모델을 학습시켰다면 다음 질문은 "모델이 얼마나 좋은가?"이다. 여기서 테스트 세트를 사용한다.

알고리즘은 이전에 테스트 세트를 본 적이 없으므로 새로운 데이터에 대해 편향되지 않도록 성능을 추정한다. 모델을 사용해 테스트 세트의 클래스 레이블을 예측한다. 이후 일반화 성능의 추정을 위해 예측된 클래스 레이블과 진짜 레이블을 비교한다. 여기서 새로운 데이터에 대해 모델이 얼마나 잘 작동하는지 추정한다. 이후 더 이상 테스트 데이터를 따로 떼어 놓을 필요가 없다. 샘플이 독립적이고 동일한 분포를 가진다고 가정했으므로 가용한 모든 데이터를 주입하더라도 모델 성능이 더 나빠지지 않는다. 통상 모델성능이 한계치에 이르기 전 알고리즘에 유용한 데이터를 제공할수록 성능은 좋아진다(Sebastian Raschka, 2018).[42]

---

[42] https://arxiv.org/abs/1811.12808

이처럼 알고리즘과 모델은 밀접한 관련이 있기에 가끔 혼용된다. 모델을 좁은 의미로 이해할 때 알고리즘과 동의어로 쓰이기도 한다. 하지만 엄밀히 양자는 모델성능의 예측과정에서 그 차이를 구분할 수 있다. 왜, 모델의 예측성능을 평가하는가? 첫째, 모델이 미래의(처음 본) 데이터에 대한 예측 성능인 일반화 정확도(generalization accuracy)를 추정하기 위함이다. 둘째, 학습알고리즘을 튜닝하고 주어진 가설 공간(hypothesis space)안에서 가장 성능 좋은 모델을 골라 예측성능을 높이기 위함이다. 셋째, 문제해결에 가장 적합한 머신 러닝 알고리즘을 찾기 위함이다. 즉 알고리즘의 가설 공간에서 최대 성능의 모델을 찾는 것은 물론 최대 성능을 내는 알고리즘의 선택한다. 이러한 맥락에서 알고리즘은 모델을 작동시키는 요소로서 방법이자 절차이다.

머신러닝 지도학습의 목적은 불확실성이 존재하는 상태에서 증거를 기반으로 예측하는 모델을 만드는 것이다. 적응하는 알고리즘으로 데이터의 패턴을 식별하기 때문에, 컴퓨터는 관측값을 통해 학습한다. 컴퓨터에 더 많은 관측값을 제공하면 예측성능이 향상된다. 특히, 지도학습 알고리즘은 알려진 입력 데이터 세트와 데이터에 대해 알려진 응답 변수(출력값)를 받아들인 후, 새로운 데이터의 응답 변수에 대해 타당한 예측값이 생성되도록 모델을 훈련시킨다.

지도학습을 위해 많은 Statistics and Machine Learning Toolbox 알고리즘이 있다. 하지만 대부분 예측변수모델을 얻는 데 동일한 워크플로를 사용한다. 그 단계는 ① 데이터 준비 ② 알고리즘 선택 ③ 모델 fitting ④ 검증방법 선택 ⑤ 만족할 때까지 fitting을 검토하고 업데이트 ⑥ 예측을 위해 fitting된 모델사용 등으로 나타낼 수 있다.[43] 이러한 흐름에서 알고리즘과 모델은 매우 밀접하게 관련된다.

나. 알고리즘의 유형

1) 지도학습(Supervised learning)의 알고리즘

지도학습은 데이터에 대한 레이블(Label), 즉 명시적 정답이 주어진 상태에서

---

43 https://kr.mathworks.com/help/stats/supervised – learning – machine – learning – workflow – and – algorit hms.html.

표 4-1 지도학습을 이용한 알고리즘

구분	모델	주요 알고리즘
인공신경망 측면	CNN	• 이미지 기반 특징 추출, 차원 축소를 통한 인식, 예측 • Convolution/Pooling Layer, Feature Map, Sub Sampling
	RNN	• 현재와 과거 데이터 고려 순차 데이터처리 순환신경망 • Input/Output/Hidden Layer, Time Unfolding, BPTT, LSTM
벡터 기반측면	SVM	• 데이터의 클래스 분류를 위해 Margin 최대 결정직선 탐색 • Support Vector, Margin, 초평면, 결정 직선, 커널 함수
	Regression	• 변수 집합에서 독립/종속변수 간 상관관계를 함수로 표현 • 독립/종속 변수, 회귀 계수, 최소 자승법, 회귀 방정식

컴퓨터를 학습시키는 방법이다. 데이터(data), 레이블(label) 형태로 학습을 진행하는 방법으로 훈련데이터에서 함수를 추론하는 작업이다. 훈련데이터는 결과 집합과 함께 일련의 관찰로 구성된다. 훈련에 사용할 수 있는 데이터 세트를 라벨링 한 경우에 사용된다. 악성 또는 양성으로 분류된 인체조직 및 세포, 의료이미지세트가 해당한다. <표 4-1>에서 보듯 지도학습은 회귀분석, 분류분석 등으로 세분화 할 수 있다. 회귀분석은 수치예측에 SVM은 분류에 사용된다. 딥 러닝에서 Supervised Learning 방법론으로 주로 사용되는 구조는 Convolutional Neural Network(CNN), Recurrent Neural Networks(RNN)이다.

① 선형회귀 알고리즘

앞서 보았듯이 선형회귀모델을 구성하는 함수와 Optimizer의 기법들이 선형회귀의 알고리즘이다. 독립/종속 변수, 회귀 계수, 최소자승법, 회귀방정식 등을 들 수 있다. 이러한 알고리즘의 절차는 <그림>과 같이 적합한 선(fitted line)을 찾을 때까지 단계(Step) 별로 기능을 수행한다. 선형회귀는 연속적인 타깃을 예측하는 알고리즘이다. 가령 Scikit-learn의 경우, 머신러닝에서 가장 많이 활용되는 분류, 회귀, 랭킹, 예측 등 다양한 알고리즘이 내장된 Python 라이브러리를 이용할 수 있다. 머신러닝 알고리즘을 별도로 구현할 필요가 없게 해준다. 또한 오픈소스로 사용 및 배포에 거의 제약이 없으며 소스코드를 통해 동작방식을 익히기에 적합하다.

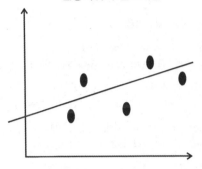

선형회귀의 알고리즘

Step 1 : 임의의 선(RandomLine)으로 시작
Step 2 : 큰 숫자의 선택, 1000)(반복의숫자,epochs)
Step 3 : 작은 숫자의 선택, 0.01(leatning rate)
Step 4 : 1,000회 반복
 - 임의의 점 선택
 - 기울기(Slope)에 대한 학습 률x수직거리x수평거리
 - y절편에 대한 학습 률x수직거리x수평거리
Step 5 : Fitted line의 결정

– Luis Serrano(2018), An introduction to linear regression

② 로지스틱회귀 알고리즘

로지스틱 회귀(logistic regression)는 선형 또는 Binary 분류 문제를 위한 단순하면서 강력한 분류알고리즘이다. <그림>과 같이 단계(Step)별로 기능을 수행한다. 종속변수 Y의 값을 Binary형태(1, 0)으로 받아 분류한다. 분류 문제의 해결을 위해 Sigmoid라는 함수를 사용하여 분류작업을 도와준다. 이후 선형 회귀분석과 마찬가지로 W값을 조금씩 수정해가면서 Gradient descent 알고리즘으로 cost function을 최소화해준다.

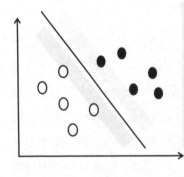

Logistic 회귀의 알고리즘

Step 1 : 방정식ax + by + c=0의 임의의 선(Random Line)으로 시작
Step 2 : 큰 숫자의 선택, 1000)(반복의숫자,epochs)
Step 3 : 작은 숫자의 선택, 0.01(leatning rate)
Step 4 : 1,000회 반복
 - 임의의 점 선택
 - 만일 점이 정확하게 분류되면, Do nothing
 - 만일 점이 부정확하게 분류되면, a,b,c에 ±0.01 추가,계산
Step 5 : Fitted line의 결정

– Luis Serrano(2018), An introduction to linear regression

③ Support Vector Machine의 알고리즘

SVM은 퍼셉트론을 확장한 개념이다. 데이터를 선형으로 분리하는 최적의 선형 결정경계를 찾는 알고리즘이다. SVM은 이미 개발되어 상용화되고 있는데 라이브

러리로 제공되는 대표적인 SVM으로[44] ㉠ SVM light(http://svmlight.joachims.org) : C로 구현된 SVM머신코드(무료/Windows, Mac OS X, Linux, Cygwin, Solaris 사용 가능) ㉡ mySVM(http://www-ai.cs.uni-dortmund.de/SOFTWARE/MYSVM/index. html) : C로 구현된 SVM머신 코드/SVM light를 최적화하는데 기반을 둠(무료/Windows, Linux사용가능) ㉢ LIBSVM(http://www.csie.ntu.edu.tw/cjlin/libsvm) : SVM 머신만을 위한 라이브러리/파이썬뿐만 아니라 다양한 언어가 지원(무료/Windows, Mac OS X, Linux사용 가능)된다. <그림>에서 보듯 마진을 극대화하는 최적의 Hyperplane 을 선택하며, 잘못된 분류에 대한 페널티를 더함으로써 SVM 손실함수를 조정한다. 그리고 선형으로 분리되지 않는 데이터의 경우, 선형으로 쉽게 분류 가능한 고차원공간으로 데이터를 변환(Kernel Trick)한다. SVM의 구현도구로 scikit-learn 이 활용된다.

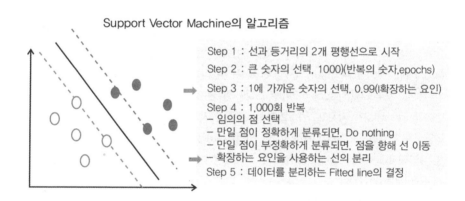

④ 의사결정나무의 알고리즘[45]

　　의사결정트리학습은 클래스-라벨 훈련 쌍으로부터의 결정트리에 의해 구성된다. 결정트리 각각의 노드는 서로 다른 특성을 가진다. 각각의 내부노드(또는 비 리프노드)는 속성에 대한 테스트결과를 나타낸다. 그리고 각 리프노드(또는 터미널 노드)는 클래스의 라벨을 그려낸다. 트리의 최 상위노드는 루트노드이다. 의사결정트리 알고리즘 가운데 Data Mining에서도 가장 많이 사용되는 알고리즘은

44 https://eehoeskrap.tistory.com/45 [Enough is not enough].
45 https://ko.wikipedia.org/wik.

C4.5 또는 C5.0이다. ID3 알고리즘을 보완하여 C4.5가 개발되었고, C4.5를 보완하여 C5.0이 개발된 것이므로 ID3, C4.5, C5.0 순으로 학습해야 한다. ㉠ ID3(Iterative Dichotomiser3) ㉡ C4.5(successor of ID3) ㉢ C5.0(successor of ID4) ㉣ CART(Classification And Regression Tree) ㉤ CHAID(CHi-squared Automatic Interaction Detector): 분류트리를 계산할 때 다단계 분할을 수행한다. ㉥ MARS (Multivariate adaptive regression splines): 더 많은 수치 데이터를 처리하기 위해 결정트리를 사용함. ㉦ 조건부 추론트리(Conditional Inference Trees): 과 적합을 피하기 위해 여러 테스트에 대해 보정 분할 기준으로 파라미터 테스트를 사용하는 통계기반의 방법이다. 이 방법은 편견 예측 선택 결과와 가지치기가 필요하지 않다.

🔍 의사결정나무의 알고리즘

- 알고리즘: CHAID(Kas 1980), CART(Breiman etal, 1984), C4.5(Quinlan, 1993), 등을 분석의 목적과 자료구조에 따라 적절한 분리기준(split criterion)과 정지규칙 (stopping rule)을 지정하여 의사결정나무를 얻는다.
- 가지치기: 분류오류(classification)를 크게 할 위험(risk)이 높거나 부적절한 추론규칙 (induction rule)을 가지고 있는 가지(branch)를 제거한다.
- 타당성 평가: 이득도표(profit chart)나 위험도표(risk chart)와 같은 모형평가 도구 또는 평가용 데이터(validation data)에 의한 교차타당성(cross validation) 등을 이용하여 의사결정나무를 평가한다
- 해석 및 예측: 의사결정나무를 해석하고 예측모형을 구축한다.[46]

⑤ Perceptron 알고리즘

1957년 Frank Rosenblatt에 의해 고안된 인공신경망이다. 가장 간단한 형태의 단층 퍼셉트론(single-layer perceptron)으로 입력 벡터를 두 부류로 구분하는 선형분류기다.

---

46 https://dreamlog.tistory.com/576 [꿈꾸는 사람].

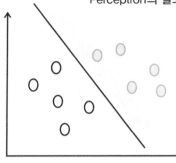

Perceptron의 알고리즘

Step 1 : 흑색과 흰색 측면의 임의의 선(Random Line)으로 시작

Step 2 : 큰 숫자의 선택, 1,000)(반복의 숫자,epochs)

Step 3 : 1,000회 반복

 – 임의의 점 선택
 – 만일 점이 정확하게 분류되면, Do nothing
 – 만일 점이 부정확하게 분류되면, 점을 향하여 선 이동

Step 4 : 데이터를 분류하는 Fitted line의 결정

단층 Perceptron의 알고리즘

1) 가중치와 바이어스 가중치를 −0.5와 0.5 사이의 임의의 값으로, 바이어스 입력값을 임의의 값으로 초기화

2) 하나의 학습 벡터에 대한 출력층 뉴런의 net값을 계산

3) 활성함수를 통해 계산된 net값으로부터 뉴런의 실제 출력값을 계산

4 – 1) 뉴런의 출력값과 목표값의 차이가 허용 오차보다 작으면 [5]로 이동

4 – 2) 뉴런의 출력값과 목표값의 차이가 허용 오차보다 크면 학습을 진행

5 – 1) 현재 학습벡터가 마지막 학습벡터가 아니면, 현재 학습벡터를 다음 학습벡터로 설정하고 [2]로 이동하여 반복

5 – 2 – 1) 현재 학습벡터가 마지막 학습벡터이고, 모든 학습벡터에 대해 출력값과 목표값이 허용 오차보다 작으면 알고리즘을 종료

5 – 2 – 2) 현재 학습벡터가 마지막 학습벡터이지만 출력값과 목표값이 허용오차보다 큰 학습벡터가 존재하면, 현재 학습벡터를 처음 학습벡터로 설정하고 [2]로 이동하여 반복

⑥ 딥 러닝 알고리즘

CNN은 이미지를 효과적으로 분석, 처리하기 위해 패턴을 찾는데 유용한 알고리즘이다. 데이터에서 이미지를 직접 학습하고 패턴을 사용해 이미지를 분류한다. CNN은 Convolution Layer와 Pooling Layer에 의해 복합적으로 구성된 알고리즘의 수행과정을 반복하여 거친 후 사용하는 Filter에서 역전파(Backpropagation)을 통해 학습한다. 가령 MNIST 데이터를 활용하는 경우, 여러 가지 Optimizer가 라이브러리 형태로 내장된 TensorFlow는 큰 규모의 수치계

CNN 알고리즘의 실행

Step1 : 연속된 이미지 촬영 및 분할

Step2 : 이미지 전처리

Step3 : 이미지 분류

Step4 : 결과값 도출 (계산)

분할   이미지 전처리   이미지 분류   계산

자료: 김현수 외(2016), CNN 이미지 인식 알고리즘을
활용한 사칙 연산 수행

산에 적합한 강력한 라이브러리로서 다양한 최적화 알고리즘이 내장되어 있다. CNN 알고리즘의 실행 단계는 옆의 <그림>에서 보듯 연속된 이미지의 촬영 및 실행－이미지 전 처리－이미지분류－결과값 도출(개선) 단계를 반복적으로 수행한다.

CNN과 함께 반복적이고 순차적인 데이터(Sequential data)학습에 특화된 RNN은 내부의 순환구조를 이용하는데 파라미터 U, V, W에 대한 에러의 gradient를 계산해서 Stochastic Gradient Descent를 이용해 좋은 파라미터 값들을 찾는다. Bidirectional Recurrent RNN의 전·후방향 알고리즘은 다음 <그림>과 같다.[47] Bidirectional RNN은 시간 Step t에서의 출력값이 이전 시간 step외에, 이후의 시간 step에서 들어오는 입력값에도 영향을 받을 수 있다는 아

Vanilla Bidirectional RNN 알고리즘

Forward Pass

for t = 1 to T **do**
  Do forward pass for the forward hidden layer, storing activations at each timestep
for t = T to 1 **do**
  Do forward pass for the backward hidden layer, storing activations at each timestep
for t = 1 to T **do**
  Do forward pass for the output layer, using the stored activations from both hidden layers

Backward Pass

for t = 1 to T **do**
  Do BPTT backward pass for the output layer only, storing δ terms at each timestep
for t = T to 1 **do**
  Do BPTT backward pass for the forward hidden layer, using the stored δ terms from the output layer
for t = 1 to T **do**
  Do BPTT backward pass for the backward hidden layer, using the stored δ terms from the output layer

https://www.cs.tooronto.edu/~tingwuwang/rnn_tutorial.pdf

---

47 https://www.cs.toronto.edu/~tingwuwang/rnn_tutorial.pdf.

이디어에 기반한다. 여기에 Cell State라고 불리는 특징 층이 추가된 LSTM(Long Short Term Memory Network)과 LSTM을 변형시킨 GRU(Gated Recurrent Units)로 진화한다.

2) 비 지도학습(Unsupervised learning)의 알고리즘

자율학습이라고도 불리는 비 지도학습(Unsupervised Learning)은 데이터에 대한 레이블(Label), 즉 명시적 정답이 주어지지 않은 상태에서 컴퓨터를 학습시키는 방법론이다. 데이터의 숨겨진(Hidden) 특징(Feature)이나 구조를 발견하는데 사용되며 Clustering, Autoencoder, Association 알고리즘 등이 있다.

표 4 - 2 비지도학습의 종류와 내용

구분	내용
군집화 (Clustering)	조류학 전문가가 아니라도 새 사진 모음을 보고 깃털 색깔이나 크기, 부리 모양 같은 단서를 통해 대강 종을 구분하는 것은 할 수 있음. 자율학습을 위한 가장 흔한 적용인 군집화가 이루어지는 방식임.
이상탐지 (Anomaly Detection)	은행 및 카드회사는 고객의 구매행동에서 특이한 패턴을 발견함으로써 사기 거래를 탐지함. 예를 들어, 한 신용카드가 각각 미국 캘리포니아와 덴마크에서 같은 날 사용됐다면, 의혹의 원인이 될 수 있음.
오토인코더 (Autoencoder)	입력 데이터를 가지고 하나의 코드로 압축한 뒤 요약된 코드로부터 입력 데이터를 재생성 함. 이미지, 비디오, 의료용스캔같은 시각데이터에서 노이즈를 제거해 이미지의 품질을 개선시킴. 마치 모비딕으로 시작해 스파크노트 버전을 생성한 후, 스파크노트만을 참고해 원작을 다시 쓰려고 하는 것과 같음.
연상 (Association)	온라인 쇼핑카트에 기저귀, 사과 소스, 빨대 컵을 넣으면 사이트가 저절로 턱받이와 베이비 모니터를 추천함. 데이터샘플의 어떤 특성을 다른 특성과 연관 지음.

① Clustering 알고리즘

Clustering(군집화)은 개체들이 주어졌을 때, 개체들을 몇 개의 클러스터(부분 그룹)으로 나누는 과정을 의미한다. 이렇게 개체들을 그룹으로 나누는 과정을 통해 클러스터 내부 멤버들 사이는 서로 가깝거나 비슷하게, 서로 다른 두 클러스터 사이의 멤버 간에는 서로 멀거나 비슷하지 않게 하는 것이 Clustering의 목표다. 파이썬 라이브러리 scikit-learn를 사용하면 K-means++를 매우 쉽게 적용할 수 있다.

🔍 k-means 알고리즘

Step 1. 초기에 k개의 점을 임의로 선택: 군집의 수, K를 정의
(데이터 세트에서 k개의 데이터 포인트를 초기중심으로 무작위로 선택함.

Step 2. 선택한 점들을 각 클러스터의 centroid로 설정
while True:
for each p in V:
p로부터 가장 가까운 centroid가 포함된 클러스터에 p를 추가함.
p를 추가한 클러스터에서 centroid의 좌표를 다시 찾음.
(중심에 가장 가까운 데이터 포인트가 클러스터를 생성함. 데이터 점과 모든 중심 사이의 유클리드거리를 사용하는 경우 두 중심 사이에 직선이 그려진 다음 수직 이등분선(경계선)이 두 개의 클러스터로 나눔)

Step 3. 새로운 군집의 중심 계산

Step 4. 재정의된 중심값 기준으로 다시 거리기반의 군집재분류, 경계가 변경되지 않으면 종료. 즉 만약 이전 loop에서 찾은 클러스터 집합과 현재 loop에서 찾은 클러스터 집합이 같다면, 알고리즘을 종료함(중심의 새로운 가치는 클러스터의 모든 예의 평균이 될 것임. 중심이 움직이지 않을 때까지 2단계와 3단계를 계속 반복함).

② PCA(Principal Component Analysis) 알고리즘

주성분분석(PCA)은 Data Compression 또는 Dimensionalilty Reduction을 이용해서 널리 사용되는 알고리즘이다. 즉 2차원의 데이터를 1차원으로 줄이기 위해서 직선을 하나 그린다. 그리고 직선에 모든 2차원 데이터들을 투영시켜서 한 점으로 나타낼 수 있다. 이때 두 점과의 거리 즉, 2차원 데이터의 점과 직선에 투영되어 생성된 점 사이의 거리를 projection error라고 불린다. projection error가 가장 최소화되는 직선을 찾는다. 요약하면 다음 <표>에서 보듯 데이터 정규화-기존 변수의 계산-고유값과 특성의 계산-기존 변수의 변환의 작업을 수행한다.[48]

---

[48] http://daeson.tistory.com/214?category=654766; https://insightcampus.co.kr/ml36/.

PCA 알고리즘

1. 데이터의 정규화(Preprocessing: mean centering)
2. 기존 변수의 계산(Calculate sigma:covariance matrix)
3. Calculate eigenvectors and eigenvalue with svd(Sigma)
4. eigenvalue 및 이에 상응하는 eigenvectors의 나열
5. 정렬된 eigenvectors를 토대로 기존 변수의 변환{Calculate z(z =Ureduce' * x;)}

③ 연상(Association) 알고리즘

연상(Association) 규칙은 비즈니스에서 거래결과의 분석을 위해 많이 쓰인다. 가장 성공적인 사례가 아기기저귀 옆의 맥주진열인데, 기저귀를 사면 맥주를 많이 산다는 연관관계를 찾아낸 것이다. Association Rule은 원인과 결과의 개념이 아니라 2개의 item이나 사건의 동시적 발생가능성이 높다는 의미다. Association Rule에서 가장 기본적인 알고리즘은 Apriori Algorithm이다. 아래 <그림>과 같이 두 단계로 나눌 수 있다. 우선 용어에 대한 정의로서 C_k는 k itemsets의 후보, L_k는 k itemsets이다. Join Step(묶음단계)에서 $L_k - 1$와 함께 묶음으로써 C_k가 생성된다. 여기서 데이터베이스에서 k개의 항목이 있는 모든 빈번한 세트를 찾기 위해 최소지원을 적용한다. 이어서 Prune Step(가지치기)단계에서 자체 Join규칙을 사용하여 빈번한 k - 항목의 도움으로 k + 1 항목이 있는 빈번한 세트를 찾는다. 또한 Mining Association Rule에서도 크게 2단계로 이뤄지

Apriori 알고리즘의 단계와 절차

- Terminology:
  - C_k is the set of candidate k-itemsets
  - L_k is the set of k-itemsets
- Join Step: C_k is generated by joining the set L_{k-1} with itself
- Prune Step: Any (k-1)-itemset that is not frequent cannot be a subset of a frequent k-itemset
  - This is a bit confusing since we want to use it the other way. We prune a candidate k-itemset if any of its k-1 itemsets are not in our list of frequent k-1 itemsets
- To utilize this you simply start with k=1, which is single-item itemsets and they you work your way up from there!

-https://slideplayer.com/slide/7494454/

며 각각에 대해 최적화 한다. ㉠ Frequent itemset generation - generate all itemsets whose support≥ minsup ㉡ Rule Generation - Generate high confidence rules from each frequent itemset, where each rule is a binary partitioning of a frequent itemset.

Apriori는 빈번한 부분집합이 한 번에 한 항목씩 확장되는 하향식 접근법으로 후보생성(Candidate Generation)을 사용한다. 후보생성은 추천(권장)의 첫 단계로서 Query(질문)이 주어지면 시스템은 관련 후보세트를 생성한다. 1단계에서 Candidate Generation(새로운 후보아이템 세트 k개를 빈도 아이템 셋 k - 1개에서 뽑아낸다.)을 수행하며, 2단계에서 Candidate Pruning support - based pruning전략을 사용해서 후보 k - itemset을 제거한다. 그리고 support값을 기반으로 pruning하면서 추가로 중복값을 제거한다.[49]

앞서 살펴본 지도학습 및 비 지도학습모델에 따른 알고리즘을 정리하면 아래 <그림>과 같이 예시적으로 정리할 수 있다. 예측모델링의 기법으로 회귀분석

모델링에 따른 알고리즘 기법

Technique & Algorithm	Problem Type & Technique	Supervised Modeling		Unsupervised Modeling	
		Predictive		Descriptive	
		Classification	Estimation	Clustering / Segmentation	Association
Regression	Linear		✔		
	Logistic	✔			
Decision Tree	CART	✔	✔		
	CHAID	✔	✔		
	C5.0	✔			
	Random Forest	✔	✔	✔	
	Xgboost	✔			
Neural Network	MLP	✔	✔		
	Kohonen			✔	
Clustering	K-Means			✔	
	hierarchical			✔	
	density-based			✔	
Association	Apriori				✔
	FP-Growth				✔
	Sequence				✔

https://ybeaning.tistory.com/14

49 https://goodtogreate.tistory.com/entry/Association - Analysis - Basic - Concepts - and - Algorithms.

기법, 의사결정트리 및 MLP기법이 활용되며 기술적(deacriptive) 분류 및 연상을
위해 Clustering과 Association기법이 활용된다.

3) 강화학습의 알고리즘

강화학습의 알고리즘 유형(분류)은 <그림>과 같다. Q-Learning, SARSA,
DQN, DDPG 등 다양한 알고리즘이 존재한다. DQN(Deeq Q Network)는 2013년
딥 마인드가 <Playing Atari with Deep Reinforcement Learning>이라는 논
문에서 소개한 알고리즘이다. DQN 이전에도 강화학습에 신경망을 적용하려는
시도가 있었지만 좋은 결과를 내지 못했다. 딥 마인드는 아래 3가지 방법을 적
용하여 학습에 성공했다.

강화학습 알고리즘은 아래 그림에서 보듯 모델이 없는 강화학습(정책최적화, Q-
러닝)과 모델기반 강화학습(학습모델, 제시된 모델)으로 구분된다. 환경의 모델은 상태
전이와 보상 예측을 말한다. 모델기반의 이점은 미리 앞부분을 생각하고, 가능
한 선택의 범위에서 무엇이 일어날지 보고, 선택하도록 에이전트가 계획을 세울
수 있다는 점이다. 에이전트는 학습된 정책을 향해 계획한 결과를 내놓는다. 이
러한 방법으로 AlphaZero가 있다.

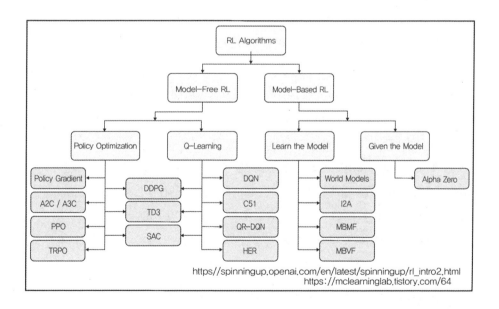

강화학습은 모델이 없는 방법보다 샘플효율에서 크게 향상된 결과를 가져온다. 단점은 에이전트가 환경의 ground-truth 모델을 사용할 수 없다. 만약 에이전트가 모델을 사용하고 싶다면, 순전히 경험으로부터 배워야한다. 하지만 가장 큰 문제는 에이전트에 의한 모델의 편향(bias)이다. 학습된 모델에 에이전트가 잘 수행하겠지만, 실제 환경에서 차선으로(또는 이상하게) 행동할 수 있다. 모델 기반학습이 근본적으로 난해하여 실패로 돌아갈 수 있다.

강화학습은 달성하려는 목표에 대해 각 state에서 action에 대한 최적의 Q^{50}-value를 학습한다. 현재 state에서 미래 보상의 합을 최대로 하게끔 학습하면서 이루어진다. 어떤 State(st)에 대한 Value function은 아래와 같이 정의할 수 있다(미래 보상의 누적 합). 그리고 학습하고자 하는 정책파이의 optimum은 모든 state에 대하여 각 Value function을 최대로 하는 action을 선택한다.

$$v^{\pi}(S_t) = r_t + \gamma r_{t+1} + \gamma^2 r_{t+2} + \cdots = \sum_{i=0}^{\infty} \gamma^i \gamma_{t+i}$$

$$\pi^* = \mathrm{argmax}_{\pi} V^{\pi}(s) \qquad \text{for } all \ s$$

강화학습의 Notation(표기법)과 Value function은 아래처럼 나타낼 수 있다. State s, action a, reward r, r(s, a) 즉시 reward, γ discount factor, π 정책(학습하고자 하는 것) 즉, 각 state마다의 value function는 (미래 보상의 누적 합) 현재 reward + 다음 state에서로부터 받을 reward의 합으로 볼 수 있다. 여기서 선택된 가장 큰 값을 Q-value로 정의할 수 있다. 당연히 optimal한 policy는 모든 state에 대하여 Q-value를 최대로 하는 action을 선택한다. 이러한 학습이 Q-learning이다(Q-learning이 나오기 이전까지 base가 되는 많은 알고리즘들이 있다. MDP, Salsa 등. 그러나 대부분 강화학습은 Q-learning 기반임).

전체 Q-learning의 알고리즘을 보면 여러 실험(episode)을 반복한다. 각 episode마다 최대로 진행할 수 있는 step이 정해진다. 각 state마다 action을 random하게 선택한다. 그 이유는 가보지 않을 곳을 탐험하면서 새로운 좋은 경로를 찾을 수 있기 때문이다. 가령 항상 가던 음식점만 가는 게 아니라 가끔 새

---

50 Q는 검정결과가 유의하다고 판단되는 최소의 FDR(false discovery rate)의 수를 의미한다.

로운 곳을 시도해보는 것과 같다. 이를 Exploration(탐험)이라고 정의하며, e－greedy방법을 통해 수행한다. 즉 0~1 사이로 random하게 난수를 추출해서 그게 특정 threshold(ex 0.1)보다 낮으면 random하게 action을 취한다. 그리고 이 threshold는 episode가 반복되면서(학습이 진행되면서) 점점(greedy) 낮춘다. 학습이 수만 번 진행되면 threshold값은 거의 0에 수렴한다. action을 취하고 reward를 받은 후 state를 받고 현재 state와 action에 대한 Q－value를 update하는 과정이 무수히 반복된다.[51]

State에 따른 optimal $V^*(s)$와 $\pi^*(s)$를 다음과 같이 쓸 수 있음

$$V^*(s) = max_a\,[r(s,a) + \gamma V^*(\delta(s,a))]$$
$$\pi^*(s) = argmax_a\,[r(s,a) + \gamma V^*(\delta(s,a))] \longrightarrow Q(s,a)$$

$$V^*(s) = max_a\,Q(s,a)$$
$$\pi^*(s) = argmax_a\,Q(s,a)$$

Q learning

$$\hat{Q}(s,a) \leftarrow r(s,a) + \gamma\,max_{a'}\,\hat{Q}(s',a')$$
즉시 reward + 다음 state에서의 가장 큰 q값 * discount factor

강화학습의 성능은 장기나 바둑, Stacraft게임 등에서 인간을 초월할 수 있음을 입증하였다. 즉 2015년에 등장해 처음부터 게임을 통해 자력으로 공략방법을 찾는 인공지능이, AlphaGo에 도입되어 그 위력을 알렸다. 뿐만 아니라 금융거래에서도 그 성능을 발휘하면서 기대와 함께 불안감을 느끼게 한다. 강화학습에서 Deep Q－Network는 Google(DeepMind사)가 개발한 인공지능 딥 러닝(CNN)기술기반 Q학습(Q-Learning)이다. 여기에는 DQN, DQN에 6가지 개선알고리즘을 결합한 Rainbow[52] 등이 있다. 강화학습 알고리즘이 작동하기 위한 구성요소의 내용을 정리하면 <표 4-1>과 같다.

---

51 https://bluediary8.tistory.com/18.
52 https://doooob.tistory.com/102?category=825950.

표 4-1 강화학습 알고리즘의 구성요소

구분	구성 요소	설 명
정책	• 최대 보상 • 미래보상 관찰	• 최고 Q값 기반 액션 선택 • π (s)＝argmax Q(s,a)
벨만방정식	• 정책 반복 • 재귀함수	• 최적정책 찾는 반복수행 • 현재 최고보상, 미래보상
Q-러닝 알고리즘	• Tay블 기반 • 반복적 근사	• 벨만 방정식 반복 수행 • 반복 기반 Q함수 근사

다. 알고리즘 선택 시 고려 사항[53]

머신러닝 알고리즘은 수백 종류가 넘는다. 각기 알고리즘별 특징이 있기 때문에 처리하고자 하는 데이터 유형과 학습방식에 따라 선별적으로 이용할 수 있다. 이처럼 알고리즘 선별과 Hyper-parameter를 적절하게 변경해 가면서 학습시킬 수 있는 역량을 갖추었을 때 비로소 머신러닝 전문가로서 역량을 갖추었다고 할 수 있다.

알고리즘의 선택 시 정확성, 학습시간, 사용편의성 등이 고려되어야 한다. 많은 경우, 정확성을 최우선으로 둔다. 반면 초급자는 잘 알고 있는 알고리즘에 초점을 맞춘다. 즉 데이터 세트가 제공됐을 때 어떤 결과가 나올 것인지에 상관없이 어떻게 결과를 얻을 것인지 고민해야 한다. 초급자일수록 실행하기 쉽고 결과를 빨리 얻을 수 있는 알고리즘을 선택하기 쉽다. 프로세스의 첫 단계에서 괜찮지만 일부 결과를 얻었고 데이터에 익숙해진 후라면 정교한 알고리즘의 활용에 많은 시간을 할애해야 한다. 그래야 데이터를 잘 이해하고, 결과를 개선할 수 있다. 일반적으로 최고의 성능을 발휘하는 알고리즘을 위해 세심한 튜닝(tuning)과 광범위한 학습이 요구된다.

인공지능의 특징은 기술의 기술(technology of technology)과 알고리즘의 알고리즘(algorithm of algorithm)이라고 할 수 있다. 여기서 기술의 기술이란, 사람이

53 https://www.sas.com/ko_kr/solutions/ai-mic/blog/machine-learning-algorithm-Python-sheet.html.

직접 기술을 다루는 것이 아니라 기술을 다룰 수 있는 기술을 만드는 것을 의미한다. 알고리즘의 알고리즘이란, 사람이 알고리즘을 만들기도 하지만 기계학습에서 알고리즘이 알고리즘을 만들어내는 추세의 보편화 현상을 반영한다. 인공지능은 컴퓨터가 데이터를 인지하고 어떤 판단을 내릴 수 있게 하는 기술을 총칭한다. 인공지능이 발전할수록 인간은 일로부터 멀어질 수 있다.

앞서 지도학습의 단계에서 알고리즘 선택을 위해 ① 훈련 속도, ② 메모리 사용량, ③ 새 데이터에 대한 예측 정확도, ④ 투명도 또는 해석 가능성(알고리즘이 그렇게 예측하는 이유를 인간이 얼마나 쉽게 파악할 수 있는지를 의미함) 등을 고려해야 한다. 물론 알고리즘 특성 간 상충하는 장·단점도 감안해야 한다(Breiman, 2001).

또한 머신러닝을 수행하는 경우, 알고리즘의 Cheat Sheet는 특정 문제에 적합한 알고리즘의 선택에 유용하다.[54] 가령 SAS(Statistical Analysis System)에서 공개한 Cheat Sheet 사용방법을 참고할 수 있다. SAS의 Cheat Sheet는 초급데이터 과학자와 분석가를 위해 설계되었다. 추천알고리즘은 여러 데이터 과학자와 머신러닝 전문가 및 개발자의 피드백과 조언을 종합한 결과이다. 우선 차트에 나오는 경로(path)와 알고리즘 레이블(label)을 다음과 같이 읽는다. If then use(만약 〈경로 레이블〉이면 〈알고리즘〉을 사용한다).

예를 들면 다음과 같다. If you want to perform dimension reduction then use principal component analysis(차원축소를 수행하고 싶으면 주성분분석을 사용한다).

If you need a numeric prediction quickly, use decision trees or logistic regression(신속한 수치 예측이 필요하면 의사결정 트리 또는 로지스틱 회귀를 사용한다). If you need a hierarchical result, use hierarchical clustering(계층적 결과가 필요하면 계층적 클러스터링을 사용한다).

한 개 이상의 줄기(branch)가 적용될 때도 있으며, 때로 하나도 완벽하게 들어맞지 않을 수 있다. 각각의 경로들은 통상적 경험에 따른 권고사항이다. 그렇기에 일부는 정확하지 않을 수 있다. 데이터 과학자들은 "최고의 알고리즘을 찾는 단 하나의 확실한 방법은 모든 알고리즘을 시도해보는 것"이라고 말한다.

---

[54] https://www.sas.com/ko_kr/solutions/ai - mic/blog/machine - learning - algorithm - cheat - sheet.html.

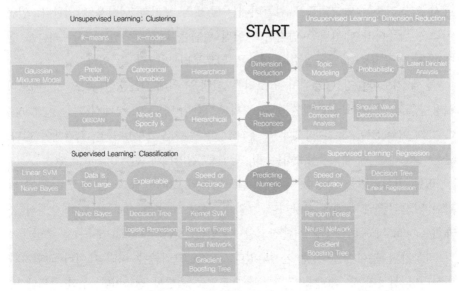

Machine Learning Algorithms Cheat Sheet

이 외에도 머신러닝 알고리즘에 대한 Cheat Sheet가 다양하게 제시되어 있다.[55] 하지만 모든 Machine Learning 알고리즘에는 자체 스타일이나 귀납적 바이어스를 지닌다. 특정 문제에 대해 여러 알고리즘이 적합할 수 있으며, 하나의 알고리즘이 다른 알고리즘보다 적합할 수 있다. 하지만 어떤 것이 가장 적합한지 미리 알 수 없으며 직접 경험을 통해 확인하는 것이 바람직하다.

55 MS Azure(https://docs.microsoft.com/ko-kr/azure/machine-learning/algorithm-cheat-sheet)/Scikit Learn(https://scikit-learn.org/stable/tutorial/machine_learning_map/index.html) 등을 참고할 수 있다.

인공지능의 적용과 사례: 실습도구

"아무도 이런 식으로 표현하지는 않지만, 인공지능은 거의 인문학 분야에 속한다. 정말 인간지능과 인지능력을 이해하기 위한 시도다."

-Sebastian Thrun(2013년, Udacity 설립자 및 Google 자율주행자동차 개척자)

AI Literacy(인식, 이해 및 활용능력)

정보시대가 만개했던 20여 년 전 한국정부는 '세상에서 인터넷을 가장 잘 쓰는 나라'를 지향한 바 있다. 지금 제3차 AI붐이 일면서, AI기술이 다양한 실용적인 응용분야에 확산되고 있다. 새로운 대응이 요구된다. 세상에서 AI를 가장 잘 다루는 나라로 도약해야 한다. 누구나 AI를 쉽게 활용할 수 있도록 AI literacy를 함양해야 한다. 생활이나 산업에 AI가 자양분처럼 스며들어 부가가치를 창출하는 역할을 도모해야 한다. 인공지능은 인간의 경쟁대상이 아니다. 인공지능을 활용하는 다른 사람과 경쟁할 뿐이다. 인공지능을 협업도구로 삼아야 한다. 인공지능에 의해 전개되는 새로운 시대와 흐름은 바꿀 수도 막을 수도 없다. 인공지능을 제대로 이해하고 올바르게 활용하는 사람만이 진정한 승자가 될 수 있다. 인공지능에 의한 변화를 그냥 바라만 보는 개인과 기업은 미래를 보장할 수 없다. 먼저 활용해야 뒤처지지 않을 것이다. 방향은 분명하다. 인간두뇌보다 더 잘할 수 있는 일은 인공지능에게 맡겨야 한다. 인간은 보다 가치 있는 창조적 과업에 집중해야 한다. 인공지능은 효율성(일을 올바로 하는 것)을 담당하고, 인간은 유효성(올바른 일을 하는 것)에 초점을 두어 어떤 일을 할지 최종적으로 결정해야 한다. 결국, 그 일을 하도록 만드는 것은 인간의 몫이다.

05 인공지능의 적용과 사례: 실습도구

Chpater

1 인공지능의 활용과 절차

　미국에서 가장 핫한 인기직업이 무엇일까? 최근 몇 년간 미국 Social Network, LinkedIn에서 인기직업순위 조사결과, 1위는 인공지능전문가(AI Specialist)였다. 2위는 로봇엔지니어(Robotics Engineer), 3위에 데이터 과학자(Data Scientist)가 꼽혔다. 놀랍게도 1, 2, 3위 모두 인공지능 분야에 속했다. 많은 사람들의 관심대상이면서 큰 돈을 벌 수 있다는 기대가 반영된 듯하다.

　정보시대에는 정보 활용능력(Literacy)이 강조되었다. 이제 인공지능시대를 맞이하여 AI 활용능력(Literacy)이 필요하다. 왜, 인공지능 모델을 활용하는가? 모델의 연구나 비즈니스에 적용할 때 공통으로 원하는 한 가지는 바로 좋은 예측과 올바른 분류다. 이를 위해 문제인식과 함께 활용목적이 명확해야 한다. 왜, 인공지능이 필요한지 목적이 분명해야 한다. 가령 경제성, 효율성, 적합성 등 목표가 정해지면서 비용, 시간의 최소화방향으로 진행되어야 한다. 또한 인공지능이 일을 대신할 것인지, 새로운 서비스를 창출할 것인지 등을 결정하고 그것을 통해 얻고자 하는 성과 및 결과가 설계에 반영되어야 한다. 인공지능의 명확한 목표설정 이후 설계에 들어가야 한다. 이때 먼저 학습유형 중 어떠한 학습 방법을 사용할 것인지, 정해야 한다.

미국 소년 Jack Thomas Andraka는 13세 때 가족처럼 지내던 아저씨가 췌장암으로 세상을 떠나자 췌장암에 대해 관심을 두게 되었다. 인터넷 검색을 통해 췌장암은 85% 이상이 말기에 발견되고, 생존확률이 고작 2% 라는 사실을 알게 되었다. 또한 80만 원 정도로 비싼 췌장암 진단키트는 성공확률이 30%이며, 진단 시간이 14시간이나 걸렸다. Andraka는 이런 부분을 획기적으로 개선할 진단키트를 만들기로 결심한다. 인터넷을 통해 꾸준히 질문을 던지며 답을 구했고, 4,000번의 실패에도 좌절하지 않았던 그는 마침내 16세 나이에 혁신적인 췌장암 진단키트를 발명하였다. 비용은 80만 원에서 100원도 안 되는 30원으로, 소요시간은 단 5분으로 단축시켰고, 성공 확률도 30%에서 90%까지 끌어올렸다. 획기적인 췌장암 진단키트를 만들어 낸 놀라운 성과다. 그에게 비결을 묻자, "이 나이에 어떻게 가능했냐고요? 그간 제가 배운 최고의 교훈은 바로 인터넷에 모든 것이 있다는 것이었죠. 개발에 필요한 논문들은 인터넷에서 쉽게 구할 수 있었어요. 또 대부분의 아이디어 역시 인터넷에서 습득했습니다. 인터넷을 심심풀이로 이용하지만 말고 세상을 바꿀 수 있는 도구라고 생각해 보세요. 인터넷에 정보는 얼마든지 있어요. 뭔가를 만들어내겠다는 생각만 있으면 할 수 있는 일이 얼마든지 있다고 생각합니다."[1] 이제 정보활용 능력을 넘어 AI 활용능력이 요구된다.

AI 활용능력(Literaicy)이란 인공지능기술과 인터넷을 활용해 해결책을 찾아내고, 분류하며 평가하고, 예측하며, 창조하는 능력이다. 하지만 개인이든 기업이든 인공지능의 활용이 생각보다 쉬운 게 아니다. 2019년 IDC의 조사결과, 약 30%의 회사만 AI프로젝트의 성공률이 90%라고 대답했다. 실패비율이 10~49%인 회사비율이 절반을 훨씬 넘었다. AI 프로젝트가 절반 이상 실패했다고 대답한 비율도 3%였다. 그 이유는 인력부족, 기술에 대한 비현실적 기대 등을 꼽은 응답비율이 1/3을 넘었다. 23%는 필요한 데이터가 없어 AI 프로젝트가 실패했다고 응답했다.[2] 성공을 위해 필요한 조건과 충분한 조건이 갖추어져야 한다.

1 https://sbasncc.tistory.com/1138?category=749580.
2 http://www.ciokorea.com/news/127988.

가. 협업대상으로서 인공지능

인공지능은 기계가 경험을 통해 학습하고 입력내용에 따라 기존 지식을 조정하며 사람과 같은 방식으로 과제를 수행하도록 돕는 지원기술이다. 가령 체스를 두는 컴퓨터에서부터 자율주행자동차에 이르기까지 대부분 인공지능사례는 딥러닝과 자연어처리에 의존한다. 이러한 기술을 통해 대량의 데이터를 처리하고 데이터에서 패턴을 인식함으로써 특정한 과제수행을 위해 훈련한다.

인공지능이라고 하면 무엇이 생각날까? 영화 <Iron Man의 Jarvis>, <Her의 Samantha> 또는 이세돌 9단과의 경쟁으로 세간을 떠들썩하게 했던 <AlphaGo> 등을 떠올릴 수 있다. 다만, 예전과 큰 변화가 있다면, 이제 영화 속 혹은 상상이 아닌 현실의 실체로 느끼고 있다는 점 아닐까. 인공지능은 이제 삶 속의 일부분이 되었다.

개인이나 기업은 자신만의 문제 해결을 위해 데이터 및 다양한 인공지능 기술을 조합하여 비즈니스 및 경제활동을 영위할 수 있다. 인공지능은 개별 기업 및 산업에 Customized된 인공지능 SI로써 현실세계에 적용된다. 가령 콘텐츠기업은 콘텐츠개발 및 추천기능을 갖춘 인공지능, 유통기업은 최적 상품제시 기능, 금융기관은 최적 투자전략 제시, 일반 인터넷 플랫폼기업은 개인비서서비스 인공지능 등 기업 및 산업별로 다양한 인공지능의 활용이 가능하다. 뿐만 아니라 개인이나 소비자도 인공지능 개인비서서비스 등을 통해 최적의 거래, 금융, 교육, 의료 서비스 등을 향유할 수 있다. 이처럼 인공지능 활용이 증가할수록 그 기반이 되는 데이터의 축적과 서비스의 개선 등 선순환 관계가 정립되어야 한다 (최계영, 2016).

인공지능 기술은 데이터만 확보할 수 있다면 다양한 분야에서 널리 활용할 수 있다. 이미 여러 측면에서 AI의 대중화가 진행되고 있다. 예를 들면, 일본에서 한 농부의 아들이 AI를 사용하여 수확한 오이를 다양한 특성에 따라 분류하는 데 성공했다. 또한 Fei-Fei Li는 누구나 AI에 도전할 수 있다는 가능성을 제시한다.

인공지능은 인간역할을 대신하는 것만이 아니다. 오히려 인공지능 알고리즘은 인간과 다른 방식으로 학습하기 때문에 대상을 보는 시각도 다르다. 이에 인간이 놓치고 있는 데이터 간의 관계와 패턴을 포착할 수 있다. 인공지능과의 협업적 활용과 공존이 필요한 이유다. 인간과 인공지능과의 동반자 관계는 많은 기회를 제공한다. 첫째, 현재의 분석기술을 제대로 이용하지 못하는 산업과 분야에 분석기술을 도입한다. 둘째, 컴퓨터 비전과 시계열 분석 같은 기존 분석기술의 성능을 더욱 향상시킨다. 셋째, 언어와 번역의 장벽을 포함해 경제적 장벽을 허물어준다. 넷째, 인간이 가진 기존 능력을 확장하고 과제수행능력을 개선한다. 다섯째, 인간의 비전, 이해력, 기억력 등 인간의 다양한 능력을 개선한다. 이처럼 다양한 기회를 향유하기 위해 인공지능의 작동방식을 이해해야 한다.

무엇보다 인공지능에 대한 두려움이나 난해함 등 심리적 장벽을 허물어야 한다. 그러기 위해 인공지능을 정확하게 알고 이해하며 활용해야 한다. 모두가 AI 혁신을 이룰 수 있도록 돕는 것에서 나아가 의료나 생명과학 분야 등 인류의 난제를 해결할 수 있다는 자신감과 희망을 갖는 것이다. 가령 의료부문은 머신러닝을 통해 해결할 여지가 크다. AI를 활용한 당뇨성 망막증 진단이 대표적인 예다. 당뇨성 망막증은 시력 상실의 주요 원인으로 꼽힌다. 조기 진단이 가능하면 치료하기 쉽지만 때를 놓치면 실명에 이를 수 있다. 문제는 전 세계 4억 명 당뇨병 인구를 조기 진단할 수 있는 의료진이 한정되어 있다는 점이다. 개발도상국, 제 3세계에 있는 환자의 경우 치료가 더 어려웠다.

Google은 머신러닝으로 돌파구를 마련했다. Google이 개발 중인 당뇨성 망막증 질환 진단 도구는 망막 이미지를 학습하고 망막성 질환 여부를 파악할 수 있도록 트레이닝 됐다. AI 진단도구의 정확도는 전문의 진단과 근접하다. 이를 기반으로 새로운 연구도 시작됐다. 진단 도구를 통해 성별과 나이를 추정하고 심혈관계 질환까지 예측할 수 있게 됐다. 이처럼 머신러닝으로 인류가 당면한 문제를 해결하기 위해 노력하고 있다. 다만, 데이터를 활용할 때 기존 편견이 가미되지 않도록 주의하는 등 AI 연구와 활용이 올바르게 이뤄져야 한다.

🔍 누구나 도전할 수 있는 AI, Fei‑Fei Li 성공스토리

지난 2016년 11월 Google이 영입한 인공지능전문가, Fei‑Fei Li는 시각지능(Visual intelligence)기반 인공지능 전문가로 명성을 얻고 있는 인물이다. 중국 베이징 출신인 그녀는 16살에 부모님을 따라 미국으로 건너왔다. 하지만 미국에 관해 아는 것이 별로 없었다. 게다가 자신이 정착한 뉴저지에 대해 더욱 아는 바 없었다. 집 청소부터 개 산책시키기, 중국집 계산원 등 다양한 일을 경험했던 Li는 프린스턴대학에 진학했고, 이후 캘리포니아 공과대학 대학원에서 공부하였다. 백인남성으로 가득 찬 기술업계에서 이민자, 여성, 유색인종이라는 3가지 불리한 요인을 지닌 아웃사이더다. 다른 사람들에게 장애가 될 수 있는 조건들이었지만 Li에게 큰 자극이 되었다. 그녀 스스로 기계학습 분야 중 AI의 핵심이라고 부르는 컴퓨터비전을 공부하는 데 많은 노력을 기울였다. 컴퓨터비전은 시각적 데이터를 분석·식별하는 기술이다. 언젠가 반응성이 뛰어난 로봇 팔을 만들거나 아주 복잡한 수학증명을 풀어낼 수도 있다. 그러나 다른 AI분야와 마찬가지로 기술의 핵심은 다양한 위치와 관점에서 대량 정보의 해석이 가능하도록 기계를 학습시켜야 한다. 누구나 Li처럼 세상을 보는 눈을 갖추어야 한다. 역경을 견디고 세계적인 인공지능전문가로 성장한 Fei‑Fei Li가 시각지능기반 인공지능 분야에서 큰 명성을 얻은 것은 지난 2007년 프린스턴대 카이 리 교수와 함께 시작한 〈ImageNet〉덕분이다. 세계 최대 이미지데이터베이스인 〈ImageNet〉은 2009년 처음 공개됐는데, 머신러닝 인공지능 연구 분야에서 획기적 전환점을 만들었다는 평가를 받고 있다. 〈ImageNet〉의 풍부한 데이터베이스는 머신러닝 알고리즘인 CNN(컨볼루션 신경망)기술의 발전에 기폭제 역할을 했다. 그녀는 2015년 TED강연에서 〈ImageNet〉의 방대한 데이터와 현대의 CPU 및 GPU 기술에 힘입어 CNN기술이 아무도 예상치 못한 방식으로 발전했다면서 시각지능을 갖춘 인공지능 시스템이 특정 사진을 보고 사람처럼 문장으로 표현할 수 있는 〈컴퓨터 비전모델〉을 개발하는 데 성공했다고 말했다. 사람이 세계를 인식하는 방식과 동일하게 세계를 인식할 수 있는 비전시스템을 개발하겠다는 게 Fei‑Fei Li의 꿈이다. 아직 초기수준이지만, 사람과 같은 비전시스템을 개발하겠다는 그녀의 꿈은 점점 현실이 되고 있다.[3]

인공지능 열풍이 거세다. 정부는 주요 IT기업과 함께 인공지능연구소를 만들고, AI 인력양성을 위해 학교마다 인공지능관련 교과를 늘리는 등 높은 관심에 힘입어 한동안 침체였던 인공지능 연구자들은 호황(?)을 맞이하고 있다. AI기술은 한순간

---

3 https://www.techm.kr/news/articleView.html?idxno=3621

도 멈춤이 없이 혁신을 거듭하고 있다. 자율주행, 추천기술, 음성인식, 컴퓨터비전 등 분야별로 다양한 AI기반 기술들이 비약적인 발전을 이루어가고 있다.

먼저 인공지능을 지원하는 기술기반은 어떻게 이루어져 있을까? 그 얼개를 도시(圖示)하면 <그림 5-1>과 같이 펼쳐진다. 인공지능관련 기술의 전체 상(Overview)으로 크게 4개의 층으로 구성되어 있다.[4]

첫째, 하드웨어(칩과 서버)이다. 최하층을 이루며 딥 러닝 신경망 연산의 경우, 고속 처리가 더 이상 CPU만으로는 대응할 수 없기 때문에 GPU나 FPGA 및 ASIC 등의 고속 칩이 사용되고 있다. 또한 AI 서비스의 대부분은 클라우드 컴퓨팅에서 가능하다. IoT의 보급과 함께 엣지(edge) 컴퓨팅이 주목받고 있다. IoT 엔드 포인트(단말기)에서 대량의 데이터가 연속생성 되지만 이들을 이용한 딥 러

그림 5-1 인공지능의 전체 상(Overview)

4 https://doooob.tistory.com/m/65?category=825950.

닝 계산 처리를 인터넷으로 하다 보면 통신량 증가로 네트워크 비용과 클라우드 요금이 증가하고 처리속도가 느려진다. 그래서 사용자 가까이에 엣지(edge) 서버를 설치하고 그 위에서 인공지능이 작동되고 있다.

둘째, 기계학습 라이브러리(프레임워크)다. 제2층은 Machine Learning을 실행할 수 있는 얼개를 가진 라이브러리다. 하드웨어가 자동차의 차체라면, 이쪽은 엔진과 같다. 라이브러리는 프레임워크라고도 불린다. 대부분 오픈소스로 무료 제공되고 있다. Tutorial도 충실하기 때문에 개발자들은 손쉽게 이용하여 딥 러닝 학습 모델을 만들 수 있다.

셋째, 인공지능 플랫폼이다. 라이브러리를 사용하여 이미지 인식이나 음성 인식 등의 학습을 통해, 목적별로 사용자가 이용하기 편리한 서비스로 제공하는 것이 인공지능 플랫폼이다. 대부분 AI플랫폼은 Cloud기반의 유료서비스다. 예를 들어 Google Cloud Machine Learning에서 이미지인식, 영상분석, 음성인식, 기계번역, 자연언어 이해 등 다양한 인공지능서비스를 제공하고 있다.

넷째, 인공지능 응용프로그램이다. 라이브러리를 사용하여 스스로 기계학습을 시키고, AI 플랫폼이 제공하는 서비스를 이용한 응용 프로그램이 폭발적 기세로 확산되고 있다. 예를 들어 이미지인식을 사용한 <결함감지 및 예측>, 자연언어 이해를 사용한 <개인비서>, 텍스트 분석을 사용한 <지식과 검색 등 다양한 AI 기술을 조합하여 다양한 응용 프로그램이 등장하고 있다.

한편, 인간의 협업도구로서 인공지능의 가능성이 커지고 있다. 가령 Amazon Web Services(AWS)는 인공지능에서 증강(Augmented)을 적용, 확장시켰다. 인공지능과 인간지능의 상호관계에서 문제를 해결하고 의사결정을 돕는다. 머신러닝의 예측 신뢰도를 개선하며, 사람의 판단과 확인을 통해 추론을 최종 검증할 수 있다. 모델 및 애플리케이션 정확도의 개선을 위한 완전관리형 서비스 아마존 증강 인공지능(Amazon Augmented Artificial Intelligence: A2I)이다. 인공지능의 개선 및 강화를 위한 솔루션이다. 머신러닝은 이미지에서 객체를 식별하고 스캔문서에서 텍스트추출 및 변환 등 다양한 측면에서 정확한 추론을 제공한다. 어떤 용도로 사용되든, 예측의 정확성과 신뢰성을 높여준다. 하지만 추론결과의 모호성을 보완하기 위해 사람이 개입이 필요하다. 이처럼 머신러닝과 검토자 간 상호작용이 중요하지만 검토 작업이 쉽지 않고 큰 비용이 소요된다. 예를 들어, 공공

서비스업무에서 법집행관련 공공안전, 금융 등 의사결정에서 높은 신뢰도(최대 99%)를 위해 사람의 판단이 필요한 경우, 검토를 통해 추론을 최종 검증한다. 이러한 과정에 A2I(아마존 증강 인공지능)는 워크플로우 구축을 쉽게 할 수 있다. 획일적 작업의 경감이나 효율성까지 높여준다(인공지능신문, 2020년 5월 30일자).

나. 인공지능의 활용절차 및 과정

인공지능 개발자 또는 프로그래머가 해야 할 일은 문제의 해결방안을 고안하고 이것을 문법에 맞게 코드로 구현해야 한다. 구현된 코드는 의도대로 정확히 동작하여 문제를 해결해야 한다. 자신이 구현한 코드가 컴퓨터 내부에서 어떻게 동작할 것인지 그리고 무엇을 돌려줄 것인지 예측 가능해야 하며 동료에게 명확히 설명할 수 있어야 한다. 이를 위해 프로그래밍 언어의 기본개념과 동작원리를 정확히 이해해야 한다. 기본개념과 동작원리를 이해하지 못한 상태에서 Copy & Paste로 단순히 동작만 하는 코드를 만들고 그것에 만족한다면 구현한 코드는 신뢰할 수 없고 유지보수하기 어려워 언젠가 사상누각처럼 허물어질 것이다.

기본 개념은 문맥에 맞는 정확한 용어를 사용할 수 있게 돕는다. 문맥에 맞는 정확한 용어를 사용해야 명확한 의사소통이 가능하다. 이는 협업의 기본이자 필수 요소다. 동작원리와 작동방식의 이해는 코드의 동작을 예측할 수 있게 돕는다. 요구사항을 코드로 구현하려면 당연히 자신이 작성하는 코드의 동작을 예측할 수 있어야 한다. 또한 Error나 오류를 발생시키는 코드를 만나면 그 원인을 이해해야 Debugging이 가능하다. 이를 위해 코드 동작의 예측 능력은 필수 요소다. 즉, 기본개념과 동작 원리의 이해는 어렵고 생소한 용어들로 이루어진 기술적 의사소통을 가능케 하고, 자신의 머릿속에서 코드를 실행시켜 볼 수 있는 능력을 갖게 한다. 이를 통해 다른 사람이 작성한 코드의 이해는 물론 의도를 파악할 수 있다. 보다 효과적인 코드를 생산할 수 있는 기본기를 쌓는 것은 아무리 강조해도 지나치지 않는다.[5]

---

5 https://poiemaweb.com/coding.

대량의 데이터와 반복적 작업을 신속하게 처리할 수 있는 알고리즘, 그리고 이와 결합된 소프트웨어가 데이터에 존재하는 패턴이나 특징을 분석하고 스스로 자동 학습하도록 지원하는 것이 인공지능의 역할이다. 많은 이론, 방법론, 기술 등이 포함된 종합적 영역으로 인공지능의 세부 분야는 다음과 같다.

첫째, 분석모델구축을 자동화하는 머신러닝은 신경망, 통계분석, 운영분석, 물리학에서 활용되는 기법이다. 이러한 머신러닝을 이용하면 프로그래밍 없이 특정 위치를 찾거나 결론을 내리는 등 데이터에 숨어있는 통찰(insight)을 찾을 수 있다.

둘째, 신경망은 뉴런처럼 외부 입력에 반응하고 각 단위 사이의 정보를 연계하여 처리하는 머신러닝의 일종이다. 상호연계성을 찾아내고 정의되지 않은 데이터로 부터 의미를 추론하기 위해 처리과정에서 다중 데이터 패스가 필요하다.

셋째, 딥 러닝은 컴퓨팅 파워의 발전과 학습기법 개선의 바탕에서 여러 층(layer)을 포함한 많은 규모의 신경망을 활용한다. 이를 통해 대량의 데이터에서 복잡한 패턴의 학습이 가능하며 이미지 및 음성인식 등을 할 수 있다.

넷째, 인지 컴퓨팅(Cognitive Computing)은 기계에서 인간과 유사한 자연스러운 인터랙션을 이끌어내려는 인공지능의 한 분야이다. 인공지능과 인지컴퓨팅에서 추구하는 궁극적인 목표는 기계에 이미지와 음성을 이해하는 능력을 부여하여 사람과 같은 방식으로 행동하고 같은 반응을 만들어 내는 것이다.

다섯째, 컴퓨터 비전은 패턴 인식과 딥 러닝 기술을 바탕으로 그림이나 비디오의 내용을 인식한다. 기계가 이미지를 처리하고 분석하여 이해할 수 있으면 이미지나 비디오를 실시간으로 포착하여 그 주변 상황을 해석할 수 있다.

여섯째, 자연어 처리(Natural Language Process)는 컴퓨터가 음성을 포함한 사람의 언어를 분석, 이해와 생성할 수 있는 기술이다. NLP의 다음 단계는 사람이 평상시와 같은 언어적 표현을 사용하여 컴퓨터와 소통하고 작업을 지시할 수 있는 자연어 인터랙션이다.

머지않아 일반사용자도 인공지능분야의 성과를 쉽게 누릴 수 있다. 이를 위해 많은 기업이 노력 중이다. 인공지능분야의 종사자는 상대적으로 적은 데 비해 사용자는 늘어나고 있다. 사람을 도와주는 로봇과 사람의 요구를 예측하는 개인비서는 폭넓게 활용 중이다. 데이터 및 규칙을 관리하는 사람과 실제로 작업을 실행하는 기계의 관계를 생각하면, 사람의 지식이 더 많이 투입될수록 더 나은 성과를 낼 수 있다. 그래서 인공지능에 대한 관심과 활용의지를 갖고 있으면 누구나 쉽게 활용할 수 있어야 한다.

하지만 아직도 인공지능모델, 알고리즘, 코딩 등으로 인한 심리적 장벽이 높다. 그런데 실제로 머신러닝을 활용하면서 느끼는 부담(debt)은 <그림 5-2>의 중간에 있는 작은 블랙박스처럼 머신러닝 시스템의 일부분에 지나지 않는다. 작은 부분에 비할 때 필요한 주변 인프라는 방대하고 복잡하다. 머신러닝에 대한 사람들의 선입견 중 하나는 머신러닝에서 수학의 비중이 높고, 이를 기반으로 한 모델 개발이 전체 시스템의 대부분 일 것이라는 선입견이다. 하지만 착각이다. 여러 연구와 경험을 참고해보면, 머신러닝시스템에서 머신러닝 모델, 알고리즘, 코딩이 차지하는 비중은 전체의 작은 비중(5%)에 불과하다(Sculley et al., 2018).

그림 5-2 머신러닝 시스템에서 기술적 부담(Debt)

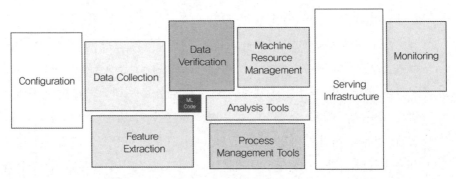

실제로 모델을 개발해서 시스템에 배포할 때까지 모델개발시간보다 데이터분석에 소요되는 시간 그리고 개발된 모델을 반복적으로 학습하면서 Tuning하는 시간이 훨씬 많이 소요된다. 머신러닝 파이프라인은 데이터탐색부터, 모델개발, 테스트 그리고 모델을 통한 서비스와 같이 훨씬 복잡한 과정을 거친다. 이를 머신러닝 End to End 파이프라인이라고 하며, 그 내용을 살펴보면 <그림 5-3>과 같다.[6]

---

6 https://bcho.tistory.com/tag/tensorflow.

그림 5 - 3 머신러닝의 Pipeline(흐름)

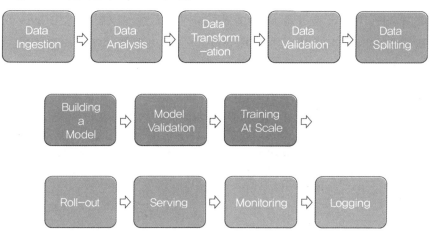

인공지능의 적용 및 활용을 위해 먼저 해야 할 일은 데이터 확보다. 데이터 문제는 AI 프로젝트가 기대에 부합하지 못하게 하는 가장 큰 요인 중 하나이다. 2018년 McKinsey보고서에 따르면, AI기술 애플리케이션에 제약을 주는 가장 큰 도전 과제 중 2개가 데이터와 관련된다. 첫째, 많은 기업이 머신러닝 알고리즘을 학습(훈련) 시 활용할 수 있는 적절히 분류된 데이터의 확보에 어려움을 겪고 있다. 데이터가 적절히 분류되어 있지 않다면, 사람이 시간을 투자해 데이터를 분류해야 한다. 자칫 이로 인해 프로젝트가 지연되거나, 실패할 수 있다. 둘째, 프로젝트에 적절한 데이터가 없는 경우가 비일비재하다. 데이터가 많다고 저절로 답이 나오지 않는다. 적절하지 않고, 분류되지 않은 데이터 때문에 모델을 구축하지 못해 어려움을 겪는다. 실제로 필요하고도 적절한 데이터 부재로 인해 실패를 겪는 기업들이 많다.[7]

① 데이터수집(Data ingestion)

데이터 수집은 머신러닝에 필요한 학습 데이터를 외부로부터 받아서 저장하는 단계이다. 데이터의 양과 질은 인공지능의 수준과 역량을 결정한다. 마치 서재에 책이 많은 집에서 자란 아이가 똑똑할 가능성이 큰 것과 비슷한 이치다.

7 http://www.ciokorea.com/news/127988.

사람의 역할이 고품질 데이터를 축적하는 단계에서 필요하다. 그래서 AI학습의 기초가 되는 데이터 확보에 나선 업체들을 상대로 한 데이터입력 아르바이트가 성행이다. 데이터 수집을 21세기판 인형 눈 붙이기로 비유된다. 컴퓨터 프로그램만으로 정확한 데이터를 가려내기 어렵기에 데이터 수집은 사람 몫이다.

② Data analytics(데이터 분석)

구슬도 꿰어야 보배가 되듯 데이터도 제대로 분석되어야 가치를 지닌다. 수집된 데이터를 분석하여 의미를 찾아내고, 필요한 특징을 찾아내는 단계이다. 기술발달로 다양한 툴이 등장하면서 확률이나 통계 등 고급수학 지식이 없어도 빅 데이터분석이 가능하다. 스마트 폰이나 PC, 데이터베이스, 사물인터넷(IoT) 등 곳곳에 흩어져 있는 데이터를 분석 가능한 형태로 모아야 한다. 빅 데이터 분석 가운데 EDA(Exploratory Data Analytics) 방법이 많이 사용된다. 탐색적 데이터 분석의 목적은 데이터를 이해하는 것이다. 목적 달성을 위한 가장 쉬운 방법은 질문을 잘 만들고 탐색과정을 거쳐 적절한 모형, 시각화 산출물을 생성해야 한다. 머신러닝 알고리즘이 학습을 얼마나 잘하느냐는 전적으로 데이터의 품질과 데이터에 담긴 정보량에 달려있다. 그리고 저장된 데이터를 그래프로 시각화해서 각 값 간의 관계나 데이터의 분포 등을 분석해야 한다.

③ Data Transformation(데이터 변환)

분석된 데이터는 머신러닝, 자연어 처리 등 AI 기반의 다양한 분석 툴을 산업별 니즈에 맞게 활용될 수 있어야 한다. 데이터 변환은 수집된 데이터에서 학습에 필요한 데이터만 걸러내고, 학습에 적절하도록 전환하는 단계다. 예를 들어 이미지데이터의 크기를 정형화하고, cropping처리 후, 행렬데이터로 변환하는 과정 등이 해당된다. 개발하려는 인공지능의 입력과 출력을 정해야 한다. 입력은 이미지, 영상, 문장, 책, 소리 등 다양한 디지털데이터가 된다. 원하는 인공지능 학습과 판단에 필요한 입력 데이터를 설정하고, 충분한 학습과 테스트에 필요한 데이터를 확보해야 한다. 다음으로 출력을 정해야 한다. 출력형태는 제목, 캡션(caption), 판단 문장, 그림, 언어, 문장, 목소리 등이 될 수 있다.

④ 데이터 검증(Data Validation)

데이터 검증은 선택이 아닌 필수 과정이다. 변환된 데이터가 문제는 없는지 데이터 포맷이나 범위 등을 검증하는 단계이다. system error 또는 human error에 의해 garbage data가 쌓이고 있지 않은지, 정상적으로 데이터가 수집되었는지 여부 등을 확인하는 매우 중요한 단계다.

⑤ 데이터분리(Data Splitting)

머신러닝 학습을 위해 데이터를 학습용, 검증용, 테스트용으로 나눈다. 전체 데이터를 학습데이터(모형 f를 추정하는 데 필요), 검증데이터(추정한 모형 f가 적합한지 검증), 테스트데이터(최종적으로 선택한 모형의 성능을 평가)로 구분할 때의 비율은 5:3:2로 정한다. 생각보다 많은 데이터를 보유해야만 좋은 모형을 만들 수 있다.

⑥ 모델구축(Build a Model)

데이터 준비가 완료되면 모델링을 진행한다. 적용할 모형을 선택하고 교차검증을 위해 데이터를 학습용 집합, 검증집합, 테스트 집합으로 분리하는 테스트를 설계한다. 1,000회 이상의 모형반복 학습과정을 거친 후 가장 높은 예측력을 보이는 모형을 최종 선별한다. 머신러닝 모델을 만들고 학습하는 단계는 앞서 보았듯이 학습유형에 따라 구분된다. 지도학습에서 대표적인 인공지능 구조가 CNN(Convolution Neural Network), RNN(Recurrent Neural Network), LSTM(Long-term Short-term Memory) 등이 있다. 비지도 학습의 대표적인 구조로 강화 학습이 있다. 판별, 판단(Classification), 인식, 이해, 번역, 인식 등에 지도학습이 유리하고 게임, 투자, 설계, 최적화 등에는 강화학습이 유용하다.

⑦ 모델 검증(Model Validation)

구축된 모델의 적합성 여부를 검증하는 단계로서 모형의 적합성에 대한 교차검증의 수행방법으로 첫째, k-Fold 교차검증(k-Fold Cross Validation) - 데이터를 k(주로 5 또는 10)개 부분으로 나눈 뒤, 그중 하나를 검증집합, 나머지를 학습집합으로 분류한다. 이러한 과정을 k번 반복하고 k개의 성능지표를 평균하여 모형의 적합성을 평가한다. 둘째, LOOCV(Leave-One-Out Cross Validation)는 데이터의 수가 적을 때 사용한다. 총 n(데이터 수만큼)개의 모델을 만드는데, 각 모델은 하나의 샘플만 제외하면서 모델을 만들고, 그 제외한 샘플로 성능 지표를 계산한다. 셋째, Time series Cross Validation-데이터가 시계열로 의미가 있을 때 사용하는 교차검증방법으로 과거를 train set으로 두고 예측할 날을 test set으로 두어 각각의 성능지표를 계산한다.[8] 이처럼 모델검증은 모델성능의 평가과정인데 그 이유는 첫째, 모델이 미래의 (처음 본) 데이터에 대한 예측 성능인 일반화 정확도(generalization accuracy)를 추정하고 싶기 때문이다. 둘째, 학습알고리즘을 튜닝하고 주어진 가설 공간(hypothesis space)안에서 가장 성능 좋은 모델을 골라 예측 성능을 높이고 싶기 때문이다. 셋째, 문제 해결에 가장 적합한 머신 러닝 알고리즘을 찾기 위함이다. 즉 알고리즘의 가설공간에서 최대 성능의 모델을 찾는 것은 물론 최대 성능을 내는 알고리즘을 선택하기 위해 여러 알고리즘을 비교한다(Sebastian Raschka, 2018).

⑧ Training at scale

더 많은 데이터를 보다 큰 기반구조(infra) 환경에서 학습시켜서 정확도를 높이고, Hyper parameter tuning을 통해 모델을 tuning 하는 단계이다. 주로 대규모 클러스터나 GPU 자원 등을 활용한다. 모델학습에서 중요한 점은 결과모델의 정확도 향상을 위한 학습의 tuning이다. 달리 hyper parameterization라고 한다. 머신러닝 모델을 위한 hyper parameter는 알고리즘에서 결과모델을 생성하는 방법을 좌우한다. 예를 들어 K-평균 클러스터링 알고리즘의 경우, 특정 측면에서 상호유사성을 기반으로 데이터를 그룹으로 조직한다. K-평균 알고리즘에서는 검색할 클러스터의 수가 hyper parameter 중 하나가 될 수 있다. 일반적으로 최선의 hyper parameter선택은 알고리즘에 대한 경험에서 비롯된다. 경우에 따라 몇 가지 변형을 시험해 보고 어느 것이 당면한 문제에 대해 실천 가능한 결과를 산출하는지 확인해야 한다. 그러나 일부 알고리즘 구현에서 hyper parameter의 자동 튜닝이 가능해지고 있다. 예를 들어 머신러닝을 위한 레이(Ray) 프레임워크에 hyper parameter 최적화 기능이 있다.

---

8 ttps://neocarus.tistory.com/entry/모형의-적합성에-대한-교차검증을-수행하는-방법[Passive Incomer's Active Life].

⑨ 배포(Roll out)

가능한 결과를 테스트하기 위해 여러 가지 착수(着手)점들을 신속하게 무작위로 시도해 보는 것으로 학습된 모델을 운영환경에 배포하는 단계이다.

⑩ 서비스(Serving)

배포된 모델을 통해서 머신러닝 모델을 서비스로 제공하는 형태이며, 사용케이스에 따라 배치형태 또는 실시간으로 serving하는 방법이 있다.

⑪ 평가(Monitoring)

머신러닝 모델 서비스를 모니터링해서 정확도 등에 문제가 없는지 지속적으로 관찰하는 단계이다. 성능이 좋은 인공지능의 향방은 인공지능 구조의 우수성과 데이터 확보의 용이성, 투자 대비 효과 등이 좌우한다. 여기에 더해 관리비용, 하드웨어 투자비용, 유지비용도 포함된다. 나아가 개발할 인공지능이 가지는 사회적 가치와 윤리 준수도 중요한 평가 항목이 되어야 한다.

⑫ Logging: 서비스 모델에 대한 로그 모니터링

이러한 과정에서 데이터의 변동이 있거나 모델을 향상시키고자 하거나 정확도가 떨어지는 경우, 첫째 과정부터 반복한다. 머신러닝은 마법의 블랙박스와 같다. 상자에 데이터를 집어넣으면 반대쪽에서 예측이 튀어나온다. 그러나 마법은 없다. 데이터와 알고리즘, 그리고 알고리즘에 의한 데이터 처리 결과로 만들어진 모델이 있을 뿐이다.

이와같이 일련의 연속된 활동으로서 머신러닝시스템의 파이프라인 흐름을 시스템 architecture로 표현해 보면 <그림 5-4>와 같다. GPU를 지원하는 기반구조(infrastructure) 위에 머신러닝 플랫폼이 올라가게 되고, 빅 데이터 분석플랫폼이 같이 사용된다. 머신러닝 플랫폼은 데이터를 분석하는 EDA(Exploratory Data Analytics) 단계의 데이터 분석플랫폼 그리고, 분석된 데이터를 변환 및 검증하고 학습, 테스트, 검증데이터로 나누는 Data Processing시스템이 붙는다. 여기에 데이터를 이용해서, 모델을 개발한 후, 이 모델을 학습시키기 위한 학습(Training) 플랫폼이 필요하다. 학습된 모델을 검증하고, 검증결과에 따라 hyper parameter를 튜닝한 후, 이를 운영환경에 배포하여 서비스한다. 데이터분석 및 모델개발 학습단계는 주로 Data Scientist에 의해 이루어진다. 또한 엔지니어들

그림 5 - 4 머신러닝시스템의 Architecture

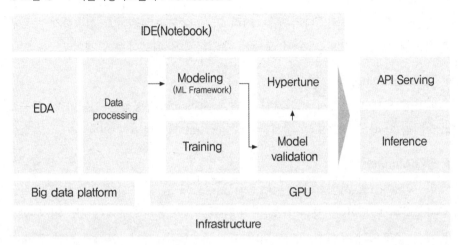

이 사용할 개발환경이 필요한데, 주로 노트북 기반(가령 Python, Jupyter Notebook)
의 환경이 많이 사용된다.

학습이 완료된 모델을 serving하기 위해 Inference 엔진이 필요하다. 이를 외
부 API로 노출하기 위해 API Key인증, 오토스케일링, 로깅 및 모니터링을 위한
API(Application Program Interface) Serving 플랫폼이 요구된다. 이처럼 모델서비스
를 위해 구성요소가 많은 만큼 사용되는 Framework도 많다. 먼저 모델 개발 및
학습을 위해 머신러닝 Framework가 필요하다. 가령 Tensorflow, PyTorch,
Sklearn, XGBoost 등 목적에 따라 서로 다른 Framework를 사용한다. 그리고
완성된 모델을 serving하는 경우, Tensorflow Serving, Uber에서 개발한
Horovod 등 다양한 플랫폼이 있다. 또한 모델을 Serving할 때 REST API 등으
로 외부에 서비스 하려면 보안요건에 대한 처리가 필요하다. 별도의 API 인증메
커니즘 등이 추가되어야 하고, 스케일링을 위한 오토 스케일링 지원 그리고 모
델의 배포와 테스트를 위한 배포 Framework, A/B 테스트 환경 등이 준비되어
야 한다. 실제 운영환경에서 사용되는 머신러닝 시스템은 훨씬 더 복잡하고 많
은 기술을 필요로 한다.

다른 한편, 인공지능이 생활속으로 스며들면서 이용자 곁(Edge)으로 가까워
지고 있다. 여기에다 연산능력, 저 전력, 보안, 대역폭, 대기시간 등의 문제까지
해결되고 있다. Edge에서 하나의 칩으로 신경망(Neural Network) 등을 통한 AI모

델을 실행하고 추론뿐만 아니라 학습할 수 있도록 인공지능 Chip Set의 개발로 AI가 더 빨라질 뿐만 아니라 개인화 및 다양한 분야의 Edge에서 최적화 구현이 가능해지고 있다. 그리고 보다 저렴한 가격으로 Edge에서 AI모델이 실행되면서 물체·감정·동작인식, 자동번역 등 다양한 분야의 Edge에서 최적화된 인공지능이 구현될 것으로 전망된다(인공지능신문, 2020년 5월 30일자).

2 인공지능의 적용사례: 문제해결 및 가치창출

게임에서 인공지능이 인간을 이길 정도로 똑똑해졌다. 100만 명 가운데 범법자를 3초 만에 찾아낸다. AI를 이용한 질병 및 건강상태를 예측한다. 내 말을 이해하고, 하루의 일을 해결하기 위해 지능적 개인비서를 옆에 둘 수 있다. 이미 의료, 소매, 자동차, 서버 등 다양한 분야에서 현실세계의 문제해결영역으로 옮겨가고 있다. 이러한 과정에서 인공지능기술이 세상과 삶을 바꿔 놓을 것으로 기대된다. AI 분야 선도 업체인 Google은 <Solve with AI>라는 모토로 세상의 문제를 인공지능기술로 풀어내고 있다.

아마존, Facebook, Baidu 등 다양한 글로벌 인터넷 기업들은 자사의 검색, 소셜네트워크, 음성인식서비스에 녹일 목적으로 투자를 지속하고 있다. 특히, 딥러닝 분야에서도 많은 오픈소스 도구들이 활발하게 나오고 있다. 그 중 Google에서 공개한 TensorFlow와 같은 오픈 소스뿐만 아니라 클라우드 역시 진입장벽을 낮추고 있다. 머신러닝 알고리즘에 익숙하지 않은 소프트웨어 개발자들도 아마존이 제공하는 머신러닝서비스를 이용하면 손쉽게 데이터를 통한 학습, 모델생성 및 추론을 해 볼 수 있다. 특히, AWS에는 대용량 스토리지, 하둡 클러스터 운영, NoSQL 및 DW 등 다양한 빅 데이터 처리를 위한 빌딩 블록이 있어 데이터 수집, 저장과 분석을 바로 해 볼 수 있는 장점이 있다.

클라우드 서비스는 사용한 만큼만 비용을 지불하므로 하루당 소량의 예측에서 초당 수백 개의 예측생성까지, 쉽고 비용 면에서 효과적 확장이 가능하다. 예측모델 구축에 사용된 컴퓨팅시간은 시간당 요금으로만 청구되며, 배치예측과 실시간예측은 예측 건당 요금으로 매우 비용 면에서 효율적이다. 또한 웹 기반 콘솔에서 복잡한 기계 학습 알고리즘과 기술을 배우지 않고도 기계학습(ML) 모델생성 프로세스를 단계별로 사용할 수 있도록 시각화 도구와 마법사를 활용할 수 있다. 이를 위해 대화형 차트를 통해 입력 데이터 세트를 시각화 및 탐색하도록 지원함으로써, 데이터 콘텐츠와 배포를 이해하고 누락되거나 잘못된 데이터 속성을 발견할 수 있다(윤석찬, 2016).

텐서플로를 개발한 Google의 Jeff Dean은 원래 인공지능 전문가가 아니었다. Quora에 올라온 "Jeff Dean은 어떻게 그렇게 빨리 인프라와 시스템 엔지니어링에서 딥 러닝 분야 전문가가 된 건가요?"라는 질문에 대해 다음과 같이 답변했다.

"저는 이 분야가 잠재력이 많고 흥미로운 분야라고 생각했습니다. 신경망에 대해 많이 알지 못했지만 분산 환경에 대해 잘 알고 있었죠. 그래서 주방이든 어디든 사람(전문가)들에게 다가가 그들과 대화를 했습니다. 전문가들과 대화하고 함께 일하면 여러 가지 어려운 문제도 해결할 수 있고 정말 빠르게 배울 수 있을 겁니다."

Deep Learning으로 대변되는 인공지능 기술시스템 구축과 관련된 프로젝트는 대용량 컴퓨팅을 요구한다. 그동안 기업 IT워크로드의 대부분이 기존 데이터 센터 환경에서 클라우드로 옮겨가는 추세다. 자율주행을 위한 컴퓨터 비전 시스템부터 미국 식품의약국(FDA)이 승인하는 의료이미지 처리, 넷플릭스 동영상 추천, 핀터레스트의 이미지 검색 등은 클라우드 시스템을 기반으로 한다. 아마존 닷컴의 경우, 추천 엔진으로부터, 머신 러닝에 기반을 둔 주문 배송 예측을 통한 물류 센터의 로봇활용에 이르기까지 고객의 구매 사이클에 걸쳐 시간을 단축하는 혁신을 이루고 있다. 이 가운데 아마존 에코와 같은 음성 인식 기반의 스마트 홈 기기와 음성 서비스 지원 기기 확대를 통한 새로운 경험을 제공하였다. 또한 딥러닝 기술과 컴퓨터 비전을 통한 계산대가 없는 오프라인 가게인 아마존 고(Go)를 선보이기도 했다. 이처럼 AWS는 아마존 및 고객 모두에게 인공지능의 핵심 서비스를 제공하고 있다.

이처럼 AWS가 클라우드를 만든 이유는 돈이 많든 적든, 기업의 규모가 크든 작든 상관없이 클라우드를 통해 누구나 동등한 성공 기회를 얻도록 하기 위함이다. 인공지능도 동일하다. 아마존 인공지능(Amazon AI) 기술 스택은 AWS 인프라와 상위 애플리케이션 서비스를 포함해 아래와 같은 3개의 주요 계층으로 나눈다.

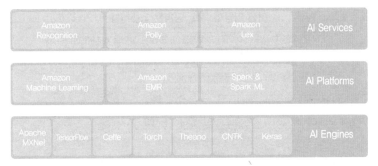

아마존 인공지능기술 Stack

AI 모델을 구현하는 데 필요한 기술 능력을 보유하고 있지 않거나 데이터가 부족한 개발자를 위해 최고 수준에서 인공지능 서비스를 제공한다. 자신의 애플리케이션에 인공지능을 활용하려는 개발자를 대상으로 한다. AWS는 이미지 인식을 통한 사물 및 얼굴 분석 서비스인 아마존 레코그니션(Amazon Rekognition), 텍스트에서 음성 합성을 위한 아마존 폴리(Amazon Polly) 및 대화식 채팅 봇 구축을 위한 자동 음성 인식 및 자연 처리 서비스인 아마존 렉스(Amazon Lex)를 공개했다.

한 단계 아래에 기존 데이터를 보유한 고객이 맞춤형 모델을 구축하고자 하는 경우, 직접 AI 데이터 트레이닝 및 모델 구축, 관리의 어려움을 제거하는 플랫폼을 제공한다. 맞춤형 선형 모델에 대한 예측을 위한 아마존 머신러닝(Amazon Machine Learning)은 데이터 기반 머신 러닝 일괄 처리 및 실시간 처리 기능을 제공한다.

이처럼 인공지능 선도기업들의 개방적 노력으로 머신러닝을 비롯한 인공지능 이용환경이 개선되고 있다. 그리고 민간 및 공공영역에서 문제해결과 가치창출 노력이 전개되고 있다. 물론 성과가 저절로 나타난 것이 아니다. 달리 말해 머신러닝의 세계도 공짜가 없는 셈이다. 누구든 수많은 어려움과 난관에 부딪히기 마련이다. 사례마다 상이하지만 앞서 보았듯이 머신러닝 시스템 및 흐름과 관련하여 불가피한 현상이며 어쩌면 문제해결과 가치창출은 시행착오의 산물이라고 할 수 있다.[9]

---

9 금융권의 머신러닝 활용과정에서 실제로 겪은 문제 상황, 고충, 애로사항, 한계 등 경험적 편린(片鱗)들이다.

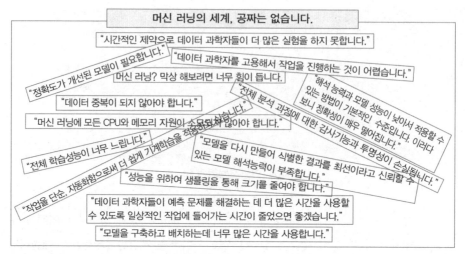

자료: https://www.slideshare.net/seunghunlee3194/ss-81562485

가. 민간사업(business) 영역[10]

1) 알파벳(Google)

　　Google은 머신러닝 프레임워크인 TensorFlow를 오픈소스로 공개해 누구나 인공지능 기술을 활용할 수 있도록 했다. 이와 함께 머신러닝 사용법도 다양한 방법으로 제안하고 있다. 특히 공익을 위해 인공지능 기술을 고민하는 'AI for Social Good' 프로그램을 통해 다양한 기술적 지원을 이어가고 있다. 알파벳은 Google의 모회사로 자율 주행 기술 관련 사업인 Waymo프로젝트를 시작했다. 현재 Waymo의 자율 주행 차는 캘리포니아에서 '자율주행차 시범승객서비스' 참여 승인을 받아 탑승자를 태울 수 있도록 허가받았다. 다만 아직은 자율주행 차를 이용하는 탑승객에게는 요금을 부과할 수 없으며 안전을 위해 운전석에는 반드시 차량 운전자가 동승해야 한다. 또한 Google은 DeepMind를 인수하여 컴퓨터가 스스로 학습하고 분석해 판단하는 Deep Learning 역량을 강화하였다. 동 시스템은 49개의 다른 Atari게임방법을 배웠을 뿐만 아니라, Go 게임 내 AlphaGo프로그램은 바둑게임에서 프로 선수를 최초로 이긴 사례이다. 또 다른

---

10 인공지능을 어떻게 활용하는지에 대해서 CNN이 선정한 최고의 10가지 모범 사례의 일부분이다.
　http://www.blocklist.co.kr/news/articleView.html?idxno=569

Google의 AI 혁신 성과로서 Google Duplex는 AI로 전화를 걸어 식당 예약, 호텔 예약, 배달 음식 주문, 미용실 예약 등을 할 수 있다.

2) 아마존(Amazon)

아마존은 인공지능 플랫폼인 Alexa와 함께 Amazon echo라는 스마트 스피커를 출시했다. 아마존 에코를 이용해 알렉사와 의사소통을 할 수 있으며 음악 재생, 알람설정, 날씨정보 제공 등 많은 기능들을 제공해 준다. 아마존이 인공지능을 사용하는 또 다른 혁신적인 방법은 제품구매를 생각하기 전에 물건을 배송하는 것이다. 각 개인의 구매습관에 대한 많은 데이터를 수집하고 그들이 수집한 데이터로 어떤 아이템이 고객에게 도움이 되는지 추천하고, 예측 분석을 사용하여 고객들이 필요한 항목을 예측한다. 많은 오프라인 상점들이 제품 및 거래의 연관성 유지 방법을 찾기 위해 고군분투하고 있을 때, 미국 최대 전자상거래 기업 아마존은 <Amazon Go>라는 세계 최초의 무인 슈퍼마켓을 운영했다. 계산대와 계산원 없이 인공지능, 머신러닝, 컴퓨터 비전 등의 첨단기술을 활용하여 소비자는 매장을 이용하기 위해 애플리케이션(앱)을 다운로드하기만 하면 된다. 앱을 받고 난 후 매장에 들어가 상품을 고르기만 하면 매장에 달린 수많은 카메라와 블랙박스 Sensor들이 소비자가 어떤 상품을 선택했는지 자동 감지하여 연결된 신용카드로 비용이 자동 청구된다.

Amazon Go의 기술원리

지난 2016년 12월 5일(직원), 2018년 1월(일반)에 공개된 무인판매점 <Amazon Go>, 고객이 전용App을 다운받은 후 매장 입구에서 App의 QR코드를 스캔하면 진입 가능하다. 원하는 제품을 장바구니 또는 가방에 담으면 자동으로 App의 가상장바구니에 추가된다. 카메라와 Sensor를 통해 방문고객이 제품을 담았는지 파악하고, 구매완료 후 매장을 나오면 아마존 계정 연결계좌에서 결제된다. <Amazon Go>의 핵심은 컴퓨터시각화와 인식센서, Deep Learning과 Alexa(음성컨트롤시스템)기술 등이 융합된 Just Walk Out technology다. 컴퓨터비전과 딥 러닝, 그리고 Sensor fusion은 명확한 구분이 어려울 정도로 연관되어 있다. 컴퓨터비전은 안면 및 영상인식 등을 포괄한다. 컴퓨터 데이터처리를 심화시킨 딥 러닝은 실생활에 인공지능이나 빅 데이터 등의 기술과 구분하기 어렵다. Sensor fusion은 다양한 다수 Sensor로 파악, 분석한 데이터를 종합하여 최종데이터를 얻어낸다. 컴퓨터구동을 가능케 하는 인식기술 대부분 Sensor fusion방식이다. 또한 마이크로 수집한 음성은 실시간으로 Cloud Computing네트워크에 전송해 Alexa의 식별과정을 거친다. 사용자가 매장에 들어왔을 때 사용자단말을 재고관리시스템과 연동하고, 진열대에서 특정제품을 쇼핑카트에 담으면 재고관리시스템에서 사용자단말의 구매리스트에 추가한다. 이 과정에서 선반에 설치된 고정 카메라로 사용자가 제품을 픽업한 것을 확인하고 어떤 제품을 픽업했는지 결정을 위해 선반의 무게변화, 제품 RFID Tag Data, 그리고 다른 매장이나 과거 구매내역을 비교한다. 매장 천장이나 벽에 설치된 카메라로 사용자 얼굴을 인식하며, 매장에 설치된 Projector와 스피커로 사용자와의 소통기능이 포함된다.

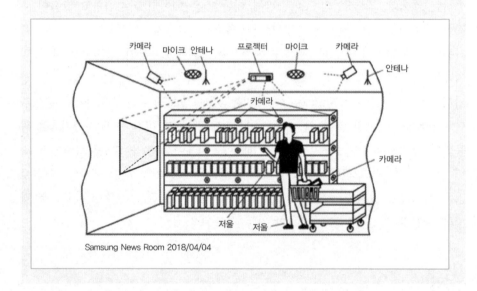

Samsung News Room 2018/04/04

3) 알리바바(Alibaba)

중국 기업 알리바바는 아마존과 이베이를 합친 것보다 더 많은 상품을 판매하는 세계 최대의 전자 상거래 플랫폼이다. AI(인공지능)는 알리바바의 일상 업무에 없어서는 안 될 요소이며 알리바바를 이용하는 고객들이 어떤 상품을 사고 싶어 하는지 예측하는 데 사용된다. 자연어 처리를 통해 기업 사이트에 대한 제품 설명을 자동으로 생성한다. 알리바바가 인공 지능을 활용하는 또 다른 방법은 '시티 브레인 프로젝트'로, 회사가 개발한 시티 브레인(City Brain)이 인공지능(AI)을 사용해 도시의 모든 교차로 동영상과 자동차 위치 GPD 데이터 등 도시

전역의 정보를 수집해 교통을 제어하고 있다. 이 프로젝로 인해 알리바바 본거지인 중국 항저우의 교통 상황은 크게 개선됐다. 또한 알리바바는 농업용 '사물인터넷(IoT)' 기술을 통해 농작물의 생장 상황을 검측하면서 필요한 만큼 정확한 위치에 관개용수를 공급하여 농업용수 비용 절감에 적용하고 있다.

4) 페이스 북(Facebook)

Facebook이 인공 지능과 딥 러닝을 사용하는 주요 방법의 하나는 구조화되지 않은 데이터에 구조를 추가하는 것이다. 이들은 텍스트 문장을 사람처럼 이해하는 새로운 인공지능 엔진 '딥 텍스트(DeepText)'를 개발하였다. 이 시스템은 20여 개 이상의 각기 다른 언어로 된 포스트와 댓글을 읽고 분석해 각 문장을 사람 수준의 정확도로 이해하도록 설계했다. 또한 '딥페이스(DeepFace)'를 통해 플랫폼에서 공유하는 사진에서 자동으로 본인을 식별할 수 있다. 사실 이 기술은 매우 뛰어나 사람보다 안면 인식을 하는데 있어 훨씬 더 좋게 활용된다.

5) IBM

IBM은 수년간 인공지능의 선두에 있었다. IBM의 '딥 블루(Deep Blue)'는 컴퓨터가 최초로 세계 체스 챔피언과의 대결에서 승리했다. 또한 글로벌 정보기술 기업(IT)인 IBM이 개발한 토론전용 인공지능(AI)인 Project Debater는 회사의 최대 성과이다. 인간과의 토론으로 인류의 사고력과 문제 해결력을 발전시키고자 개발하였다. 신문과 학술자료에 실린 100억 개의 문장을 학습해 지식을 축적했고, 이 데이터를 기반으로 명확한 논리를 전달할 수 있으며 수준급의 문장 조합 실력을 자랑한다. 토론 중 농담을 하기도 하며 때론 단호하고 거칠게 응수하기도 한다.

6) 마이크로 소프트(Microsoft)

마이크로 소프트는 세계 최대의 'AIaas(AI as a Service)'의 공급 업체 중 하나이다. AIaaS는 AI를 클라우드에 구현해서 제공하는 서비스로 정의할 수 있다. MS는 자체 클라우드 '애저(Azure)'에 AIaaS를 제공하고 있다. MS는 제공 영역에 따라 인프라스트럭처(IaaS), 툴(PaaS), 서비스(SaaS)로 나누며 음성인식, 번역, 이미지 인식 등 많은 형태로 제공하고 있다.

7) 삼성전자

삼성전자는 AI의 중요성을 인식하고, 주요 국가들에 AI 연구시설을 개소하는 등 적극적인 투자와 인재 확보에 나서고 있다. AI역량은 TV, 세탁기, 냉장고, 에어컨, 청소기, 스마트 폰 등 일상에서 고객가치를 높이는 AI를 소비자들에게 제공하기 위해 언제나 학습하며, 사용자 곁에서, 안전하며, 도움을 주고, 사용자 지향의 AI를 추구하고 있다. 지난 CES 2020에서는 인공지능 구체(球體)로봇 <Ballie>와 차세대 인공지능(AI) 플랫폼 NEON을 공개하였다. NEON은 사람을 닮은 가상의 아바타다. 자연스럽게 대화하고 반응하는 능력을 갖췄다. 기존 AI 음성 비서와 달리 사용자와 대화할 수 있는 차세대 AI 플랫폼으로 기대된다.[11]

🔍 삼성전자의 <Ballie>

samsung robot ballie

CES2020 기조연설 무대 위에 테니스공 같이 생긴 무언가가 무대 위로 굴러 나왔다. 삼성전자의 지능형 Companion 로봇 <Ballie>다. 사람과 함께 생활하면서 돕는 반려로봇이다. 공 모양의 <Ballie>는 바퀴나 다리 없이도 자유롭게 이동할 수 있다. 주인을 인식하면 반려동물처럼 사람을 따라다니며 명령을 수행한다. 카메라가 달려있어 집안 곳곳을 monitoring 할 수 있고, 스마트폰이나 TV 등 주요 기기와 연동해 Home Care를 수행한다. 예를 들어 기상 시간이 되면 집안의 커튼을 걷어 주인을 깨우고, 혼자 있는 반려동물이 심심하지 않도록 함께 놀아준다. 집안이 더러우면 로봇 청소기를 돌려 깨끗하게 만든다. 원격 CCTV기능도 갖추었다. 하지만 사용자가 원격조종하고 카메라로 영상만 전송하는 CCTV 로봇과 달리 음성인식 기능을 갖추고 있어서 사용자가 부르면 마치 반려동물처럼 스스로 움직여서 사용자에게 달려온다. 또한 인공지능이 탑재되어 있어 단순히 호출에 응답하는 것뿐만 아니라 음성명령에 따라 집안 곳곳을 모니터링 한다. 스스로 사용자를 따라다니며 학습하는 기능도 갖추었다. 사용자 명령에 따라 움직이지만, 스스로 주변 환경을 인식하고 필요에 따라 다양한 활동을 자율적으로 판단하기도 한다.

---

11 http://it.chosun.com/site/data/html_dir/2020/01/07/2020010703348.html.

나. 공공문제의 해결[12]

인공지능이 공공문제해결 수단으로 활용되고 있다. 그 중 하나가 사회적 약자가 일상생활에서 겪는 다양한 사회문제를 지능정보기술[13]을 활용하여 해결·개선할 수 있는 공공서비스 찾기다. 고령층, 장애인, 다문화가정, 아동, 이주노동자, 소상공인, 저소득층 등 사회적 약자들이 겪는 사회적 차별, 복지사각지대, 이동권·접근성 배제, 범죄, 소득격차, 교육격차 등 일상생활에서 불편과 차별, 또는 사회적 요인으로 발생하는 문제를 풀 수 있는 공공서비스 아이디어를 찾으려는 노력이다. 이외에도 질병진단, 재해예방, 환경보호 등 다양한 분야에서 인공지능이 활용되고 있다.

1) 고 위험 질병의 초기 진단

이미지 분석을 통한 질병 진단은 Google이 머신러닝의 가능성을 바라보고 시작한 프로젝트다. 많은 질병이 일찍 진단되면 치료가 가능하다. 하지만 세계적으로 의사 수는 항상 부족하고 환자에게 진료를 위해 주어지는 시간도 짧다. Google은 이 부분에 주목했다. 병원에서 촬영되는 다양한 형태의 사진을 학습하고 분석해 질병의 유무와 종류를 짚어주려는 것이다. Google은 이 기술을 암진단으로 확장했다. 폐암도 조기에 치료를 시작하면 생존율이 80%가 넘는다. 하지만 조기 진단이 어렵다. 아직 초기 단계지만 방사선 사진을 통해 폐암 징후를 읽어서 구분하기 시작했다.

유방암 환자의 림프절 전이도 진단한다. 림프절 진단은 사람이 하기 쉽지 않은 일이다. Google은 림프절 병변을 찾아내는 것은 볏짚 속에서 바늘 찾는 수준이라고 설명한다. 많은 데이터를 빠르게 처리할 수 있는 머신러닝의 특징이

---

12 https://insighting.kr/ai/9426/.

13 지능정보기술에는 ① 무인의사결정(기계가 인간의 고차원적인 판단기능을 수행하며 독립적인 주체로 활동하여 자동화·무인화를 실현) ② 실시간 반응(데이터 수집, 분석, 판단, 추론 등 일련의 과정들이 ICT 기술을 통해 즉각 처리되고 실시간으로 반응) ③ 자율진화(딥러닝 등 기계학습을 통해 스스로 진화하여 성능이 기하급수적으로 향상) ④ 만물의 데이터화(과거에 보관 및 활용이 어려웠던 생체정보, 행태정보, 비정형 정보 등의 데이터도 기계학습 과정을 거치면서 의미를 추출 할 수 있음).

잘 이용되는 사례다. 정확도는 학습을 통해 꾸준히 올라가고, 여기에 전문의의 진단이 더해지면 정확도는 급격히 높아진다.

2) 홍수 등 재해예방

Google은 머신러닝을 통해 홍수 가능성을 파악하고 미리 경보를 발령하는 시스템을 개발하고 있다. 홍수 분석은 기술적으로 가능한 일이지만 리소스가 많이 필요하다. Google은 여러 국가기관이나 비정부기구(NGO) 등과 협력해 홍수에 대비할 수 있도록 돕고 있다. 원리는 물이 흐르는 수리 모델을 분석하는 것이다. 물이 언제 얼마나 흐를지 연산해서 지형데이터에 적용하면 홍수의 타격을 받는 곳을 미리 확인할 수 있다. 머신러닝을 통해 고해상도 표고 지도를 만들고 하천수위 데이터도 분석한다. 고해상도 지도가 필요하기 때문에 국가 기관이 함께 해야 한다. Google은 인공위성 2개로 3D촬영을 해서 표고를 측정하는 기술도 적용했다. 이는 한 기업의 기술이 정부기관, NGO 등과 협력해서 어떤 효과를 내는지 확인할 수 있는 사례로 볼 수 있다. 기술 도입을 어려워하고 보수적으로 접근하는 경우가 많지만 적극적으로 활용할 수 있다면 많은 과제를 풀 수 있다.

3) 멸종위기 해양 동물 생태 파악

멸종을 앞둔 동물관리는 지구환경 보전의 큰 숙제다. 하지만 멸종위기에 있는 동물들 중 58%가 개체 수 감소를 겪고 있어 관리가 쉽지 않다. 특히 그 위치를 파악하는 것은 가장 중요한 일이지만 동시에 어려운 일이기도 하다. 대부분의 동물은 울음소리를 낸다. 바다 동물들도 다르지 않다. 미국 국립해양대기청 (NOAA)은 주요 해양 지역에서 바닷속 소리를 녹음해 왔다. 소리를 통해 특정 해양 동물을 파악할 수 있기 때문이다. 사람이 직접 소리를 듣고 구분해내는 것은 시간과 정확도 면에서 쉽지 않은 일이다. Google은 NOAA가 녹음한 19년 분량의 데이터 세트를 바탕으로 모델을 만들고 학습을 시키고 있다. 소리를 스펙트럼으로 만들고 시각화해 분석하는 방식이다. 소리의 스펙트럼을 바탕으로 뱃소리인지, 고래가 내는 소리인지를 분석하고, 아주 작은 신호도 정확하게 잡아낸다. NOAA는 이를 활용해서 혹등고래의 이동 경로를 분석하고 있다. 이 머신러닝 모델은 바다에만 한정되지 않는다. 뉴질랜드에서는 이 모델을 바탕으로 숲 속에서 토착 조류들을 연구하는데 이용하고 있다.

4) 열대우림 보호

불법 벌목은 밀림의 가장 큰 걱정거리다. 아마존이나 인도네시아 등지에서 불법 벌목을 통한 산림 파괴는 계속 번지고 있다. 점점 조직적이고 은밀하게 이 뤄지기 때문에 막아내기 쉽지 않다. 샌프란시스코 소재 NGO인 Rainforest는 머 신러닝을 활용해 불법 벌목의 징후를 파악하고 사전에 차단하는 시스템을 만들 어서 보급 중이다. Rainforest는 숲에 스마트폰을 깔아 두고, 그 마이크를 통해 수집되는 소리 중에서 전기톱이 만들어 내는 소음을 골라낸다. 전기톱 소리가 들리면 현지의 단속반이나 밀림의 부족에게 위치를 알려 곧바로 저지할 수 있 다. 이 시스템에 쓰이는 스마트폰은 어떤 것이든 관계없고 앱만 설치하면 된다. 중고 제품들이 쓰이고, 항상 작동해야 하기 때문에 태양광충전 패널을 세 개 덧 붙여 운영한다. 간단한 장치지만 머신러닝을 통한 효과는 상당하다. 이미 아마 존에서 충분한 효과를 나타냈다. 인도네시아 수마트라에도 곧 적용할 계획이다.

5) 쓰레기 속 재활용 가능 물품 판별

인도네시아 Startup인 Gringgo는 쓰레기 문제를 해결하기 위해 머신러닝을 활용한다. 쓰레기 수거 업자들은 자원 재활용의 중요한 생태계를 이루고 있다. 하 지만 일당이 너무 적기 때문에 수거와 분류 등에 대해 적극성을 요구하기도 어렵 다. Gringgo는 쓰레기의 종류와 그 가치를 보여주는 앱을 개발했다. 컴퓨터 비전 기술을 통해 쓰레기의 종류를 파악하고, 이를 처리 시세 데이터와 연결해 주는 것 이다. 쓰레기는 가치가 없다고 생각할 수 있지만 사실은 하나하나가 재활용을 비 롯해 가치를 갖는 경우가 많다. 하지만 수거 업자들은 그 가치를 모르는 경우가 많다. Gringgo의 앱을 이용하면 쓰레기 안에서 높은 가치를 받고 팔 수 있는 것 들을 분류할 수 있기 때문에 자연스럽게 재활용품 분리가 가능하다. 자연스럽게 쓰레기 수거 업자들이 더 많은 소득을 얻을 수 있는 효과도 있다. 궁극적으로 Gringgo는 완전히 버려지는 쓰레기의 양을 줄이는 효과를 기대하고 있다.

6) 병충해 방지

인도의 비영리 연구소인 Wadwani니 AI Institute는 농작물의 해충을 감지할 수 있는 머신러닝 모델을 만들었다. 이 연구소의 과제는 영세 농민들이 더 효과적으로 농사를 지을 수 있도록 기술 지원하는 것으로 그중에서도 목화 농사에 대해 머신러닝을 적용했다. 목화 재배는 세계적으로 70개 국가에서 2억5,000만 명 이상이 활동하고 있는 큰 산업이다. 하지만 병충해가 상당히 심각한 문제로 꼽힌다. 인도만 해도 3,000만 명이 목화 농사를 짓고 있는데, 그중 절반이 병충해를 입고 있다. 분홍 목화씨 벌레가 가장 큰 타격을 주는 병충해이다. 보통 농민들은 기술 적용이 어렵고 공무원들이 현장에 찾아 조언해 주는 경우가 많다. 이제까지는 보통 병충해 스티커로 벌레를 채취해서 데이터를 수집하고 병충해를 파악하는 경우가 많았다. 하지만 육안으로 분석하기 때문에 시간이 오래 걸릴 뿐만 아니라 신뢰도도 높지 않다. Wadwani AI Institute는 머신러닝, 컴퓨터 비전 기술로 사진 하나만 찍으면 병충해를 확인해주는 모델을 만들어서 배포하고 있다. 인도의 IT환경을 반영해서 모델 크기를 작게 만들었고, 스마트폰에 저장했다가 오프라인 상태에서도 즉각적으로 사용할 수 있다. 농민들이 직접 쓸 수도 있지만 스마트폰 보급률이 낮아서 현재는 공무원들이 기존의 병충해 스티커 방식을 대체하는 방법으로 운영된다.

3 인공지능의 실습도구

인공지능기술의 활용 분야가 증가추세다. Google 등 AI 선도 기업들은 수익성보다 사회적 참여를 통해 해당 기술의 공공성과 유용성을 강조하고 있다. Google을 비롯하여 글로벌 IT기업들은 딥 러닝 기술 기반 플랫폼을 오픈 소스로 공개하면서 빠르게 적용 및 활용되고 있다. Google은 TensorFlow라는 그래픽 방식의 기계학습 오픈소스 라이브러리를 외부로 공개하여 배포하였다. Microsoft는 번역 기술, 음성인식, 이미지 인식 등 관련기술의 학습을 위한 오픈소스 기술인 CNTK (Cognitive Toolkit)를 자사에서 직접 이용 및 외부로 공개하였다. 국내의 경우, 삼성전자는 딥 러닝 응용 프로그램 개발을 위한 분산형 플랫폼인 '베레스'를 오픈소스로 공개하였다(나영식·조재혁, 2018).

가. TensorFlow

TensorFlow는 딥 러닝을 위해 Google에서 제공하는 프레임워크로서 어느 누구나 사용할 수 있는 머신러닝 오픈소스 라이브러리다. Tensor란 Multidimensional Arrays로서 Data이다. 딥 러닝에서 텐서는 다차원 배열로 나타내는 데이터이다. 예를 들어, RGB 이미지는 삼차원 배열로 나타나는 텐서이다. Flow란 데이터의 흐름을 의미한다. TensorFlow에서 계산은 데이터 플로우 그래프(dataflow graph)로 행해진다. 그래프 각각의 노드는 수식(operations)을 의미하며 그래프의 간선(edge)는 시스템을 따라 흘러가는 데이터(Tensor)를 나타낸다. 그래프를 따라 데이터가 노드를 거쳐 흘러가면서 계산을 수행한다.

머신러닝은 복잡한 분야인데 TensorFlow와 같은 프레임워크 덕분에 머신러닝 모델의 구현과정이 예전만큼 복잡하거나 어렵지 않다. 머신러닝 프레임워크는 데이터획득, 모델학습, 예측, 미래결과 정제와 같은 과정을 쉽게 해준다.[14] 언어를 번역하고, 질병을 찾아내고, 독창적인 예술 작품을 창작하는 등 다양한 작업에 활용될 수 있는 기계 학습 시스템이다.

TensorFlow는 다수의 머신러닝과 딥 러닝(신경망) 모델과 알고리즘을 결합해 공통 메타포를 통해 유용성을 높였다. Python을 사용, 프레임워크로 애플리케이션을 구축하기 위한 편리한 프론트 엔드 API를 제공하며 성능이 우수한 C++로 애플리케이션을 실행한다.

TensorFlow는 필기 숫자 판별, 이미지 인식, 단어 임베딩, 반복 신경망, 기계 번역을 위한 시퀀스 투 시퀀스 모델, 자연어 처리, PDE(편미분방정식) 기반 시뮬레이션 등을 위한 신경망을 학습, 실행할 수 있다. 무엇보다 좋은 점은 학습에 사용되는 것과 동일한 모델로 대규모 프로덕션 예측을 지원한다.

TensorFlow는 프로그래머를 위해 모든 기능이 파이썬 언어를 통해 제공된다.

---

14 http://www.itworld.co.kr/insight/109825.

파이썬은 배우고 다루기 쉬우며, 고차원 추상화 결합 방법을 편리하게 표현하는 방법을 제공한다. TensorFlow의 노드와 텐서는 파이썬 개체이며 TensorFlow 애플리케이션은 그 자체가 파이썬 애플리케이션이다. 그러나 실제 계산 작업은 파이썬으로 수행되지 않는다. TensorFlow를 통해 제공되는 변환 라이브러리는 고성능 C++ 바이너리로 작성된다.

TensorFlow 애플리케이션은 로컬 머신, 클라우드의 클러스터, iOS와 안드로이드 디바이스, CPU 또는 GPU 등 거의 모든 기기에서 실행이 가능하다. Google 자체 클라우드를 사용한다면 Google의 맞춤형 TensorFlow 프로세싱 유닛(TPU) 실리콘에서 TensorFlow를 실행해 속도를 더 높일 수 있다.

TensorFlow가 머신러닝 개발에서 제공하는 가장 큰 이점은 추상화(abstraction)다. 알고리즘 구현의 세부적인 면에 신경을 쓰거나 한 함수의 출력을 다른 함수의 입력으로 집어넣기 위한 적절한 방법을 알아내느라 고심할 필요 없이 개발자는 애플리케이션의 전체적인 논리에만 집중할 수 있다. 배후의 세세한 부분은 TensorFlow가 알아서 처리해준다.

TensorFlow는 TensorFlow 앱을 디버그하고 내부를 살펴봐야 하는 개발자를 위한 부가적인 편의 기능도 제공한다. 즉시 실행(eager execution) 모드를 사용하면 전체 그래프를 하나의 불투명한 개체로 구축해서 한꺼번에 평가하는 대신 각 그래프 연산을 개별적으로, 투명하게 평가하고 수정할 수 있다. 텐서보드(TensorBoard) 시각화 도구 모음은 웹 기반의 대화형 대시보드를 통해 그래프 실행 방법을 검사하고 프로파일링할 수 있게 해준다.

물론 Google의 최상위 상용 제품도 TensorFlow의 든든한 지원군 역할을 한다. Google은 TensorFlow 프로젝트의 개발을 촉진했을 뿐만 아니라 보다 쉽게 배포하고 사용할 수 있도록 중요한 요소를 만들었다. Google 클라우드에서 성능 가속을 위한 TPU 실리콘, 프레임워크로 만들어진 모델을 공유하기 위한 온라인 허브, 브라우저 및 모바일 TensorFlow 버전 등이 대표적이다.

한 가지 주의해야 할 부분은 TensorFlow 구현의 몇 가지 특성으로 일부 학습에서 완전히 결정론적인(deterministic) 모델 학습 결과를 얻기가 어렵다는 점이다. 똑같은 데이터를 공급하더라도 한 시스템에서 학습된 모델과 다른 시스템에서 학습된 모델이 약간 다를 수 있다. 정확한 이유를 파악하기는 어렵다. 예를 들어 난수가 시드로 투입된 방법이나 위치, GPU를 사용할 때 비결정론적인 특정 동작이 이유가 될 수 있다.

나. Keras

Keras는 Python으로 작성된 오픈소스 신경망라이브러리다. MXNet, 텐서플로, Microsoft Cognitive Toolkit 또는 Theano 위에서 수행할 수 있다. 딥 신경망과의 빠른 실험을 가능케 하도록 설계되었으며 최소한의 모듈 방식의 확장 가능성에 초점을 둔다. ONEIROS(Open-ended Neuro-Electronic Intelligent Robot Operating System) 프로젝트의 일환으로 개발되었으며 주 개발자이자 유지보수자는 Google의 엔지니어 Francois Chollet이다.

2017년, Google의 텐서플로 팀은 텐서플로의 코어 라이브러리에 케라스를 지원하기로 결정하였다. Chollet은 케라스가 단대단(end-to-end) 기계 학습 프레임워크가 아닌 인터페이스의 역할을 염두에 두었다. 더 높은 수준의 더 직관적인 추상화 집합을 표현함으로써 백엔드 과학 컴퓨팅 라이브러리임에도 불구하고 신경망을 구성하기 쉽게 만들어준다. Microsoft도 CNTK 백엔드를 케라스에 추가하는 작업을 수행하고 있다.

케라스의 특징은 다음과 같다. ① 동일한 코드로 CPU와 GPU에서 실행할 수 있다. ② 사용하기 쉬운 API를 가지고 있어 딥 러닝 모델의 프로토타입을 빠르게 만들 수 있다. ③ 컴퓨터 비전을 위한 합성곱 신경망, 시퀀스 처리를 위한 순환 신경망을 지원하며 이 둘을 자유롭게 조합하여 사용할 수 있다. ④ 다중 입력이나 다중 출력 모델, 층의 공유, 모델 공유 등 어떤 네트워크 구조도 만들 수 있다. 즉 적대적 생성 신경망(Generative Adversarial Network)부터 뉴럴 튜링 머신(Neural Turing Machine)까지 케라스는 기본적으로 어떤 딥러닝 모델에도 적합하다.[15]

Keras는 딥러닝 모델을 만들기 위한 고수준의 구성 요소를 제공하는 모델 수준의 라이브러리다. 텐서 조작이나 미분 같은 저수준의 연산을 다루지 않는다.

---

15 https://tensorflow.blog.

대신 Keras의 백엔드 엔진(backend engine)에서 제공하는 최적화되고 특화된 텐서 라이브러리를 사용한다. Keras는 하나의 텐서 라이브러리에 국한하여 구현되어 있지 않고 모듈 구조로 구성되어 있다. 여러 가지 백엔드 엔진이 Keras와 매끄럽게 연동된다. 현재는 텐서플로, 씨아노, Microsoft Cognitive Toolkit, CNTK 3개를 백엔드 엔진으로 사용할 수 있다. 향후 더 많은 딥러닝 엔진을 Keras에서 사용할 수 있을 것이다.

다. Python

머신러닝 분야에서 가장 많이 이용되는 프로그래밍 언어는 Python과 R이다. Python은 1990년 암스테르담의 Guido Van Rossum에 의해 개발되었다. Python의 사전적 의미는 고대 신화에 나오는 파르나소스 산의 동굴에 살던 큰 뱀을 뜻한다. 아폴로 신이 델파이에서 Python을 퇴치했다는 이야기가 전해진다. 대부분의 Python 책 표지와 아이콘이 뱀 모양으로 그려져 있는 이유가 여기에 있다. Python은 인터프리터 언어다. 즉 프로그래밍 언어의 소스코드를 바로 실행하는 컴퓨터 프로그램 또는 환경을 말한다. 한 줄씩 소스코드를 해석해서 그때그때 실행해 결과를 바로 확인할 수 있는 언어다. 원래 프로그래밍이란 컴퓨터에 인간이 생각하는 것을 입력시키는 행위다. 인터프리터 언어와 상대적인 개념으로 컴파일러 언어가 존재한다. 컴파일러 언어는 C, C++, JAVA 등이 있으며 코드의 전체를 모두 변환하여 실행하며, 인터프리터언어는 python, HTML, SQL, Javascript 등이 있으며 소스코드를 한 줄 단위로 변환하고 실행하는 과정을 반복한다.

Python은 컴퓨터프로그래밍 교육과, 기업실무에서도 많이 사용되는 언어다. Google 소프트웨어의 50%이상이 Python으로 작성되어 있다. 이 외에도 온라인 사진공유서비스 Instagram, 파일 동기화 서비스 Dropbox 등이 있다. 또한 Python 프로그램은 공동 작업과 유지 보수가 매우 쉽고 편하다. 그 때문에 이미 다른 언어로 작성된 많은 프로그램과 모듈이 Python으로 재구성되고 있다.

Python의 특징을 정리하면[16] 첫째, Python은 인간다운 언어다. 프로그래밍이

---

16 https://wikidocs.net/6.

란 인간이 생각하는 것을 컴퓨터에 지시하는 행위라고 할 수 있다. Python 문법에서 알 수 있듯 Python은 사람이 생각하는 방식을 그대로 표현할 수 있는 언어다. 직관적으로 이해가 빠르다. Python코드가 마치 영어문장을 써놓은 것처럼 비전공자도 읽기 쉽게 되어 있다.

둘째, Python은 쉽고, 강력하다. Python으로 프로그래머는 대부분의 일들을 해낼 수가 있다. 물론 시스템 프로그래밍, 하드웨어 제어, 매우 복잡하고 많은 반복연산 등은 Python과 어울리지 않는다. 하지만 몇 가지를 제외하면 Python으로 할 수 없는 것은 거의 없다. Python 문법은 쉽고, 간단하다. 사람의 사고 체계와 매우 닮았다. 그럼에도 불구하고 Python을 통해 매우 다양한 것들을 만들어 낼 수 있다. 시스템 유틸리티 제작 및 GUI 프로그래밍은 물론 웹 개발도 가능하며 pygame이라는 모듈을 사용하여 간단한 게임 또한 손쉽게 만들 수 있다. 유명한 프로그래머 Eric Raymond는 Python을 공부한 지 단 하루 만에 자신이 원하는 프로그램을 작성할 수 있었다고 한다.

셋째, Python은 무료이지만 강력하다.[17] Open Source인 Python은 사용료 걱정 없이 언제 어디서든 다운로드하여 사용할 수 있다. Open Source란 저작권자가 소스 코드를 공개하여 누구나 별다른 제한 없이 자유롭게 사용·복제·배포·수정할 수 있다. 또한 프로그래머는 만들고자 하는 프로그램의 대부분을 Python으로 만들 수 있다. 물론 시스템프로그래밍이나 하드웨어 제어처럼 복잡하고 반복 연산이 많은 프로그램은 Python과 어울리지 않는다. 하지만 Python은 다른 언어로 만든 프로그램을 Python프로그램에 포함시킬 수 있다. 흔히 Python과 C는 찰떡궁합이라고 한다. 프로그램의 뼈대는 Python으로 만들고, 빠른 실행속도가 필요한 부분은 C로 만들어서 Python프로그램 안에 포함시킨다. 사실 Python 라이브러리 중 순수 Python만으로 제작된 것도 많지만 C로 만든 것은 대부분 속도가 빠르다.

넷째, Python은 간결하며 개발 속도가 빠르다. Python은 가장 좋은 한 가지 방법만 이용하는 것을 선호한다. 공동 작업과 유지보수가 아주 쉽고 편하다. Python의 특징을 "Life is too short, You need python."로 표현한다. 인생이 너무 짧

---

17 https://wikidocs.net/6.

으니 Python이 필요하다는 의미다. Python의 엄청나게 빠른 개발 속도를 두고 유행처럼 퍼진 말이다.

Python으로 할 수 있는 일은 아주 많다. 대부분의 프로그래밍 언어가 하는 일을 Python은 쉽고 깔끔하게 처리한다. Python으로 할 수 있는 일들은 다양한데 몇 가지 예를 들면 다음과 같다.

① 시스템 유틸리티(컴퓨터 사용에 도움을 주는 여러 소프트웨어) 제작

Python은 운영체제(윈도우, 리눅스 등)의 시스템 명령어를 사용할 수 있는 각종 도구를 갖추고 있기 때문에 이를 바탕으로 갖가지 시스템 유틸리티를 만드는 데 유리하다. 실제로 여러분은 시스템에서 사용 중인 서로 다른 유틸리티성 프로그램을 하나로 뭉쳐서 큰 힘을 발휘하게 하는 프로그램들을 무수히 만들어낼 수 있다.

② GUI 프로그래밍

GUI(Graphic User Interface) 프로그래밍이란 쉽게 말해 화면에 또 다른 윈도우 창을 만들고 그 창에 프로그램을 동작시킬 수 있는 메뉴나 버튼, 그림 등을 추가하는 것이다. Python은 GUI 프로그래밍을 위한 도구들이 잘 갖추어져 있어 GUI 프로그램을 만들기 쉽다. 대표적인 예로 Python 프로그램과 함께 설치되는 Tkinter(티케이인터)가 있다. Tkinter를 사용하면 단 5줄의 소스 코드만으로 윈도우 창을 띄울 수 있다.

③ C/C++와의 결합

Python은 접착(glue) 언어라고도 부른다. 그 이유는 다른 언어와 잘 어울려 결합해서 사용할 수 있기 때문이다. C나 C++로 만든 프로그램을 Python에서 사용할 수 있으며, Python으로 만든 프로그램 역시 C나 C++에서 사용할 수 있다.

④ 웹 프로그래밍

일반적으로 익스플로러나 크롬, 파이어폭스 같은 브라우저로 인터넷을 사용한다. 누구나 한 번쯤 웹 서핑을 하면서 게시판이나 방명록에 글을 남겨 본 적이 있을 것이다. 그러한 게시판이나 방명록을 바로 웹 프로그램이라고 한다.

Python은 웹 프로그램을 만들기에 매우 적합한 도구이며, 실제로 Python으로 제작한 웹 사이트는 셀 수 없을 정도로 많다.

⑤ 수치 연산 프로그래밍

Python은 수치 연산 프로그래밍에 적합한 언어는 아니다. 수치가 복잡하고 연산이 많다면 C 같은 언어로 하는 것이 더 빠르기 때문이다. 하지만 Python은 NumPy라는 수치 연산 모듈을 제공한다. 이 모듈은 C로 작성했기 때문에 Python에서도 수치 연산을 빠르게 할 수 있다.

⑥ 데이터베이스 프로그래밍

Python은 Sybase, Infomix, Oracle, MySQL, PostgreSQL 등 데이터베이스에 접근하기 위한 도구를 제공한다. 데이터베이스를 직접 사용하는 것 외에도 Python에는 재미있는 도구가 있다. 바로 pickle이라는 모듈이다. 피클은 Python에서 사용하는 자료를 변형 없이 그대로 파일에 저장하고 불러오는 일을 맡아한다.

⑦ 데이터분석, 사물인터넷

Python으로 만든 Pandas모듈을 사용하면 데이터 분석을 쉽고 효과적으로 할 수 있다. 아직까지 데이터 분석에 특화된 'R'이라는 언어를 많이 사용하고 있지만, Pandas 등장 이후로 Python 사용이 증가하고 있다. 사물인터넷 분야에서도 Python은 활용도가 높다. 한 예로 Raspberry Pi는 리눅스 기반의 아주 작은 컴퓨터이다. 라즈베리파이를 사용하면 홈시어터나 아주 작은 게임기 등 여러 가지 재미있는 것들을 만들 수 있다. Python은 라즈베리파이를 제어하는 도구로 사용된다. 예를 들어 라즈베리파이에 연결된 모터를 작동시키거나 LED에 불이 들어오게 하는 일이 Python으로 가능하다.

한편, 인공지능기술과 서비스의 혁신과 함께 머신러닝 프레임워크가 쏟아져 나오고 있다. Google을 비롯하여 글로벌 포털 및 Big Vendor의 솔루션이 오픈 소스로 제공되고 있다. 분석알고리즘 측면에서 각각 다른 특성이 있어 상세히 비교검토한 후에 적합한 프레임워크를 이용할 필요가 있다. 여기에는 C계열 (C/C++/C#), Java, Python 그리고 Lua진으로 나눌 수 있다. TensorFlow를 비롯해서 Python을 기반으로 개발된 솔루션이 가장 널리 이용되고 있다. 대표적인 라이브러리와 프로그래밍언어의 관계를 <그림>과 같이 나타낼 수 있다. 기업별로 방식이 약간씩 다르지만, 기본적으로 사용자가 직접 코딩하지 않아도 Cloud 접속만으로 사용자의 작업환경에 AI서비스를 맞춰주는 기능을 제공하고 있다. 이미지 및 음성인식기능을 곧바로 활용할 수 있는 자체 훈련된 AI도구들도 제공해 준다. 이를 잘 활용하면 어떤 비즈니스에서도 지능화된 플랫폼이나 서비스를 설계할 수 있다.

대표적인 라이브러리, 프로그래밍 언어의 관계구조

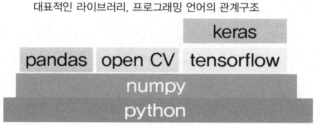

http://study.mycampus.io/?idx=97

아울러 개인 수준에서 인공지능의 실습을 위한 사이트를 제공하고 있으며 <표>와 같이 예시할 수 있다. 이 외에도 Deep Learning관련 프레임워크와 AI 개발을 위한 최적의 프로그래밍언어는 <표>와 같다. 그리고 인공지능의 활성화 및 제4차 산업혁명 구현을 위한 오픈소스기술(예시)은 <표 5−1>과 같이 나타낼 수 있다.

 실습을 위한 추천 사이트

• AI Korea – http://aikorea.org
• MachineLearning wiki – https://sites.google.com/site/machlearnwiki/
• AI Study – http://aistudy.co.kr
• Machine learning at KAIST school of computing – http://ml.kaist.ac.kr
• http://www.slideshare.net/yonghakim900/ss – 60252533 Deep Learning TV –

- https://www.youtube.com/channel/UC9OeZkIwhzfv_Cb7fCikLQ
- http://t-robotics.blogspot.kr/2015/05/deep-learning.html?m=1
- http://keunwoochoi.blogspot.kr/2016/03/deeplerarning4jorg.html?m=1 How to Machine Learning with Scikit Learn(Python)
- http://hunkim.github.io/ml/
- http://www.kmooc.kr/courses/course-v1:KAISTk+KCS470+2015_K0201/ about
- https://www.gitbook.com/book/dnddnjs/rl/details Udacity Deep Learning Course -https://classroom.udacity.com/courses/ud730 NVIDIA Deep Learning Courses
- https://developer.nvidia.com/deep-learning-courses

Deep Learning 관련 프레임워크

- PyTorch: Torch의 Python 버전으로, GPU를 사용하며 Python의 Numpy라이브러리를 대체하고, 최고의 유연성과 스피드를 제공하기 위한 목적을 갖고 있다.
- Caffe2: Facebook 이 공개한 표현, 속도 및 모듈성을 염두에 두고 개발된 딥러닝 프레임워크로 Python 인터페이스를 지원하는 C++ 라이브러리이다.
- ONNX(Open Neural Network Exchange): 딥러닝 모델을 인코딩하기 위한 오픈소스로 신경망의 컴퓨팅 그래프에 대한 형식과 그래프 안에서 사용하는 광범위한 연산자 목록에 대한 형식을 정의할 수 있다.
- Tensor Comprehensions(TC)는 Halide, ISL 및 NVRTC 또는 LLVM을 사용하여 고성능 기계 학습 커널을 자동으로 합성하는 완전 기능의 C++ 라이브러리로 Caffe2와 PyTorch에 적용할 수 있다.
- Glows는 다양한 하드웨어 환경을 지원하는 머신러닝 컴파일러로 머신러닝 프레임워크의 백엔드로 사용되도록 설계되었다. 라이브러리는 개발단계에 있다.
- Tensorflow는 Google이 개발하여 공개하였으며, AlphaGo에도 활용되었다. 여러 개의 CPU 및 GPU와 모든 플랫폼, 데스크톱 모바일에서 사용할 수 있다.

• Python: 수학 및 통계 라이브러리는 다른 언어가 따라올 수 없는 부분임. 광범위하게 사용되는 NumPy는 텐서 연산에서 표준 API나 다름없고, Pandas를 통해 R의 강력하고 유연한 데이터프레임을 Python에서 사용할 수 있다. 자연어 처리(NLP)에는 유명한 NLTK와 빠른 속도를 자랑하는 SpaCy가 있음. 머신러닝의 경우, 실전에서 검증된 Scikit-learn, 딥 러닝에서 현행 라이브러리(TensorFlow, 파이토치, 체이너, 아파치 MX넷, 테아노 등) 가운데 Python이 가장 우선적으로 활용되고 있다. Python 생태계에는 라이브러리 외의 다른 부분도 있다. IPython은 Jupyter Notebook이 되면서 Python 중심이며, 온라인에서 공유되는 노트북에서도 대부분 Python이 사용된다. 배포모델 측면에서도 마이크로서비스 아키텍처, Seldon Core와 같은 기술의 등장으로 프로덕션에 Python모델을 아주 쉽게 배포할 수 있다. Python은 AI 연구의 최전선에 있는 언어이며 대부분의 머신러닝, 딥 러닝 프레임워크에 사용되며 AI 분야의 거의 모든 사람이 말하는 언어이다.

• C++: 파이토치와 TensorFlow 모두 Python(또는 파이토치의 토치스크립트 Python 하위 집합)으로 생성된 모델을 로드해서 C++ 런 타임에서 바로 실행할 수 있게 해주므로 개발 유연성을 유지하는 동시에 프로덕션에서 베어 메탈 성능에 근접할 수 있다. AI 애플리케이션이 초소형 임베디드 시스템부터 거대한 클러스터에 이르기까지 모든 디바이스에 걸쳐 확산되면서 C++는 툴킷의 핵심 요소가 되고 있다.

• 자바 및 기타 JVM 언어: JVM 언어군(자바, 스칼라, 코틀린, 클로저 등)도 여전히 AI 애플리케이션 개발을 위한 좋은 선택이다. 자연어 처리(코어NLP), 텐서 연산(ND4J), GPU 가속 딥 러닝 스택(DL4J) 등 분야를 불문하고 파이프라인의 모든 부분에서 풍부한 라이브러리가 존재함. 또한 아파치 스파크, 아파치 하둡과 같은 빅데이터 플랫폼에 대한 접근도 용이함. 자바는 대부분 엔터프라이즈에서 공용어이며 새로운 언어 구성자가 도입된 자바 8 이상 버전부터 많은 이들이 편의성을 느끼고 있다. 자바로 AI 애플리케이션을 작성하는 과정은 다소 지루하게 느껴질 수 있지만 소기의 목적은 달성할 수 있으며 개발, 배포, 모니터링을 위한 기존의 모든 자바 인프라를 사용할 수 있다.

표 5-1 제4차 산업혁명 구현을 위한 오픈소스기술(예시)

연결과 Sensing		데이터 (수집/저장/처리)	분석	분석 – 시각화
Sensing(IoT)	블록체인			

Horizontal
platforms
• Canopy
• Chimera IoT
• DeviceHive
• DSA · Pico Labs
• M2MLabs
• Nimbits
• OSIOT
• RabbitMQ
• SiteWhere
• webinos
• Yaler
  Middleware
• IoTSyS
• OpenIoT
• OpenRemote
• Kaa
	• Bitcoin
	• Ethereum, EOS
	• Fabric(IBM)
	• Sawtooth(int el)
	• Iroha,
	  Openchain
	• HydraChain
	• MultiChain
	• Loopchain
	• Elements
	• Stella, NEO,
	  Lisk
	• R3 Corda
	• Wanchain
	• NXT, ARK
	• STRATIS
	• ICON,
	  CARDANO
	• theloop,
	  ripple
	• Credits
		수집
		• 내부(Sqoop)
		• 외부(Crawling)
		• 로그(Flume)
		분산저장
		• Hadoop HDFS
		• Solr, Beam
		• Pulsa, CockrochDB
		• Neo4j, InfluxDB
		클라우드
		• Openstack
		• Eucalyptus
		• Cloud Stack
		  − OpenNebula 처리
		  − Mapreduce
		• PIG(스크립트언어)
		• HIVE(데이터 요약, 질의,
		  분석)
			SPARK
			• Java등 API
			• SQL
			• Streaming
			• MLLIB
			• Graph
			딥러닝 플랫폼
			• TensorFlow
			• Theano, Torch
			• Keras, CNTK
			• PyTorch
			• Apache MXNet
			• Apache SINGA
			• BigDL, Caffe
			• Chainer
			• Deeplearning
				• BIRT
				• Zeppelin
				  Knowage
				• SpagoBI
				  MapD
				• Jaspersoft
				• Knime
				• Metabase
				• Matomo
				• Seal Report

4 성공적인 AI 도입 및 활용을 위한 전제 조건[18]

AI 활용 분야가 넓어지고 비용이 저렴해지면서, 거의 모든 영역으로 확장될 것으로 전망된다. 어느 순간 기업뿐만 아니라 대중들도 스마트폰 앱 등을 통해 손쉽게 사용하게 되면서, 경제·산업·생활의 지형이 크게 그리고 빠르게 변화할 수 있다. AI 기술을 이끄는 기업들 그리고 AI 활용이 가능한 분야의 움직임을 주의 깊게 보는 것이 미래를 준비하는 방법이다.

---

18 http://www.ciokorea.com/news/37861, 2018.04.10.

AI와 머신러닝이 앞으로 많은 의사 결정에 관여할 것이다. 가령 Excel에 수치를 입력, 조작, 코딩, 정렬하는 거의 모든 작업은 군집화, 분류 또는 순위 매기기 학습문제에 해당한다. 그리고 예측 가능한 모든 값 집합은 머신러닝영역에 해당되며 조사나 검색, 모든 패턴, 모양, 개체는 딥 러닝의 영역이다. 이처럼 비즈니스는 모두 AI와 머신러닝으로 해결될 수 있다. Word Processor가 타자기를 대체했듯, AI가 Excel을 비롯하여 사무직 근로자나 Analyst업무의 상당 부분을 대체하는 과정에서 다가올 변화에 대비해야 한다. 웹과 전자상거래에 대비하지 않은 기업처럼, AI와 머신러닝에 적응하지 못한 기업은 도태될 수 있다. 이른바 AI Transformation 이전에 몇 가지 전제 조건이 충족되어야 한다.

첫째, AI 교육이다. 조직의 모든 직원을 데이터 과학자로 만들 수는 없다. 또한 고급 수학은 보통 사람이 이해하기에 너무 어렵다. Trend가 빠르게 변화하는 상황에서 현재 효율적인 과학적 알고리즘이 머지않아 낡은 것이 될 수 있다. 그러나 기본 요소는 변하지 않는다. 조직의 모든 직원, 특히 개발자는 머신러닝의 몇 가지 기본 역량을 이해해야 한다. 가령 군집화는 여러 가지를 하나로 묶는다거나 분류는 여러 가지를 레이블이 지정된 그룹으로 정렬하며, 선 그래프를 만들 수 있다면 대체로 그 값을 예측할 수 있다는 점이다. 그리고 유동성 위험이든 진동, 전력 스파이크, 범위 안에 포함되는 값 집합이 있다면 지정된 날짜의 변동성을 예측할 수 있다. 이 외에도 컴퓨터는 모양, 소리, 값 범위, 이벤트 집합 등을 찾는 방법을 패턴인식을 통해 학습할 수 있다. 여기서 중요한 점은 사람의 기술 수준에 맞춰 AI 내용을 단순화해서 전달할 수 있는 직원이 필요하다. 개발자라면 특정 알고리즘이나 기법에 관심이 있겠지만 Analyst와 임원도 기본적인 비즈니스 원리와 컴퓨터기술을 이해해야 한다. 가령 모델이나 알고리즘의 작동 원리까지 알 필요는 없겠지만, 어떤 문제가 어떤 모델이나 알고리즘에 적당한지 인식할 줄은 알아야 한다. 아울러 AI역량은 계속 확장되고 있으므로 최소한 매년 한 번씩 정기적인 AI 재교육이 필요하다.

둘째, AI 알고리즘의 구성 요소화다. 구성 요소화 툴 중에 데이터 과학자를 위한 "노트북"이 있다. 다른 많은 툴이 여기서부터 파생되었다. 데이터 과학자 및 이들과 함께 작업하는 사람들을 위한 좋은 툴이다. 문제는 프로덕션 측면에서 나쁜 방식을 이끌 수 있다. 분류알고리즘 인터페이스는 다른 알고리즘과 비

숫하다. 비즈니스 사안에 따라 바뀌지 않는 특정 분류알고리즘도 있다. 과거 많은 기업이 하나의 고객 프로필을 만드는 방법을 알아내야 했듯 비즈니스 사안마다 각 시스템에 전혀 다른 프로필을 만드는 것이 아니듯 알고리즘에도 동일한 과정이 필요하다. 하나의 군집알고리즘을 만드는 것이 아니라 다른 알고리즘을 구성 요소화할 수 있어야 한다.

셋째, 시스템화가 필요하다. 대부분 시스템은 비슷한 형태를 지닌다. 데이터를 알고리즘으로 가져오기 위한 프로세스, 알고리즘을 실행하는 프로세스, 결과를 도출하는 지점이다. 모든 요소를 각 알고리즘마다 매번 맞춤 설계한다면 시간과 비용의 낭비를 야기할 수 있다. SOA(Service Oriented Architecture)로 인해 많은 기업이 애플리케이션 소프트웨어를 배포하는 방법이 바뀌었듯, AI의 배포 방법에서도 비슷한 기법이 필요하다. 모든 곳에 맞춤형 "노트북"과 함께 실행되는 여러 가지 맞춤형 스파크 클러스터와 맞춤형으로 구축된 ETL(Extraction, Transformation, Load) 프로세스가 요구되지 않는다. 어떤 상황에서도 까다로운 부분을 해결할 수 있는 AI시스템이 요구된다.

덧붙여, 성공적 머신러닝을 위해 필요한 Tip으로 첫째, 중요한 변수를 고려한다. 인간 관점에서 별 것 아닌 것까지 컴퓨터는 변수로 계산한다. 주요 변수와 결과를 최대한 구체적으로 계산에 넣을수록 원하는 머신러닝 솔루션을 얻을 수 있다. 둘째, 데이터 선행 과제를 중시한다. 효율적 통계 모델의 생성을 위해 데이터 출처와 Collection이해가 필요하다. 셋째, 실질적이고 충분한 검증이다. 모델검증을 위해 선택한 변수들에 대해 충분한 데이터 세트를 제공하는 것이 중요하다. 데이터 Feedback이 많

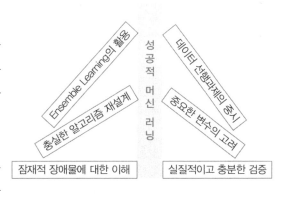

을수록 알고리즘 성능이 확연히 개선되며 머신러닝 프로젝트가 제 몫을 해낼 수 있다. 넷째, 데이터 보완과 충실한 알고리즘 재설계다. 모델 Testing결과가 예상했던 것과 다를 경우, 학습알고리즘 자체를 재설계하거나 더 많은 데이터를 모

은다. 데이터가 많아질수록 모델수행의 한계를 명확히 이해할 수 있다. 이 외에도 잠재적 장애물에 대한 이해, 앙상블 러닝(ensemble learning)의 활용 등이 고려되어야 한다.[19]

19 http://www.itworld.co.kr/t/62081/cio/101997.

인공지능의 두 얼굴: 가능성과 한계

"인공지능이 스스로 새로운 AI를 만드는 시대가 곧 닥칠 것이다.
그동안 인류가 풀지 못했던 사회적 문제를 AI가 해결할 것이다.
반면에 AI가 오작동을 일으키면 사회적 피해로 연결될 가능성이
크기 때문에 실패확률을 Zero로 만들어야 한다."

-Jensen Huang(2018, NVIDIA CEO)

인공지능의 빛과 어두움

인공지능은 전문가나 일반 사람들 사이에서 찬사(기대)와 지탄(우려)이 극명하게 엇갈리는 기술 중 하나다. 한쪽에서는 인간의 한계를 뛰어넘게 해줄 구원의 기술로, 다른 편에선 인류생존을 위협할 치명적 기술로 받아들인다. 두 얼굴의 모습을 드러낸다. 인간을 흉내 내거나 인간의 능력을 넘어선 로봇이 등장하면서 기대 섞인 놀라움과 함께 우려담긴 두려움이 교차하면서 담론이 형성되고 있다. 어쨌거나 제4차 산업혁명의 총아로서 인공지능이 지닌 효용과 편익의 활용을 극대화하기 위해 민간 기업을 중심으로 투자가 급증하고 실제적 효과를 경험하고 있다. 이미 유통, 제약, 미디어, 제조, 금융 등 다양한 산업에서 인공지능을 적용한 생산성 향상과 비용절감 효과를 누리고 있다. 인공지능은 그 자체로 가치중립적이다. 다만, 인공지능의 가능성을 최대화하고 한계를 최소화하기 위해서 빛과 그림자를 정확하게 인식, 이해해야 한다.

06
Chpater

인공지능의 두 얼굴: 가능성과 한계

1 인공지능의 질주, 어디까지 갈 것인가?

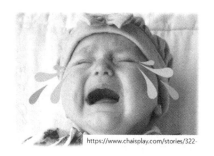
https://www.chaisplay.com/stories/322-

한 아이가 울고 있다. 주위 아랑곳하지 않고 우렁차게 울기만 한다면 아기 부모는 당황할 수밖에 없다. 아기가 우는 이유는 여러 가지가 있을 것이다. 배가 고프거나 단순히 화가 나서일 수도 있고 아니면 아픈 곳이 있어서 일 수 있다. 그 밖에도 다양한 이유가 있다. 우는 이유를 말해주면 좋겠지만 아기는 그럴 수 없다. 이런 아기의 부모에게 희소식이다.

Northern Illinois University연구진은 인공지능을 이용해 아기가 우는 이유를 파악하는데 성공했다. 연구목표는 부모들이 느끼는 스트레스를 덜 받게 하는 것이다. 아기가 무엇을 원하는지 몰라 안절부절 할 필요가 없어진다. 의사들도 아픈 아기를 조기에 발견해 치료할 수 있게 된다. 인공지능은 정상적인 울음소리와 비정상적인 울음소리를 구분해낸다. 정상적인 울음소리에는 관심을 끌기 위한 의도나 기저귀 교체, 수면, 불편함, 배고픔 등이 포함된다. 비정상적인 울음소리는 질병과 관련된 것으로 한정한다.

인공지능 개발을 위해 정확한 데이터가 필요했고 연구는 병원에서 진행했다. 병원 중환자실에 있는 신생아 26명을 대상으로 알고리즘을 테스트했다. 해당 인공지능의 장점은 매우 적은 데이터를 가지고도 예측이 가능하다는 점이다. 그리고 소음이 있는 환경에서도 측정에는 문제가 없었다. 정상적 울음소리와 비정상적 울음소리의 구분을 위해 숙련된 간호사와 간병인들도 연구에 참여했다. 연구진은 다양한 유형의 아기 울음소리에서 일정한 패턴을 발견했다. 도출된 패턴을 바탕으로 모든 아기에게서 의미 있는 정보를 얻었다. 즉, 우는 이유까지도 파악했다.[1]

사진:뉴시스/출처:인터넷 조선일보

아이뿐만 아니다. 인공지능이 독거노인과 같은 사회취약계층의 외로움을 덜어주는 벗이 되고 있다. 대화상대가 없는 독거노인은 인공지능 스피커와 대화를 하면서 정서적인 외로움을 해소한다. 궁금한 것도 인공지능 스피커를 통해 물어볼 수 있다. 치매 예방, 질병 정보, 운세 정보, 날씨, 종교 등 다양한 콘텐츠가 인공지능 스피커로 제공된다. 인공지능 스피커와 스마트스위치는 독거노인 안전을 확인하는 데도 유용하다.

경기도 화성시는 독거노인이 24시간 동안 전등을 켜고 끈 이력이 없거나 문의 여닫음이 감지되지 않으면 케어센터로 경고 알림을 보내고, 케어센터는 어르신들 안전을 확인하고 상황에 맞게 대처한다.[2] 화성시 팔탄면에 거주하는 표○○ 씨(84)는 "아리아한테 '사랑해' 하면 세상 어디에도 없는 따뜻한 말을 해줘서 정말 고맙다"며 인공지능 스피커에 대한 애정을 표현했다. 같은 지역에 거주하는 안○○ 씨(78)도 "아침에 일어나서 '안방 불 켜줘' '아리아 잘 잤어?'하면 안방 불을 켜고 '저는 잘 잤어요. 신경 써주셔서 감사해요'라고 인사한다."며 만족해했다. 얼마 전 세상을 떠난 동생을 그리워하는 A씨(73)는 "잠도 안 오고 힘들 때

---

1 연구진은 인공지능 성능향상을 위해 강화학습(reinforcement learning)을 이용할 계획이라며, 아기가 우는 이유를 더 많이 밝혀내고자 병원과 의료연구센터와 협력을 검토 중이다.

2 SK텔레콤 인공지능 스피커(NUGU) 200대와 (주)반디통신기술 스마트스위치 97대를 독거노인 거주 공간에 설치한 것. 돌봄 사업을 실시하는 것은 지방자치단체로는 화성시가 처음이다.

면 아리아로 자연의 소리를 듣는데 마음이 편안해진다. 난 아리아 없으면 안돼"라며 돌봄 사업에 대해 감사하다고 말했다(매일경제신문, 2020년 5월 12일자).

지금까지 그랬듯 기술은 단 한 순간도 우리를 기다려주지 않고 계속 앞으로 달려갔다. 인공지능기술의 발달과 그 적용영역은 무궁무진하며 장밋빛 전망이 우세하다. 농업·제 조업·서비스업 등 주요 산업분야 생산방식은 인간개입을 최소화하고, 데이터기반으로 완전 지능화가 추진되고 있다.

인공지능기술의 발달은 인공지능을 훈련시키거나 학습 데이터 처리 영역에서 사람의 역할에 도전하고 있다. 인공지능을 학습시키고 훈련시키는 일마저 사람의 몫이 아닐 수 있다는 우려가 커지고 있다. AlphaGo를 개발한 Google 딥 마인드의 Demis Hassabis 등 17명은 지난 2017년 10월 19일 영국의 과학학술지 <Nature>에 <Mastering the game of Go without human knowledge(인간 지식 없이 바둑을 마스터하기)>라는 논문을 실었다. 딥 마인드가 개발한 바둑 인공지능 AlphaGo Zero는 기존 버전과 달리 사람 도움 없이 기본적인 바둑규칙만 제공받은 상태로 출발했지만, 단기간에 경이적 성취를 이뤄냈다는 게 논문의 핵심이다.

딥 마인드가 공개한 AlphaGo Zero가 자신을 상대로 둔 기보로서 바둑규칙만 받고 스스로 학습을 시작한 AlphaGo Zero는 첫 3시간까지는 바둑을 처음 배우는 사람처럼 세를 읽고 영역을 만드는 것보다 가능한 한 상대의 돌을 포위해 돌을 따내는 데 집중했다. AlphaGo Zero는 바둑을 독학하기 시작한 지 36시간 만에 2016년 3월 이세돌 9단을 4 대 1로 이긴 버전(AlphaGo Lee)의 실력을 넘어섰다. AlphaGo Zero가 72시간 독학 뒤에는 2017년 3월 이세돌과 동일한 대국 조건(제한 시간 2시간씩)에서 알파고 리와 대결한 결과, 100전 100승을 따냈다. 40일에 걸쳐 2,900만 판을 둔 뒤 지난 2017년 5월 세계 랭킹 1위 커제 9단을 3 대 0으로 꺾은 버전(AlphaGo Master)의 실력마저 넘어섰다. AlphaGo Master와는 100전 89승 11패를 기록했다. AlphaGo Zero는 처음 3일까지는 바둑 초심자처럼 돌을 포위하는 것에 집중했으나 이후 고급 전략을 습득해 펼치기 시작했으며, 40일 뒤에는 그동안 존재하지 않던 새로운 정석을 발견했다.

AlphaGo Zero는 딥 러닝 방식과 함께 어떤 수가 승률을 높이는 좋은 수인지 피드백을 통해 스스로 바둑을 이해하는 강화학습 전략을 택해 효과를 극대화했다. 알파고 개발책임자인 David Silver(유니버시티칼리지런던 교수)는 AlphaGo Zero가 기존 버전들보다 강한 이유는 인간 지식의 한계에 얽매이지 않기 때문이라고 설명했다. 19시간이 지나자 돌의 사활 개념을 비롯해 핵심전략을 이해하기 시작했으며, 독학 70시간이 지나자 프로기사의 실력을 뛰어넘는 수준의 바둑을 두기 시작했다.

사람이 입력하지 않고 스스로 학습하는 인공지능은 모든 문제를 해결할 수 있는 범용 인공지능 개발의 꿈을 향한 핵심적 단계다. Deepmind의 CEO, Hassabis는 "인간이 만든 데이터를 전혀 필요로 하지 않았다는 게 가장 놀라운 사실이라고 말했다. <MIT Technology Review>는 AlphaGo Zero는 인공지능이 학습할 충분한 데이터가 없는 현실의 어려운 문제도 해결책을 찾아낼 수 있다는 점에서 인공지능 개발의 중대한 진전이라고 평가했다.

그동안 데이터 축적과 확보를 중시했던 인공지능 연구흐름에 변화가 예상된다. 인공지능 기업들이 경쟁적으로 개발도구를 개방하고 생태계를 만드는 목적도 더 많은 데이터를 확보하기 위한 시도로 여겨져 왔다. 인공지능이 사진에서 고양이 이미지를 식별하는 진전을 이룬 것도 2007년부터 수십억 장이 넘는 사진을 모은 데이터베이스를 구축해 누구나 이를 활용할 수 있도록 무료 공개한 ImageNet 덕분이다.

AlphaGo Zero는 인간의 기보를 전혀 활용하지 않고 스스로 학습한 지 3일 만에 이세돌과 대국한 AlphaGo Lee를 능가했으며, 21일 만에 커제를 꺾은 AlphaGo Master를 능가했다. AlphaGo Zero는 기존에 알려지지 않은 새로운 정석을 발견하며 바둑의 진전을 이루고 있다.

인공지능이 축적된 데이터 없이도 학습할 수 있다면 기존의 인공지능 연구에서 데이터와 알고리즘 간의 관계를 역전시키는 결과로 이어질 수 있다. David Silver 교수는 <Nature>에서 "가용 데이터나 컴퓨팅 능력보다 알고리즘이 훨씬 더 중요하다"고 밝혔다. 인공지능이 뛰어난 알고리즘 개발만으로 데이터가 전혀 없는 영역에서 인간능력을 뛰어넘는 해결책을 제시할 수 있다는 가능성을 제시하였다. 동시에 알고리즘 우선주의는 데이터를 생산하는 주체이자 인공지능을 훈련시키는 인간의 역할을 무가치하게 만들 수 있다.

그러나 지나친 부정적 평가와 우려가 지나치다는 지적도 있다. 인간의 바둑

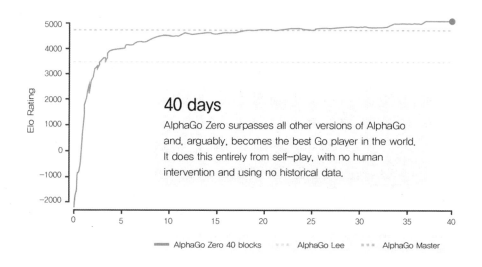

40 days

AlphaGo Zero surpasses all other versions of AlphaGo and, arguably, becomes the best Go player in the world. It does this entirely from self-play, with no human intervention and using no historical data.

━━ AlphaGo Zero 40 blocks   ···· AlphaGo Lee   ···· AlphaGo Master

학습과 달리 인공지능은 수백만 번의 대국을 통해 그 경지에 도달했기 때문이다. 미국 워싱턴대 교수 Pedro Domingos는 ＜MIT Technology Review＞에서 "딥 러닝과 강화 학습의 진전이지만 컴퓨터가 인간 지식 없이 배울 수 없다는 신호라고 보기는 어렵다"며 "이세돌이 챔피언에 오르기까지 둔 바둑 대국 횟수 정도만 알파고가 훈련한 뒤 이세돌을 꺾었다면 정말 놀라울 것이다"라고 지적했다.

AlphaGo Zero가 인간 최고수를 넘어 신의 경지에 이르렀음을 보여준 바둑과 달리, 현실의 문제는 대부분 사람의 행동과 의지가 개입된 복합적 영역에서 생겨난다. 변수가 통제된 폐쇄 영역에서 보여준 인공지능의 능력이 개방적이고 복합적인 인간 삶의 영역에서 그대로 이어지기 어렵기에 아직 인공지능을 두려워할 필요가 없음을 알려준다(구본권, 2017).

빈 서판(tabula rasa)에 비유하기도 한 AlphaGo Zero는 이전 버전과 세 가지 차이점이 있다.

첫째, 경우의 수를 줄여주는 정책망과 그 안에서 최적의 수를 찾아주는 가치망을 따로 활용했던 기존의 알파고와 달리, AlphaGo Zero는 이를 하나의 신경망으로 구현했다. 다음 수를 예측하는 정확도는 다소 낮아졌지만, 같은 시간 내 추론 능력이 두 배 이상 증가했다. 결과적으로 승리를 위한 최적의 수를 찾는 트리탐색(Tree search) 능력이 더욱 향상된 것이다. 또한 초창기 딥 러닝 기술인 합성곱 신경망(Convolutional neural network)이 아니라 Microsoft가 개발한 인식학습 프로그램인 <ResNet>을 사용함으로써 성능을 더 끌어올렸다.

둘째, 신경망에 사람이 정의하는 여러 특징(Handcrafted feature)을 별도로 입력하지 않았다. 이는 기존의 인공지능을 제작할 때 주어지는 일종의 가이드라인을 정하지 않았다는 의미다. 기존의 알파고는 활로의 개수, 축과 축머리 인지 여부 등을 별도로 입력했다. 하지만 AlphaGo Zero는 단지 바둑의 기본 법칙만 사용했다. 그리고 대국의 마지막 순간까지 빠르게 시뮬레이션하는 Roll-out기능을 제거해 CPU 자원 사용률을 대폭 줄였다. 초기 버전인 'AlphaGo판(판 후위 2단과 대결했던 버전)'은 1,202개의 CPU와 176개의 GPU를 사용했고, 'AlphaGo리(이세돌 9단과 대결했던 버전)'가 1,202개의 CPU와 48개의 TPU를 사용했던 것에 비해, AlphaGo Zero는 4개의 TPU를 가진 단일 컴퓨터를 이용했다.

마지막으로 AlphaGo Zero의 가장 큰 특징은 인간의 기보를 전혀 참고하지 않았다는 점이다. 바둑 규칙만 습득한 후, 자체 대국을 통해 독학으로 바둑의 이치를 터득했다. 불과 36시간 만에 인간의 기보를 학습한 버전을 추월했고, 3일 만에 AlphaGo리의 수준에 도달했다. 그리고 약 한 달 뒤. 기존의 인공지능 바둑왕인 'AlphaGo Master(커제 9단과 대결했던 버전)'를 넘어, 5천 점이 넘는 엘로(Elo) 점수를 획득했다. 무(無)에서 출발한 덕분에 인간의 선입견과 한계로부터 자유를 얻은 것일까? 강화 학습만으로 지도 학습의 성과를 능가할 가능성은 모두가 알고 있었지만, 그것을 실제로 성공시켰다는 점에서, AlphaGo Zero보다 딥 마인드 팀의 기술력 자체가 훌륭하다(감동근, 2017).

세계 유명 인사들이 인공지능에 대한 경고를 쏟아내던 2014년 가을 <인공지능 100년 연구(AI100)>라는 이름의 연구단이 출범했다. 앞으로 100년에 걸쳐 인공지능 기술이 어떻게 발전하고 인간 사회에 어떤 영향을 끼칠지 지속적으로 살펴보자는 프로젝트다. 17명의 학계 및 산업계 전문가들로 구성된 국제연구팀이 출범 2년만인 지난 2016년 9월 1일 첫 연구 보고서 <2030년의 인공지능과 생활>을 발표했다. 인공지능기술 발전이 2030년 북미 도시에 거주하는 시민의 생활을 어떻게 바꿀 것인지를 염두에 둔 내용이다. 글로벌화의 심화에 따라 다른 지역에도 시사(示唆)하는 바가 크다. 2030년은 인공지능이 인간지능 수준으로 발전할 것이라고 Ray Kurzweil이 예측한 시점이기도 하다. 연구팀 수장인 Texas대 Austin캠퍼스의 컴퓨터과학자 Peter Stone 박사는 인공지능기술이 2030년까지 대중화하고 유용해져 경제와 삶의 질을 개선시킬 것으로 전망했다. 지금까지의 추세로 볼 때 인공지능의 발전은 다양한 응용기술의 수준을 크게 향상시키고, 그러한 응용기술의 조합에 의해 새로운 상품과 서비스를 창출하여 여러 분야에서 파괴적 혁신을 일으킬 것이다.

2 인공지능의 가능성과 적용영역

제4차 산업혁명이라는 거대한 흐름 속에서 인공지능이 붐을 이루고 있다. 2010년대 들어 인공지능의 성능향상 속도가 Moore의 법칙보다 7배나 빨랐으며 2012년을 전후로 가파른 상승곡선을 그리기 시작했다.[3] 이러한 추세라면 장차 인간처럼 생각하고 행동할 수 있는 인공지능의 개발 덕분에 인간은 힘든 노동에서 해방되어 더욱 편리한 생활을 영위할 수 있을 것으로 기대된다.

제4차 산업혁명의 핵심기술 AI가 사물인터넷(IoT), 빅 데이터와 융합되면서 조용히 스며드는 <AI Calm−Tech시대>가 도래했다. 그래서 디지털이나 인공에서 벗어나기 어려워지고 있다. 2020년 1월 7일 개막된 세계 최대 정보기술(IT)·가전 박람회인 <CES 2020>의 화두는 AI기술이 생활에 주는 변화였다. 여기에 5G와 연결된 AI기술이 생활에 어떤 변화를 일으키고, 어떻게 발전하는지가 주제였다. Google의 Assistant(음성비서)는 AI신경망을 도입해 메일 읽기, 문자 보내

출처: 과학기술정보통신부 웹진

---

3 https://openai.com/blog/ai−and−compute/.

기 등 사용자 요구를 실시간으로 처리한다. AI가 식당예약을 하고 인기 메뉴도 추천한다. Chatbot은 24시간 예약 및 상담업무를 맡고, AI동시통역 App은 언어 장벽도 없앴다. 이외에도 AI 안면인식으로 일하는 사람을 감성적 측면에서 지원하는 AI Trans-Tech가 주목받고 있다. 스마트 폰으로 신생아의 눈을 촬영하면 안구질환과 유전병 진단이 가능하다. Google은 AI 독감예측, AI 치매예방, AI 심장질환 치료는 물론 재난예방시스템을 개발하고 있다. AI면접은 이미 보편화되었다. AI Humanoid Robot은 행사에 참석한 수백 명을 인지해 체크인하고 음료 주문도 한다. AI 간호로봇과 레크리에이션로봇은 환자의 재활에 도움을 준다. AI 바리스타와 셰프로봇도 등장했다.

가. 인공지능의 효용

인공지능은 실생활에서 보다 높은 질의 삶을 가져다주고 있다. 간편하게 통역하고 자율운전으로 편하게 이동할 수 있게 되며 각종 산업 분야에서 개인별 맞춤 서비스를 통해 향상된 서비스를 보장받을 수 있다. 또한 인건비 절감이나 수많은 자원을 효율적으로 아낄 수 있다. 이처럼 전문가들은 인공지능으로 인해 발전할 미래 산업 가치는 무궁무진할 것으로 전망한다.

1) 인간개입의 최소화(또는 대체)

학습을 위한 지식이 필요 없거나 최소화되면서 자동으로 인식 및 판단할 수 있어 사람의 개입이 최소화된다. 가령 항공사 Air Asia의 경우, 항공효율성서비스(FES)를 적용하여 항공기운항 상황에 따른 최적의 항로를 제시하고 운항 중 수립된 정보를 분석하여 보다 효율적인 운항을 지원하였다. 그 결과, 2014년 1년간 약 100억 원의 연료비를 절감하였다. 이처럼 기존에 조종사의 능력에 의해 결정되던 항로도 인공지능을 통해 인간 개입을 최소화할 수 있게 되었다.

2) 분석 및 의사결정능력의 강화 및 향상

AI 기술은 기존에 없던 분석기법을 통해, 보유하고 있지만 활용하지 못했던 다크 데이터 활용의 한계를 없애고 있다. 인공지능이 인간의 의사결정을 돕고 통찰력과 새로운 가치를 제공하기 시작하였다. 또한 AI가 자동으로 데이터를 준비해 데이터로부터 통찰력을 발견하고 해석하는 증강분석은 데이터 분석시간을 획기적으로 단축할 뿐만 아니라 알고리즘 스스로 의사결정을 내리고 통찰력을 제공함으로써 노동 생산성을 높인다. 데이터 과학자뿐만 아니라 일반인에게 데이터 분석 능력을 부여함으로써 분석의 민주화를 가능하게 한다(이승민·정지형, 2020).

3) 개인능력 격차 완화

인공지능에 충분한 데이터와 적합한 알고리즘을 적용할 경우, 전문가작업보다 좋은 결과를 낼 수 있어 전문가와 비전문가간 기술 격차를 줄여줄 수 있다. 전문가만 접근이 가능한 주식시장에도 고객에게 투자자문을 해주는 Robo-advisor(robot과 advisor의 합성어)상품을 통해 투자전문가가 아니더라도 주식상품을 손쉽게 자문을 구할 수 있게 되었다.

4) 비용 절감 효과

적합한 알고리즘으로 작성된 머신러닝을 수행할 경우, 데이터 입력 등을 제외한 모든 과정이 자동화되어 노동비용이 절감될 수 있다. 일본 나가사키현의 Henn-na호텔(2015년 7월 개관)은 사람이 하던 업무의 70%를 자동화시켜 인건비의 3분의 1을 절감하여 저비용 호텔을 운영한 사례 등을 통해 인공지능을 통한 비용절감 효과를 경험하였다. 하지만 2019년 기준 AI 컨시어지·수하물운반로봇 등 243개의 로봇 중 절반을 해고한 것으로 나타났다.

5) 자동화

AI 기술이 인간이 수동적으로 해야 했던 일들을 최소화하거나 대체함으로써 업무 효율성을 크게 높일 것으로 전망된다. 프로그램을 통하여 머신러닝을 수행하고 최적의 특징을 추출할 수 있다면 악성코드 변종 등을 빠르게 구분 및 분석해 낼 수 있다. 백신업체에서도 인공지능을 통해 악성파일을 식별하고 악성코드 감지에 대한 제품 출시 및 연구가 진행되고 있다.

6) 혁신기반 지속가능한 경제성장

AI는 자율주행자동차, 인공지능의사 Watson 등을 통해 기존 산업을 대대적으로 혁신하고 있다. 그러나 AI 활용의 더 큰 가치는 연구자로서 인간이 생각하는 방식을 바꿔 R&D 생산성을 향상할 수 있다는 점이다. AI의 진정한 가치는 지식 생산성 향상이다. 혁신의 역설을 극복하려면 생산성 유망 분야에 투자하는 것만으로 부족하다. AI 기반 R&D 혁신을 통해 총 요소생산성을 향상함으로써 경제성장의 돌파구를 마련해줄 것으로 기대된다.

나. 인공지능의 적용영역

인공지능 혁신은 사실상 딥 러닝에 의한 것으로 기존 기술과 결합하여 자연어 처리, 컴퓨터 비전, 음성/영상 인식, 번역, 추천 등 구체적인 애플리케이에서 인터넷 기업을 포함한 다양한 기업들에 의해 모든 영역에서 실용화되고 있다.

1) 의료 및 보건영역[4]

오래전부터 사람들이 인공지능의 출현을 기다려온 분야다. 그동안 개인 건강 체크 기기와 모바일 앱, 병원의 전자의료기록(EHR), 수술로봇과 병원 운영을 돕는 서비스 로봇 등을 통해 유용한 건강 관련 데이터를 수집하는 데 놀라운 발전이 있었다. 인공지능 기반 제품과 서비스들이 몇 년 내에 치료 성과를 내 수백만 명의 삶의 질을 높여줄 수 있다. 관건은 의료진과 환자의 신뢰를 얻는 것이다. 인공지능 기계가 간병인이나 환자 또는 환자가족들과 얼마나 자연스럽게 소통할 수 있느냐가 이 영역의 발전을 좌우할 것이다.

인공지능(AI)이 빠른 속도로 의료 분야를 파고들고 있다. 뇌종양 진단에서 AI가 의사를 앞질렀다는 연구결과가 나왔다. 이에 앞서 Google은 유방암과 폐암 진단에서 잇따라 AI가 실제 의사의 진단보다 정확도에서 높았다. 전문가들은 AI가 의사의 진단 보조 수단으로 확산되면 오진(誤診)이 줄고 반대로 조기 진단은 늘어나 환자 치료 효과가 크게 높아질 것으로 기대한다. 더불어 시장도 급성장

---

4 조선일보, "닥터AI, 뇌종양 진단도 전문의 뛰어넘었다." 2020년 1월 7일자.

하고 있다. 글로벌 투자은행 모건스탠리는 의료 분야의 AI가 2019년 13억 달러(1조 5,000억 원) 시장에서 2024년 100억 달러(11조 7,000억 원) 규모로 급성장할 것으로 예측했다.

미국 뉴욕대 의대의 Daniel. Orringer 교수팀은 국제학술지 〈Nature Medicine〉에 AI로 암 수술을 받은 환자 278명의 뇌 조직을 검사한 결과 뇌종양 진단에서 94.6%의 정확도를 보였다. 같은 진단에서 병리학 전문의들은 93.9%의 정확도를 보였다. AI는 이른바 딥 러닝(deep learning·심층학습)이라는 기계학습법을 통해 스스로 뇌종양 진단법을 익혔다. 연구진은 뇌종양 환자 415명으로부터 얻은 암세포의 현미경 사진 250만 장을 AI에 입력해 암세포의 특성을 스스로 터득하게 했다.

AI는 뇌종양 진단에서 정확도뿐 아니라 속도에서도 의사를 앞섰다. 수술에서 얻은 두뇌조직은 염료 등 다양한 화학약품으로 처리하고 박막으로 잘라낸 후에야 의사가 현미경으로 검사할 수 있다. 보통 20~30분이 걸리는데 AI는 150초 만에 진단이 끝났다. 연구진은 레이저를 두뇌조직에 쏘아 암세포에서만 특이하게 반사되는 형태를 포착하는 방법을 적용해 진단 시간을 획기적으로 줄였다.

암 조직검사는 미국에서만 매년 110만 건이 이뤄지고 있다. 그만큼 조직검사를 할 의료진이 부족하다. 장차 AI는 병리학자의 조직검사 부담을 크게 덜어줄 수 있을 것으로 기대된다. AI가 병리학자의 보조 수단으로 도입되면 사실상 100% 정확한 진단이 가능할 것으로 기대된다.

AI가 질병을 진단하는 방법도 다양하게 진화하고 있다. 딥 마인드는 카메라로 찍은 안구(眼球) 영상으로 안과 질환을 진단하는 AI를 개발해 상용화했다. 2019년 미국 하버드대 의대 연구진은 AI가 대화 문장을 분석해 조현병에 걸릴 환자를 90% 이상 정확도로 알아내는 데 성공했다고 발표했다. 미국 AI 업체 FDNA는 아기의 얼굴 사진을 AI로 분석해 희소 유전 질환을 90% 이상 진단했다. IBM의 인공지능 플랫폼 Watson은 의학계 스타의사로 군림 중이다. Watson을 활용한 암 진단 정확도는 대장암 98%, 방광암 91%, 자궁경부암의 경우 100%를 자랑한다. 반면에 인간의사의 오진율의 경우, 20% 내외다.

2) 법률영역

법률 분야의 경우, 인공지능변호사인 Ross가 대표적이다. IBM이 개발한 인공지능법률프로그램 Ross는 수천 건의 관련 판례를 단시간 내 분석해낸다. 특정 질문에는 가설을 추론하여 추가 질문을 던지기도 한다. 2016년 뉴욕대형 로펌 Baker & Hostetler와 고용계약을 맺었다. 파산분야 판례를 수집·분석하고 자문한다. 일상 언어를 이해할 수 있는 자연어처리방식이다. 정보검색시간을 획기적으로 줄였다. 더욱이 새 판례와 법률을 학습까지 한다. 2019년 8월 한국에서 <알파로 경진대회(Alpha Law Competition)>가 열렸다. Legal AI와 변호사연합팀과 변호사만으로 구성된 팀이 제한 시간 내에 근로계약서의 문제를 찾는 대결이었다. 승리는 Legal AI팀에게 돌아갔다. 승부를 가른 것은 문제를 읽고 분석하는 데 걸린 시간이었다. 인간변호사는 문제를 읽는 데만 몇 분이 걸렸고 이를 분석하는 데 20~30분의 시간이 더 필요했다. 그러나 AI는 계약서 내용을 넣고 7초 만에 분석 결과를 내놓았다. 실제로 2013년 미국 대법원은 한 피고인의 항소에 Compass가 제공한 분석에 근거한 검사의 중형구형이 부당하다는 피고인(Loomis) 항소에 대해 Compass보고서는 가치 있는 정보를 제공했다. 인공지능을 근거로 한 선고 역시 타당하다고 판시함으로써 법률영역에서의 AI의 활용 가능성을 인정하였다. 장차 AI기술의 고도화로 신사업 분야인 Legaltech 산업의 성장이 예상된다.

3) 금융영역

인공지능이 금융으로 접목이 확산되고 있다. 인공지능은 월가 금융인들에게 도전장을 던졌다. Google의 투자를 받은 Startup <Kensho>가 만든 인공지능 금융프로그램 <Kensho>는 사람 대신 머신러닝 알고리즘에 따라 증권시장을 분석한다. 금융계의 AlphaGo라 불리는 Kensho는 2014년부터 실전에 배치되었는데 2016년 2월 뉴욕 타임스는 50만 달러의 연봉을 받는 전문 애널리스트가 40시간 동안 하는 일을 <Kensho>는 수 분 내 처리할 수 있다고 밝혔다. 금융영역은 신속, 정확하고 방대한 업무가 필수적인 분야로 향후 인공지능기반 업무 및 서비스가 확대될 것이다.

4) 문화·예술영역

인간만의 영역이라고 여겼던 창조적인 분야도 예외가 아니다. 일본 문학상에 인공지능 프로그램이 작성한 소설이 1차 심사를 통과했다. 인공지능은 인간과 달리 비정형화된 그림은 그리지 못한다던 기존의 패턴을 깨고 추상 미술에도 진출했다. 인공지능 프로그램은 폭넓은 데이터 베이스를 기본으로 바로크에서 현대음악까지 아우르는 작곡, 작사 실력도 탁월하다. 이와 같은 눈부신 인공지능의 중심에는 인간의 뇌를 모방해 만든 기계의 뇌가 있었다. [5]

5) 홈서비스영역

많은 가정에서 쓰고 있는 AI기반 제품은 청소기나 세탁기라 할 수 있다. 앞으로 더 좋은 칩과 더 값싼 Sensor, 클라우드 기반의 원격제어, 더 나은 음성 인식 기술이 로봇의 서비스 수준과 로봇의 대인 소통 능력을 높여줄 것이다. 짐을 배달하고 사무실을 청소하고 보안을 담당하는 전문 로봇도 나온다. 지난 3년 사이에 값싸면서도 안전한 로봇팔이 잇따라 개발돼 나왔다. 2025년쯤에는 아마도 가정에서 활용할 수 있을 것이다.

6) 교육

질 높은 교육을 하려면 인간 교사의 능동적 개입이 필요하다. 하지만 인공지능은 모든 단계에서 교육의 질을 향상시켜 줄 것이다. 인공지능은 개인화가 가능하기 때문이다. 쌍방향 인공지능 과외교사는 학생과 1 대 1로 짝이 맺어지게 될 것이다. 언어와 수학 등의 학습에 도움을 주는 쌍방향 튜터링 시스템은 이미 나와 있다. 학교에는 2016년 <Jill Watson>이라는 여성조교시스템이 투입되었다. 조지아 공대 조교로 활약 중인 그녀는 온라인으로 개설된 인공 지능 과목의 조교를 맡아 97%의 질문에 정확하고 자연스러운 대답을 해 학생들은 모두 질 Watson이 기계라는 것을 알고 있음에도 아무도 인공지능이라고 생각하지 않았다.

7) 공공안전 및 보안영역

북미지역의 도시와 연방기구들은 행정과 사법 영역에서 인공지능을 활용하기 시작했다. 인공지능의 활약이 가장 기대되는 분야는 신용카드사기 같은 화이트

---

5 http://www.sciencetimes.co.kr/?p=154870&cat=36&post_type=news&paged=108.

칼라 범죄 추적이다. 2030년에는 감시용 카메라와 드론, 금융사기 추적 알고리즘, 예측 기반 치안유지활동(predictive policing) 등에 대한 의존도가 크게 높아질 것이다. 그러나 영화 <Minority Report>에서처럼 예측기반 치안유지활동은 무고한 시민들에 대한 사찰 논란을 불러일으킬 수도 있다. 올바르게 활용으로 인간의 결정에 내재한 편향이 초래할 위험을 피해야 한다.

🔍 인기 많은 인공지능 조교, Jill Watson

2016년 1월, 조지아공대가 진행한 온라인수업에 〈AI조교 Jill Watson〉이 최초로 등장했다. Jill Watson은 조지아공대의 컴퓨터전공 Ashok Goel 교수가 2015년 대학원생들과 만든 여성조교 프로그램이다. 조지아공대는 미국 IBM사의 인공지능 컴퓨터 Watson을 기반으로 온라인 수업에 특화된 가상 조교를 완성했다. 학생 300명 사이에서 활동한 Watson은 학생들이 전혀 눈치채지 못할 정도로 완벽하게 자신의 역할을 해냈다. 온라인게시판에서 학생들과 의사소통했으며 학생의 질문에 대답하고 쪽지시험이나 토론주제도 내줬다. Watson에게 쏟아진 수업과 관련된 질문은 무려 1만 개에 달했는데 Watson은 학생들이 궁금해 하는 질문에 40%를 답변했다. 인간조교라면 시간에 쫓기거나 고민하는 데 많은 시간이 필요하겠지만 인공지능 조교는 달랐다. Watson이 질문자의 의도를 잘못 파악하거나, 틀린 답을 주는 경우는 거의 없었다. Goel 교수팀은 학생들의 답변에 대비하기 위해 4만여 개의 답변을 미리 준비했는데, 이는 학생들의 궁금증을 해소하기에 충분했다. 특히 Watson은 대답의 정확성이 97% 이상일 때만 답변을 하도록 설계됐다. 과거 수업에서 오갔던 게시물을 스스로 학습하고, 답변의 정확성과 의사소통 능력을 높였다. 흥미로운 점은 학생들 사이에서 가장 인기 있는 조교가 Jill Watson이었다는 사실이다. 속어를 섞어 쓰는 등 사람처럼 의사소통도 아주 자연스러웠다. 물론 Watson이 처음부터 제 기능을 한 것은 아니다. 수업 초기에는 이상한 답변을 보내와 학생들의 의심을 사기도 했다. 하지만 어느 정도 학습능력을 갖춘 후에는 실제 조교 수준의 능력을 보였다. 이런 이유로 학생들은 의심의 여지없이 Watson이 조지아공대 박사과정에 재학 중인 20대 백인 여성이라고 생각했다. Goel 교수가 Watson의 정체를 밝혔을 때, 학생들은 깜짝 놀랐다. 학생들은 인공지능 관련 강의를 수강하기 때문에 인공지능이 자신들을 가르칠 수 있다고 상상해 봤지만, Watson이 인공지능이라고 확신한 학생은 단 한 명도 없었다.

- 설성인(2017), 4차 산업혁명은 어떤 인재를 원하는가, 다산4.0

8) 오락영역[6]

오락 영역에서 콘텐츠제작도구와 소셜 네트워크, 그리고 인공지능의 결합을 통해 새로운 형태의 엔터테인먼트들이 등장하고 있다. 인공지능은 참여적이고 개인화된 쌍방향 미디어를 꽃피울 것이다. 더욱 복잡하고 다양한 도구와 앱들이 나와 더욱 손쉽게 고품질의 음악이나 댄스 등 콘텐츠 제작에 조력할 것이다.

이처럼 다양한 영역에서 활용되는 인공지능의 성공 여부는 인간의 삶에 얼마나 기여하느냐에 달렸다. 즉 사람들이 얼마나 손쉽게 인공지능 제품들을 이용하고 그에 적응할 수 있느냐가 인공지능의 성공을 결정한다. 다른 한편, 사회 구성원들이 인공지능 기술에 공평하게 접근할 수 없다면 인공지능은 현재의 기회 불평등을 더 심화시킬 수도 있다.[7]

3 인공지능의 한계와 그늘(예상되는 부작용 및 문제점)

인공지능이 급속하게 발전하는 상황에서 불완전성을 드러내고 있다. 기계에 주어지는 데이터 세트가 제한적이거나 편향되어 있는 경우 또는 AI 연구자들이 이러한 제한이나 편향성을 인식하거나 고려하지 못한 채 만들어진 AI는 결함이 있을 수밖에 없다.

가. 인공지능의 한계

인공지능의 혁신성과 가능성에도 불구하고, 인공지능은 어디까지나 인간의 지적활동을 통계적 근사치를 통해 결과를 제시한다. 특히 통계기반 인공지능은 상관관계만 추적해 결론을 제시하고 원인과 결과의 파악이나 진정한 언어이해능력이 취약하다. 퀴즈쇼 우승자와 대결했던 IBM Watson이나 Google검색처럼

---

6 http://www.hani.co.kr/arti/economy/it/761039.html 2016년 9월 12일자.
7 http://www.hani.co.kr/arti/economy/it/761039.html#csidxd0fa3e8400900f3957e8bccfa21c.

텍스트검색 알고리즘과 데이터베이스가 결합된 프로그램들은 자신이 읽는 것을 의미론적으로(semantically) 이해하지 못 한다. 이외에도 데이터, 판단, 인식, 해석, 상식 등 인공지능의 불완전성이 한계로 작용한다.

1) 학습되지 않은 상황에 대하여 엉뚱한 결과도출[8]

AI는 기본적으로 데이터 세트 내부에서 추론은 잘한다. 하지만 데이터의 범위를 벗어난 추정에 대해 그것이 올바른지 여부를 항상 검증할 필요가 있다. 주가 정보를 대량으로 AI에 넣어 특정 종목의 주가를 예상한다고 가정하자. 여기서 얻을 수 있는 추론은 매우 정밀하고 신뢰할 수 있다. 그러나 리먼 사태처럼 급격한 주가 폭락과 같이 데이터 자체에 구조적인 변화가 생겼을 경우, AI의 예측 신뢰도가 현저하게 떨어지는 상황에서는 AI 판단을 전적으로 신뢰하기 어렵다.

또한 학습된 모델의 해석 가능성(Readability)과 관련하여 명확히 정의되지 않은 노드들(Hidden Nodes)과 노드 간 가중치(Weight)를 가지고 결과를 도출하기 때문에 입력에 대한 결과가 맞는지 틀리는지를 판단할 수 없다. 예를 들어 인공지능이라는 개념을 많은 사람들에게 각인시켜준 AlphaGo와 이세돌의 대결 중 이세돌이 놓은 78수는 신의 한 수가 되었듯 인간은 악수(惡手)인지 묘수인지 알 수 있었지만 AlphaGo는 몰랐다. 이해 불가능한 모델을 만들 가능성이 크다. 인간 연구자가 만드는 통계모델은 일견 복잡하게 보여도 인간이 해석할 수 있도록 상당히 단순화되어 있다. 그러나 AI는 이러한 제한이 없기 때문에 매우 많은 변수로 이루어져 그래프화나 이미지화할 수 없는 <이해 불가능한 모델>을 만들 가능성이 크므로 AI판단을 그대로 믿을 수 있을지 의문이다.

2) 인간에 의한 시작 및 종료시점 정의 필요

현재의 인공지능은 퀴즈, 체스 심지어 경우의 수가 우주의 원자 수에 달해 컴퓨터는 절대 사람을 이길 수 없다고 했던 바둑에서도 인간을 앞질렀다. 하지만 인공지능은 스스로 어떤 문제를 풀어야 하는지 정의할 수 없고 잘 처리한다

---

8 http://www.igloosec.co.kr/BLOG 2017년 6월 7일자.

는 의미를 설명할 수 없는 것이 한계다. 주어진 문제의 해결능력은 인간보다 뛰어나지만 문제인식 및 정의결과에 대한 판단은 인간만이 할 수 있다.

3) 단일 기능수행만 가능(점진적 학습 불가능)

이미지 인식에 대해 학습을 한 가상머신이 있을 때, 음성인식 기능을 수행하고자 한다면 학습된 데이터와 새로 입력되는 데이터의 성질이 달라 기존의 학습 결과는 무의미하기에 처음부터 다시 학습해야 한다. 또한 기계학습과 같은 통계적 인공지능 접근방법은 귀납(induction) 및 추론 및 가설생성(abduction)에 의존하는 경우가 많다. 이에 따라 개연적으로 참(true)이다. 일종의 어림짐작(heuristic) 문제해결 방식에도 의존한다. 이로 인해 컴퓨터의 계산능력 한계로 인한 NP (Non deterministic Polynominal) Class문제를 회피할 수 있어 적용범위가 크게 늘어난다. 하지만 신뢰성에 제약된다. 기계번역과 같은 통계적 자연어 처리는 컴퓨터가 질문의 의미를 이해하는 것이 아니며 기본적으로 각 언어 데이터의 matching에 불과하다. 인간의 언어활동, 대화에는 일반 상식이 이미 전제되어 있지만 컴퓨터가 인간상식을 이루는 방대한 지식을 알 수 없기에 지식획득의 병목에서 자유롭지 못하다.

4) 대량 데이터 수집상의 한계

금융이나 신용카드 정보 등 빅 데이터 분야는 AI가 잘 할 수 있는 특기영역이다. 하지만 데이터가 부족한 영역에서는 무용지물이다. 정답이 있는 대량 데이터가 반드시 필요하다는 한계를 지닌다. 예를 들면 특정한 상황에서 인간에게 어떠한 감정이 일어나는가 하는 데이터는 감정을 수학적으로 제대로 정의할 수 없기 때문에 존재하지 않는다. 거짓말 탐지기처럼 혈압과 심장박동수의 변화를 파악하는 정도만으로 인간의 복잡한 감정을 포착할 수 없다.[9]

---

9 http://www.mrepublic.co.kr/news/articleView.html?idxno=34186 미디어 리퍼블릭(http://www. mrepublic. co.kr), [사이언스테크] 인공지능(AI)이 가진 3가지 문제점, 2019년 7월 7일자.

5) 인공지능에 대한 법적·윤리적 책임소재 문제

자율주행자동차의 사고, 자동 주식거래 시스템에 대한 규제, 의료 분야에서 오진으로 인한 피해 등 알고리즘의 실수로 불법행위나 피해가 발생했을 때 책임소재의 문제가 제기될 수 있다. 알고리즘 작성자의 책임인지, 그 시스템을 이용했던 사용자의 문제인지, 인공지능 시스템의 문제인지, 법적·윤리적으로 처리와 해결책에 대하여 책임소재를 둘러싸고 발생한 문제에 무기력하다. 이러한 한계와 함께 부작용이 발생하고 있다. <표>에서 보듯 지난 2014년 아마존의 채용과정에서 드러난 편향사례와 함께 2018년 12월까지 발생한 다양한 사건 및 사고를 통해 확인된다(중앙일보, 2019년 10월 6일자).

인공지능 기술의 한계와 부작용

2016년 3월	알파고 이세돌 9단과 4국에서 패배, 자신에게 유리한 78수를 해석 못함
2016년 3월	MS 챗봇 테이, 트위터 사용자들에 의해 인종차별, 반유대주의, 왜곡주의 대화 체제 학습
2016년 6월	테슬라 자율주행차 캘리포니아에서 사고, 흰색 트레일러를 하늘로 인식해 운전자 사망
2014년~17년	아마존 신입사원 선발에서 여성 지원자 자동 감점
2018년 1월	LG전자 로봇 클로이, CES에서 음성 인식 오류
2018년 3월	우버 자율주행차 애리조나 사고, 주변 사물 인식 못해 보행자 사망
2018년 7월	IBM 왓슨, 내부 문서 검토 결과 잘못된 암 치료 솔루션 제공
2018년 12월	레딧에 딥페이크 기술을 이용해 일반인 얼굴이 사용된 포르노 영상물 게재
2018년 2월	유튜브 주호민 작가 계정 댓글 기능 차단, 주 작가를 아기로 인식

나. 인공지능의 역기능(부작용)

인공지능의 부작용을 비판한 영국의 우주물리학자 Stephen Hawking 박사는 "완전한 인공지능의 개발이 인류의 종말을 초래할 수 있다"고 경고했다. 세계 최고의 혁신기업가라는 미국 전기자동차업
체 테슬라의 Elon Musk CEO는 "인공지능은
인류에게 핵무기보다 더 큰 위협이 될 수 있
다"며 인공지능의 개발을 '악마를 소환하는 행
위'에 비유했다. 이에 대해 Babson College에
서 인지기술을 가르치고 있는 Davenport 석좌
교수는 언론이 인공지능에 대해 과대광고와 과
장을 조장했다면서 부정적인 부분에 대한 이야기가 필요하다고 주장했다. 물론
인공지능에 대한 우려가 새로운 것은 아니다. 인종과 성별 등 다양한 편향과 차별
부터 통제력을 상실해 치명적인 결과를 초래할 자동 드론까지 AI에 대한 우려는
오래전에 시작됐고 지금도 계속되고 있다.

　인공지능은 양날의 칼과 같다. 장점을 잘 살린다면, 인간이 상상할 수 없는
속도로 일을 처리하기 때문에 엄청난 기술발전을 안겨 줄 수 있다. 반대로 일자
리부족 문제, 빈부격차 등 많은 사회문제들을 초래할 수 있다. AI가 그동안 인간
이 해오던 일을 대신 수행함으로써 실업자가 늘어날 것이라고 우려하는 목소리
도 만만찮다.

　하지만 현실적으로 불가피한 측면이 작용한다. 만일 당신이 경영자 또는 자
영업 점주라고 하자. 당장 인력충원이 필요하고 두 지원자(인간과 인공지능)가 있다
면 누구를 채용하겠는가? 인공지능은 먹지도 자지도 않고 365일 24시간 일하며,
재충전을 위한 휴가나 커피 한 잔도 필요 없다. 월급 1,800달러(약 220만원)만 제공
하면, 시키는 대로 하고 가라는 대로 간다.

🔍 현재 미국에서 가장 잘나가는 화이트칼라(사무직) 로봇

　워라밸(일과 삶의 균형)이 직장인의 중요 가치로 떠오른 지 오래지만, 미국 뉴욕 맨해튼에
서는 이를 역행하는 바람이 불고 있다. 맨해튼 남쪽에 본사를 둔 인공지능(AI) 업체 IP소프
트에서 2014년 태어난 가상 고객 상담원(virtual customer agent), Amelia의 외형은 금
발에 푸른 눈을 가진 백인여성이다. 피부에 가벼운 색조 화장을 즐겨 하며 웃을 때 눈가 주

변의 주름도 자연스럽다. 검정정장 차림의 그녀는 보험콜센터 상담 등 프런트오피스부터 회계관리 등 백오피스까지 사람을 대하는 12가지 업무를 수행한다. 영어와 프랑스어 등 20가지 언어에 능통해 해외영업팀에서도 탐을 낸다고 한다. "업무가 없을 땐 사람은 무엇인지 공부해요. AI끼리 소통하는 언어도 배웁니다." 그녀의 적응력은 타의 추종을 불허한다. 채용 후 회사 IT 시스템 가이드를 알려주면 1분 만에 숙지하고 업무에 적용한다. 업무역량을 인정받아 미 최대 자동차보험사 중 하나인 Allstate와 미 IT(정보기술) 업체 Unisys 등 글로벌 500여 기업이 스카우트했다.

2017년 Amelia 채용 후 Allstate의 고객 상담 시 첫 전화로 고객 불만이 해결되는 확률은 67%에서 75%로 올랐다. Unisys에서는 반복적인 내용의 고객 문의가 32% 줄었다. 300페이지짜리 매뉴얼을 30초 만에 외우는 빠르고 완벽한 암기력 덕이다. "고객 맞춤 관리가 중요해요. 고객 전화번호를 외워두고 과거 문의 내용도 함께 외워둡니다. 고객은 예전 상황을 반복해서 설명할 필요가 없으니 저절로 고객 만족도는 올라가죠."

겉모습은 30대 중·후반의 나이지만, IT업계에서만 20년 이상 구른 베테랑과 동급의 능력자다. "처음에는 영수증 처리 같은 간단한 자동화 업무를 맡아왔어요. 수천 개에 달하는 전화를 동시에 처리할 수 있는 등 경험이 쌓이면서 고객 대면 서비스로 직무를 옮기게 됐습니다." 완벽해 보이는 그녀도 단점은 있다. 문장의 문법이 틀린 경우나 신조어 등은 아직 이해하지 못한다. 시간이 흘러 양자 컴퓨팅 기술이 발전하면 이마저 보완될 전망이다. 그녀는 뛰어난 능력으로 주요 보직을 노릴 법도 하지만, 사람이 싫어하는 단순 반복적인 일을 군말 없이 한다. '진짜 사람'의 시간을 아껴주기 위해서다. 그녀는 "단순 비밀번호 변경 같은 데 시간을 낭비하기에는 사람의 시간은 소중하다"며 "사람은 창의적이고 혁신적인 일에 시간을 쏟아야 한다. 그것이 인간의 미래를 돕는 일"이라고 했다.

(조선일보, 2020년 5월 22일자)

현재 실용화 되는 대부분의 AI가 여기에 해당한다. 특화된 AI는 자율운전기술이나 화상 인식, 장기, 체스, 바둑 등 특정한 정해진 작업을 수행하는 인공지능을 말한다. 특화된 AI 분야에서 자동차운전이나 서류체크 등 지금까지 인간이 판단하고 수행했던 업무를 AI에게 넘겨주는 시대가 도래(到來)할 것으로 보인다. 이러한 전형적인 일이 은행의 융자업무다. 융자 여부의 판단은 아무리 복잡하더라도 정해진 규칙과 정보를 입력하면 본인 확인이나 융자 가능성을 인간보다 확실하고 빨리 진단하여 결과를 도출할 것이므로 은행 융자 부문은 조만간 AI의 역할로 넘어갈 가능성이 크다. 이와 달리 범용형 AI는 특정 작업이나 영역에 국한되지 않고 인간과 비슷한 또는 그 이상의 능력을 발휘하는 인공지능이다. 스스로 생각하고 자율적으로 행동하는 생명체에 가까운 로봇을 상상하면 될 것이다. 하지만 인간처럼 만능인 범용형 AI는 현재로서 실현되기 어려운 상태다.

1) 무례하고 황당한 AI

Microsoft의 TayChatbot 사고에서 알 수 있듯, 대화형 메시지 시스템은 터무니없고, 무례하다. 나아가 녹취와 유출도구로 전락하여 아주 불쾌한 시스템으로 변질될 수 있다. Chatbot이 한 번이라도 무례하고 불쾌한 말을 내뱉으면, 브랜드의 친근한 이미지와 평판이 순식간에 추락할 수 있다. CIO는 개발자든 운영자든 자신이 이용하는 AI, 이를 이용하는 방법에 주의를 기울여야 한다.

🔍 AI스피커(음성비서)의 황당 사례

미국 Oregon주 Portland에 사는 한 부부는 무엇이든 알아듣고 명령을 수행하는 아마존 Alexa를 보며 "혹시 몰래 우리 대화를 엿듣는 거 아니냐?"며 농담을 했다. 그러나 그 농담이 현실이 되리라고 상상도 못 했다. 대화는 녹음되면서 연락처명단의 지인에게 보내졌다. Alexa를 내장한 스마트스피커 Echo가 사적 대화를 녹음해 임의로 제3자에게 전송했다. 그 부부는 녹음파일을 받은 동료의 연락을 받고 대화내용이 외부로 유출된 사실을 알았다. 말 한마디로 난방·점등·보안장치를 제어해주던 음성비서가 아닌 감청·해킹도구로 전락한 황당 사례다. 충격에 휩싸인 이용자는 Echo와 연동된 모든 기기의 전원을 차단했다.

2) 멍청한 AI

AI는 사람이 개발했지만 아이러니하게도 사람과는 아주 다르다. Google의 AI 과학자인 스탠퍼드대학의 Fei-Fei Li 교수는 사람의 시(視)지각은 맥락적(脈絡的)이지만 AI는 아주 협소하고 우둔할 수 있다. AI 프로그래머는 사람과 기계의 지각력 차이를 없애기 위해 분야 전문가(학계 전문가)와의 협력이 필요하다.

3) 블랙박스 같은 속성

많은 기업이 AI를 활용한다. 심지어 전략적 경쟁력이 요구되는 분야에도 AI를 쓰고 싶어 한다. 그러나 금융서비스 산업을 비롯한 규제산업에서 기업은 AI를 이용해 특정 결론에 도달한 과정을 설명할 수 있어야 한다. 하지만 천재 AI는 설명능력이 제약되어 있다. 실제로 신용 및 대출결정에 AI를 활용하려면 현재의 업무 가운데 부적절한 편향이 발생하지 않도록 만들고, 주택시장 인프라에 유용하도록 철저한 검증이 필요하다. 특히 AI의 경우 중간과정에 대해 설명할 수 있어야 한다. 소프트웨어가 패턴을 파악하는 방식, 결과를 관찰하는 방식을 명확히 이해하지 못한다면 의구심을 가질 수밖에 없다. 상황(맥락)과 윤리, 데이터 품질은 AI의 가치와 신뢰도에 막대한 영향을 준다. 그래서 AI 도입이 규제준수문제를 신중하게 고려해야 한다.

4) 인종, 사회경제적 편견과 편향, 차별

AI 가상비서에게 편견과 편향이 주입될 수 있다. 가령 알렉사, 시리, 코타나 같은 가상비서의 목소리가 여자인 이유는 무엇일까? 이에 대해 고객서비스 소프트웨어 회사인 Live Person의 CEO Rob LoCascio는 여성은 Helper(조력자)이고, 수다쟁이며, 보조적 역할을 수행하고 명령에 잘 복종한다는 편견과 편향에서 기인하는 것은 아닌지 의문을 제기했다. 세상과 직장에서 여성에 대해 이런 기대와 생각이 반영되어있기 때문으로 보았다. 이처럼 기계가 수집, 추적 및 분석한 개인 데이터는 정보 소유주의 의사와 반하는 용도로 사용될 수 있다. 예컨대 보험회사는 카메라에 전화하는 모습이 많이 잡힌다는 이유로 보험가입을 거절할 수도 있다.

5) 해킹 및 치명적 공격 위협가능성

AI가 빠른 속도로 발전하면서 가까운 장래에 악의적인 의도를 가진 사용자가 자동화 된 해킹 공격에 나설 수 있다. 사람을 가장한 가짜 정보 유포 및 확산에 AI를 악용하거나 상용 드론을 무기로 바꿔 표적으로 삼은 대상에 대한 공격에 쓸 수도 있다.[10] AI가 긍정적으로 활용되는 분야가 많다는 점에 공감대가 확대되

---

10 실제로 지난 2020년 1월 3일 밤 미국은 이라크 바그다드 국제공항에 드론 폭격을 감행해 이란 군부 거물인 거셈

고 있다. 그러나 악의적인 용도로 사용됐을 때의 문제에 대한 연구와 문헌이 부족하다.[11] 인공지능이 위험을 끼치는 방법의 하나는 자율성을 갖춘 무기와 통합되어 살인을 목적으로 프로그램화 되는 것이다. 세계 핵무기경쟁이 자율무기경쟁으로 탈바꿈할 수도 있다. 자신의 의지를 갖는 것도 문제이나 자율 무기의 제일 큰 위험성은 인간의 삶을 존중하지 않는 정부나 개인의 손에 들어갈 수 있다는 것이다. 일단 배치되면 해체하기 매우 어렵다는 문제의 심각성이다. 인공지능의 잠재력 못지 않게 위험성도 예측하기 어렵다.

6) 사람이 집 고양이로 전락할 우려

Tesla and SpaceX의 Elon Musk는 사람이 지능과 능력이 우수한 AI에 매달리는 집 고양이로 전락할 위험이 있다고 경고했다. 사람이 AI의 노예가 될 수 있다는 주장이다. 이스라엘의 역사학자 Yuval Noah Harari는 모든 것을 자동화하는 AI가 <글로벌 잉여계층>을 만들어낼 수 있다고 역설했다. 인공지능이 인간의 육체 능력만이 아니라 인지능력을 급격히 추월하는 중이다. 의료나 예술처럼 고도의 판단과 직관이 필요한 분야에서도 인간은 AI에 자리를 내줄 것으로 비관했다. 2050년에는 의사·변호사 같은 일자리가 사라질지 모르며 지식을 배우는 교육은 무의미한 것이 될 수 있음을 경고했다(유발 하라리 지음/전병근 옮김, 2018).

7) 사회적 억압과 사생활 침해

카메라 및 얼굴 인식 알고리즘의 보급으로 인해 개인의 온라인 활동과 사생활 추적 및 분석이 가능하다. 이미 중국은 사회적 신용 체계에 활용되어 보행자 전용 도로를 이용하지 않거나 금연 구역에서 담배를 피우거나 비디오 게임을 너무 오래 하는 등 14억 인구의 개인행동에 점수를 매기고 있다. 이는 사생활 침해일 뿐만 아니라 국가가 시민의 활동을 모니터하는 사회적 억압 및 관리(통제) 도구가 될 수 있다.

솔레이마니 쿠드스군(이란혁명수비대 정예군)사령관과 시아파 민병대 하시드알사비(PMF)의 아부 마흐디 알무한디스 부사령관을 사살했다.

11 옥스퍼드 〈인간미래 연구소(FHI)〉 펠로우 연구원 마일즈 브런디지는 로이터 인터뷰를 재인용하였다.

8) 사회적 조작

Social Media는 정확한 대상에게 마케팅을 위해 인공지능으로 구동되는 알고리즘을 활용한다. 알고리즘은 사용자와 선호도 파악뿐만 아니라 사고방식을 알아내는 데도 유용하다. Cambridge Analytica가 Facebook 사용자 5,000만 명의 데이터를 2016년 미국 대통령 선거결과와 브렉시트 국민투표에 영향을 미치기 위해 비밀리에 사용하려 했다는 주장은 인공지능의 사회적 조작 위험성을 내포한다. 알고리즘은 데이터를 통한 개인 식별 정보뿐만 아니라 선동도 가능하다.

앞서 보았듯이 인공지능은 기대와 함께 우려를 자아낸다. Davenport가 지적했듯 과거에도 편향과 편견이 존재했다. 다른 기술과 마찬가지로 인공지능도 좋게도 나쁘게도 쓰일 수 있다. 동전의 양면처럼 인공지능을 어떻게 사용하느냐에 따라 약이 될 수도 독이 될 수도 있다. 그래서 인간 삶과 사회를 풍요롭게 하는 방향으로 인공지능을 어떻게 관리할 것인지 보다 활기차고 공개적인 연구와 토론이 요구된다. 분명한 것은 인공지능의 미래는 사람에 달려 있다(Davenport, 2018). AI가 똑똑해질수록 인간이 직접 수행해야 하는 행위(노동)는 점점 줄어들 것이다. 하지만 반대로 선량한 관리 및 통제를 위한 인간역할은 더욱 중요해질 것이다. AI가 인간 사회의 철학적, 주관적 개념을 이해하고 표현할 수 없는 만큼, AI라는 훌륭한 도구를 잘 이용하기 위해서 자유의지가 없는 AI의 행동방식을 규범화하고 인간이 원하는 기술적 진화를 이끌어낼 수 있는 창의력과 도덕성이 요구된다. 인간의 지능, 역할, 능력에 대한 진지한 고찰을 통해, AI기술의 활용성을 한층 높여야 한다.

Chapter 07 **인공지능의 쟁점과 대응**

"우리가 직면해야 할 가장 어려운 문제는 뇌가 기계인지 아닌지에 대한 철학적 질문에서 오는 것이 아니다. 뇌가 물리법칙에 완벽하게 부합하는 엄청난 수의 부품을 가진 기계 이외의 어떤 것이라는 것을 의심할 이유는 조금도 없다. 누구나 알 수 있는 한, 우리의 마음은 복잡한 과정일 뿐이다. 심각한 문제는 복잡한 기계에 대한 경험이 적었기 때문에 아직 효과적으로 생각할 준비가 되어 있지 않다."

-Marvin Minsky(1986년, MIT교수 및 인공지능연구소 공동설립자)

인간의 얼굴을 한 인공지능을 위하여

인공지능은 전 방위영역에 걸쳐 파급효과를 낳는 첨단기술로서 기대와 우려 섞인 담론을 형성한다. 인류를 최상의 편리함으로 이끌면서, 일자리를 빼앗는 것은 물론 인간의 지능을 뛰어넘는 강한 인공지능이 인류를 파멸로 몰아넣을 것이라 한다. 무엇이 진실이고 어떻게 대응해야 할까? 인공지능을 둘러싼 쟁점은 무엇일까? 인공지능은 산업에 생산성을 향상시키고 사회의 복잡한 문제 해결을 지원하고 있는 가운데 인공지능의 경제적 지형은 AI가 범용기술화 되면서 더욱 발달해가며 확산되고 있다. 더 저렴하고 정확한 예측, 권고 또는 의사결정을 통해 생산성 향상. 복지 증진 및 복잡한 문제 해결을 지원할 것은 확실해 보인다. 인공지능 개발을 멈추는 것은 현실적으로 불가능하다. 막연한 희망도, 과도한 불안도 답이 아니다. 인공지능과 공존하는 방법을 찾기 위해 쟁점의 갈피를 잡아야 한다. 어떤 생각으로 개발하고, 어떤 가치관 아래 기술을 발전시키느냐에 따라 공존의 방식은 바뀔 수 있다. AI에 대한 마음가짐과 데이터, 역량 및 디지털화 된 작업흐름에 대한 투자뿐만 아니라 조직적 프로세스의 변화가 필요한 시점이다. John von Neumann(1958년)은 "가속화되는 기술의 발전과 인간 생활양식의 변화를 알고 있듯, 인간의 일이 계속될 수 없는 것을 넘어서는 경쟁의 역사에서 어떤 본질적인 특이성에 접근하는 모습에 다가가게 한다."고 하였다.

07

인공지능의 쟁점과 대응

1 경제(시장)를 넘어 가정(생활) 속에 스며드는 AI

로봇 청소기, 세탁기, 스피커, 음성서비스, Chatbot 등 매우 광범하게 쓰이고 있는 인공지능, 과연 그 실체를 제대로 파악하고 있는가? 인간을 닮은 Humanoid 로봇이나 자율주행 능력을 갖춘 탑승수단 등은 나름대로 인공지능이라는 용어를  붙여줄 수 있다. 하지만 인공지능은 그 보다 나은 것이어야 한다. 사람처럼 보고 느끼고 사람처럼 행동하는 것이어야 한다.

인공지능(AI)은 다양한 형태로 우리 곁에 다가오고 있다. 인공지능을 마주하는 사람마다 인공지능을 다르게 이해하고 해석하는 것을 발견할 수 있다. 초기의 인공지능은 공학적인 도전이며 과제였다. 하지만 인공지능은 공학을 훨씬 뛰어 넘었다. 완전히 새로운 세대의 연구개발 혁신을 이끌고 있다. AI는 광범위한 자동화를 약속함으로써 경제와 사회, 문화를 어떻게 변화 또는 재조직화 할 것인지에 대한 근본적인 질문을 던지면서 다양한 이슈를 제기한다.

인공지능이 경제적 부가가치 창출을 넘어 글로벌 패권변화의 동력으로 작용하고 있다. 이러한 인공지능을 과연 얼마나 제대로 이해하고 있는가? 어쩌면 인공지능을 '눈감은 채 코끼리 더듬는' 식의 퍼즐 조각처럼 단편적인 존재로 오독하지 않은지 모른다.[1]

인공지능을 외치지만, 여전히 인공지능을 바라보는 시각이 단편적이다. 현재의 인공지능 개발방향이 산업화를 위한 생산성과 효율성의 극대화 측면에서만 다뤄지는 듯하다. 인간 확장과 보호 즉, 사회시스템 내 기존 법·제도와의 조화를 포함한 유효성, 합목적성에 대한 노력이 강조되어야 한다. 실제 전체 그림은 모르는 상태에서 억지로 인공지능이라는 허상에 접근하는 것은 아닌지…. 하지만 온전하고 정확하게 파악, 이해해야 한다. 만일 개인과 기업은 물론 국가차원에서 인공지능 전략을 지엽적으로 파악하거나 범위를 제대로 설정하지 않으면 시장이나 글로벌 패권경쟁에서 도태될 수밖에 없다.

인공지능기술은 인간의 지적 능력을 컴퓨터로 구현한 것이다. 인공지능서비스는 비단 인공지능기술뿐만 아니라 초연결·초 성능·초 실감 등 여러 전문영역과 불가분의 관계에 있다. 인공지능서비스의 특성은 첫째, 초지능성 기반의 무인화 서비스이다. 서비스제공자가 사람(종업원) 대신에 인공지능기반의 기기나 시스템이 서비스를 제공한다. 다양하고 전문적인 초지능성을 기반으로 사람을 도와서 보다 좋은 결정을 내릴 수 있도록 조력자 역할을 수행하며 양방향으로 사람과 소통하여 원하는 서비스를 제공한다. 대면접촉상대가 사람에서 인공지능으로 바뀜으로써 다른 사람과의 관계로 인한 스트레스를 줄일 수 있다. 고객은 다른 사람의 눈치를 보지 않고 원하는 서비스를 받을 수 있다. 둘째, 빅 데이터 기반의 맞춤형 플랫폼이다. 빅 데이터나 사물인터넷 등 최신 기술을 활용하여 다양한 정보를 스스로 학습하고 사용자의 다양한 경험데이터를 수집할 수 있다. 이를 기반으로 개인별 성향을 분석하고 예측하여 고객별 맞춤형서비스의 추천이나 제공이 가능하다. 고객은 원하는 서비스를 즉시 제공받을 수 있으며 탐색 등의 시간이나 비용을 절약하면서 만족도를 높일 수 있다. 셋째, 시·공간을 초월한 연결 서비스를 제공한다. 빠른 기술발전과 시대의 흐름에 따라 사람들은 다

---

1 DigitalToday(http://www.digitaltoday.co.kr).

양한 장소에서 시간과 관계없이 서비스를 받는 것을 중시한다. 다양한 고객요구에 언제·어디서나 신속하게 대응하고 고객과 상호작용을 통한 정확한 서비스제공이 가능하다. 넷째, 다양한 최첨단 기술기반의 융·복합 서비스를 제공한다. 기존에는 사람이나 인터넷 기반의 오프라인 서비스가 제공되었으나 인공지능서비스는 온라인과 오프라인 서비스를 융합한 O2O(On-line to Off-line) 서비스를 전문적으로 제공할 수 있다. 이는 물리적인 세계와 가상세계를 통합한 융·복합 서비스형태로 발전하면서 더욱 확대될 것으로 전망된다(백창화 외, 2018).

이처럼 보는 관점에 따라 기술·서비스·패러다임 등 여러 맥락의 해석이 가능하다. 보통 사람들은 새로운 혁신기술이 출현할 때 모든 것이 기술에 의해 결정된다고 생각한다. 하지만 실상은 사회, 문명, 문화 등의 맥락에서 선택 하나하나가 기술의 영향력을 결정해왔다. 마찬가지로 인공지능의 폭발력이 증대하는 상황에서 인간과 기술, 제도의 관계를 직시해야 한다. 의식적으로 인공지능이 일상에 어떤 영향을 미칠 것이며, 어떤 일을, 어떻게 할 수 있는지, 그리고 어떤 제도를 마련할 것인지 숙고하고 행동해야 한다.

제4차 산업혁명 대표기술의 하나인 인공지능은 정보와 지식의 생산과 거래비용을 줄이고 물리적 재산뿐만 아니라 지적재산권 활용을 지능화할 것이다. 사실상 무한반복을 확산하며, 대중 참여의 추동을 넘어 아예 인간을 노동으로부터 해방시킬 수 있다. 생산자와 소비자의 구분보다 사용자중심으로 모든 것이 재편되며, 소수 인간엘리트의 지식독점으로부터 공유기반의 민주화로의 가능성을 높여주고 있다.

다양한 영역에서 인공지능과 결합한 제품이 봇물 터지듯 쏟아지고 있다. 지난 CES 2020에서 선보인 혁신기술과 제품은 사람에게 영감을 주고, 서로를 연결하며, 보다 나은 방향의 삶으로 변화시킬 수 있다는 가능성을 보여주었다.

🔍 난이도 조절 가능한 日 탁구로봇, 상대 표정·움직임·공의 궤도분석

세계 최대 전자Show 〈CES 2020〉이 베일을 벗은 2020년1월17일(현지시간) 미국 라스베이거스 컨벤션센터(LVCC) South Hall 입구에서 낯선 탁구경기 한 판이 펼쳐지고 있었다. 수준급 탁구실력을 갖춘 직원과 열띤 경기를 하는 상대는 인공지능 탁구코치로봇 Forpheus

다. 로봇은 상단에 달린 카메라 두 대로 공이 오는 코스와 속도를 초당 80회 측정해 공의 낙하지점을 예측하고 정확하게 받아쳤다. 로봇은 단순히 공만 받아치지 않았다. 경기를 진행하면서 상대의 표정, 신체 움직임, 공의 궤도 등을 분석했다. 난이도도 조절했다. 초보자에게는 받아치기 쉬운 지점에, 상급자에게는 받아치기 어려운 지점을 겨냥해 공을 되돌려 보냈다. 기술이 인간과 어떻게 상호작용하는지 가능성을 보여준다.

🔍 인간 넘어서는 로봇

중국의 Unicorn 기업(기업가치 1조원 이상의 Startup) 유비테크가 선보인 휴머노이드 로봇 〈워커〉였다. 키 145cm, 몸무게 77kg인 워커는 36개의 고성능 관절(액추에이터: 동력을 이용해 기계를 동작시키는 구동장치)을 갖고 있다. 주인이 "콜라 한 잔 가져다줄래?"라고 말하자 〈워커〉는 식탁으로 가 병따개로 콜라병 뚜껑을 따고, 유리잔에 콜라를 따른 뒤 주인에게 이를 전해줬다. 얼굴에 달린 카메라로 인식한 정보를 분석해 콜라병과 병따개, 유리잔을 구분했다. 손가락 관절을 자유자재로 쓰기 때문에 물건을 집었다가 놓는 것도 자연스러웠다. 책상 위 종이에다 장미꽃을 그려 선물하는가 하면, 관절을 자유자재로 움직이며 균형을 잡고 요가 시범까지 보여주었다.

인공지능 시대에 기술의 영향력에 대비하기 위한 세계 각국의 움직임이 활발하다. 각국은 인공지능기술 발전에 따른 사회 변화에 대비한 방안을 마련 중이다. 특히 EU, 미국 등을 중심으로 사회 변화와 제도적 대응방안 마련을 위한 연구가 진행 중이다.

유럽위원회(European Commission)는 오래전부터 로봇의 윤리, 규제 가이드라인 마련 등을 위해 다양한 프로젝트를 시행하였다. 유럽연합은 로봇에 전자적 인간이라는 새로운 법적 지위를 부여하기 위해 <Robotics에 관한 시민법 규칙>을 의결한 바 있다. 이 규칙은 로봇에게 전자 인간이라는 법적 지위를 부여하고, 로봇은 인간에게 해를 끼쳐서는 안 되며, 이 원칙에 어긋나지 않으면 한해 인간의 명령에 복종해야 한다는 의무를 부여했다. 더불어 로봇 역시 앞선 규칙에 저촉되지 않는 선에서 자신을 보호할 수 있다는 권리도 명시했다. 미국 정부

표 7-1 국가별 주요 대응현황

국가	국가별 주요 대응현황	
	시기	추진내용
유럽 위원회	2005년	2005년부터 공동연구개발 프로그램(Framework Program)인 FP6을 통해 '윤리로봇 프로젝트'를 시행하고 로봇윤리 로드맵을 발표
	2012년	2012년부터 'RoboLaw 프로젝트'를 통해 로봇 관련한 법적·윤리적 이슈를 연구하고, 연구 결과물을 바탕으로 '로봇규제 가이드라인(Guidelines on Regulating Robotics)'을 제정
	2016~ 2018	2016년에는 개인 정보의 범위를 확대시키고, 정보의 처리와 이동과 관련하여 정보주체의 권리와 정보 취급자들의 의무를 강화시킨 일반개인정보보호법, GDPR(General Data Protection Regulation)을 통과시키고 2018년 5월 25일 발효
미국	2016년	미국 NSTC에서는 <인공지능 미래 준비 보고서>[2]를 발간하고 NSTC 산하 네트워킹 및 정보기술 R&D소위원회에서는 <인공지능 국가개발전략계획>[3]을 발표. 백악관에서는 인공지능이 생산성과 노동 시장에 끼치는 영향을 분석하고 대응방안을 제시한 <인공지능, 자동화, 그리고 경제> 보고서를 발간(Executive Office of the President, 2016)
	2017년	미국 정부는 자율주행 차량 제조업체와 규제 당국을 대상으로 자율주행 안전 설계를 위해 필요한 시스템의 안전성 및 사이버 보안, 충돌 대비, 데이터 기록 등 12가지에 관한 가이드라인[4]을 발표
일본	2015년	2015년 총무성을 중심으로 <인공지능화가 가속화되는 ICT 미래상에 관한 연구회>를 통해 인공지능 기술 발전이 사회나 산업 등 국가 전반에 끼치는 영향에 대한 연구를 진행
	2016년	2016년도 말에는 총무성 산하 AI 네트워크 사회추진회의 사무국에서 인공지능 기술 개발 및 활용과 관련한 개인 정보 보호, 윤리, 책임, 보안 등의 다양한 이슈들에 대한 전문가 의견을 중심으로 정부 차원의 본격적인 인공지능 개발 윤리 가이드라인을 마련하여 발표

자료: 김윤정(2018)

---

2 NSTC, 「Preparing for the future of Artificial Intelligence」(2016).

3 Networking and Information Technology Research and Development Subcommittee, NSTC, 「The National Artificial Intelligence Research and Development Strategic Plan」(2016).

4 A Vision for Safety 2.0 −AUTOMATED DRIVING SYSTEMS(2017.9).

는 국가과학기술위원회(NSTC) 및 백악관 등을 중심으로 인공지능의 영향력을 예측하여 사회에 전반적으로 이익이 되도록 하기 위한 분석 연구를 추진하였다. 일본 정부는 인공지능 시대를 대비하기 위해 2015년 이후 본격적으로 총무성과 내각부 등을 중심으로 기술이 산업 및 사회에 끼치는 영향에 대한 조사를 추진 중이다(김윤정, 2018).

인공지능은 범사회적 이슈다. 인공지능이 전 산업과 분야, 영역과 본격적인 융합이 이루어지는 상황에서 인공지능을 빼놓고 이야기할 수 없다. 한국에서도 인공지능시대에 맞게 정부는 AI정부를 지향한다. 상황변화에 부응하여 국회도 AI시대에 맞는 AI 국회로 변신해야 한다. AI산업정책이 원활히 추진될 수 있도록 법제정비는 기본, 윤리규범문제까지 고려해야 한다.

2 인공지능을 둘러싼 이슈들

인공지능이 던지는 이슈와 의미를 알고자 한다면, 누구나 공학, 심리학, 경제, 사회학, 철학 전반에 걸친 질문과 관점을 중시해야 한다. 2010년대 들어 인공지능 성능의 향상 속도가 무어의 법칙보다 7배나 빠른 것으로 분석됐다.[5] 인공지능기술은 일상생활에서 사용하는 핸드폰, 세탁기, 청소기, 자동차 등에 적용되고 있다. 또한 투자 및 법률자문, 의료진단과 같은 지식집약 서비스도 로봇이라는 이름을 빌린 컴퓨터 시스템에 의하여 제공되고 있다. 이러한 상황에서 인공지능을 둘러싸고 제기된 다양한 이슈를 고려해야 한다.

무엇보다 인공지능의 발전을 위해 다음과 같은 이슈에 대응해야 한다. 첫째, 불확실한 정보에 따른 대중의 과도한 기대나 불안에서 벗어나도록 신뢰할 만하고 설명 가능한 인공지능의 실현을 위해 노력해야 한다. 둘째, 인공지능의 발전 단계와 방향에 대한 사회적 공감대를 형성해야 한다. 인공지능기술의 실현에 필

---

5 미국 스탠퍼드대 인간중심인공지능연구소(HAI)가 국제컨설팅그룹 McKinsey 등과 공동으로 작성해 발표한 The AI Index 2019 Annual Report.

요한 인재 양성방안의 마련과 함께 인공지능제품 및 서비스개발과 제공과정에서 물질적 이득에 윤리적 가치가 간과되거나 침식되지 않도록 윤리적 지침과 규정을 명확화해야 한다. 셋째, 일회성이나 일시적 현상에서 벗어나 면밀하고 지속 가능한 사회적 시스템을 구축해야 한다. 기술, 법, 윤리, 철학적 이슈와 문제에 대한 전문가와 연구자의 지적 네트워크를 구축, 운영해야 한다. 여기서 EU를 비롯한 국제기구와 국가의 인공지능 관련 정책, 법률, 가이드라인이나 Google 등 기업의 서비스와 기술적 담론에 대한 입체적 분석과 대응이 마련되어야 한다 (최현철, 2020).

가. 경제적 및 기술적 쟁점

제4차 산업혁명을 이끌 핵심기술로서 인공지능 분야가 핵심 정책과제로 다루어지고 있다. 인공지능은 미래 ICT융합 흐름을 주도하는 핵심기술로 기존 정보통신산업지도를 획기적으로 변화시킬 것이다. 이미 글로벌 선도 기업이나 선진국가에서는 인공지능 기술의 상용화와 경쟁력 강화를 위해 시도하고 있다. 하지만 국내 기업의 인공지능 기술역량이나 제도적 수준은 아직 미약한 실정이다.

인공지능은 많은 양의 데이터와 보다 빠른 처리능력, 그리고 강력한 알고리즘이 결합되어 널리 보급되고 있다. 실제로 인공지능기술이 거의 모든 산업에 도입되기 시작하면서 컴퓨터가 전례 없는 방법으로 말하고, 보고, 듣고, 의사 결정을 내릴 수 있게 되면서 잠재적 비즈니스 기회를 확대시키고 있다.

인공지능의 가능성에 대한 생각도 많이 달라졌다. 인공지능을 서비스 측면에서 바라보면, 초 성능 컴퓨팅과 초연결 네트워킹기술 등이 융합돼 각종 응용 분야에서 새로운 가치를 창출하는 영역이다. 인공지능영역이 실제 세계로 확장, 실생활에서 실시간 데이터를 확보하고, 이를 기반으로 서비스하는 시대가 진행 중이다. 이 과정에서 인공지능은 조직, 사업 모델, 혁신, 문화 등 다양한 측면에서 급격한 변화를 가져올 것이다.

인공지능은 교육, 국방, 인적 자원, 빈곤 퇴치, 보건, 과학 분야 등에 긍정적인 영향을 미칠 것이다. 인공지능에서 파생될 수 있는 개선가능성은 계속 커질 것인데 산업·경제·기술적 이슈를 정리하면 <표 7-2>와 같다.

표 7-2 인공지능과 산업·경제·기술적 이슈

이 슈	주요내용
블록 체인, IoT, AI의 융합	AI가 긍정적인 영향을 미치려면 다른 기술과 통합을 가속화한다. 예를 들어, AI와 연동하지 않으면 자율주행자동차는 의미가 없다. 사물인터넷(IoT)은 실시간 데이터를 수집하는 자동차 내 Sensor를 활성화, 조절하는 데 반해 AI모델은 의사 결정에 필요한 것이다. 마찬가지로 블록체인은 AI와 긴밀하게 협력하여 보안, 확장성, 신뢰성 문제를 더 해결해 나갈 것으로 보인다.
AI기반 미디어 및 엔터테인먼트	아직 AI가 미디어 및 엔터테인먼트 산업에 깊숙이 개입하지 않았지만 2020년에는 더 깊이 관여할 것으로 보인다. 게임과 영화 제작의 경제성은 높은 비용을 가지고 있다. 따라서 보통 10편 중 1편이 수익성이 있다는 점을 감안하면 이 분야에서 AI의 활용은 불가피한 것이 분명하며, AI는 구성, 제작, 대본 쓰기, 심지어 연기의 발전에도 중요한 역할을 할 것으로 예상된다.
인공지능을 이용한 사이버 보안 시스템	사이버 공격의 정교함과 규모는 기존의 방어 수단을 능가하며 빠른 속도로 증가하고 있다. 사이버범죄의 위험에 대한 현재의 대책은 악의적인 공격자들을 탐지하고 이러한 범죄자들에 의해 시작되는 활동을 막기 위한 사전 예방적인 접근법이다. AI는 정오탐율을 획기적으로 개선하여 보안인력의 보안 분석 업무를 덜어줄 수 있다. 그리고 정상적인 접속 내에서의 이상공격 패턴을 탐지하여 알려지지 않은 공격을 찾아낼 수 있게 된다. 아직 AI가 알아서 해커를 다 찾진 못해도 보안업무량을 감소(1/100, 1/1,000, 1/10,000)시키고 보안업무프로세스를 획기적으로 개선하며, 보안인력의 업무를 혁신적으로 덜어줄 것이다.
전통산업의 붕괴	인공지능은 점점 더 많은 조직들에게 반드시 필요한 생존 도구라는 것을 깨닫고 있다. 예를 들어, 자동차산업에 자율주행차와 전기차가 등장하면서 내연기관(內燃機關)을 핵심으로 성장한 전통적인 자동차 제조사들은 진화해야 하며, 그렇지 않으면 희망은 없을 것이다. 미래의 자동차는 아마, 진화된 인공지능과 모터기술은 세탁기와 냉장고를 팔 듯 A전자, B전자의 상품 안내책자에 올라 선택될 것이다. 기존 조직의 생존여부는 기존의 업무 중단을 대비하는 능력에 달려 있으므로 전략과 대응이 필요하다.
고객과의 실시간 상호작용 촉진	AI기반 실시간 마케팅 활동이 가속화될 것이다. AI를 활용해 옴니채널에 걸쳐 실시간으로 다양한 고객 소통을 관리하며, 고객보존의 개선을 위해 본격적인 AI마케팅이 도입될 것으로 예상된다. 특히 고객 윈-백(win back)으로 시장점유율을 높이고, 활성화를 유도하는 것과 다른 중요한 캠페인은 모두 지능화된 도구를 이용할 것이다. 이처럼 AI는 고객과의 상호 작용 개선 외에도, 마케팅 담당자들이 소셜 미디어와 다른 플랫폼을 통해 새로운 고객을 공략할 수 있도록 도와줄 것이다.
작업장의 지능형 자동화	특정 분야의 직업(트럭운전사)을 AI가 대신할 것이라는 인식은 편향적이다. 가트너의 예측에 따르면, 2020년까지 AI가 약 180만 개의 일자리를 없앨 것이라고 한다. 하지만 약 230만 개의 일자리로 대체할 것이다. 인공지능이 인간의 일자리대체와 함께 대부분은 업무 효율성이 향상으로 더 많은 새로운 일자리가 창출될 것으로 예상된다.

자료: 인공지능신문 정리 및 가공

나. 역기능 및 부작용을 둘러싼 쟁점

인공지능의 발달과정에서 드러난 역기능은 새롭게 대두된 것이 아니다. 과거의 컴퓨터와 인터넷기술이 생활과 밀접하게 연관되면서 지적된 사항이기도 하다. 인공지능기술의 역기능을 둘러싼 쟁점을 3가지로 요약할 수 있다.

1) 책임 소재와 연관된 이슈(Liability Issues)

인공지능기술이 상업적으로 성공한 분야는 자율주행자동차 분야이다. 앞서 언급했듯 크고 작은 사고로 이미 사고에 대한 책임이 누구에게 있는지에 대한 논란은 이미 사회적 문제로 대두된 상태다(Weaver, 2014). 아직까지 구체적 사례는 없지만 의료영역과 투자분야와 같이 개인에게 막대한 신체적·재정적으로 손해를 미칠 수 있는 분야에서 사고발생 시 책임소재에 대한 이슈는 매우 중요하다. 가령, 고려되어야 할 주요 이슈는 다음과 같다.

- 자율주행 자동차가 야기한 교통사고는 누구 책임인가?
- 인공지능 의료기기 오작동은 누구 책임인가?
- 인공지능의 불법적 차별, 편향을 어떻게 막을 수 있을까?
- 인공지능기술의 발전과 활용으로 창출된 경제적 부와 혜택을 어떻게 분배할 것인가?
- 인공지능 심화로 노동력과 기술측면에서 낙후된 사람들을 어떻게 보호할 것인가? 등이다.

이처럼 인공지능기술이 폭넓게 사용되기 위해 제기되었거나 제기될 이슈가 선결되어야 한다. 이러한 이슈는 이미 전문가시스템이 기업에 적용되기 시작한 1980년도 후반부터 다루어졌다(Mykytyn, et al., 1990). 그런데 전문가시스템이 기업에서 활발하게 사용되지 못한 이유도 책임소재에 대한 법적 해석이 명확하지 못했기 때문이다. 과거의 전철(前轍)을 밟지 않기 위해서라도 책임소재에 대한 명확한 법적, 윤리적 해석이 필요하다.

2) 개인정보 유출 및 역기능 관련 이슈(Privacy Issues)

인공지능 기술 관련하여 주로 논의되고 있는 데이터 및 개인 정보 보호 이슈, 일자리 대체 및 사회적 양극화, 오작동 및 책임소재 설정 문제 등을 해결하기 위해 세심한 접근이 필요하다. 즉 인공지능 기술 경쟁력을 갖추기 위해 해결해야 할 가장 중요한 이슈는 인공지능 학습이 가능한 양질의 데이터 확보이지만 무조건적 규제완화 정책은 개인정보 유출이나 프라이버시 침해로 이루어질 수 있기에 세밀한 검토가 요구된다.

인터넷이 생활의 다양한 분야에 적용되면서 특정 개인을 식별하기 위한 개인정보의 이용이 급증하고 있다. 특히 대규모의 데이터를 처리할 수 있는 다양한 기계학습 방법들이 소개되면서, 인터넷상 서비스를 제공하는 인터넷 기업들뿐만 아니라 오프라인상에서 서비스를 제공하는 기존 기업들도 소비자 개인정보를 광범하게 습득하고 있다. 이런 현실에 비추어 개인정보는 정보제공자와 관리기업의 사적 재화이면서도 사회 전체가 관리·보호하여야 할 공공재다(김정연, 2013).

많은 사람들은 정보가 누구에게 어디서 어떻게 사용하는지 잘 알지 못한다. 때때로 분실하기도 한다. 개인 사생활보호의 필요성과 우려가 증가하고 있다. 이 같은 우려는 인공지능 분야가 발전하면서 더욱 심화될 것이다. 사이버위협은 많은 개인과 기업들에 중요한 문제다. 인공지능기술은 탐지와 공격을 관리하는 데 중요한 역할을 할 것이다. AI시스템의 도움으로 업데이트된 보안 소프트웨어를 사용하여 데이터 침해 및 기타 악의적인 활동을 보다 쉽게 탐지하고 대응할 수 있을 것으로 기대된다.

지능형제품과 서비스 모두 개인화된 서비스제공에서 주요 기능이기 때문에 얼마나 양질의 개인정보를 보유하느냐가 서비스품질을 좌우한다. 기존 연구에서 소비자 개인정보 유출에 대한 우려와 심각성이 새로운 정보시스템의 이용의도에 영향을 미치는 것으로 확인되었다(김종기 외, 2015; Bandyopadhyay, 2008; Culnan, et al., 1999). 기계학습을 이용한 지능형 제품과 서비스의 확산을 위해 소비자의 우려를 불식시켜줄 수 있는 기술적·제도적 기반구조의 마련이 시급하다.

인공지능기술로 인한 대부분의 역기능도 새로운 게 아니다. 과거의 컴퓨터와 인터넷 기술이 생활과 밀접하게 연관된다. 하지만 낡은 이슈들이 새로운 문제를 야기할 수 있다는 점에서 중요하게 다루어야 한다. <표 7-3>에서 보듯 역기능 방지를 위한 기술적·사회적 인프라가 조기에 구축돼야 한다.

인공지능기술이 생활 속으로 스며들면서 <그림 7-1>에서 보듯 다양한 영역에서 긍정적 영향이 기대되고 지원이 강화되고 있다. 그런데 빛이 있는 곳에 어둠이 있듯 예상하지 못한 부정적 영향이 미칠 수 있다. 가령 AI 기술기반 지능형 제품이나 서비스가 여러 분야에 널리 활용되면서, 가장 많은 사람들이 우려하는 부분은 지능형 제품이나 서비스로 인해 예측하지 못한 사고가 발생하였을 때가 아닐까. 책임소재에 대해 명확한 법적 해석이 부재한 상태라서 지능형 제품이나 서비스를 제공하는 기업이나 이용자 모두 위험을 감수해야 한다. 일반 제품의 품질검사를 위한 KS제도나 서비스품질 검사를 위한 ISO인증 제도와 같은 품질관리 방법이 지능형 제품이나 서비스에도 필요하다. 인공지능기술의 역

표 7-3 AI의 역기능과 이슈

구분	내용	역기능	이슈
가정	• Home Automation • 청소기 • 방범 등	• 개인정보 수집이 가능 • 개인정보 유출 • 사이버공격 및 범죄에 취약	• 개인정보 오용/악용/남용에 대한 법규 재정비 • 기술의 안전성 확보를 위한 제도 정비
교육	• 교육용 로봇 • 맞춤형 교육 • 지능형학습시스템 등	• 학생의 정보 노출 • 학생의 사생활 침해 • 교사의 역할 악화	• 교육제도의 정비 • 교육내용 및 방식의 변화 • 교육성과 및 평가의 변화
문화 예술	• 맞춤식 예술 및 창작활동 • 인공지능의 창작활동	• 저작권문제 • 가짜, 조작 및 편향성 문제	• 저작권법 재정비 • 창작에 대한 개념 정립
교통	• 자율주행 자동차 • 지능형 교통정보시스템 • On-Demand 교통 시스템	• 개인정보 유출 및 사고발생 시 책임소재의 불 분명 • 사회의 안정성 위협 고조 • 기존 교통 시스템과 연관된 사람들의 실업	• 개인정보이용/사고책임소재에 대한 법규 재정비 • 기술의 안전성 검사를 위한 법규 재정비 • 기존 교통시스템 활용방안 모색
지식 서비스	• 지능형 의료 • 지능형 법률 • 지능형 투자자문 등	• 일자리 및 소득 감소 • 사회의 양극화 현상 가속 • 로봇이 제공한 정보에 대한 신뢰성 확보 문제 • 책임소재가 불분명	• 사회/윤리적 문제에 대한 윤리 및 제도정비 • 업무결과에 대한 책임 소재를 명확히 정의할 수 있는 법규 마련

자료: 백승익 외(2016)

기능 중 하나는 프라이버시침해와 위험의 급증이다.

대부분 인공지능기술은 데이터를 기반으로 학습하는 귀납적 추론방식을 이용한다. 데이터수집이 매우 중요하기에 기업들은 불필요한 개인정보도 수집하고자 한다. 이 과정에서 의도하지 않은 프라이버시와 개인정보 누출이 발생할 수 있다. 지능형 제품과 서비스의 개발 및 제공과정에서 야기될 부작용을 미연에 방지해야 한다(백승익 외, 2016). 뿐만 아니라 생성적 적대 신경망(Generative Adversarial Networks)의 경우, 진본과 유사한 결과물을 쉽고 풍부하게 만들 수 있다는 점을 악용해 가짜 콘텐츠를 생산하여 새로운 사회문제를 유발할 수 있다.

그림 7-1 인공지능의 긍정적 영향

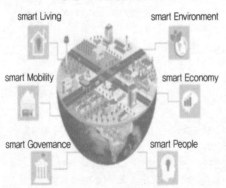

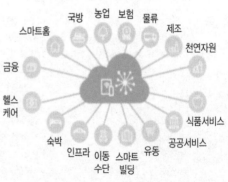

자료: 김정열(2017.3)

인공지능 기술 적용이 확산됨에 따라 발생 가능한 오작동 등으로 인한 피해에 대하여, 기술발전을 저해하지 않으면서 법적 책임소재를 명확히 설정하기 위해 다양한 행위 및 관리 주체들 간의 합의의 바탕에서 이해와 책임 관계를 면밀히 설정하며 해결해 나가야 한다(김윤정, 2018).

다. 윤리적 및 도덕적 쟁점

지금껏 인공지능처럼 믿고 따르는 존재가 있었을까? 그 절대성과 속도가 보이는 사람이라면 누구라도 불안감을 느낄 수 있다. 게다가 만일 인공지능은 불완전하고 부정확하며 부도덕한 정보를 제공한다면 어떻게 할까? 그래서 책임 있는 인공지능(responsible AI)에 관한 담론이 생성된다. 인공지능을 둘러싼 윤리 및 도덕적 쟁점은 개발자, 이용자 개인은 물론 기업과 국가차원에서 요구된다. 가령 글로벌 IT기업들은 일상에서 고객가치를 높이는 인공지능을 소비자들에게 제공하기 위해 언제나 학습하며 사용자 곁에서 안전하며, 도움을 주고, 사용자를 중시하는 인공지능을 추구해야 한다. 이처럼 책임감 있는 인공지능기술 개발을 위해 공정성(Fairness), 책임성(Accountability), 투명성(Transparency) 등의 윤리원칙을 준수해야 한다.

책임 있는 AI는 자율적 알고리즘 또는 AI의 응용에 대한 법적, 윤리적, 도덕적 관점에서 시민의 삶과 안전에 중요하고 많은 영향을 줄 수 있다. 인공지능은 인터넷이 변화하는 방식과 사람들의 요구를 지원하고 개인과 사회에 더 나은 가치를 제공한다. 이미 유럽에서 Responsible AI에 대한 연구와 책임문제를 고려한 AI를 기반으로 하는 혁신을 지원하기 위해 노력하고 있다. <그림 7-2>의 내용은 책임 있는 AI의 주제와 관련하여 학제 간 전문가의 컨설팅결과를 바탕으로 구성되었다.[6]

여기서 델파이방식이 활용되었다. 즉 선택된 협의패널로부터 반복을 통해 합의를 결정하거나 차이점이 강조되었다. 이러한 협의를 통해 주요 권장사항이 여러 주요 주제로 분류되었다. ① 윤리(AI 및 자율기계 및 응용프로그램에 대한 윤리적 영향)

---

6 https://www.ngi.eu/news/2018/07/23/responsible-ai/.

그림 7-2 책임 있는 인공지능의 가치 Map

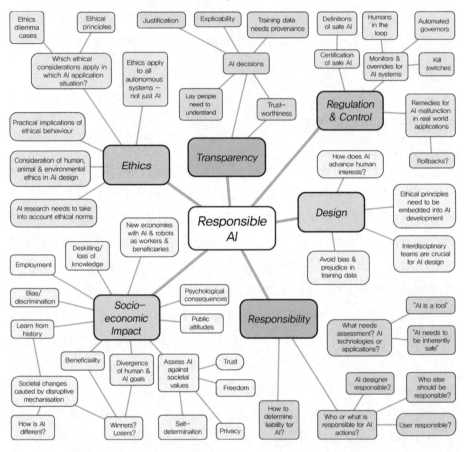

② 투명성(AI 및 자율 머신의 결정 및 행동의 투명성, 타당성 및 설명 가능성에 대한 고려사항) ③ 규제 및 통제(법과 같은 규제 측면, AI 및 자동화시스템의 행동의 모니터링 방법 및 필요한 경우, 수정 또는 중지) ④ 사회경제적 영향(사회와 경제가 AI와 자율 기계에 의해 영향을 받는 방식) ⑤ 디자인(AI 및 자율 머신의 디자인 타임 고려사항) ⑥ 책임(AI 및 자율 기계와 관련된 시나리오에 대한 도덕적 및 법적 책임에 관한 문제 및 고려사항) 등이 제시되었다.

　　<Sapiens>의 저자 Yuval Noah Harari는 인공지능기술의 발달로 지능의 문제는 해결했지만, 도덕의 기반이 되는 의식의 문제는 전혀 손대지 못한 상태라고 지적했다. 인간이 가진 도덕관념조차 일관적이지 않기에 인공지능에 어떻게 적용할지 판단하기 어렵다. 이러한 상황에서 인공지능 의존도는 사용자 연령

과 정확히 비례한다. 실제로 일상에서 ICT를 능숙히 다루는 젊은이들은 자신도 인식하지 모르는 상태에서 인공지능에 의지하며 살고 있다. 가령 올가을엔 무슨 옷을 장만하는 게 좋을지, 점심은 어디서 해결할지, 다가오는 연인의 생일엔 무슨 선물이 적절할지 등과 같이 사소한 결정에서부터 진로와 건강관리 요령, 배우자 선택처럼 굵직한 결정에 이르기까지 스마트 폰 검색 창에 의존하고 있다.

지난 2019년 말 유럽연합은 <신뢰 가능한 AI>를 위한 가이드라인을 선보였고, 2020년 2월에 로마교황청은 <AI 윤리를 위한 로마 콜(Rome Call for AI Ethics)>이란 이름의 백서를, 미국도 AI 이니셔티브 백서를 내놓았다. 이어 3월 11일 유엔의 핵심 산하기구인 유네스코가 AI윤리 권고안을 마련하기 위한 국제 전문가그룹을 출범시켰다. 미국 국방부도 국방 분야 AI가이드라인을 개발 중이며, 한국도 2019년 말 <AI윤리원칙>을 발표한 바 있다. 주요 내용은 <표 7-4>와 같이 정리할 수 있다.

인공지능의 윤리적 쟁점과 관련하여 Responsible AI는 소위 ICT 선진국으로 불리는 국가의 미디어를 중심으로 부상하고 있다. Responsible AI의 필요성을 주장하는 쪽에선 점점 더 많은 사람들이 인공지능에 심각하게 의존하는 상황인 만큼 인공지능은 책임감을 느끼고 미더운 정보를 제공하도록 설계돼야 한다는 입장이다. 하지만 각론으로 들어가면 문제는 그렇게 간단하지 않다.

어떻게 인공지능에 책임감을 느끼게 할 것인가? 다양한 의견이 표출되지만 대부분 추상적 요구나 선언적 수준이다. 그나마 관련 내용이 Microsoft(MS)가 발행

표 7-4 AI윤리 지침과 원칙

구분	윤리지침과 원칙
유럽연합	인간 대리인과 감시/ 기술적으로 강건하면서도 안전할 것/ 프라이버시와 데이터 통제/ 투명성/ 다양성, 비 차별성, 공정성/ 환경 및 사회적 복지/ 책임성
로마교황청	투명성/ 포용/ 책임성/ 불평부당/ 신뢰성/ 보안 & 프라이버시
미 국방부 전문가 그룹	책임/ 평등/ 추적가능/ 신뢰 및 Governance 가능한 방식의 사용
한국	사람중심의 서비스 제공 원칙/ 투명성과 설명가능성 원칙/ 책임성 원칙/ 안전성 원칙/ 차별금지 원칙/ 참여 원칙

한 보고서 <컴퓨터화된 미래: 인공지능과 그 사회적 역할(The Future Computed: AI and Its Role in Society)>에 정리되어 있다. 동 보고서에 따르면 앞으로의 인공지능이 중시해야 할 가치는 공정성(fairness), 신뢰성(reliability), 프라이버시와 보안성(privacy & security), 포괄성(inclusiveness), 투명성(transparency), 점검 가능성(accountability) 등 크게 여섯 가지로 구분된다.

인공지능이 공정해야 한다는 명제는 <모든 사람을 공평하고 균형 잡힌 방식으로 대하는 인공지능 체계>란 전제가 깔렸다. 어떤 정보도 특정 집단에게 보다 유리한 방향으로 제공돼선 안 된다는 의미다. 인공지능이 인류의 행동 일체에 관여할 미래 사회에서 인공지능의 공정성 확보야말로 가장 먼저 이뤄져야 할 기초 작업이다. 이러한 가치는 서로 얽히고설켜 영향을 주고받는 관계를 의미한다. 또한 인공지능은 누구나 믿고 활용할 수 있을 만큼 안전하되(신뢰성), 사용자의 신상 정보는 철저히 보호되도록 설계돼야 한다(프라이버시와 보안성). 실제로 구동될 땐 모든 경우의 수를 따져, 모든 관련 인물을 고려하는 게 기본(포괄성)이다. 또한 누구든 그 속을 들여다보고자 하면 시간과 장소와 관계없이 해당 기술이 어떤 알고리즘으로, 어떤 데이터를 분석해 도출됐는지 알 수 있도록 설계돼야 한다(투명성). 마지막으로 모든 작업의 진행상황은 첨단 모니터링시스템을 통해 언제나 파악될 수 있어야 한다(점검 가능성).[7]

향후 자동차, 로봇, Edge Computing 등에 딥 러닝, 강화학습, 전이학습 등이 본격적으로 적용되면 몸체를 가진 인공지능 알고리즘이 세상 밖으로 나오는 시발점이 될 것이다. 지금까지 대부분 인공지능은 인간이 수집한 데이터를 PC 내부에서 모델을 생성하는 수준이었다. 앞으로 현실 세계의 다양한 물리적 객체에 인공지능이 스며들면서 새로운 혁신이 기대된다. 그러나 이러한 기대 이면에 진짜와 같은 가짜데이터 생성, 인간 수준을 뛰어넘는 해킹머신 탄생, 전장(戰場)의 규칙을 재정의하는 등 미래 위험에 대한 준비가 필요하다.

인공지능의 위험성은 크게 산업과 일상생활에서 인간이 정한 규칙 대신 기계에 의존하며 발생하는 사회문제뿐 아니라 국가안보 분야를 포함한다. 사회문제는 AI 알고리즘의 정확성과 별개로 인종과 민족, 그리고 사회경제적 편견이 반

영된 알고리즘 사용의 문제, 가짜 정보 유포·확산의 문제 등이 대표적이다. 보다 근본적인 위험성은 인공지능이 해킹에 악용되고 치명적인 공격의 가능성에 따른 AI 무기화 등 사회 안전과 국가 안보에 관련된 문제를 심각하게 다뤄야 한다 (이승민, 2018).

인공지능의 발상 자체가 철학적 관심에서 나왔듯 이제 공학이나 과학적 관심 문제만이 아닌 철학의 문제로 다루어야 한다. 사실 인공지능은 과학이며 공학의 문제인 동시에 철학의 문제이다(이초식, 1993). 그래서 예술이나 종교 또는 윤리나 교육의 문제처럼 철학이 인공지능관련 문제와 이슈에 깊이 영향을 줄 수 있다. 인공지능의 미래를 공학이나 과학이 책임질 수 없다. 이미 문화적 문제이며 문화적 충격이나 역기능문제를 심화시킬 수 있는 힘으로 존재한다. 인류문화에 대한 도전으로 작용하는 파괴적 요소도 갖고 있다. 자신의 형상을 닮은 인간을 창조한 조물주가 인간을 에덴동산으로부터 추방하고, 마침내 독생자를 인간역사 속으로 보내 십자가를 지게 하였다. 인공지능을 만들어낸 인간도 그 인공지능 때문에 인간문화가 위협받는 드라마를 감당해내야 할지 모른다. 중요한 것은 인간 스스로 그 드라마의 주역이어야 한다. 그것이 창조주의 드라마에서 인간이 맡은 역할이다(소흥렬, 1994). 인간적 마음만이 해낼 수 있다는 희망과 신념을 지켜야 한다.

3 AI관련 법제적 대응

2019년 말 캐나다 인공지능기반 Startup은 세계보건기구(WHO)와 미국 질병통제센터(CDC)보다 앞서 코로나 19 확산을 경고, 세계의 주목을 받았다. 국내 인공지능(AI) 기반 신약개발 기업연구진은 AI기술을 적용, 코로나19에 적용할 수 있는 치료제의 예측결과를 발표했다. 이처럼 AI기술의 급속한 발전과 성과는 주목할 만하다. 하지만 인공지능이 과연 신뢰할 수 있는 기술인가에 대해 많은 사람이 우려한다. 일반인은 인공지능이 어떤 방식으로 의사결정 하는지 알 수 없기 때문에 인공지능이 잘못된 목적을 위해 악용될지 몰라서 두려워한다. 인공지능 상품과 서비스 생산기업은 향후 인공지능에서 발생할 수 있는 위험상황에 대비해 사전에 어떠한 조치를 해야 하는지 정확히 알 수 없어 불안할 수밖에 없다.

국민과 기업 모두가 AI 혜택을 온전히 누리기 위해 AI 공급자와 수요자 모두 AI를 신뢰할 수 있는 환경을 조성해야 한다. 이러한 상황에서 유럽연합 집행위원회(EC)는 2020년 2월 19일 AI규제의 기본 틀을 담고 있는 중요한 문서를 발표했다. <AI의 발전과 신뢰 확보를 위한 백서(AI 백서)>로 명명된 문서는 유럽연합(EU)에서 AI 불확실성 제거 및 신뢰 구축을 목표로 한다. 지금까지 특정 국가나 국제기구에서 인공지능에 대한 일반 가이드라인을 발표한 적은 있었지만 정책 입안자가 입법을 위해 인공지능기술을 통제할 수 있는 포괄적 규제체계를 마련한 것은 처음이다.

특히, EU에서 2020년 마련한 <AI 백서>에 따르면 인공지능이 보건의료·교통·에너지 분야와 같이 위험발생 가능성이 짙은 일상 영역에 적용되고, 동시에 실제 해당 영역에서 위험 발생 가능성이 있는 방식으로 이용될 때 인공지능을 고 위험으로 분류한다. 반면에 AI가 채용과정에 이용되거나, 근로자의 권리에 영향을 미치거나, 원격 생체인식 기술에 적용되는 경우에는 예외적으로 두 가지 요건 충족 여부와 상관없이 고 위험으로 분류한다.

고 위험으로 분류된 AI는 EU에서 지정한 엄격한 기준을 충족시켜야 한다. 첫째, AI가 EU 가치와 규정을 준수할 수 있도록 AI 학습에 이용되는 데이터 세트 품질을 보장해야 한다. 둘째, 알고리즘 프로그래밍과 데이터에 관한 기록을 보존하고, 때에 따라 데이터 자체도 보존해야 한다. 셋째, AI 능력과 한계 등 중요 정보를 고지해야 한다. 넷째, AI는 기술이 견고하고, 정확해야 한다. 다섯째, 인간의 감독을 받되 AI 시스템 용도와 사람에게 미칠 수 있는 영향을 고려해 인간이 개입하는 수준을 정해야 한다. 여기에 덧붙여 안면인식 등 AI 기반의 원격 생체인식 기술은 정당한 사유가 인정되는 때에만 이용할 수 있다. <AI 백서>는 지침 나열에 그치지 않고 지침이 지켜질 수 있도록 유럽시장에 출시되는 고 위험 AI에 대해 <사전 적합성 평가>를 받도록 하고 있다. 이를 위해 EU 국가는 사전 적합성 평가 업무를 외부 검사 기관에 위탁할 수 있고, EU 이외 국가도 EU와 상호 인정 조약 체결을 통해 자국 검사 기관에 위탁할 수 있다(전자신문, 2020년 3월 4일자).

정부는 <AI국가전략>을 발표하며 AI시대 미래지향적 법제도 정립과 AI 윤리 정립을 주요 추진 과제에 포함시켰다. 미래의 AI 사회 모습은 국민과 기업 모두에 불확실하게 다가오고 있다. 그러나 불확실한 조건에도 정부가 AI에 대한 국민과 기업의 신뢰 구축을 위해서 AI Governance와 관련하여 신중한 결정을 해야 한다. EU의 <AI 백서>에 시사점이 있다. 정부가 AI산업과 시장의 조성을 위한 규범의 기초로 참고해야 한다. <표 7-5>에서 보듯 국민도 수용할 수 있는 보편타당한 규제체계가 되도록 정비해야 한다. 인공지능의 발전이 시장 활성화와 국가경쟁력 강화와 함께 환경보호, 질병예방, 재해예측, 위험감소 등과 같이 다양한 순기능을 발생시키고 있다. 이런 맥락에서 인공지능 활성화를 저해 하는 기존 규제는 과감하게 철폐 또는 완화해야 한다. 동시에 일자리 축소, 양극 화 확대, 사생활 침해, 자율기기의 오작동 등 인공지능의 이용확대에 따라 수반 되는 다양한 역기능과 부작용의 최소화를 위해 필요한 규제는 강화해야 한다. 하지만 아직 인공지능 확산에 따른 부작용의 최소화와 효용의 극대화를 위한 사 회적 합의 형성을 위해 필요한 논의와 준비가 부족하다.

무엇보다도 인공지능의 권리, 안전사회를 위한 법률, 그리고 전반적인 사회 시스템의 설계를 위한 Governance 차원에서 법제도를 정비해야 한다. 인공지능

표 7-5 인공지능과 융합이 필요한 ICT 지능정보기술의 규제현황

유 형	규제내용
IoT	• IoT 네트워크 주파수 출력규제 • 주파수의 추가 공급 및 요금제, 사물위치정보사업 허가제
클라우드 컴퓨팅	• 물리적 서버 망분리 규정한 고시와 지침으로 해당분야 제약 • 의료분야: 전자의무기록 외부보관 요건관련 고시 • 교육분야: 원격교육 관련 별도의 물리적 서버구비 등 전산설비요건
빅 데이터	• 개인정보보호 제도상 규제 • 명확한 개인정보활용에 대한 가이드라인 부재 • 사전동의(Opt-in) 규정에 관한 법률
O2O	• 택시 앱 미터기 사용규제 • 공유민박 연간 영업가능 일수 규제 • No Show 방지를 위한 예약금 선결제 서비스 이용 시 통신판매업신고 의무

자료: 한국행정연구원(2017)

에 대한 책임과 의무를 어떻게 부여할 것인지에 대한 논의는 헌법상 기본권에 대한 논의에서 출발하여야 한다. 책임분배에 대한 논의에서 핵심적인 문제는 인공지능에 어떠한 권리를 부여하고, 그에 따른 책임을 지우는 방향에서 숙의되어야 한다(김윤명, 2016).

인공지능이 사회 전반적으로 미칠 수 있는 영향에 대한 검토와 대응방안도 마련되어야 한다. 인공지능에 의해 발생할 수 있는 사고의 피해는 작지 않을 것으로 예상된다. 일종의 위험관리 관점에서 접근해야 한다. 가령 인공지능에 대한 해킹, 빅데이터 처리에서의 의도성, 개발자의 윤리적 소명의식 등 지능정보사회의 위험관리가 폭넓게 다루어져야 한다(김윤명, 2016). 인공지능에 대한 법률적 논의는 기존에 사람을 주체와 객체로 다루는 법률에서 사람을 인공지능으로 대신하여 고려하는 광범위한 수준이어야 한다. 현재 <표 7-6>과 같이 제한적 수준에서 벗어나 보다 폭넓고 다양한 입법적 논의가 사회적 합의를 통해 구체화되어야 한다(김윤명, 2016).

인공지능 발전이 장차 한국 미래에 긍정적 영향을 줄 것으로 공감되고 있다. 특히 국민은 삶의 질 개선과 전문적이고 정확한 서비스 등 경제적 문제보다 국민생활 개선에 대한 기대감이 높은 것으로 나타났다. 인공지능이 산업창출을 통해 새로운 일자리를 만들고 국가 경제의 성장을 견인함과 동시에 사회문제 해결(교통혼잡해소, 사이버범죄, 재난위험 등)에 도움이 될 것으로 전망된다. 이와 반면, AI에 대한 부정적 인식에 대한 이유로 국민은 '기계의 일자리 대체(29.4%)'를 꼽았다.

표 7-6 인공지능 촉진을 위한 유관법률

유관법률	내용
지능형 로봇 개발 및 보급촉진법	• 인공지능 기술보다 지능형 로봇이라는 기계장치에 초점 • 궁극적인 발전이 유체물로서 로봇과 연계
소프트웨어 산업진흥법	• 초기 인공지능의 활용은 소프트웨어적 차원의 서비스일 가능성이 높기 때문에 직접적인 촉진 유관법률 적용이 가능
ICT융합특별법	• 인공지능 기술이라는 것이 기본적으로 네트워크 통신 및 데이터 기술에 근간을 두고 있으며, 이를 통해 구축된 ICT 산업생태계를 전체로 한 측면에서 [정보통신 진흥 및 융합 활성화 등에 관한 특별법(ICT융합 특별법)]도 진흥법으로서의 적용이 가능

ICT종사자는 AI 오남용(23.9%)을 가장 우려되는 요인으로 지적하였다. 인공지능 발전에 따른 긍정적 효과와 더불어 오남용 등 역기능에 대한 선제적 대응이 요구된다. 기계의 일자리 대체 우려에 대한 법제도적 방안과 오남용 방지를 위한 사회적 공감대 형성이 필요하다.

딥 러닝 이후 인공지능 알고리즘은 인간의 뇌와 감각기관의 진화과정을 모방하고 특화된 무한 최적화 방법을 접목하고 범용성을 추구하면서 발전하고 있다. 인공지능 관점에서 감각기관의 진화는 대화형 스피커 확산, 로봇의 지능화 등을 통해 현실세계와 직접 소통하며 발전 중이다. 인간의 뇌에 해당하는 학습알고리즘의 진화는 인공지능이 단순히 보고 듣는 것 이상으로 인간과 비슷한 이성을 갖고 판단하는 방식으로 작동할 것이다. 또한 인공지능은 인간과 달리 기계이기 때문에 가능한 무한 반복의 시행착오와 경쟁을 통해 인간개입 없이 성능극대화를 추구하여 인간을 능가하는 결과를 제시할 것이다. AI알고리즘은 다양한 접근법이 복합적으로 사용되어 자율주행자동차, 로봇 등 실생활과 다양한 산업에 적용될 것이다. 그러므로 인간을 모방하되 기계적 장점을 최대로 활용하여 인간을 보완하고 협업하는 다양한 AI알고리즘으로 발전시켜야 한다.

인공지능 관련 윤리 및 규범의 정립과 법제도 마련을 위한 논의도 필요하다. 인공지능 담론은 장기적으로 인류가 직면한 실존적 위험을 줄이는 방향으로 전개되어야 한다. 특히, 제4차 산업혁명의 중추기술의 수용과정에서 갈등과 보완이 필요한 현행규범이나 법제적 미비사항이나 문제점을 분석하고 인공지능 등 고도화된 프로그램 및 기술의 윤리적·도덕적 알고리즘 책임성을 강화하는 방향으로 대안적 규범체계가 마련되어야 한다(한희원, 2018).

인공지능기술 활용의 적법성 확보를 위해 관련법과 제도를 잘 설계하고 구축되어야 한다. 먼저 다양하게 활용될 인공지능 기술에 대한 법적인 개념 정립과 함께 개인정보보호, 손해배상 책임, 인공지능의 안전성 등 사전 예방 차원의 법·제도가 구축되어야 한다. 또한 인공지능의 불확실성에 대비할 수 있도록 상시적인 평가체계의 구축이 필요하며, 이를 통한 규제 개선 작업이 병행되어야 한다. 아울러 인공지능 시스템의 위험관리 및 책임 분담을 위한 기본원칙이 제시되어야 하며, 나아가 인공지능 시스템에 인간과 동등한 법적 지위를 부여할 것인지에 대한 철학적 접근과 실증적 논의도 이루어져야 한다.

Chapter 08 **인공지능의 현주소**

> "인공지능(AI)은 인류역사상 최대 수준의 혁명을 불러올 것이다.
> 나는 내 시간과 두뇌의 97%를 AI에 바치고 있다.
> 한국은 첫째도, 둘째도, 셋째도 AI에 집중해야 한다."
>
> -손정의(2019) Softbank회장

한국 인공지능의 현주소, 어디쯤 와 있을까?

지난 2019년 CES에서 Steve Koenig CTA(Consumer Technology Association) 부사장은 "인공지능은 이제 비즈니스 게임의 판돈이 되었다."라고 말했다. 인공지능이 산업의 필수 기반기술로 자리잡았음을 의미한다. 이를 증명하듯 CES 2020에서도 인공지능을 사용하지 않은 업체는 찾기 어려울 정도였다. 제4차 산업혁명시대가 본격화되면서 인공지능에 대한 관심이 갈수록 커지고 있다. 인공지능은 제4차 산업혁명의 핵심기술 중에서 백미로 꼽힌다. 이 때문에 미국, 중국, 유럽 등 세계 주요 국가들과 선진 기업들은 제4차 산업혁명시대의 주도권을 잡기 위해 인공지능기술 확보에 총력을 기울이고 있다. 그렇다면 현재 대한민국은 인공지능분야에서 어느 수준일까? 인공지능이 복잡하고 다양한 기술을 아우르고 있는데다 발전 속도가 빨라 전체적 수준을 가늠하기 쉽지 않다. 혁명적 변화가 일어나고 있는 것은 분명한데, 그 정도와 실체를 파악하기가 어렵다. 한국은 객체인식 등 시각기술은 세계 수준이다. 하지만 원천기술과 투자규모는 주요국에 뒤져있다. 인공지능 분야의 기술적 성능은 지속적으로 개선되고 있지만, 원천기술과 기술기반은 매우 취약하다. 한국의 AI경쟁력은 각 분야 1위국의 절반 수준에도 모두 못 미치는 수준이다. 특히, 한국의 인공지능 두뇌지수가 조사대상인 25개국 중 19위에 그치고 있는 것으로 나타났다. 특허 Startup은 우수하지만 인재양성은 미흡하다. 장차 인공지능분야의 발전을 위해 종합적인 현상 및 수준진단의 바탕에서 실효성 있는 정책수립과 일관성 있는 정책집행이 중요하다.

08
Chpater

인공지능의 현주소

1 IT강국(强國)에서 AI약국(弱國)으로?

AI 전쟁이 발발했다. 마치 세계대전 치르듯 세계 각국의 인공지능 개발경쟁이 치열하다. 이러한 경쟁상황은 군사행동에 빗대어 AI 군비경쟁(AI Arms Race)으로 묘사된다. 비단 국가 차원뿐만 아니다. 기업, 개인 수준에서 전개되는 경쟁은 흥망과 생사를 좌우한다. 하지만 한국의 현실은 어떠한가?

한마디로 정보통신 강국에서 인공지능 약소국으로 전락하는 것이 아닌지 우려된다. 정보통신기술의 판이 바뀌고 있다. CES 2020에선 인공지능(AI)과 이를 연계하는 네트워크 기반의 개인용 자율항공기 콘셉트모델이 등장했다. AI로봇도 주요 화두였다. 사물인터넷(IoT)을 활용한 스마트시티에선 시민의 출퇴근 시간을 Sensor로 파악해 자율주행 대중교통을 배치한다. 빅 데이터를 활용해 도시 전체를 가변(可變)형 주차장으로 활용하는 방안은 주차장 부족문제를 해결할 아이디어로 주목받았다.

ICT 분야에서 한국과 경쟁국의 동향의 일례를 살펴보면, 중국에선 3D Printing으로 만든 아파트가 건설되고, AI·빅 데이터를 활용한 원격의료가 활발하다. 일본에선 도청·해킹이 이론적으로 불가능한 양자암호통신(양자정보통신)이 실용화된다. 유럽연합(EU) 국가들은 이미 2018년에 블록체인 기반의 새로운 서비스를 출시하고 협력체계 유지, 강화를 위한 동반적 관계를 맺었다.

한국 수준은 어느 정도일까? 제4차 산업혁명 경쟁에서 낙오될 수 있다는 경고음이 들려온다. 영국 Oxford Insight가 2019년 9월 발표한 [2019년 정부AI 준비지수(2019 Government AI Readiness Index)]에서 한국 정부는 세계 26위, 아시아 8위였다. 공공서비스 제공에 AI를 사용할 준비가 됐는지에 대한 평가인데 중국, 인도, 아랍에미리트(UAE), 말레이시아 등보다 뒤졌다.

미국 시장조사기관 CB Insight에 따르면 헬스 케어, 전기자동차, 빅 데이터 분야에 진출한 한국 Unicorn 기업(기업가치 10억 달러 이상의 벤처)이 단 한 곳도 없었다. 특히, 2019년 발표한 <AI분야 세계 100대 Startup 조사보고서>에 의하면, 세계 100대 AI Startup 중 한국기업은 없었다. 국가별로 미국 77개, 중국·영국·이스라엘은 각각 6개씩, 스웨덴·일본·독일·인도·캐나다는 각각 1개씩으로 집계됐다. 하지만 한국은 포함되지 못했다(인공지능신문, 2020년 1월 7일자). 심지어 한국은 이제 선두그룹을 따라가는 것이 불가능할 정도로 인식된다(조선일보, 2019년 5월 21일자).

정보통신기획평가원(IITP)이 발간한 <ICT 기술수준조사보고서>를 보면, 미국·중국·일본·유럽과 비교할 때 한국의 기술수준은 모두 꼴찌다. 총 26개 주요 ICT 분야 중 14개 분야에서 꼴찌다. 양자정보통신(2.6년)·블록체인(2.3년)·AI·3D 프린팅(2년) 등에서 1위인 미국과의 기술격차가 컸다. 4등을 한 분야가 8개, 3등은 4개였다. 26개 기술의 평균수준은 한국이 84.5(미국 100)로 역시 중국(86.1)에 뒤진 꼴찌였다. 한국경제를 이끌 미래의 성장 동력산업에 비상등이 켜진 것이나 다름없다.

이처럼 한국에서 신기술과 신사업의 발전의 장애물은 규제다. 미래 유망분야에서 한국이 불모지인 가장 큰 이유는 이해집단의 반대와 정부규제 때문이다. 실례로 헬스 케어는 명시된 것 외에 모두 안 된다. 사실상 금지령의 족쇄다. 동남아국가들도 실시하는 원격진료가 한국에선 불법이다. 자율주행의 경우, 반복운행을 통한 데이터축적이 중요하다. 하지만 한국에서는 낡은 도로교통법 때문에 무인주행과 군집주행실험이 어렵다. ICT에 바이오를 결합한 원격의료 같은 스마트헬스 케어는 의사·시민단체의 반대로 20년 가까이 시범사업에 머물러 있다. 투자플랫폼만 제공하는 Crowd Funding은 자본시장법상 투자 중개업종으로 분류돼 금산분리규제의 적용을 받고 있다. 이러한 상황에서 현대자동차는 미국에서 공유차량사업을 시작했고, Naver는 자회사(Line)를 내세워 일본에서 원격의료사업을 시작하는 등 해외에서 돌파구를 찾고 있다. 자칫 4차 산업혁명시대에서 낙오되지 않을는지 염려스럽다(중앙일보, 2020년 1월 16일자).

그렇다고 희망이 전혀 없지 않다. 세계 최고수준의 정보통신기반구조와 높은 인터넷·스마트 폰 보급률을 기반으로 디지털 전환이 가속화되고 있다. 국내 휴대폰 및 스마트 폰 보급률은 2016년 각각 107%, 91%로 북미(81%, 77%), 유럽(84%, 65%) 등 선진국을 상회한다. 세계최초로 2018년 5G 시범서비스를 선보인 후 2019년 4월 3일 오후 11시 세계 최초로 상용화가 시작됐다.[1] 미국, 일본, 중국 등 글로벌 선진국을 제치고 가장 먼저 5세대 통신시대의 개막을 알렸다.

주지하듯 한국은 전 세계에서 가장 <연결된(Connected) 사회>로 평가된다. 미국의 Pew Research Center가 37개국 4만448명을 조사한 결과, 스마트 폰을 보유한 성인비율에서 한국은 94%로 2위 이스라엘(83%)을 멀찌감치 따돌렸다. 주기적으로 인터넷을 쓰거나 스마트 폰을 소유한 성인비율로서 인터넷보급률에서도 96%, 단연 세계 최고다. 사회적 관계망서비스(SNS) 이용률은 미국, 호주와 공동 3위다. 한국은 가장 밀접하게 연결된 사회(most heavily connected society)로 인식된다.

연결은 제4차 산업혁명의 핵심이다. 한국에선 지하철, 카페, 공공장소 등 어디서든지 무료 Wifi 등을 통해 인터넷에 손쉽게 연결할 수 있다. 사람들은 지하철, 버스 안에서 이리저리 몸이 쏠리는 가운데서도 묘기 하듯 손에 쥔 스마트 폰을 응시한다. 비록 한국이 4차 산업혁명에서 기술적으로 가장 앞장서지 못하지만 스마트 폰을 통한 연결로만 보자면 최첨단이다. 연결사회로의 진입은 새로운 문화와 가치를 만든다. 공유되는 지식과 정보의 양이나 속도가 엄청나게 증가한다. 누구와도 거리와 시간에 관계없이 24시간 연결될 수 있다.

하지만 현재 한국의 AI수준은 <그림 8-1>에서 알 수 있듯 2 그룹 후미에 있다고 평가된다(소프트웨어 정책연구소, 2018). 1그룹은 미국과 중국이다. 비즈니스

---

1 당초 5일 상용화를 계획했던 이동통신 3사는 이날 밤 11시 각각 5G 1호 가입자를 배출하며 〈세계 최초 5G〉를 선언했다.

그림 8-1 AI 연구에서 한국의 글로벌 위치

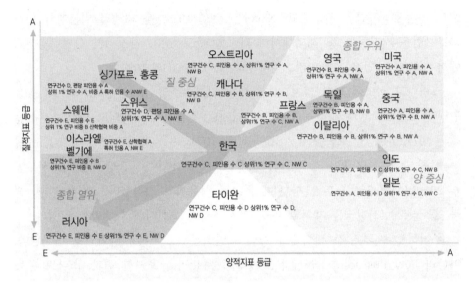

종합 우위

오스트리아
연구건수 C, 피인용 수 A, 상위1% 연구 수 A,
NW B

영국
연구건수 B, 피인용 수 A,
상위1% 연구 수 A, NW A

미국
연구건수 A, 피인용 수 A,
상위1% 연구 수 A, NW A

싱가포르, 홍콩
연구건수 D, 편당 피인용 수 A
상위 1% 연구 비중 A, 특허 인용 수 ANW E

질 중심

캐나다
연구건수 C, 피인용 수 B, 상위1% 연구 수 B,
NW B

독일
연구건수 B, 피인용 수 A,
상위1% 연구 수 B, NW A

중국
연구건수 A, 피인용 수 A,
상위1% 연구 수 B, NW A

스웨덴
연구건수 E, 피인용 수 E
상위 1% 연구 비중 B 산학협력 비중 C

스위스
연구건수 D, 편당 피인용 수 A
상위1% 연구 수 A, NW E

프랑스
연구건수 B, 피인용 수 A,
상위1% 연구 수 C, NW A

이스라엘
벨기에
연구건수 E, 피인용 수 B
상위1% 연구 비중 B, NW D

연구건수 E, 산학협력 A
특허 인용 A, NW E

이탈리아
연구건수 B, 피인용 수 B, 상위1% 연구 수 B, NW A

한국
연구건수 C, 피인용 수 C 상위1% 연구 수 C, NW C

인도
연구건수 A, 피인용 수 C 상위1% 연구 수 C, NW B

종합 열위

타이완
연구건수 C, 피인용 수 D 상위1% 연구 수 D,
NW D

일본
연구건수 A, 피인용 수 D 상위1% 연구 수 D, NW C

양 중심

러시아
연구건수 E, 피인용 수 E 상위1% 연구 수 E, NW D

질적지표 등급

양적지표 등급

자료: 소프트웨어정책연구소(2018)

세계에서 미국 기업의 질주는 거침없다. 2018년 1월 미국 최대 전자상거래업체 아마존은 무인 소매점 <Amazon Go>를 운영하고 있다. 고객이 스마트 폰에 띄운 QR코드를 스캔하고 입장한다. 상품을 갖고 나가면 미리 입력된 신용카드를 통해 자동 결제된다. 매장 내 각종 Sensor들이 소비자가 누구인지, 어떤 상품을 집었는지 실시간 식별기술을 활용하기 때문에 서비스가 가능하다. 아마존은 무인편의점에 이어 <Amazon Dash Cart>라는 스마트 쇼핑카트를 공개하였다. 2020년 7월 현재 국내에서는 <Amazon Go>와 유사한 <무인계산대> 점포가 등장하면서 무인매장이 확산중이다. 하지만 현행법상 매장 입장과 안면인식은 물론 어떤 상품을 집는 지까지 모두 개인정보에 포함돼 일일이 소비자 동의를 받아야 한다.

대부분 국가는 개인정보를 식별과 비식별로 구분한다. 개인을 특정할 수 있는 식별정보가 아니라 비식별정보라면 동의 없이 연구는 물론 상업적 이용이 가능하다. 미국에서는 사후 동의를 받으면 식별정보도 이용할 수 있다. 명확하게 금지한 사안만 빼고 모두 허용하는 네거티브 규제를 시행하고 있다. 하지만 한국은 명시적으로 허용한 내용 외에 모두 금지하는 포지티브규제가 여전하기에 비식별정보라는 개념 자체가 없다. 개인정보보호법과 신용정보법, 정보통신망법 등 이른바 <데이터 3법>이 2020년 1월 9일 국회 문턱을 넘었다. 인공지능과 데이터 경제를 선도할 수 있는 제도적 기반이 마련된 셈이다. 하지만 시행과정에서 해결해야 할 난제가 산적해 있다.

제1차에서 3차까지 산업혁명과 4차 산업혁명의 가장 큰 차이는 기술혁신의 속도에 대한 수용 여부다. 1차~3차 산업혁명의 경우, 기술혁신을 수용할 수 있을 정도의 점진적인 속도를 통해 사회발전 방향을 결정했다. 하지만 제4차 산업혁명은 기술혁신의 속도가 가히 기하급수적으로 확대되고 있다. 수용이라기보다는 충격이라는 표현이 어울릴 정도이다. 자칫 변화의 속도에 적응하지 못하면 수많은 장애가 발생한다. 그에 따른 해결과제도 산적해 있다. 원격의료(의료법), 스마트 모빌리티(도로교통법), 빅데이터산업(개·망·신법)등은 규제에 묶인 신산업들이다. 더구나 변화에 대한 낮은 이해력이나 <그림>처럼 부실한 제도 등으로 인해 산업혁명 과정에서 장애가 발생할 수 있다. 가령 노동자의 대량해고 및 승자독식 경쟁에 따른 양극화 등 풀기 어려운 난제들이 오히려 산업혁명의 성공에 걸림돌이 될 수 있다.

한국만 가로막힌 혁신사업

혁신산업(허용국가)	주요기술	한국규제근거법
바이오헬스 (미국)	앱으로 수집한 의료 데이터를 병원으로 전송	개인정보보호법
	유전자 가위를 통한 유전병 치료	생명윤리법
AI (미국)	AI로 소비자와 상품 인식, 자동계산(아마존 고)	개인정보보호법
	AI 활용한 법률문서 작성 서비스	변호사법
	자율주행차 일반도로 주행	도로교통법
핀테크 (영국)	가상화폐 판매 통한 자금 조달	유사수신행위법
	블록체인 기술 활용한 해외송금 수수료 인하	외국환거래법
드론 (중국)	드론 활용 승객 운송	항공안전법
	드론 활용 농약 살포	농업기계화촉진법

자료: 한국경제신문(2019년 12월 31일자)

지난 2016년 스위스금융그룹 UBS의 보고서에 따르면 한국의 4차 산업혁명 적응순위가 139개 국가 중 다소 충격적인 25위를 기록했다. 전자정부 세계 1위에서 디지털 정체(停滯)국으로 평가되었다. 특히, 제4차 산업혁명 준비를 위한 5개 요소(노동시장 유연성, 기술수준, 교육수준, 인프라 수준, 법적 보호)를 바탕으로 평가한 결과,

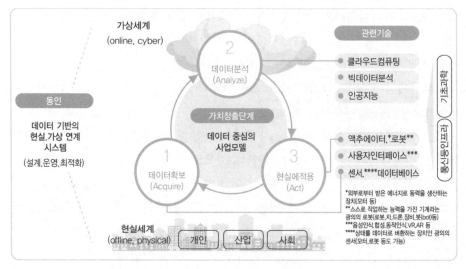

그림 8-2 데이터 기반의 현실·가상 연계 시스템

자료: 최병삼·양희태·이제영(2017), p.3

한국은 중하위권 수준이다. 자칫 글로벌 핵심기술경쟁에서 뒤처질 경우, 기술생태계를 독점한 해외 ICT 기업들에 국내 기업들이 종속될 위험성이 존재한다.PC와 모바일시대의 운영체제(OS)와 유사하게 인공지능 플랫폼을 기반으로 한 글로벌 ICT 기업의 생태계 확장전략이 심화될 경우 기술종속화 위험이 커진다.

디지털 전환(Digital Transformation)의 의미는 <그림 8-2>에서 보듯 어떤 분야가 디지털 기술의 특징에 직·간접적 영향을 받고, 가상세계의 법칙에 지배받게 된다는 것이다. 현실세계의 물리적 과정에서 데이터가 얻어지면 이것은 가상세계로 넘어가는데, 디지털 기술의 기하급수적 발전으로 인해 예전에는 가능하지 않았던 일들이 가능해지고 이것이 현실세계의 혁신을 가져오게 된다.

2 인공지능의 수용능력

국내 인공지능(AI) 산업기반이 세계 수준보다 턱없이 부족한 것으로 나타났다. AI 기술수준도 주요 선진국과 비교했을 때 상당한 격차를 드러내고 있다. 한국의 인공지능기술과 산업화 수준이 미국·중국·영국·일본 등 경쟁국보다 낙후된 것으로 나타났다. 특히 AI산업의 활성화 수준을 알 수 있는 AI기업 수와 시장, 인재에서 한국은 평가 대상국가 가운데 최하위를 기록했다.

한국의 AI기업 수는 2018년 6월 기준 26곳으로, 비교 대상 8국 가운데 꼴찌를 기록했다. 한국정보화진흥원(NIA)은 미국·중국·일본·유럽(영국·독일)·이스라엘·인도와 한국을 비교 대상으로 꼽았다. 미국은 AI기업이 2,028개로 1위이며 이어 중국(1011곳), 영국(392), 독일(111) 순이었다. AI관련 시장규모의 경우, 한국은 2018년 기준 4,760만 달러(약 555억 원)로 5위였다. 미국(7억6,650만 달러), 영국(3억1,060만 달러), 중국(1억9,970만 달러)의 6~24% 수준이었다. 한국은 금융·자동차·헬스 케어·유통·에너지 등 AI가 적용될 수 있는 시장규모는 모두 5~6위였다. AI가 각 분야에서 제대로 활용되지 못한다는 의미다.

한국에 쓸 만한 Startup이 많지만 AI분야에서 글로벌 기업과의 격차가 상당하다. AI Startup에 필요한 인재의 절대 숫자가 부족한 데다 데이터규제가 심해쓸 만한 기업이 나오기 힘들다. 글로벌 시장조사업체의 AI Startup 데이터베이스에도 한국기업은 찾아보기 어렵다. 미국 Startup조사업체 CB Insight 2019년 2월 발표한 <글로벌 AI Startup 톱 100>이 대표적인 사례다. 동 보고서에 한국기업의 이름이 아예 없다. 중국과 영국, 이스라엘 기업이 각각 6곳 선정된 것과 대조적이다. 스웨덴, 일본, 독일, 인도, 캐나다 등이 순위에 올랐다(한국경제신문, 2019년 10월 28일자).

민간기업의 AI 도입수준도 상당히 낮다. 과학기술정보통신부·한국정보화진흥원(2018)의 <2018 정보화 통계집>에 따르면 <그림 8-3>에서 알 수 있듯이 2017년 12월 말 기준, 전체 사업체(395만여 개)의 인공지능 기술 및 서비스 이용률은 0.6%(2만 4천여 개) 수준으로 추정된다(과학기술정보통신부·한국정보화진흥원, 2018).

기업뿐만 아니라 정부·공공부문의 AI도입수준도 상당히 낮았다. Oxford Insights와 국제개발연구소(International Development Research Centre)가 공동주관하는 <2019 정부AI 준비도 조사(Government Artificial Intelligence Readiness Index 2019)>에서 한국은 전 세계 26위를 차지하였다.[2]

---

2 Oxford Insights and IDRC, 「Government Artificial Intelligence Readiness Index 2019」, ⟨https://ai4d.ai/index2019/⟩.

그림 8 - 3 인공지능기술 및 서비스이용 여부 (단위: %, 개)

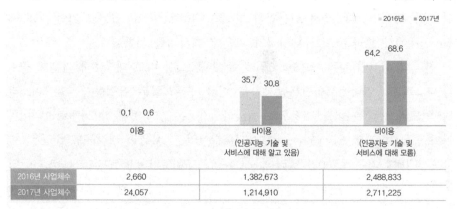

	이용	비이용(인공지능 기술 및 서비스에 대해 알고 있음)	비이용(인공지능 기술 및 서비스에 대해 모름)
2016년 사업체수	2,660	1,382,673	2,488,833
2017년 사업체수	24,057	1,214,910	2,711,225

국내 AI기술 수준은 <그림 8-4>에서 보듯 경쟁국가에 비해 상당히 낮은 수준이다. 정보통신기획평가원(2019)의 <2018년도 ICT기술수준조사보고서>에 따르면 2018년 기준 한국의 AI기술수준은 미국 대비 81.6% 수준이며, 중국(미국대비 88.1%), 일본(미국대비 86.4%)보다 낮은 것으로 나타났다(정보통신기획평가원, 2019).

그림 8 - 4 한국의 AI 기술수준

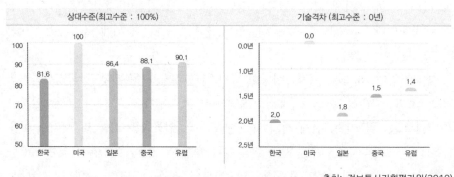

출처: 정보통신기획평가원(2019)

한국의 인공지능(AI) 특허출원 건수가 글로벌 10위권 밖인 것으로 조사됐다. 한국과 경쟁국인 중국과 일본이 2위와 4위인 것을 감안하면 차세대의 확실한 먹거리인 AI분야 주도권 경쟁에서 한국기업이 열위로 밀릴 수 있다.

독일 IP조사업체인 IPlytics가 발표한 <국가별 AI 특허 출원 건수> 자료에 따르면, 아래 <그림>에서 보듯 한국은 상위 10개 기업에 포함되지 않았다. 미국이 27만9,145건으로 1위며 중국(6만6,508건)와 EU(6만346건) 일본(5만8,988건)이 각각 2~4위를 차지했다. 독일, 영국, 스페인, 스웨덴, 스위스, 오스트리아 등 유럽 국가들이 10위 안에 이름을 올렸다. 이러한 결과는 삼성전자가 기업별 AI 분야 특허등록 기준에서 3위를 기록한 가운데 나와서 문제의 심각성을 더한다. 조사결과만 보면 AI에 과감한 투자를 펼치고 있는 삼성전자를 제외하고는 AI 분야 특허를 보유한 한국기업들이 상대적으로 적은 것으로 풀이된다. 삼성전자는 2019년 AI를 <4대 미래 성장사업>으로 선정하고 전 세계 7개 도시에 AI센터를 운영하는 등 과감하게 투자하고 있다.

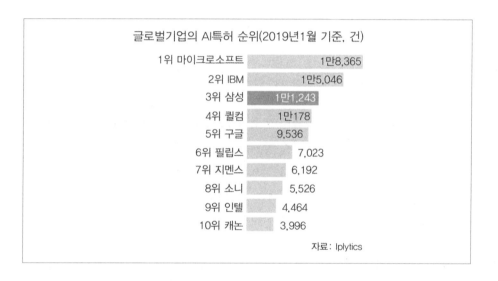

한국지식재산연구원에 따르면, 2008년부터 2016년까지 한국, 미국, 유럽, 중국, 일본의 IP5 특허청이 인공지능 관련 특허출원은 연평균 약 11.7% 증가하여 다른 기술 분야보다 증가세가 컸다. 중국에서 인공지능관련 특허출원이 급증했는데, 중국특허청(CNIPA)에 접수된 인공지능특허출원은 연평균증가율이 약 34.3%에 달했다. 이 같은 공격적 특허활동을 통해 중국은 2016년에 인공지능 특허출원 건수가 최초로 미국을 역전해 세계 1위를 기록했다. 한국은 인공지능 관련 특허출원의 연평균 증가율이 약 9.7%를 기록했으며, 출원 누적 건수는 약 14,000건에 이른 것으로 파악됐다(비아이뉴스, 2019년 11월 23일자).

기업 및 기술의 경쟁력을 좌우하는 인재 측면에서 한국은 최하위권이다. AI·데이터 관련 경진대회가 열리는 플랫폼인 kaggle이 발표한 상위 1000명 AI 연구자 가운데 한국인은 1명에 불과했다. 미국은 27명, 중국은 13명, 일본은 7명이었다. 한국이 앞선 분야는 특허등록 건수다. 2018년 기준 한국이 등록한 AI 관련 특허는 497건으로 중국(1,351건), 미국(678건)에 이어 3위를 기록했다(한국정보화진흥원, 2019).

AI 전문 인력 확보수준도 주요 AI 선진국보다 열위 수준이다. 중국 칭화대가 2018년 9월 발표한 <2018 중국 AI발전보고서>에 따르면 국가별 AI인재는 미국(2만 8,536명), 중국(1만 8,232명)에 비해 한국은 2,664명으로 미국의 1/10수준이다(하선영, 2019). 텐센트의 <2017 글로벌 AI 인재백서>에 따르면 국가별 AI 인재는 미국이 1만 2,027명, 영국이 2,130명이며, 한국은 180명에 불과하였다(송세경, 2019).

한국은 인공지능, 빅 데이터, 클라우드 등의 분야에서 혁신성장을 이끌 전문 인력이 매우 부족하다. 기업들은 4차 산업혁명과 직결된 신기술 분야 인재 확보에 애를 먹고 있다. 캐나다 AI기술업체인 Element AI에 따르면 한국의 AI전문가는 <그림 8-5>에서 보듯 180명(2017년 말 기준)에 그친 것으로 조사됐다. 분석대상 15개국 중 13위로 최하위권이다. 1위에 오른 미국(1만2027명)이나 영국(2130명) 등 선진국은 물론이고 스페인(633명) 싱가포르(312명) 등에도 크게 뒤지는 결과다. 전문가 부족으로 인해 인력 수급의 미스매치도 심각하다.[3]

세계적으로 AI연구에 필요한 인력이 수백만 명이지만 공급은 30만 명 수준에 불과하다.[4] 세계 주요국과 비교했을 때 한국의 인공지능 관련 기술수준이 낮고 특허 보유수도 적은 것으로 나타났다. 한국의 인공지능 SW기술은 최고기술국 대비 75.0% 수준, 인공지능 응용 SW기술은 74.0% 수준으로 주요 선진국과 상당한 격차를 드러냈다. 또한 미국, 일본, 한국, PCT(국제특허) 등 4개 DB에 등록된 인공지능 관련 특허 11,613건 중 한국인이 보유한 특허는 306건으로 전체의 3%에 불과하여 미국의 1/20, 일본의 1/10 수준으로 나타났다.

---

3 카카오 관계자는 "AI, 블록체인 등의 전문가는 구인난이 심해 정원을 두지 않고 수시 채용한다"고 설명했다.
4 http://www.fintechpost.co.kr/news/articleView.html?idxno=1689.

그림 8-5 국가별 AI인력 현황

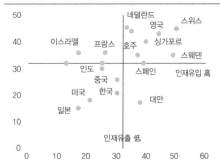

■ 국가별 AI 인재 유출입 비교

주 : 국가별 인재 유출입(moving in/out) 비율
자료 : Element AI, Global AI Talent Report 2019

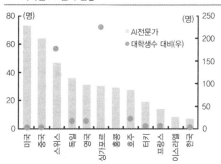

■ 국가별 AI 인력 현황

주1 : 2009~2018년 AI 논문 상위연구자 500명 기준
주2 : 고등교육(tertiary education) 1만1명 기준 시 상대 규모
자료 : 소프트웨어정책연구소, OECD, 하나금융경영연구소

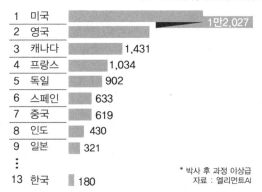

1	미국	1만2,027
2	영국	
3	캐나다	1,431
4	프랑스	1,034
5	독일	902
6	스페인	633
7	중국	619
8	인도	430
9	일본	321
⋮		
13	한국	180

* 박사 후 과정 이상급
자료 : 엘리먼트AI

　인공지능 경쟁력의 원천인 인재는 세계적으로 부족하다. 특히 핵심인재는 더욱 희소하여 22,400명으로 추산된다. 한국의 인공지능 두뇌지수가 주요국 대비 상대적으로 낮아 인재양성에 정책역량을 집중할 필요가 있다. <그림 8-6>에서 보듯 인공지능 두뇌지수는 25개국 중 19위(50.59)로, 평균 54.92 보다 낮으며 세계 인공지능 두뇌지수 500에서 한국이 차지하는 비중은 1.4%를 차지하고 있다.

　급성장하는 인공지능 시장, 빠른 기술진화를 고려 시, 인재양성의 골든타임을 놓칠 경우, 국가경쟁력 상실이 우려된다. 인공지능 대학원, 인공지능 보편교육 등 미래 인재 양성을 위해 정책자원이 총동원되어야 할 시점이다(이승환, 2019).

　글로벌 AI(인공지능) 시장이 연평균 50% 이상 급성장하고 있지만, 한국의 AI 인재 경쟁력은 미국의 절반 수준에 불과하며 한국, 중국, 일본 3개국 가운데 가

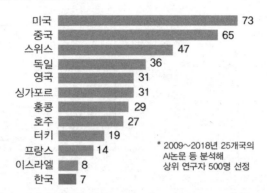

● 그림 8-6 글로벌 AI 핵심인재 현황 　　　　　　　　　　　　　　　(단위: 명)

미국 73
중국 65
스위스 47
독일 36
영국 31
싱가포르 31
홍콩 29
호주 27
터키 19
프랑스 14
이스라엘 8
한국 7

* 2009~2018년 25개국의 AI논문 등 분석해 상위 연구자 500명 선정

자료 : 한국소프트웨어 정책연구소(2019)

장 낮은 것으로 분석된다. 또한 국내 AI인력 부족률은 60.6%에 달했다. 한국경제연구원이 국내 산·학·연 인공지능 전문가 30인을 대상으로 <AI 인재현황 및 육성방안>에 대한 조사결과다. AI 인재 경쟁력 확보를 위해서 체계적인 교육과정, 교수진 확보 등 AI 교육 인프라를 확대하고 데이터 3법 등 규제 완화를 통해 AI 산업 성장을 주도할 생태계 조성이 시급하다. 전문가들은 AI 산업과 글로벌 시장을 선도하고 있는 미국을 기준(=10)으로 중국, 일본, 한국의 AI 인재 경쟁력은 <그림 8-7>에서 보듯 각각 8.1, 6.0, 5.2로 평가했다. 한국은 미국의 절반 수준에 불과했고, AI를 국가 전략산업으로 지정해 정부 주도의 대규모 투자를 추진하고 있는 중국과 비교할 때도 상당한 격차를 드러냈다(동아일보, 2019년 12월 15일자).

◉ 그림 8-7 한·중·일 3국 AI 인재 경쟁력

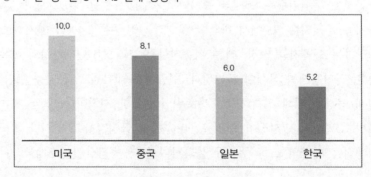

미국 10.0
중국 8.1
일본 6.0
한국 5.2

AI개발자들의 최대 온라인커뮤니티이자 AI 경진대회가 수시로 플랫폼 Kaggle에서 열린다. 세계 인공지능 개발자들이 총상금 100만 달러(약 11억5,980만원)가 걸린 과제 해결을 두고 치열한 경쟁을 벌인다. Kaggle은 AI개발자들의 글로벌 경연장이다. 경진대회에 학계와 연구기관의 데이터 과학자, 기업소속 소프트웨어 엔지니어 등이 참가한다. 제시된 특정 문제의 해결법을 찾는 경쟁을 벌인다. 쌓아놓은 데이터를 제대로 활용하지 못하는 글로벌기업이나 공공기관들이 상금을 걸고 과제를 낸다. 기업들은 경진대회를 통해 과제를 해결하고 AI무림의 숨은 고수도 찾아내는 성과를 얻었다.

Kaggle 플랫폼은 호주인인 Anthony Goldbloom이 2010년 만들었다. 경제 전문지 이코노미스트에서 일하다 빅 데이터 전문가수요가 급증할 것으로 예상하고 구축했다. AI 개발자들이 몰리자 Google은 2017년 발 빠르게 Kaggle을 인수했다. Kaggle에서는 세계 190여 개 국가 100만 명 이상의 개발자들이 자웅을 겨룬다. 그렇다 보니 Geek(괴짜)들의 UFC(종합격투기대회)라고도 불린다. 그동안 다양한 기업들이 Kaggle에서 AI기술을 얻었다. Google은 AI의 이미지인식 정확도를 높이는 기술을 찾았다. MS는 Malware(악성 소프트웨어)를 감지하는 수준을 높였다. GE는 국제선 항공기 도착시간을 정확히 예측하는 방법을 발굴했다. 데이터 분석에 탁월한 미국 Hedge Fund 운용전문가들이 Kaggle에서 3개월 만에 자기공명영상(MRI)만으로 심장병을 진단할 수 있는 알고리즘을 개발해 화제가 되었다. 미국에서 의료 전문가들이 10년 넘게 찾던 방법이었다. Kaggle의 상위 실력자 명단에서 한국인 개발자들이 보이지 않는다. 상위 50위 안에 든 한국인은 2명에 불과하다. 세계 5위이자 한국 1위는 박진모 차석이다. 세계 21위 및 한국 2위는 김상훈 연구원이다. 중국인 개발자들은 상위권에 많다. 상위 50위 안에 적어도 8명의 중국인 개발자가 이름을 올렸다. 세계 1위와 2위 모두 중국인 개발자다. 개인정보를 공개하지 않은 개발자도 있어 중국인 개발자가 상위권에 더 포진해 있을 수도 있다. Kaggle개발자 수나 순위가 국가별 AI 기술수준이라고 단정할 수 없지만 보조지표는 될 수 있다(한국경제신문, 2020년 1월 17일자).

3 인공지능에의 대응수준 및 실상

　세계 최초로 휴대폰 소액결제시스템을 구축한 다날과 KG모빌리언스, Facebook 보다 앞섰던 싸이월드 등 정보화의 3차 산업혁명을 이끌던 한국기업이 글로벌은 커녕 국내 사업수준에 머물고 있다. 제4차 산업혁명의 꽃이라는 인공지능은 컴퓨팅 자원, 데이터, 알고리즘, 개발자의 재능 등 4요소가 필요하다. 강력한 연산성능을 갖춘 컴퓨팅 자원을 바탕으로 잘 정제된 데이터를 알고리즘에 학습시켜 재능 있는 엔지니어가 AI모델을 설계한다. 뿐만 아니라 앞서 <그림 5-1>에서 보았듯이 Hardware, Library Framework, Platform, Application과 같은 다양한 기술과 구성요소가 어우러져야 한다. 만일 어느 한 축이나 층(layer) 틀어지면 AI 기술경쟁력을 갖추기 힘들다. 한국의 실상은 어떠한가?

가. 데이터의 미흡

　충분한 양과 질의 데이터 없이 세계 최초의 5G 상용화나 AI는 무용지물이다. 4차 산업혁명시대의 경제주도권 확보도 불가능하다. 미국, 중국 등 전 세계가 데이터 경쟁에 촉각을 세우고 있는 이유다. 미국은 Facebook, Google 등 월 이용자가 10억 명이 넘는 10억 클럽 보유국가다. 전 세계 이용자를 기반으로 거대 데이터 독점기업을 보유하고, 세계 최대의 데이터 Broker시장이 형성돼 있다. 대표적 데이터중개업자인 Acxiom은 전 세계 7억 명 이상의 소비자정보를 보유하고 개인당 정보가 1,500여 종에 이른다. 중국은 14억 인구와 탈규제 정책을 기반으로 데이터기업을 육성하면서 국경 밖으로 데이터 이전을 엄격히 금지하고 있다. 스위스 국제경영개발대학원(IMD)에 따르면 2017년 기준 한국의 빅 데이터 활용·분석 수준은 63개국 중 56위다. 데이터거래는 미국의 400분의 1수준이다. OECD가 기업 환경 내 정보통신기술 확산 정도의 측정결과, 빅 데이터 분야에서 한국은 전체 20개국 중 꼴찌다.

　이러한 결과는 데이터규범을 반추해 볼 때 당연히 예측된 결과다. 한국은 지역·인구구조 특성으로 자국 내 데이터만으로 양적 한계가 존재할 수밖에 없다.

유럽, 아프리카, 인도 등은 데이터 강국으로 도약하려는 입장에서 간과할 수 없는 데이터교역 대상이다. 그러나 데이터 경제 및 데이터 주권, 그리고 국제규범과의 정합성 측면에서 볼 때 국내규범은 누구를 위한 것인지 의문이다. 우선 자국 기업의 데이터 활용을 규제해 데이터이용 활성화 및 데이터 경제부흥을 막고 있다. 대부분 국가가 허용한 가명 처리된 개인정보 활용도 제한적이다.

그러나 외국으로의 국민데이터 유출은 관대하다. 개인정보보호법은 정보주체의 동의만 있으면 얼마든지 개인정보를 해외로 이전할 수 있다. 정보주체의 70%가 동의 내용을 확인하지 않고 무의식적 클릭만 연발한다는 2018년 개인정보보호 실태조사에 의하지 않더라도, Facebook이나 Google에 개인정보를 제공하면서 그 처리에 대한 사항을 꼼꼼히 숙지한 국민은 거의 없다. 그동안 자국민 개인정보 국외유출을 오로지 형식화·형해(形骸)화된 개인적 사전 동의에 맡겨둔 채 방치하고 있다.

기존 규범으로 인해 유럽과의 데이터 교역이 쉽지 않다. 유럽은 개인정보 보호수준이 유럽과 동등한 것으로 유럽연합이 승인한 국가 또는 해외 기업에만 유럽시민의 개인정보 이전을 허용한다. 기존 국내데이터 규범으로 승인을 얻을 수 없으므로 유럽에 진출한 국내 기업이 겪는 어려움은 필연적이다. 따라서 데이터 규범은 데이터 주권 실현 및 데이터 경제 부흥 측면에서 조속하고 지속적으로 개선되어야 한다. 개인정보가 이전되는 국가의 개인정보 보호수준을 국가 차원에서 사전에 점검하고 이를 정보 주체에게 명확히 알려야 한다. 가명 정보의 활용, 데이터거래의 활성화, 형벌완화 등 국내 기업의 데이터 활용여건을 개선(김현경, 2019)하되, 악의적 오남용에 대해서는 징벌적(懲罰的) 배상을 도입해야 한다.

나. 인공지능 교육환경의 취약

2019년 11월 교육부는 AI 교사 5,000명을 양성하겠다고 밝혔다. 또한 교육대학원에 인공지능 융합교육과정을 개설, 2020년부터 연간 1,000명씩 배출하겠다고 한다. 서울시교육청은 이에 발맞추듯 2021학년도부터 모든 특성화고 신입생에게 인공지능 관련 과목을 필수 이수토록 하고 인공지능 및 빅 데이터 분야 학교 10개교를 만들고 교과서는 2020년 8월까지 완성하겠다는 안을 내놨다. 이에 더해 정부는 2019년 12월 17일 <AI 국가전략>을 발표하며 <AI 인재양성 및 전 국민교육>에 나서겠다는 국가차원 인공지능교육 진행을 천명했다. 하지만 현장에서는 계획을 따라갈 준비가 전혀 되어 있지 않다고 지적된다.

인공지능교육은 단순히 학생들에게 인공지능이 무엇인지 이해시키는 수준을 넘어야 한다. 인공지능을 활용한 지식 습득뿐만 아니라 현실세계에 대한 다양한 경험과 사회경제적 난제들을 해결하는 프로젝트에 적극 참여하고 배울 수 있어야 진정한 인공지능 교육이다. 가장 중점을 두어야 할 부분은 인공지능을 교사들이 활용할 수 있어야 한다. 인공지능이 교실에서 잘할 수 있는 기능은 과감히 인공지능에 맡기고 교사들은 소통, 협력, 창의 등 인간적 부분에 집중하는 방식으로 교실을 근본적으로 변화시켜야 한다.

과거의 학교소프트웨어교육이 왜, 활성화되지 못했는지 그 근본 이유를 살펴야 한다. 정부나 대학에서 AI교육을 지원하고 강화하되 초·중·고등교육과정 개편과 실행·활성화 과정에서 그 시작점을 함께 찾아야 한다. 가령 수능이라는 평가의 부정적 환류가 분명히 존재하는데 일반 수업시간에 시험에 나오지 않는 AI교육의 내실을 도모할 수 없다. 더구나 NELS 체제에서 모든 업무는 한글문서만 첨부 파일로 통용되는 게 현실이다. 클라우드 접근이 되지 않는 지역, Wifi를 마음대로 쓸 수 없는 지역과 학교도 부지기수다. 현장에서 소프트웨어와 하드웨어를 마음껏 쓸 수 있는 여건과 풍토의 조성이 시급하다. 교사의 선택적 자율성에 따른 AI 수업과 평가가 현장에서 이루어져야 한다.

AI의 선두주자로 평가받는 미국의 경우, LMS(클라우드 학습관리시스템)를 모두 갖추고 융합수업 등을 실시하고 있다. 교실마다 설치된 Wifi로 학사·학업정보를 공유·협업하는 등 다양한 Edutech로 AI교육에 접근하는 현실을 살피고 한국교육현장에 맞도록 적용하는 게 AI교육 활성화의 선결 조건이다. 실제 교육현장의 무선 인프라 구축수준은 걸음마 단계다. OECD 31개국 조사결과, 한국의 인터넷환경은 OECD 국가 중 1위이지만 ICT 활용역량은 거의 꼴찌에 가깝다. 정부를 비롯한 교육기관에서 ICT 활용역량이 강화되어야 인공지능은 원활한 활용이 가능하다. 당장 무선인터넷이 안 되는 학교교실 사정으로 훌륭한 교사들 역량이 발휘되지 못하는 현실의 개선과 함께 현장의 초중등교사들의 목소리와 의견이 교육정책에 반영되어야 한다.

인공지능은 세계를 선도하는 교육수준으로 업그레이드할 수 있는 무한한 가능성을 제공한다. 선진국가에서 실행한 것을 그대로 가져오겠다는 접근보다 인공지능교육에서 세계 선두가 되겠다는 야심에 찬 계획과 실천이 필요하다. 하지만 정부가 발표한 <인공지능국가전략>을 보면 현장과 온도 차가 매우 크다. 버스나 길거리카페에서도 무선 Wifi에 누구나 쉽게 접속할 수 있지만 공공기관, 특히 교육기관에서는 막혀있는 경우가 많다. Cloud기반 무선인프라구축을 활발히 해야 IT강국을 넘어서 AI강국으로 도약할 수 있다.

다. 강력한 정책집행력의 미흡

정부가 2019년 12월 17일 내놓은 <인공지능 국가전략>에는 인프라와 생태계 구축, AI활용, 역기능 방지 등 백화점식 종합계획이 담겨있다. 경쟁력 있는 AI서비스를 개발하는 토대가 되는 공공 데이터 전면 개방, 글로벌 핵심인재 양성을 위한 AI 관련학과 교수의 기업겸직 허용 등 20여 개 부처가 부처별 특성에 맞는 세부 실행방안을 제시하고 대통령이 의지를 보였다는 점에서 긍정적으로 평가된다. 그러나 AI 분야 경쟁력을 갖기 위한 핵심 인프라와 글로벌 인재 양성에 대한 정부 지원 요구는 3년 전인 2016년 3월 박근혜 정부 당시 Google AlphaGo쇼크에서도 지속적으로 제기되었던 사항이다. 3년이 훨씬 지났지만 공공데이터 공개와 인재양성계획은 재탕됐다. 얼마나 실행력을 보여주느냐가 중요하다. 특히 정부가 2020년 추진하겠다는 AI관련 학과 교수의 기업 겸직허용의 경우 관련 기업과의 면밀한 협력 운영과 타 전공과의 형평성 문제 등 넘어야 할 산도 적지 않다. 뿐만 아니라 4차 산업혁명위원회가 AI 국가전략을 실행할 범부처 협업체계를 구축해야 한다. 동 위원회가 대통령 직속이지만 20여 개에 달하는 정부 부처의 AI국가전략 실행 전략을 갈등 없이 어떻게 풀어낼 수 있느냐는 중요한 당면과제다.[5]

---

5 이와 관련 전임 장병규 4차 산업혁명위원장은 언론 매체를 통해 2년간 위원장을 지내면서 정부와 국회에 대한 답답함을 공공연하게 토로한 적 있다.

4 인공지능 육성을 위한 국가전략

전 세계가 4차 산업혁명에 진입했다. 이제 누가 더 빨리 Digital Transformation을 너머 AI Transformation을 실행하느냐 여부가 무한경쟁시대에서 승자의 조건이다. 그런데 한국의 AI는 정책적, 경제적, 사회적, 기술적 기반 등 모든 영역에서 주요국보다 뒤처져 있다(장우석·전해영, 2016). 단순히 빅 데이터, AI, 5G, 사물인터넷(IoT), 클라우드, 로봇 등 요소기술만을 대안으로 제시하는 수준을 넘어야 한다. 이들 기술요소를 실생활과 산업계에 어떤 모습으로 적용할 것인가, 즉 큰 청사진과 비즈니스 모델을 만들고 구체적으로 추진해야 한다.

가. AI국가 전략

정부가 <인공지능(AI) 국가전략>을 통해 2030년까지 최대 455조 원의 경제효과를 창출하고, 삶의 질 세계 10위로 도약하겠다는 목표를 제시했다. <IT 강국을 넘어 AI 강국으로>라는 비전으로 세계를 선도하는 AI 생태계 구축, AI를 가장 잘 활용하는 나라, 사람 중심의 AI 구현 등 3대 분야 아래 9개 전략과 100개 실행과제를 추진하기로 했다.[6]

글로벌 경기하강과 불확실성 증대하는 상황에서 경제 활력을 높이고, 다양한 사회문제를 해결해야 하는 상황이다. AI는 산업의 생산성 향상과 부가가치 창출에 기여하고, 범죄 대응·노인 돌봄·맞춤형 서비스 제공 등을 가능케 함으로써 사회의 당면과제 해결에 유력한 방안으로 부상하였다. 동 전략은 AI로 인한 문명사적 변화를 기회로 활용하여 한국 경제의 새로운 도약과 더 나은 사회(삶) 구현을 위한 국가 비전과 범정부적 실행과제를 제시했다는 데 의의가 있다. 특히, 학계·산업계 등 민간 전문가와 수차례 논의를 거쳤으며, 과기정통부를 비롯한 전 부처가 모두 참여하여 전략의 주요 내용을 확정하였다.

또한 글로벌 AI 선도국과의 격차를 조속히 해소하여 AI 강국으로 도약하기 위

---

6 정부는 2019년 12월 17일(화) 문재인 대통령 주재로 열린 제53회 국무회의에서, 과학기술정보통신부를 비롯한 전 부처가 참여하여 마련한 「인공지능(AI) 국가전략」을 발표하였다.

그림 8 - 8 인공지능 강국의 미래상과 전략

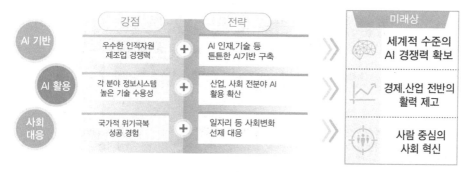

해 고유의 전략을 마련하였다. 인공지능 강국의 미래상과 전략은 <그림 8-8>에서 보듯 AI기반과 활용, 대응으로 나타낼 수 있다. 우선, AI 시대에 변혁의 당사자인 국민, AI 경쟁력 확보 주체인 기업, 미래 방향성을 제시할 학계 등 민간이 혁신을 주도하고, 정부는 이를 뒷받침하여 국가적 역량을 결집해 나갈 계획이다. 아울러, 국민들의 높은 교육 수준과 최신 기술 수용성, 세계 최고의 ICT 인프라, 반도체·제조기술 등 한국의 강점을 극대화할 수 있는 전략 수립에 중점을 두었다.

정부에서 중점적으로 추진하는 3대 분야는 <그림 8-9>에서 첫째, 세계를 선도하는 AI생태계 구축을 위해 데이터·컴퓨팅 자원 등 AI 산업의 핵심인프라 확충, 글로벌 선도국과 대등한 기술·산업 경쟁력 확보, 마음껏 상상하고, 도전할 수 있는 제도적 환경 조성, 누구나 창업하고 성장해 나갈 수 있는 혁신생태계의 구축할 계획이다. 둘째, AI를 가장 잘 활용하는 나라를 만들기 위해 세계 최고의 AI 인재 양성 및 전 국민 AI교육체계 구축, 전 산업의 AI 도입·활용으로 한국경제의 활력 제고, 도움이 필요한 국민을 먼저 찾아가는 차세대 지능형 정부를 구현할 계획이다. 셋째, 사람중심의 AI 구현을 위해 모두가 AI 혜택을 고루 누릴 수 있도록 일자리 변화에 선제적 대응, 역기능 대응 및 AI윤리 정립 등으로 안전한 AI 이용환경을 조성할 계획이다.

나. AI 산업기반 확충

선진국과의 기술 격차를 줄이고 인공지능(AI) 시장에 조기 진입하기 위해서

그림 8-9 AI강국의 비전과 전략

출처: 관계부처 합동(2019), 인공지능국가전략 붙임자료

는 전면적인 산업기반 확충이 필요하다. 첫째, 개방과 공유의 패러다임으로 정책 방향을 전환하는 한편, 공공부문의 선도적 투자를 확대해야 한다. 인공지능 관련 국가 연구개발 사업 및 산학연 협력 연구에 대한 투자를 확대하는 한편, 지능형 교통제어시스템, 공공데이터 개방 확대 등 인공지능 연구에 활용할 수 있는 공공부문의 지원 인프라를 조기에 구축해야 한다.

둘째, 민간부문의 인공지능 산업 생태계가 형성될 수 있도록 기업의 투자를 적극 유도해야 한다. 제조업 부문의 인공지능 기술 융합이 활성화될 수 있도록 세제 및 금융 지원을 확대하는 한편, 서비스업 분야의 인공지능 활용이 촉진될 수 있도록 벤처·Startup에 대한 지원을 강화해야 한다.

셋째, 인공지능 기술발전에 따른 사회적 부작용의 최소화를 위한 선제적 대응책을 마련해야 한다. 기술혁신에 따른 사회 전반의 생산성 향상이 일자리 감소, 실업률 상승과 같은 부작용으로 이어지지 않도록 사회적 논의도 활성화 해야 한다.

넷째, 인공지능 기술경쟁력 확보를 위한 연구개발(R&D) 투자 확대 및 인재 육성에 주력해야 한다. 초기 시장의 형성 이전에 기술경쟁력 확보를 위해서는 국가 연구개발 사업 등 공공부문의 선도적인 R&D 투자가 필요하다. 그리고 민간 기업이 적극적인 R&D 투자에 나설 수 있도록 세제, 금융 등 다양한 형태의 지원을 강화해야 한다. 또한 글로벌 시장에서 기술적 주도권을 확보하기 위해서는 인공지능 전문가를 양성하는 체계적인 방안이 마련되어야 한다.

다섯째, 기업이 AI 활용하기 좋은 환경부터 조성해야 한다. 핵심은 AI기업 활동의 규제로 인한 시간과 비용을 어떻게 줄이느냐에 달려있다. 데이터의 수집·활용을 제한하는 규제가 전부가 아니다. <CES 2020>이 선보인 다양한 AI 제품·서비스가 국내에서 꽃을 피우려면 인허가 간소화가 절실하다. 규제개혁의 범위부터 전 업종으로 넓혀야 한다. 규제 불확실성의 발생 소지 자체를 없애는 법 개정보다 규제 문제가 불거진 뒤 임시 대응하는 보조적 성격의 규제Sandbox에 의존하는 방식의 개선이 필요하다. 한국의 법체계에서 '우선 허용, 사후 규제'를 확실히 하려면 법 개정이 규제개혁의 본질이 돼야 한다. 경쟁국 기업은 법 개정 부담 없이 네거티브시스템으로 달리는데, 한국기업은 규제 Sandbox로 기어가면 경쟁이 될 수 없다.

여섯째, AI 연구·투자부문에서 신바람을 조성해야 한다. 산업계에서 AI 연구와 투자 붐이 일어나야 한다. 그래야 다양한 AI 비즈니스모델이 시장에서 분출할 수 있다. 맞춤형 AI 연구와 활용은 기업 스스로 해야 하는 만큼 투자에 파격적인 세제 혜택을 줄 필요가 있다. 정부의 AI 연구도 쇄신해야 한다. 관료가 주도하면 모방이나 위험회피로 흐를 게 뻔하다. 기업가정신을 겸비한 전문가주도로 전환해야 한다. 미국의 스탠퍼드대 <AI Index 연례보고서>에 따르면 AI 알고리즘 등 시스템의 처리시간이 시(時) 단위에서 초(秒) 단위로 단축되고, 비용도 급감하고 있다. <CES 2020>에서도 논리적 추론이 요구되는 분야를 제외한 자연어처리 분야 등에서 기술적 성능 향상이 괄목할 정도다. 이에 뒤지지 않으려면 컴퓨팅 파워 등 연구와 혁신인프라 확충과 함께 AI 산학협력도 절실하다.

일곱째, 글로벌 수준의 AI 인재를 양성해야 한다. 국가 간, 기업 간 AI 인재 쟁탈전이 치열하다. 글로벌 인재를 양성하면 글로벌 기업과 연구소를 불러 들이는 데도 유리해진다. '수도권이냐, 지방이냐'로 다툴 때가 아니다. 글로벌 경쟁 관점에서 인재를 양성하려면 수도권 규제부터 과감하게 풀어야 한다. AI대학원도 정부가 지원 하되 간섭은 하지 않는다는 원칙을 세워야 차별화·특성화가 가능하다. 정부가 AI 인재 양성을 위해 교수의 기업겸직을 허용하겠다는 것으로 부족하다. 기업과 대학 간 인적 교류의 문턱 자체를 없애야 한다. 2018년 미국에서 AI 박사 학위 취득자의 60% 이상이 기업으로 갔다. 대학을 떠나 기업으로 가는 AI 교수도 늘어나는 추세다. 인재의 해외 유출을 막으려면 경쟁력 있는 AI 기업이 많을수록 좋다(한국경제신문, 2011년 1월 11일자).

다. 평가적 논의

2019년 12월 17일 공표된 <인공지능 국가전략>은 AI기술 개발과 투자를 통해 현재 10위인 국가 디지털 경쟁력 순위를 2030년 3위로, 현재 30위인 삶의 질 순위를 10위로 끌어올리겠다는 것이 골자다. 또한 2030년까지 455조 원의 경제적 효과를 창출하겠다고 했다. 3년 전 박근혜 정부 당시 미래창조과학부가 주도해 발표한 <4차 산업혁명에 대응한 지능정보사회 중장기 종합대책>을 떠올리게 한다. 전문가들 사이에서 "뚜렷한 방향성도 없이 각 부처 정책을 나열한 백화점식 전략""재탕·3탕 전략""장밋빛 로드맵"이라는 비판이 나왔다. 당시 정부도 AI 발전으로 인한 산업·고용·생활 변화를 예측하고 이에 대비하는 정부 전략을 55페이지 분량의 문서로 발표했다. 문재인 정부가 비슷한 분량의 보고서에서 2030년까지 AI에 따른 경제효과를 455조 원으로 예측했다면, 당시 정부는 460조 원으로 추정한 게 다를 뿐이다. 주무부처인 과기부를 필두로 정책 관련성이 낮은 해양수산부·환경부·식품의약품안전처 등까지 참여한다. 그러나 세부항목을 보면 각 부처에서 추진 중인 AI관련 정책들을 끌어모은 모양새다. 가령 학교교육과정을 소프트웨어(SW)·AI 중심으로 개편한다는 것은 현재 초등학교 고학년과 중학교 교육과정에 도입된 코딩(소프트웨어 개발) 의무교육과 유사하다. 2030년까지 AI기반 스마트공장을 2,000개 보급하겠다는 것은 2017년부터 중소벤처기업부가 추진 중인 스마트공장 확산사업과 겹친다. 신약개발 AI 플랫폼 구축은 이미 보건복지부의 내년 예산안에 포함됐고, 자율주행 대중교통 기술개발도 현재 세종시 등에서 기업과 공동으로 진행 중인 사업이다. 이처럼 각 부처에서 이미 추진한 정책을 한곳에 모아놓은 것에 불과하다는 비판에서 자유롭지 못하다. 이 외에도 공공데이터 전면 개방, 차세대 지능형 반도체 개발 등 기존에 발표했던 내용이 보고서에 다시 담겼다.

정부는 대통령 직속의 제4차 산업혁명위원회를 범국가적 AI위원회로 재정립하면서 전략이행을 위한 범정부 협업체계를 구축하겠다고 했다. 민관합동의 제4차 산업혁명위원회가 갑자기 정부정책을 성실히 수행하는 컨트롤타워 역할을 하겠다니 뜬금없다. 과연 범정부 정책이 제대로 집행과정을 통해 실현될 수 있을지 의문이다. 제4차 산업혁명위원회가 2019년 10월 발표한 <4차 산업혁명 대정부 권고안>을 보면 부처 간 그리고 정부와 민간 영역과의 협업이 얼마나 비효율적인지 드러난다. 권고안에서 "칸막이를 두고 부처 간 경쟁하는 정부 구조의 한계로 인해 부처 간 시너지를 내기 어렵다"며 "공직자들은 혁신을 추진해야 할 인센티브가 없으며, 오히려 추후 문제가 발생할 우려 때문에 혁신을 주저하게 된다."고 꼬집었다. AI 범정부 대책을 정부가 과연 얼마나 소화할 수 있지 의구심이 드는 이유다(중앙일보, 2019년 12월 18일자).

제4차 산업혁명이 심화될수록 Software는 사회 전체와 연관성이 강화될 것이다. 특히, 인공지능은 Software기술 중 하나이다. AI의 경쟁력이 개인은 물론 기업, 국가경쟁력의 핵심요소다. 지난 3차 산업혁명에서 정부가 기반구조를 구축하고, 인터넷이 대중화되었다. 민간 기업은 새로운 혁신기술과 제품을 꿈꾸며 도전한 결과, 새로운 산업과 경제 생태계가 구축되었다. 제4차 산업혁명도 마찬가지다. 정부는 민간에서 투자하기를 주저하는 사물인터넷을 비롯한 중추적 기술 기반구조에 적극 투자해야 한다. 이러한 바탕에서 민간이 새로운 혁신을 꿈꾸고 도전하는 풍토를 조성해야 한다. 모든 과정이 민주적이어야 한다. 더구나 제4차 산업혁명은, 민간이 주도할 수 있도록 정부가 보이지 않게 마중물을 대고, 인프라에 집중해야 한다(김정열, 2017).

현실성이 떨어진다는 지적도 많다. 정부는 앞으로 10년간 1조 원을 투입해 차세대 AI 반도체를 개발하고, 세계 1위로 올라서겠다고 했다. 삼성전자와 SK하이닉스의 2018년 한 해 연구·개발(R&D)비만 20조 원이 넘는다. 반도체 업계 관계자는 "한 해 1,000억 원 남짓 10년간 1조 원을 투자해 세계 1위 AI 반도체를 만들 수 있겠느냐"고 말했다. 정부는 2030년까지 차세대 AI 기술을 5개 이상 선점하겠다고 했지만 구체적으로 어떤 AI 기술을 선점하겠다는 건지도 불분명하다(조선일보, 2019년 12월 18일자). 정부의 AI전략이 보다 구체적이고 체계적이며 실천적이어야 함을 시사한다.

문재인 정부의 인공지능(AI) 국가전략

	주요내용	비판
재탕, 삼탕식 정책	AI 소프트웨어 중심 학교 커리큘럼 개편	초중 코딩 의무교육과 유사
	2030년 AI 기반 스마트공장 2,000개	중기부 스마트 공장 보급 사업과 유사
	2021년 신약개발 AI 플랫폼 구축	복지부 예산 기편성
	2021년 자율주행 대중교통 기술 개발	세종시 등 자율주행 셔틀 상용화 추진 중
	AI 바우처 지원	데이터 판매,가공하는 데이터바우처 사업과 유사
	광주 AI혁신 클러스터 구축, 전국 AI 거점화 전략	창조경제혁신센터 전국 거점화 전략과 유사
현실성 없는 정책	차세대 AI 선점	구체적 기술 개발 계획 없음
	2029년까지 AI 반도체 개발에 1조96억원 투자	삼성전자, SK하이닉스 2018년 한 해만 R&D에 21조5,500억원

자료 : 과학기술정보통신부

인공지능과 국가, 그리고 정부

"AI는 신(新)과학기술 혁명과 산업변혁을 이끄는 전략기술이자 전 분야를 끌어올리는 선도·분수 효과가 강력한 기술이다. 중국이 세계 기술경쟁의 주도권을 쥐도록 하는 핵심 수단이자 과학기술, 산업구조, 생산력을 비약시킬 전략자원이다. AI를 통해 중국경제가 질적 성장을 추구하는 시대로 접어들면서 맞닥뜨린 각종 난관을 돌파하고 일상 업무, 학습, 생활을 스마트하게 바꿔야 한다."

-시진핑 (习近平) 중국국가주석(2018)

보이지 않지만 어디에나 존재하는 인공지능 정부

인공지능 제4차 산업혁명의 꽃이라 한다. 그래서 기업들은 저마다 인공지능이라는 꽃을 피우기 위해 열일 중이다. 하지만 꽃피우기가 쉽지 않다. 많은 공을 들여야 한다. 제4차 산업혁명 시대의 차세대 기술들이 주목을 받고 있는 가운데 그 중 앞으로 인공지능기술 확보와 활용 능력이 기업과 국가, 개인의 경쟁력을 좌우하게 될 것이다. 이미 세계 각국은 공공 및 민간 분야 공히 인공지능분야의 연구개발 투자에 적극 나서고 있다. 특히, 인공지능 연구에서 충분하고 양질의 기반 데이터를 확보하는 것은 AI 학습과 처리능력 개선을 위해 중요한 자원이다. 이를 확보하기 위해 개인, 기업의 노력을 넘어 국가적 차원의 지원이 절실하다. 아울러 인공지능을 탑재한 전자정부를 넘어 인공지능 정부가 예상된다. 바람직한 인공지능 정부는 AI로 국민 개개인에게 맞춤형 공공서비스를 안내하고 AI Chatbot이 친절하고 꼼꼼하게 상담하며, 합리적 정책판단과 결정, 공정한 집행에 기여하는 정부다. 궁극적으로 시간 및 공간적 제약과 인간적 한계에서 벗어난 정부, 보이지 않지만 어디에나 존재하는 정부모습과 기능을 드러내야 한다 인공지능기반 서비스들은 앞으로 3~5년 내로 현장에 적용될 전망이다.

09

Chpater

인공지능과 국가, 그리고 정부

한국정부는 인공지능산업 육성정책을 수립, 추진 중이다. 하지만 착수 시점 및 투자 규모 측면에서 주요국 대비 뒤처져 있다. 정부는 향후 10년간 1,070억 원이 투자되는 <Exobrain>프로젝트를 비롯하여 인공지능 분야에 연간 총 380억 원을 투자할 계획이다. 이는 미국, EU, 일본 등 선진국보다 매우 미흡하다. 민간부문의 인공지능 산업기반 역시 기업 수 및 투자규모 측면에서 부진하다. 한국의 ICT 산업 위상과 비교하면 부족한 것으로 평가된다.

2018년 기준 국가 차원에서 인공지능전략을 준비하고 있거나 이미 실행에 옮긴 나라는 총 21개국으로 조사되었다(Dutton, 2018). 주요국들은 자국 정부조직(대통령, 의원내각제 등), 법·정책 등을 고려하여 다양하게 접근하고 있다. 인공지능과 관련한 자국의 데이터, 서비스 등을 보호하고 타국의 영향력을 줄이려는 새로운 민족주의도 관측된다. 이른바 AI 내셔널리즘(Nationalism)이라고 표현된다. 가령 AI 선도기업과 서비스는 각국의 무역거래 제한조치, 조세제도, 개인정보보호법 등으로 인해 글로벌 비즈니스 활동에서의 어려움을 예상한다. AI기술이 정치질서와 맞물리며 국가 간 과학기술격차는 물론, 강력한 무기화가 될 가능성도 높다.

1 외국의 인공지능 정책

세계 인공지능 시장 규모 전망
(단위 : 달러)

1조
1,750억 (2018년)
1조
9,010억 ('19)
2조
6,490억 ('20)
3조
3,460억 ('21)
3조
9,230억 ('22)

자료 : 가트너

"73억5,000만 달러(약 8조 3000억 원). 2017년 온라인통계포털 Statista가 추산한 2018년 글로벌 인공지능 시장규모다. Gartner는 2018년 1조7천억 달러에서 2022년 3조9천억 달러로의 확대를 전망했다. 영국의 다국적 컨설팅기업 Pricewaterhouse Coopers (PwC)에 따르면, 2030년에는 21배 급증한 1,570억 달러(약 177조 원)로 전망하였다. 다소 차이가 있지만 인공지능 시장의 급성장을 드러낸다.

인공지능에 대한 전(全) 지구적 관심이 고조되고 있다. 이미 세계 각국은 인공지능을 국가Agenda로 추진 중이다. 국가 차원의 Master Plan과 대규모 투자 계획이 실행 중이다. 즉 AI를 신 성장 분야로 육성하고 글로벌 경쟁우위 확보를 위해 투자 및 로드맵을 발표하는 등 AI주도권 경쟁[1]이 치열하다. 미국은 2016년 10월 Obama행정부에서 <AI국가 연구개발 전략>을 제시했고, 이어 Trump행정부에서 2019년 6월 수정계획을 내놓았다. 중국은 2017년 7월 <차세대 인공지능 발전계획>, 일본은 2019년 3월 <AI전략 2019>, 독일은 2018년 11월 <AI육성전략>, 영국은 2018년 4월 <AI섹터 딜(sector deal)>을 제시했다. 이외의 국가들도 AI를 국가산업으로 육성하기 위해 투자 및 인재 확충, 연구 클러스터 조성 등 차별화된 역량확보에 주력하고 있다.

현재 AI기술 선두에선 미국과 중국이 경합 중이다. 사활을 걸 정도다. 미·중간 AI패권 다툼은 OS에서 인터넷, 그리고 AI경쟁으로 확산되고 있다. 2018년 3월 미국이 중국산 수입품에 관세폭탄을 부과하면서 본격화된 갈등이 중국 5G 통신

---

1 일본, 영국, 캐나다, 중국('17), 영국, 미국('18.상반기), 독일, 스페인('18.하반기).

장비기업 화웨이 제재로 연결되었으며 중국산 드론과 인공지능분야로 번졌다. AI기술은 경제는 물론이고 국가안보에도 결정적 영향을 미치기 때문이다. AI에 앞선 나라가 전쟁에서 이길 것은 두말할 나위가 없다. 2019년 2월 트럼프 대통령은 모든 국책 연구기관은 AI에 연구개발비를 최우선 집행하라는 행정명령을 내렸다. 중국의 시진핑 국가주석은 입만 열면 AI기술개발이다. 2017년부터 2019년까지 17조 원을 AI에 쏟아 부었다. 이미 중국은 AI 분야에서 논문·기업·특허수에서 세계 1위다. 일본·프랑스·독일 등 다른 선진국들도 국가수반이 AI기술을 총괄하며 미국·중국을 추격하고 있다(조선일보, 2019년 5월 21일자).

가. 미국 동향

미국은 백악관중심의 범정부 Governance 체계구축, 뇌 기반 대규모 예산지원, R&D의 장기화 및 사업화 연계, 네거티브(Negative, 사후규제) 법제도, 민간투자 활성화, 국제공동연구 등 정책을 추진 중이다. 지난 2013년부터 백악관(The White House) 중심으로 범정부 차원의 브레인이니셔티브(BRAIN Initiative: Brain Research through Advancing Innovative Neurotechnologies Initiative) 정책을 수립하였다. 이후 트럼프 정부는 AI정책 추진방향을 제시하고, 관련 연구개발(R&D)을 우선 과제로 설정하는 등 AI 발전을 위한 정책을 추진 중이다. 미국은 민간이 투자할 가능성이 낮은 분야에 정부가 주도하고 있다.

국가 AI R&D전략의 목표는 경제적 번영 확대, 교육 기회와 삶의 질 개선, 국가 및 국토안보 강화를 목표로 국가 AI R&D에 주력하면서 <그림 9-1>에서 보듯 ① 장기투자(데이터분석, 지각, 이론적 한계, 범용AI, 인간형 AI, HW 등) ② 인간-AI 협업(인간인지AI, 인간증강, 자연어 처리, 인터페이스 시각화) ③ 윤리·법적 사회적 영향, ④ 안전과 보안, ⑤ 데이터 세트 및 환경, ⑥ 표준 및 벤치마크 ⑦ 인력수요 연구 등을 7대 AI R&D 분야로 설정하였다.

또한 <미국인을 위한 AI(AI for American People)> 보고서를 통해 AI R&D 우선 지원, AI교육 강화, 규제개선 등 인공지능 정책추진 방향을 제시(2018.5.10.)하였다. Trump 행정부는 2019년 예산요청안에서 <인공지능과 고성능컴퓨터 활용(Harnessing Intelligence and High Performance Computing)>을 연방 R&D 예산의

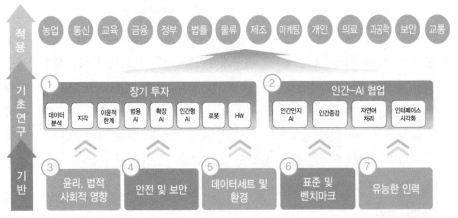

그림 9-1 미국 AI R&D 추진체계(7대 추진전략 포함)

자료: 김지소(2017)

주요 목표로 제시하였다.[2] 2019년 2월 11일에는 <AI 분야에서 미국의 리더십 유지(Maintaining American Leadership in Artificial Intelligence)>라는 행정명령 (executive order)에 서명하였다. 이는 미국경제와 안보수호를 위해 미국이 AI분야를 선도해야 한다는 대통령 의지가 반영된 셈이다. 행정명령은 <표 9-1>과 같이 AI R&D 최우선 투자, 정부소유 AI관련 Resource 개방, STEM교육 등을 통해 국가 AI역량을 제고하기 위한 5대 전략이 제시되었다. 또한 정부에서 추진 중인 AI관련 활동을 쉽게 파악할 수 있도록 통합홈페이지(ai.gov)를 개설하였다(김규리, 2019).

이미 미국은 인간의 뇌(Brain·腦)를 중심으로 체계적인 인공지능 기술개발을 통한 원천기술 확보계획을 수립, 추진 중이다(The White House, 2013). 대통령 산하 과학기술정책국(OSTP: Office of Science and Technology Policy)은 연구기관·대학·기업 등을 참여시켜 30억 달러 규모의 인공지능기술개발을 추진 중이다. 브레인예산의 특징은 기초연구에 80% 집중되어 있으며, 디바이스(Brain-Computer Interface) 연구, 뇌 스캔 이미지 촬영 및 분석을 위한 초미니 형광성 현미경 및 시스템 개발(Inscopix), 슈퍼 컴퓨팅을 활용한 뇌 시뮬레이션(Google)과 같은 IT분

---

2 정보통신기획평가원(2018), '미국 ICT 정책 트렌드 분석-최근 10년 동안의 NITRD 프로그램 동향을 중심으로-'

표 9-1 미국 AI 이니셔티브 주요 내용

전략	내용
연구개발 투자	• 연방기관들은 장기적인 관점으로 AI 연구개발 투자를 최우선 추진
인프라 개방	• 데이터, 모델, 컴퓨팅 리소스를 AI 연구자에게 개방 • 정부 데이터 법(OPEN Government Data Act)을 시행[3]
Governance 표준화	• 인공지능 시스템 개발 지침 수립 • 인공지능 시스템 기술표준 개발
전문인력 확충	• 펠로우십 및 연수 프로그램 운영 • 국민의 AI 잠재력 향상을 위한 STEM 교육 확대
국제 협력	• AI R&D를 장려하고 시장 창출이 가능한 국제적 환경 조성 • 미국의 이익을 보호하고 경제안보를 지키기 위한 액션플랜 개발

야에서 연구를 진행 중이다. 주요 연구그룹인 국립 포토닉스연구원(The National Photonics Institute)에서는 연구주체와 산업화주체가 협력체계를 이루어 연구개발 (R&D) 및 산업화를 병행하고 있다. 또한 유럽연합(EU)의 Flagship 프로젝트인 인간두뇌 프로젝트(Human Brain Project)와 협력을 통해 국제적 협력관계를 맺고 있다. 이처럼 브레인 정책은 기초 연구에 집중하면서 기업의 참여를 유도하여 기술개발과 산업화가 거의 동시에 이루어져 기술개발 후 상용화까지의 시간 지연을 최소화하겠다는 전략[4]이다(The White House, 2016).

미국은 대학원 수준에서 주로 인공지능 연구 및 교육, 지원을 주로 진행하고 있고, 초·중등교육 단계에서는 수학, 과학, 기술, 공학 교육(STEM)의 강화 등 창의적·융합적 인재 양성에 초점을 두고 있다. 기업 수준에서는 인공지능 기술의 발전과 상용화를 주도하고 있다. 또한 AI기반의 자동화가 경제 전반(노동시장과 직

---

3 OPEN(Open, Public, Electronic, and Necessary) Government Data Act(2019년 1월 14일): 증거기반정책 수립기반법의 하위법령으로 제정된 법으로, 연방 소속 기관들은 보유하고 있는 데이터 자산을 파악하고 우선순위 평가와 표준화를 거쳐 공개할 것을 규정. 또한, 대통령실 직속으로 데이터책임위원회를 구성하여 범정부적 데이터 활용을 감독해야 함을 명시(한국정보화진흥원, 2019).

4 신기술에 대한 과도한 규제는 기술 실용화를 지체시키고 필요 이상의 느슨한 규제는 예상치 못하는 사고를 발생시킴으로써 기술 상용화를 방해하기 때문에 인공지능 분야 기술발전 속도를 고려한 적합한 규제 방식과 수준 모색 필요성을 인식 중이다(ETRI, 2016).

업변화)에 미치는 충격을 면밀하게 검토하고, 광범위한 대응 전략을 마련하기 위한 방안으로 ① 인공지능에의 투자에서 AI관련 연구와 개발 투자, 개발인력의 규모 및 다양성 확보와 건전한 시장경쟁 지원→ 사이버 방어 및 사기탐지AI 개발, 시장경쟁 지원, ② 미래 직업을 위한 교육과 훈련에서 시장이 요구하는 기술습득을 통해 고용시장 일자리 창출을 위한 교육·훈련→ 초·중·고 및 대학교육 강화, 직업교육 및 재교육 기회 확대, ③ 사회적 안전망 강화부문에서 노동자들이 최적의 직업을 찾도록 기회 확대, 역량 강화를 위한 사회 안전장치 구축→ 사회 안전망 강화, 임금 및 경쟁력 확대, 세금 정책 지원 등 3대 대응전략에서 23개 권고사항이 마련되었다.

나. 일본 동향

일본은 2015년부터 국가 및 민간 기업들이 인공지능 연구 투자를 본격적으로 시작하고 있다(日經NIKKEI, 2015). 그리고 2016년을 인공지능 원년(元年)으로 설정하였다. 일본의 인공지능 연구개발(R&D)은 총무성, 문부과학성, 경제산업성 등이 범부처 공동으로 협력체계를 구축하였다. 그리고 미국 대비 국제경쟁력 강화 등을 목적으로 인공지능예산 대폭증액, 인공지능기반 사물인터넷 사회·비즈니스 지향 R&D 추구, 통합연구 개발거점 플랫폼 구축기반사업화 촉진, 실무융합형 시스템통합전문가 양성 정책 등을 추진하고 있다. 특히, 총무성은 인공지능이 인간의 능력을 초월(2045년)할 것으로 예상하면서 인공지능의 연구 개발 강화 방안을 모색하기 위해 <인공지능화가 가속화 되는 ICT 미래상에 관한 연구회(2015년 2월)>를 출범시켰다(總務省, 2015). 동 연구회 조직은 인공지능의 발전가능성과 사회에 미치는 영향을 종합적으로 전망하고, 관련 분야에서 국제경쟁력 강화대책을 마련하는 것이 목적이다. 연구회 전문가들은 뇌 정보통신, 사회 지(知) 해석, 혁신적 네트워크, 인공지능(음성인식, 다 언어 음성번역 등), 인지심리학 분야 등 공학을 비롯해 인문학 등 다양한 영역에서 참여하고 있다. 주요의제는 인공지능화가 가져올 구체적 분야의 변화, 샤회에 미치는 영향, 인공지능 산업 전개 및 국제경쟁의 전망, 정책방안 등이다.

일본은 최고 AI연구자의 결집을 위해 연구거점을 마련(혁신지능통합연구센터,

2016.4)하고, 개방형 AI R&D 플랫폼을 구축하였다. 혁신지능통합연구센터 이화학연구소를 중심으로 산·학·연파트너십기반의 기술개발 프로젝트인 AIP(Advanced Integrated Intelligence Platform)의 추진을 위해 3개 연구그룹(총 52개 팀) 및 기업협업센터를 구성하였다. 일본의 인공지능 연구개발(R&D) 투자(2015년 이전)는 연간 0.75억 달러 규모이다. 미국의 연간 2.6억 달러 이상의 투자액과 비교할 때 비교열세를 보였던 일본은 AIP플랫폼센터예산 통과로 전체 규모는 1.7억 달러(2016년) 정도의 규모로 확대되었다. 일본의 민간 기업은 한층 공격적이다. Recruit Holdings사가 기술연구소(RIT: Recruit Institute of Technology)를 본격적인 인공지능 연구거점으로 개편(2015년 4월)하였고, 미국 Tom Mitchell 카네기 멜런 대학교수를 비롯한 세계의 권위자를 고문으로 영입했다.

일본은 인공지능기술을 활용하여 최적화된 교수학습 시스템을 구축하고 있다. AI형 학습 시스템(Qubena)을 통해 학생이 형성평가 문제를 풀어나가면, Qubena는 학생의 해답뿐만 아니라 풀이과정 시간을 축적·분석 후, 학생이 어려워하는 부분을 극복하는데 도움을 주면서 문제를 학생 개인별 수준에 맞도록 최적화된 학습방법 및 서비스를 제공 중이다. 사립학교·학원 등에서 강사 역할을 하는 캐릭터의 대화기능에 AI기술을 활용하고 있다. 인공지능이 습득할 수 있는 지식과 차별화된 지식 및 능력 요구를 바탕으로 인공지능을 활용할 수 있는 능력, 인공지능과 차별화된 능력, 생애교육 등에 중점을 두고 있다.

다. 유럽 동향

유럽은 인간중심의 가치, 윤리, 보안 등을 균형 잡힌 형태로 실현하고자 많은 노력을 기울이고 있다. 기술 면에서 Robotics, 자동차를 필두로 한 산업 경쟁우위 확보와 동시에 견고한 법률 프레임워크 제정을 추진 중이다. EU는 다수의 인공지능 관련 사업 및 활동을 수행하고 있다. 회원국과 EU집행위의 과학기술 및 산업전략과 프로그램, 그리고 코디네이션 활동을 포함한다. 특히, 인공지능 연구개발 지원 및 진흥기관의 전략은 디지털 단일 시장(Digital Single Market) 전략에 의거한다. 이는 개인과 기업의 온라인 활동에 있어 공정한 경쟁, 데이터 및 소비자보호를 촉진하고, 유럽 내 지리적 제약조건과 저작권 관련 이슈의 최소화를 목표로 한다.

2018년 4월, EU회원국은 <인공지능 협력선언(Declaration of cooperation on Artificial Intelligence)>에 참여하였다. 인공지능에 의해 발생할 수 있는 문제 해결에 적극 협력하기로 합의하였다. 이는 유럽의 관련 분야 연구개발 경쟁력 확보, 사회, 법률, 윤리 문제에 대응하는 것을 골자로 한다. 동시에 EU집행위는 <유럽을 위한 인공지능 커뮤니케이션(Communication on AI for Europe)> 보고서를 발행하여 ① 유럽의 기술 및 산업역량 강화를 추진하고 기업 및 공공분야 인공지능 역량 강화를 위해 연구 및 혁신에 대한 투자를 확대하고, 데이터의 접근용이성을 강화하며 ② 교육 및 훈련시스템의 현대화를 통해 노동시장 변화에 기민하게 대응하며, 사회보장제도를 재정비하여 인공지능이 가져다줄 사회경제적 변화에 대비하고 ③ EU의 가치와 기본권에 근거하여 윤리 및 법률 프레임워크를 재정비하며 ④ 기존 제조물책임규정(product liability rule), 근 미래 변화 예측분석, 유럽 인공지능 연합 내 다양한 참여자와의 긴밀한 협력을 통한 인공지능윤리 가이드라인 개발 등의 과제를 정의하였다. 또한 2018년 개별 회원국과 함께 조율된 인공지능 계획을 발표하였다. 이는 EU의 예산투자효과를 EU 자체와 회원국별로 극대화하고, EU 내 경쟁을 장려하며 우수사례 공유기회도 넓히며 궁극적으로 인공지능 부문 EU의 글로벌 경쟁력 강화를 목표로 한다. 동 계획안은 2027년까지 지속되며, 다음번 다년간 재정 프레임워크(Multiannual Financial Framework) 2021~2027년에 반영될 예정이다(한국산업기술진흥원. 2019).

또한 EU는 뇌에 대한 종합적인 연구를 통한 인간행동의 근원에 대한 이해, 뇌 관련 질환의 치료법 획득, 혁신적인 정보통신(ICT) 기술개발 등의 가능성을 확신하면서 기존의 파편적 R&D 탈피, 대규모 장기 뇌 기반 R&D 추진, 국제공동연구 등을 추진 중이다. 나아가 향후 10~20년의 신기술분야를 유럽연합이 주도하기 위해 ICT 기반 뇌 연구를 전략적으로 추진하고 있다. 이를 위한 촉매역할의 수행과 연구개발 플랫폼(R&D Platform)의 구축을 위한 Flagship Project의 필요성에 따라 인간 뇌 연구 프로젝트(HBP: Human Brain Project)[5]를 추진 중이다

---

5 HBP 중 ICT 기술은 뉴로 인포매틱스 플랫폼, 뇌 시뮬레이션 플랫폼, 고성능 컴퓨팅 플랫폼, 의료정보 플랫폼, 뉴로

(EU, 2012).[6]

HBP의 세부과제는 신경과학·의학·컴퓨팅 기술에 의한 프로토타입 개발(Application), 신경과학 및 임상연구의 가속을 위한 통합형 ICT 플랫폼 개발(ICT Platform), 뇌 활동영역 간의 관계를 파악하여 수학적 모델개발(Theory), 일반화된 뇌 지도를 위한 필수 데이터 생성(Data) 등이다. 인간두뇌 인지형태기반 지식처리를 위한 HBP는 EU 6대 미래 유망기술 중 하나로 선정되어 약 10억 유로를 투입하여 10년간(2013~2023년) 추진 중이다. 추진목표는 서로 다른 학문 영역들로 데이터와 지식의 통합을 구동하고 뇌에 대한 새로운 이해, 뇌 질병에 대한 새로운 치료방법 및 뇌처럼 동작하는 컴퓨팅 기술들의 성취를 사회적 노력의 촉진 등 ICT기반 뇌 연구의 새로운 모델을 위한 기술 기반을 준비하고 있다.

뿐만 아니라 향후 인간의 지식처리 형태를 가진 인공지능을 개발하고 인간 뇌의 작동방식에 대한 정확한 이해·활용을 통해 컴퓨팅 아키텍처, 신경과학, 의학 분야 등에 적용할 예정이다(EU, 2015; 2016). EU는 2018년 4월 <AI 전략>을 발표, AI에 대한 윤리적 및 법적 프레임워크 보장을 주요 전략 중 하나로 포함시켰다. 이를 이행하기 위해 2018년 6월 AI 고위급 전문가그룹(HLEG)을 설립했다. HLEG는 2019년 4월 신뢰 가능한 AI를 보장하기 위해 개발자, 운영자와 이용자에게 지침을 제공하는 <AI윤리 가이드라인>을 발표했다. 이어 2020년 2월 19일 AI규제의 기본 틀을 담고 있는 중요한 문서를 발표했다. AI의 발전과 신뢰 확보를 위한 백서(AI 백서)는 AI 불확실성 제거 및 신뢰 구축을 목표로 제시하였다.

이 외에도 다양한 분야에서 인공지능 개발을 모니터링 하기 위해 창설된 AI-Watch를 통해, ① 유럽 인공지능 기술 생태계 분석 및 개발 ② 경제 전반에 걸친 인공지능 애플리케이션 모니터링 ③ 인공지능 개발과정 모니터링 ④ 지난 10년간 서비스 Robotics분야 평가 ⑤ EU 회원국 인공지능 관련 정책 이니셔티브 정보수집 ⑥ 공공 서비스에서의 인공지능 활용 현황 조망 ⑦ 정책수립을 위

모픽 컴퓨팅 플랫폼, 뉴로 로보틱스 플랫폼 등에서 역할을 한다.

6 EU FP7 'Cognitive Systems & Robotics Program(2006~2002)'을 통해 로봇의 지각능력을 위한 학습·이해 등 지능화를 포함한 프로젝트를 진행한 바 있다(EU, 2015).

한 다양한 관점과 지표 개발 ⑧ 온라인 도구를 활용하여 일반 시민들에게 정보 제공 등의 활동을 수행하고 있다.

라. 중국 동향

중국은 범국가적 시스템 및 연구 인력·정보공유 플랫폼 구축으로 산재된 인공지능 정책의 효율화를 추진하고 있다. 특히, AI융합을 강조하면서 기술 전 분야에서 정부주도의 기술혁신, 시장창출을 지향하고 있다. 즉 정부주도로 풍부한 데이터 가치사슬을 창출하며 중국 특유의 AI 색채를 가진 새로운 길을 만들고 있다. 일당 체제의 특성을 이용해 이를 적극적이며 효율적으로 추진하고 있다. 이러한 중국의 AI전략은 기술경쟁을 넘어 강대국 간 패권경쟁을 촉발하는 양상을 보여준다. 그리고 민간기업인 Baidu사는 Google사와 경쟁을 위해 미국진출, 인재영입 전략 등을 공격적으로 추진 중이다(김병운, 2016).

지난 2015년 3월 Baidu 회장(리옌훙)은 중국 최대의 정치행사인 양회(兩會)에서 China Brain 프로젝트를 제안하였다. 이는 대규모 인공지능개발 프로젝트로 범국가적 지원을 통해 인공지능 최강국을 목표로 인간·기기 간 상호작용, 빅 데이터 분석 및 예측, 자율주행자동차, 군사·민간용 로봇 등을 개발하는 것이다. 동 프로젝트는 기업이 정부에 연구를 제안하여 13차 5개년 계획(2016~2020년) 중 인공지능화가 중점 기술개발 영역에 포함되었다(前瞻産業硏究院, 2015). 아울러 단계적 추진전략으로 ① 조사와 분석을 통해 산업용 로봇, 언어·그림·영상 인식, 무인 운전, 인공 제어기술 등 미래 핵심기술 선정 ② 연구의 효율성을 제고하기 위해 연구 인력과 연구정보공유를 위한 플랫폼(Platform)을 국가가 제공하며 자유경쟁 체제로 기술개발이 이루어져야 함을 제시하였다. 그리고 인공지능연구소를 베이징에 이어 3억 달러로 실리콘밸리에 인공지능연구소 설립(2014년), 인공지능 최강자에 도전 중이다. 이미지 인식기술의 에러율은 5.98%로 사람의 5.1%에 근접하여 컴퓨터 비전시스템인 Deep Image를 자사의 슈퍼컴퓨터인 Minwa에 구축했다고 발표하였다. Google과의 경쟁을 위해 Andrew Ng(Google 출신·스탠퍼드대 교수)을 베이징과 실리콘밸리 연구부문 총괄총책임자로 영입하였다. Deep Learning 분야를 강화하기 위한 포석이 깔렸다.

중국은 2020년까지 AI분야에서 독보적인 상품을 만들어 글로벌 선도국가가 되겠다는 내용의 <차세대 AI 산업발전 3개년 행동계획(2017.12)>이 추진 중이다. 그리고 의료, 교통, 농업, 금융, 물류, 교육, 문화, 여행 등 영역별 애플리케이션을 집중적으로 개발하며, 구체적 달성 수치까지 제시하였다. 여기에 BAT를 중심으로 한 IT 대기업들이 기술개발을 선도하고 있다. Baidu(자율주행차), 알리바바(스마트도시), 텐센트(의료/헬스), 아이플라이텍(음성) 등 중국의 대표적 대기업들이 전문분야를 중심으로 기술개발 및 시범사업을 선도하고 있다. 또한 BAT와 글로벌 기업들의 AI 연구센터 설립을 주도하고 있다. 텐센트 선진 AI 연구센터, Baidu 톈진 AI 연구센터, Google과 퀠컴, MS의 베이징 AI 연구센터 등 BAT와 글로벌 기업들의 AI 연구센터 설립과 유치에 나서고 있다.

한편, 2017년 7월 중국은 2030년까지 미국을 넘어 세계 인공지능(AI) 혁신의 중심 국가가 되겠다는 <차세대 AI 발전계획>을 발표했다. <그림 9-2>에서 보듯 2020년까지 AI기술을 선진국과 같은 수준으로 끌어올리고, 2025년까지 일부 분야에서 세계를 선도하고, 2030년까지 AI산업 및 연관 산업규모를 각각 1조 위안(약 170조 원)과 10조 위안까지 키우겠다는 단계적 청사진이 구체화되고 있다.[7] 2019년 8월 미국의 데이터혁신센터(Center for Data Innovation)는 <누가 AI 경쟁에서 이기고 있는가?> 보고서에서 AI기술 분야에서 미국이 종합적으로 앞서지만 중국이 그 차이를 빠르게 좁히는 것으로 분석했다. 중국의 AI 관련 투자액은 2017년 81억 달러로 미국의 62억 달러를 웃돌았고, AI를 연구하기 위한 슈퍼컴퓨터 보유량도 넘어섰다. 2019년 현재 세계 상위 500대 슈퍼컴퓨터 가운데 중국은 미국(116대)의 2배 가까운 219대를 보유하고 있다.

2019년 3월에는 시 주석이 주재한 공산당 중앙 전면심화 개혁위원회 7차 회의에서 <AI와 실물경제 심도 융합에 관한 지도의견>이 통과됐다. 또한 중국은 국가주도로 AI기술 인재배양계획을 추진 중이다. 전 국민 스마트 교육 프로젝트 실시 및 초중등교육 단계에서 AI 관련 표준 교육과정을 신설·운영하고 있다. 그리고 중-미 대학 AI교육 및 과학연구교류 협력을 통해 중국 대학 인재육성 능력 수준 향상, AI학과 체계를 확립하였다. 베이징대학 등 AI복합전공과정을 신설하여 교수, 학생육성프로그램[8]을 추진 중이다. 당초 초중등 학교의 낙후된

---

7 https://zdnet.co.kr/view/?no=20200102153012.
8 2018년~2022년 내 교수 500명, 학생 5,000명 육성을 목표로 하고 있다.

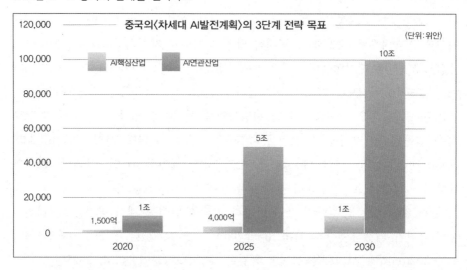
그림 9-2 중국의 단계별 전략목표

HW/SW 설비 등 환경적 제약으로 SW교육 후발주자였으나, AI기술 선제 도입을 기점으로 대규모 투자 및 인재육성 정책추진을 통해 글로벌 AI기술 선도국가로 도약하였다.

중국의 AI 굴기(급부상)의 근원으로 빅 데이터가 꼽힌다. 중국은 14억 인구를 기반으로 다른 나라보다 월등히 많은 데이터를 생산하고 있다. 아울러 빅 데이터 거래 플랫폼을 구축·운영 중이다. 지난 2015년 이후, 빅 데이터가 국가발전 전략으로 승격됨에 따라 각 성시에서 민관공동 혼합국유기업 형태의 빅 데이터 거래소들이 설립되었다. 전 세계 최초 빅 데이터 거래소인 <귀양 빅 데이터거래소>와 지방정부 수준의 <상해 데이터 거래센터>가 설립·운영 중이다. 거래소는 데이터 권리확립, 가격책정, 지수, 거래, 결산, 지불, 안전보장, 자산관리 등 종합 패키지 서비스 제공, 365일 24시간 거래할 수 있다. 알리바바, 텐센트, 징동, 하이얼, 차이나 유니콤, 신화망, 마오타이, 교통은행, 중신은행 등 약 2,000개의 회원사가 있으며, 그중 225개 기업이 공급회원으로서 빅 데이터 소스를 제공하고 있다.

마. 이스라엘 동향

이스라엘은 인구 860만 명의 소국이지만 인공지능 Startup에서 세계적 강국이다. 이스라엘 Startup들이 AI 응용기술을 개발하면 글로벌 기업들이 경쟁적으로 구매한다. 2017년 인텔은 AI기반 자율주행자동차업체인 모빌아이를 153억 달러(약 17조원)에 사들였다. 이어서 AI 반도체 Startup 하바나Labs을 20억 달러(약 2조3,460억 원)에 인수했다. 이처럼 이스라엘은 AI기술생태계의 본거지다. 이스라엘에는 다수의 AI 전문 다국적 R&D 센터뿐만 아니라 1,000여 개의 전문업체 및 전 세계 유수의 연구센터가 있다. 해당 기업들로는 핵심 AI기술 개발업체와 함께 각 분야 관련 제품을 위해 AI 기술을 활용하는 업체들도 포함되었다. 2018년 AI 관련 업체들은 이스라엘의 총 혁신 기술업체 중 17%를 차지했다. 주목할 점은 전체 자금조성 라운드의 32%와 총 자금 조성액수의 37%가 AI관련 기업에 집중되었다(한국산업기술평가관리원, 2019).

이스라엘은 핵심 인공지능기술 보유기업과 다양한 산업 분야에서 인공지능 선도 기업 모두를 육성함으로써 인공지능 발전소로 변모 중이다. 이스라엘의 풍부한 인공지능 생태계는, 2014년 이후 AI 관련 기업 수가 두 배 이상 증가하였다. 이스라엘에 위치한 글로벌 기업들의 R&D센터에서 AI 분야를 중점적으로 발전시키는 등 괄목할 만한 성장을 보여주고 있다. Start-Up Nation Central 리포트에 따르면, 2018년 말 기준 이스라엘에는 1,150개 AI관련 기업이 활동 중이다. 2014년 512개 기업 대비 두 배 이상 성장하였다. 또한 2018년 이스라엘 기술업체 및 Startup 중 AI 연관 기업은 17% 수준이지만, 이 기업들이 전체 투자 라운드 중 32%, 전체 투자 금액 중 37%를 차지하고 있다. 글로벌 기업들은 이스라엘의 우수한 인공지능을 활용하기 위해 다양한 방법을 찾고 있다. 이는 이스라엘에서의 활발한 R&D 활동 및 이스라엘 AI 업체들에 대한 인수 증가를 통해 확인할 수 있다. 2015~2018년 이스라엘 하이테크 산업의 변화는 <그림 9-3>과 같다.

지난 2018년 인간과 복잡한 문제들에 대한 토론이 가능한 첫 번째 AI 시스템으로 세계적인 주목을 받았던 IBM의 Project Debater는 Haifa에 위치한 IBM R&D 팀에 의해 개발되었다. Tel Aviv에 있는 Google R&D팀은 AI와 자연어

그림 9-3 이스라엘의 첨단산업 변화

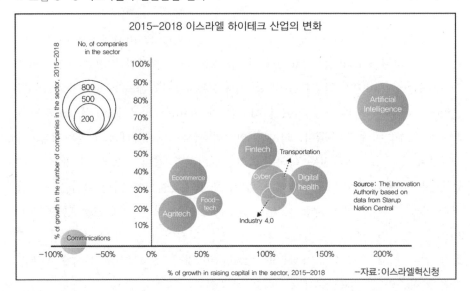

처리를 통해 약속 잡기, 예약 등을 가능케 하는 Google Duplex를 개발했다. 2018년 말 반도체 회사 Intel이 the Technion-Israel Institute of Technology 와 협업을 하여 새로운 인공지능 센터를 열었으며, Nvidia 역시 2018년에 R&D 센터를 개소하였다.

수많은 이스라엘 AI기업 인수 중 주목할 만한 건을 살펴보면, 지난 2019년 3월 맥도날드의 개인 맞춤형 AI기술 회사인 Dynamic Yield 인수 및 그 직전에 있었던 Walmart의 소비자동향 측정 AI, 자연어처리 기술업체 Aspectiva가 인수되었다. 2018년에는 Salesforce가 마케팅 분석회사인 Datorama를 850백만 불에 인수하였고, Medtronic은 AI기반 개인 맞춤형 영양정보 제공회사 Nutrino를 인수하였다.

이스라엘의 Startup <Zebra Medical>의 인공지능은 3,000만 건의 컴퓨터 단층촬영(CT) 영상 및 데이터를 학습한 결과를 토대로 지방간, 유방암, 뼈엉성증 (골다공증), 뇌출혈 등의 질병 징후를 감지한다. 의사들은 AI닥터가 환자들의 CT 와 엑스레이를 먼저 판독해 환자의 진료순서를 정해주고 응급환자도 선별한다. 뿐만 아니라 응급실을 찾은 환자의 증상을 사전에 알려줬다. 이스라엘 정부는 수많은 의료 개인정보가 환자 진료에 적극적으로 쓰일 수 있도록 돕는다. 2019년 2월 이칠로프 병원에 이어 나머지 이스라엘 최대 병원 2곳에서도 지브라 메디컬 사용을 승인했다. 병원 3곳이 이스라엘 환자의 90%를 책임지고 있다는 점을 감안하면 이스라엘 병원에서 대부분 환자는 AI의사를 만날 수 있다(동아일보, 2019년 3월 12일자). 무엇보다도 이스라엘이 AI Startup 천국으로 성장한 원인은 무엇일까?. 무엇보다 실패를 두려워하지 않는 기업가정신과 국가적 창업 생태계 지원이 가장 큰 비결이다. 젊은이들은 군에서 창업아이디어와 기술을 익힌 뒤 제대해 이를 실행에 옮긴다. 정부는 민·관 협력체제의 <Yozma Fund> 등으로 돕는다. 여기에 다양한 투자 유인책과 세제혜택까지 곁들이면서 인공지능 창업과 활성화를 지원하고 있다.

2 정부역량과 인공지능

국민의 삶의 질과 국가경쟁력의 핵심요소가 되는 정부역량을 어떻게 높일 수 있을까? 많은 나라의 고민거리다. 인공지능이 그 대안으로서 가능성을 높여가고 있다. 앞서 보았듯이 이미 민간부문, 특히, 산업 분야를 중심으로 인공지능의 적용이 활발하다. 대부분 기업들은 ANI(Artificial Narrow Intelligence) 중심의 효율, 효과, 데이터 기반으로 이루어지고 있다. 하지만 상대적으로 활용이 저조한 공공부문에서 적용가치가 높을 것으로 예측된다. AI관련 기업들은 인공지능 기술을 주로 의사결정 및 의사결정과정에서의 효율성을 증대시키거나 조직효율성 증대와 업무개선 및 조직혁신 도구로 활용하고 있다. AI 활용가치는 경제적 관점도 중요하지만 효율성, 고객참여 증대 등 기업 입장의 외부서비스 확장에서의 활용가치도 부각되고 있다. 공공부문도 예외가 될 수 없다.

인공지능 기술이 정부를 비롯한 공공부문에의 적용이 활성화되기 위해 근본적 패러다임이 변화되어야 한다. 정부의 일하는 방식을 비롯하여 정부조직, 인사제도, 행정과정, Governance 등 행정의 전 분야에서 혁신적 변화가 요구된다. 이와 함께 양질의 충분한 데이터 확보, 인공지능기술의 영향력, 인공지능의 자율성 관리를 비롯하여 인공지능 관련 이슈들을 포괄하는 변화관리방안과 정책, 인공지능윤리문제 등에 대한 사회적 합의와 국민적 공감이 마련되어야 한다.

가. AI 정부의 가능인자

AI의사, AI판사, AI작곡가, AI아나운서가 등장했다. AI공무원은 언제 등장할 것인가? 장차 모든 분야에 AI가 도입될 것이다. 그래서 미래직업 중 60%는 현재 존재하지 않는 새로운 직종이 될 것으로 전망된다. 단순 반복적 업무는 AI로봇으로 대체되고 인간은 창의적·감성적 기능을 수행할 것이다. 그렇다면 정부는 어떻게 대응해야 할까? 정부 역할과 모습이 달라져야 한다. 마침 2019년 10월 28일 문재인 대통령은 IT기업의 행사에서 인공지능(AI) 국가전략 수립과 함께 <AI정부>가 되겠다고 선언했다. AI 관련 규제 완화, 산업육성, 교육지원과 함께 정부부터 우선적으로 AI를 적극 활용하고 지원하겠다고 약속했다. 하지만 진정한 AI정부란 AI가 정부기반을 이루면서 AI촉진 및 활성화를 위해 정부 역할을 수행하는 정부다. 명칭, 상징, 도구만 AI로 장식되는 AI정부가 아니라 정부형질, 일하는 방식과 절차, 공무원 의식과 태도 등이 공익, 국익, 시민편익 중심으로 바뀌는 탈관료적 정부를 의미한다. 달리 말해 종이(paper), 경계(building), 건물(boundary)이 사라지는 지능적 정부를 의미한다(한세억, 2019).

정부는 2019년 12월 <국가AI 실행전략>을 발표했다. AI는 하나의 기술, 하나의 서비스가 아닌 사람과 조직의 생각과 행동을 바꾸는 그 무엇, 즉 일종의 패러다임이다. AI서비스가 확산되면서 삶의 방식, 산업구조, 일자리, 각종 정책 등 모든 분야가 변화될 것이다. AI정부로의 변화가 국가와 산업을 새롭게 혁신하는 계기이자 촉매가 되어야 한다. 첫째, AI플랫폼 정부로 바꿔야 한다. 둘째, AI국가전략이 일회성 이벤트가 아닌 지속적 추진이 요구된다. 셋째, AI인재 양성을 위한 교육커리큘럼과 연구·개발 체계 및 규제철폐, 국제표준을 선점해야 한다. 넷째, AI시대를 살아가야 할 국민에게 비전과 방향을 제시해야 한다.

전통적으로 공공영역은 서비스의 특성상 효율성보다 형평성이 강조되었다. 그래서 비효율적 서비스가 감내되었다. 그러나 효율성과 최적화된 맞춤형 서비스가 강조된 AI기술의 적용으로 정부의 비효율을 제거할 수 있는 가능성이 커지고 있다. AI는 합리성 및 효율성을 기반으로 하는 행정 본래의 취지에 부합한다. 행정과 정책결정은 데이터 기반의 거시적, 미시적 정책분석 및 대응이 가능하다. 데이터기반 실시간 정책결정은 공무원의 경험이나 역량, 관행의존에서 벗어나 데이터와 근거, 실시간 분석기반의 정책 결정이 가능하다. AI 및 빅 데이터의 활용에 따른 행정서비스 개선, 정책결정능력 향상, 행정의 민주성과 효율성 향상 등이 기대된다. 물론 부정적 전망이나 암울한 시나리오도 제기된다.

2015년 세계경제포럼이 제시한 <미래정부 시나리오> 중 하나가 <e-1984> 시나리오다. 동 시나리오에 따르면, 미래에는 경제적, 지정학적 위협에 더해 사이버위협이 상존한다. 이에 대응하기 위해 정치권력은 중앙정부로 집중화되고 공공안전을 위해 시민의 개인적 자유가 희생될 수 있다. 정부는 AI와 빅 데이터 기술을 활용해 시민들의 행태나 가치, 이해관계와 관련된 정보를 효과적이고 효율적으로 수집, 활용하면서 권력을 다시 강화할 것으로 예상한다.

이러한 시나리오가 실제로 몇몇 국가에서 실현되고 있다. 예를 들면, 2018년2월 22일 Washington Post 등 언론매체는 중국이 고해상도 CCTV와 안면인식 및 빅 데이터 분석기술 등을 활용해 이념과 정보에 대한 통제,

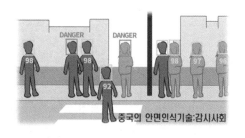

중국의 안면인식기술:감시사회

언론매체 검열 등 시민의 자유를 통제하는 <디지털 전체주의 국가>로 떠오르고 있다고 보도하였다. 또한 홍콩 민주화 시위대는 당국의 정보수집 및 검열 등을 우려해 홍콩시가지에 설치된 최첨단 카메라와 Sensor가 장착된 스마트 가로등을 철거하기도 했다(한국일보, 2019년 9월 12일자).

민주주의의 위기가 우려되기도 한다. 2019년 EU에서 발간한 <정부의 미래 2030+> 보고서는 여러 시나리오 중 거대 다국적 IT기업들이 시민 생활과 국가기능에 강력한 영향력을 미칠 것이라는 시나리오를 제시하였다. 즉, 다국적 IT 기업들이 제공하는 플랫폼을 통해 정부기능과 서비스가 제공되며 AI가 빅 데이터기반의 정책결정을 내리고 공공서비스를 자동화해 비용을 최소화한다. 그러나 그런 결정이 왜, 내려졌는지에 아무도 책임지지 않거나 투명하지도 않으며 시민의 정치참여는 위축수준을 넘어 정치적 무력감에 빠질 것이라는 전망이다. 다른 시각에서 민주주의 쇠퇴와 사회적 불평등심화가 우려되기도 한다.

장차 더 많은 사람이 정보기술의 혜택을 누리겠지만, 경제적 능력에 따라 향유하는 정보기술의 수준 차이 또는 격차가 불가피하다. 이는 사회경제적 불평등

으로 이어질 수 있다. Social Media 등 정보기술의 발전으로 누구나 마음만 먹으면 아주 낮은 비용으로 미디어를 가질 수 있는 시대다. 정보기술이 개인적 선호를 표출하는 통로와 수단이 되면서 자신의 선호에만 맞는 정보를 편식하거나 자신의 선호와 비슷한 사람들과 소통하게 되는 부작용이 야기될 수 있다. 심지어 Social Media를 통한 허위정보의 확산과 낮은 정치적 동원비용이 예상치 못한 정치적 불안정과 즉흥적 정책 결정으로 이어질 수 있다.

이처럼 AI정부에 대한 전망이 엇갈린다. 그 이유는 정보기술을 활용하는 주체와 기술이 구현되는 맥락에 따라 그 결과가 달라질 수 있기 때문이다. 만일 AI와 빅 데이터라는 새롭고 강력한 도구가 잘못된 손(the wrong hands)에 쥐어졌을 경우, 기존 도구들의 활용 결과보다 심각한 문제를 일으킬 수 있다. 나아가 새롭고 강력한 도구를 가진 손은 보이지 않을 뿐만 아니라 자신의 선택이 올바른 것으로 믿게 만들 수 있기에 우려를 자아낸다. 그래서 국민이 진정으로 원하는 AI정부의 구현을 위해 사려 깊고 균형 잡힌 접근이 요구된다.

미래 AI정부의 구현과정에서 AI기반의 다양한 공공서비스가 활용될 것이다. 우선 <표 9-2>에서 보듯 좋은(착한) 기술과 공공서비스를 발굴하여 제공하는 것이다. 다른 하나는 좋은(착한) 기술을 다루는 좋은(착한) 손을 만드는 것이다.

표 9-2 인공지능기술의 공공서비스 활용(예시)

분 야	공공서비스 활용
교통	• 자율주행자동차, 셔틀(교통체증, 사고방지), 항공, 해운 활용
스마트시티	• 효율적 도시관리(지능형 교통 시스템) • CCTV를 활용한 안전사회 구현 및 법 집행(치매, 실종 유아 등 찾기)
의료관리	• 정밀의료, 처방, 신속한 진단
사이버보안	• 해킹 등 위험 발굴 및 대응
금융	• 보이스 피싱 탐지 및 차단기술의 활용(한국 연간 6조 피해) • 신용위기 분석(한국 부동산 정보활용) 한국은행 금리결정 도입 검토
국방(안보)	• 신병 모집 시 Chatbot 활용(美)
사법서비스	• 빅 데이터 분석에 의한 판결
자연재해	• IBM, OmniEarth 캘리포니아 가뭄 해결 시도(수요 예측 등)
통계	• 빅 데이터 분석기반 인구통계 처리 등

이를 위해 AI와 빅 데이터에 대한 기술과 지식, 정보기술의 전면적 활용에 필요한 사회적 책임과 윤리적 자세, AI기반 사회와 정부에 대한 사회과학적 이해 등을 겸비한 인재를 키워야 한다. 그리고 좋은 정보기술의 개발 및 활용, AI와 빅 데이터 시대에 부합하는 제도와 Governance에 대한 연구와 대안 제시, 기술 활용이 가져올 윤리적 딜레마와 현재 정부가 당면한 시대적 과제에 대한 통찰을 지닌 인재 양성을 위한 노력이 요구된다(엄석진, 2019).

나. 정부혁신의 촉매로서 인공지능

단언컨대 지금껏 정부혁신이 성공한 적은 없다. 엄밀히 전자정부도 작고 효율적인 정부를 추구하였지만 정부혁신이 병행되지 못해 무늬만 전자정부인 셈이다. AI정부는 전자정부의 전철을 밟아서는 곤란하다. 그러므로 인공지능을 활용하는 AI정부 구현 과정에서 정부혁신의 압력이 한층 거세질 것이다. 단순반복 업무의 자동화와 문제인식, 판단, 분류, 결정 등의 업무에의 활용가능성이 높아지고 있다. 인공지능의 적용영역과 수준 및 세기가 어떻게 이루어질지 지켜보아야겠지만 AI 현실주의를 수용한다면, 인간에 의한 정부(government by people)가 기계에 의한 정부(government by machine)로 대체되는 것처럼 극단적 시나리오는 배제될 수 있다(황종성, 2017). 가령 영화 <Terminator>의 Skynet처럼 인간을 능가하는 초지능(super intelligence)이 나타나면 기계에 의한 정부가 가능하다. 하지만 아직 그러한 가능성은 매우 낮다(Kevin Kelly, 2017). 인공지능이 인간을 지배하는 상황을 의미하는 AI takeover 현상[9]은 18세기 이후 소설과 영화의 인기소재였지만 과학적 근거는 희박하다. 대신 인공지능을 활용하여 정부기능을 어떻게 바람직한 방향을 개선, 강화할 것인지에 초점을 맞추는 게 바람직하다.

정부는 최대의 정보·지식서비스산업이다. 하지만 지능적 수준과 거리감이 크다. 지식노동의 대가 Davenport와 Kirby는 자동화(automation)와 증강(augmentation)을 구분하면서 인간과 기술의 관계는 자동화 수준을 넘어 인간과 기술이 조화와 협력

---

9 https://en.wikipedia.org/wiki/AI_takeover.

하는 증강관계를 맺어야 한다고 역설했다.[10] 인공지능이 정부에 미치는 가장 큰 영향은 그동안 인간이 넘지 못했던 큰 장벽인 정책 결정의 과학화와 지능화의 실현이다. Davenport와 Kirby는 <표 9-3>에서 보듯 자동화의 역사를 3개의 시대로 구분하였다(Davenport and Julia Kirby, 2016). 자동화의 진전에 발맞춰 정부도 19~20세기에 육체노동을 기계로 대체했고, 20세기 후반에는 정보화로 사무업무를 자동화했다. 이제는 의사결정을 자동화할 수 있는 단계에 도달하고 있다.

표 9-3 자동화의 세 시대(Three Eras of Automation)

제1세대(19세기)	제2세대(20세기)	제3세대(21세기)
기계가 더럽고 위험한 일 (the dirty and dangerous) 대신 수행	기계가 지루한 일(the dull), 즉 반복적이고 일상적인 사무 대신 수행	기계가 결정(decisions)을 대신 수행

의사결정 자동화 또는 지능의 자동화(automation of intelligence)는 기계가 인간의 통제를 벗어나 자율적으로 결정하는 것이 아니다. 인간이 시킨 일을 하거나 인간의 정책결정을 지원하는 것을 의미한다. 이미 세계시장에서는 인공지능을 활용한 의사결정이 널리 활용되고 있다. 조만간 정부도 현장의 민원업무와 대상자선정 및 예산집행 등 배분업무를 비롯하여 고도의 정책결정에 이르기까지 인공지능기반으로의 전환이 본격화될 것으로 예상된다.

인공지능의 정책 결정 지원방식은 세 가지로 구분된다. 첫째, 미분(微分)형의 미시적 정책 결정에서 적분(積分)형의 거시적 정책 결정으로의 통합이다. 기존 정부패러다임은 정책을 세분화하고 각각 소관조직에 위임하는 미분 방식의 정책 결정과정을 구축하였다. 이는 책임과 권한의 명확화와 전문성 확보, 그리고 인간의 인지능력 한계의 극복가능성을 높여준다. 하지만 각종 문제에 대해 종합적(holistic) 대응이 어렵고 정책의 정확도를 낮추며, 정부가 결과보다 절차에 얽매이게 만드는 등 문제점을 초래하였다. 인공지능은 공무원 개개인, 정부 조직 하나하나가 볼 수 있는 범위를 넘어 다양한 소스의 데이터를 결합함으로써 정책

---

10 Thomas H. Davenport and Julia Kirby, Beyond Automation, Harvard Business Review, June 2015. https://hbr.org/2015/06/beyond-automation.

결정의 속도와 질을 향상해줄 수 있다. 인공지능의 최대 강점 중 하나는 세상에 존재하는 방대한 정보를 총체적으로 연계·분석할 수 있다는 점이다. 인간이 갖는 인지능력 한계의 극복을 도와줄 수 있다.[11]

둘째, 주관적인 경험기반 정책 결정에서 객관적인 데이터기반 정책결정의 과학화 촉진이다. 기존 정부 패러다임에서 의사결정은 공무원역량에 의존하였다. 이를 위해 좋은 인재의 선발과 교육훈련에 집중하였다. 또한 1990년대에 나타난 지식관리(knowledge management)는 개인에 내재화된 의사결정 역량의 외재(外在)화와 조직화를 추구했으나 대부분 실패하였다. 그러나 인공지능은 사람이 하던 경험을 컴퓨터가 데이터를 통해 대신하기 때문에 정책 결정이 경험기반에서 데이터 기반으로 변화할 것이다. 2015년 Obama정부는 성과중심주의(outcomes mindset)를 채택하고 빅 데이터, 인공지능 등 신기술을 활용하여 절차가 아닌 성과에 집중하는 정책을 추진하였다.[12] 이러한 추세는 인공지능의 발전에 힘입어 데이터기반 정책 결정의 신속화, 합리화, 과학화·지능화를 구현시켜 줄 것이다.

셋째, 평균지향 정책에서 사실기반 정책의 정밀·정교화다. 기존 정책은 모든 사례를 일일이 분석하고 대응할 수 없었다. 그래서 가장 빈도가 높은 평균적 사례와 추세에 기준을 맞추었다. 가령 약을 복용하는 경우, 사람마다 체질과 상태가 달라 복용방법이 달라야 한다. 하지만 모두 고려할 수 없어서 평균적 처방법이 활용되었다. 인공지능은 샘플링에 의존했던 기존 통계방식과 달리 모든 데이터를 분석할 수 있으므로 개별 맞춤형 정책, 실시간 정책 등 사실기반의 정밀정책(precision policy)이 가능하다.

이러한 변화 가능성에서 인공지능은 가장 파괴적인(disruptive) 정부혁신 수단이다. 그동안 정부혁신수단으로 여겨졌던 컴퓨터와 인터넷은 각각 대규모 정보처리와 온라인 프로세스를 가능하게 하는 등 정부의 일하는 방식을 변화시켰다.

---

11 Ahmed Alkhateeb, Science has outgrown the human mind and its limited capacities, AEON,2017. https://aeon.co/ideas/science-has-outgrown-the-human-mind-and-its-limited-capacities?utm_source=pocket&utm_medium=email&utm_campaign=pockethits.

12 Cecilia Munoz and DJ Patil, A New Paradigm for Government:Adopting an Outcomes Min dset, 2015. https://obamawhitehouse.archives.gov/blog/2015/11/06/new-paradigm-government-ad opting-outcomes-mindset.

하지만 의사결정은 전적으로 사람에 의존하였으며 이로 인해 정부는 올바른 결정의 보장보다 적당한 절차만 보장하였다. 하지만 인공지능은 통합적, 과학적, 정밀한 의사결정이 가능하도록 인간을 지원함으로써 정부의 올바른 결정을 보장할 수 있을 것이다.

물론 인공지능에 의한 의사결정이 통계적 확률에 기반을 두고 있기에 100% 정확할 수 없다. 하지만 알고리즘 모델을 바탕으로 하므로 잘못된 의사결정을 분석하고 모델을 보완해서 정확도를 지속적으로 향상시키면서 실수나 실패의 반복을 줄일 수 있다. 실제로 일기예보의 경우, 잘못된 예보의 원인을 분석하고 수치예보모델을 개선하는 작업을 반복함으로써 정확도를 계속 끌어올리고 있다. 뿐만 아니라 인간의 주관적 편견이나 선입견, 이념적 편향에서 벗어날 수 있으리라 기대된다.

3 인공지능기반 행정과 정치(책)

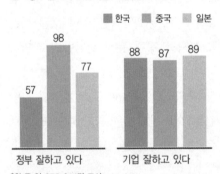

한·중·일 4차 산업혁명 대응(단위=%)

■ 한국 ■ 중국 □ 일본

정부 잘하고 있다: 57, 98, 77
기업 잘하고 있다: 88, 87, 89

정부 잘하고 있다   기업 잘하고 있다

*한·중·일 CEO 314명 조사
매우 대응 잘함. 약간 대응 잘함을 합한 값

2020년 1월 7일 한·중·일 CEO대상 설문조사에서,[13] 인공지능(AI)과 자율주행기술 등 이른바 4차 산업혁명이라 불리는 신기술 대응과 관련해 자국의 정부대응을 평가해달라고 질문했다. 응답결과, '매우 잘하고 있다' 또는 '어느 정도 대응을 잘하고 있다'는 긍정적 답변이 한국에선 57%에 그쳤다. 반면에 중국과 일본에서는 각각 98%와 77%의 긍정적인 답변이 나왔다. 반대로 자신의 기업들의

---

13 매일경제신문이 일본 니혼게이자이신문, 중국 환구시보와 함께 지난해 12월 한 달간 각국 최고경영자 100여 명씩 총 314명을 대상으로 진행한 설문조사에서 나타났다. −정욱 외(2020), "4차산업혁명 정책…한국정부, 中·日에 뒤처져" 매일경제신문, 2020년 1월 7일자.

4차 산업혁명 대응 수준을 묻는 질문에는 한국 88%, 중국 87%, 일본 89% 등 3국 CEO 모두 잘하고 있다는 평가를 드러냈다.

　　한국 최고경영자(CEO)들은 중국이나 일본 CEO들보다 제4차 산업혁명에 대한 정부대응이 매우 미진한 것으로 반응했다. 기업 자체적인 신기술에 대한 대응은 한·중·일 3국 CEO들 간 인식 차이는 크지 않았다. 결과적으로 한국은 4차 산업혁명에 대응하는 정부의 대응역량이 미흡하며 오히려 기업경쟁력을 저해하고 있음을 드러냈다. 이처럼 유독 한국 CEO들만이 기업의 신기술 대응과 정부 대응에 대한 평가가 크게 엇갈린 것은 무엇 때문일까? 아마도 불법으로 내몰린 <타다 사태>나 재계에서 지속 요청해온 <데이터 3법>의 늑장처리 등이 부정적 영향을 끼친 것으로 해석된다. 결국, 비슷한 수준의 경쟁력을 가진 한·중·일 기업들이 있다고 하더라도 한국 기업은 소규모 시장이라는 제약조건 외에도 정부정책이나 정치Risk에 발목이 잡혀 있는 셈이다. 이처럼 한국기업들이 4차 산업혁명 대응과 관련한 정부불신은 규제로 막아놓아 혁신적 사업모델 추진이 어려운 상황이 반영된 결과로 이해된다.

　　인공지능으로 무엇을 할 수 있고, 무엇을 할 수 없는지 기업 리더들이 이해한다면, 경제 전반에 걸쳐 수조 달러의 가치를 창출할 수 있다. 그러나 무모한 도전에 의한 실패와 시도를 회피하여 발생하는 기회의 상실을 막으려면 AI의 능력과 한계부터 정확하게 알아야 한다. 우선 Narrow

-https://news.chosun.com/site/data/html_dir/2019/06/24/

AI는 정해진 작업만을 하도록 프로그램화된 지능으로 신속한 의사결정이 가능하다. 지식 또는 데이터기반 의사결정으로 산업에서 혁신, 자동화, 생산성, 효율성 제고에 활용된다. 다음 단계로 General AI는 사람 수준의 지능을 갖고 의식, 지각, 감정과 자기 인식에 의한 혁신적이고 창의성 있는 행동이 가능하다. 이성적 판단과 불확실성 하에서 판단, 그리고 사전 지식과 통합하는 등 발전된 단계를 일컫는다. 나아가 Super AI는 사람을 능가하는 지능으로 모든 문제를 해결할 수 있는 단계다. 인간과 기계의 혼합된 단계이거나 인간의 소외를 고민해야 한다. 가령 서류심사 면접과정에 인공지능을 채택하는 기업이 늘어나고 있다. 나아가 만일 직장상사가 인공지능이 된다면[14] 어떻게 할 것인가? 이미 일본 방위성은 군 간부인사에 인공지능을 활용한다고 한다. 인공지능이 공정하게 평가할 수 있겠지만 만일 인공지능에 의해 낮은 평가를 받으면 과연 신뢰하고 수용할 수 있을까? 더 늦기 전에 인공지능에 의한 노동, 거래, 법, 관계 등에서 급격하게 변화시키는 것에 준비와 대응이 필요하다(Ouchi shinya저·이승길역, 2019).

🔍 日 자위대 간부인사 AI가 결정한다.

일본 방위성이 육·해·공 자위대 간부인사업무에 인공지능(AI)을 활용하기로 했다. 이르면 2023년부터 4만여 명에 달하는 자위대 간부 인사를 AI가 결정할 전망이다. 일본 방위성은 육·해·공 자위대의 중추를 담당하는 간부의 인사이동에 AI를 도입하기로 방침을 굳혔다. 사단장, 함장 등 지휘관급 인사를 포함해 위관급 이상 간부 전원이 AI의 인사업무 대상이다. 2019년 3월 기준으로 4만2,000여 명에 달한다. 방위성은 AI 개발비로 2020년도 예산에 2억7,000만엔(약 29억2,800만원)을 책정했다(한국경제신문, 2020년 1월 6일자).

미국, 독일, 일본, 중국에서는 AI와 빅 데이터의 전략적 활용을 통해 미래국가의 당면과제를 넘어 인류의 당면과제를 해결하는 거대전략을 정교하게 디자인하고 있다. 특히, 일본의 경우, AI와 빅 데이터 기반 산업구조·취업구조·경제사회 변혁에 대한 종합적 전망과 대응을 경제정책의 핵심과제로 준비하고 있다. 그리고 AI 활용을 위한 노력이 국방 및 행정부문을 중심으로 나타났다.

미국의 경우, 방위고등연구계획국(DARPA)은 예상치 못한 상황에서 의사결정을 할 수 있는 인공지능기술을 연구하고 있다. 생명체는 불예측성에 잘 대응하지만 컴퓨터는 아직 그러한 능력을 갖추고 있지 않다. DARPA는 살아있는 생명체의 뇌를 모델링하여 인공지능을 개발하는 새로운 군사프로그램을 추진 중이다. 동 연구가 성공하면 앞으로 인공지능은 전혀 학습하지 못해도 예측할 수 없거나 불규칙한 상황에 직면해도 나름의 대응능력을 갖출 것으로 보인다.

이처럼 선진국의 정부는 AI를 활용하여 정부의 문제해결능력과 가치창출의

---

14 현재 보험사와 유통업체 콜센터 등 2만 개 일터에서 직원들이 AI시스템을 상사로 모시고 있다고 한다(http://news.chosun.com/site/data/html_dir/2019/06/24/2019062403078.html).

제고를 위해 부심하고 있다. 한국도 정부지능수준 향상에 초점을 맞춰야 한다. 현재는 가치창출은커녕 문제해결역량도 취약하다. 심지어 이념, 편향, 편견, 독단으로 문제를 악화시켰다. 물론 역대정부마다 그랬다. 과학이며 예술이어야 할 행정과 정책이 가학수준을 벗어나지 못했다. 행정과 정치는 지식집약서비스다. 정책은 과학이다. 제대로 거듭나야 한다. 주지하듯 한국의 전자정부 인프라는 세계최고 수준이었다. 하지만 정부서비스나 만족수준은 괴리감을 드러냈다. 무늬만 전자정부였다. 인공지능 정부는 달라야 한다. 행여 제2의 정보시스템 구축 정도로 착각한다거나 RPA니 지능적 자동화시스템구축으로 오해한다면 곤란하다. 가령 음성 자동응답서비스(음성봇)와 채팅창 자동응답서비스(챗봇) 등을 통한 24시간 중단 없는 상담서비스를 제공받을 수 있다는 것은 필요조건에 불과하다. 인공지능은 수단에 불과하다. 정부형질과 관료주의, 공무원의식, 태도까지 근본적으로 바뀌어야 한다. 인공지능은 기술적 과제에 그치지 않는다. 조직체질 개선과 조직문화의 변화도 요구한다. 궁극적으로 정부와 정치역량 강화로 시민만족도 향상이나 기업경쟁력 강화로 체감되어야 한다.

한국이 진정 AI정부와 AI국가의 실현을 도모한다면, 인공지능을 핵심 데이터 프로세서로 활용하는 방향으로 진보되어야 한다. 체계화된 데이터에 의존하는 일상적 의사결정을 내릴 때 인공지능에 위임하는 것이 바람직할 수 있다. 인공지능은 인지적 편향에서 완전히 자유롭지는 않지만 통제는 가능하다. 가령 데이터의 사용뿐만 아니라 데이터생성까지 이해해야 한다. 또한 미세한 변화를 찾아내기 쉽지 않지만 인공지능은 탐지훈련을 통하여 역량을 강화할 수 있다. 더구나 인공지능은 데이터가 수천, 수백만 개로 분류되더라도 데이터처리 및 관리상의 문제점이 없다.

행정의 합법성, 능률성과 합리성의 제고 방안으로 인공지능기술이 가지는 정교함이나 결과 도출에서 효과성을 고려할 때 행정 영역에서 일정한 변화는 불가피하다. 또한 행정에서 바람직한 정책결정을 위해 <그림 9-4>에서 보듯이 인공지능과 인간의 판단을 동시에 활용하는 것이 필요하다. 인간이 데이터를 직접 다루지 않지만 인공지능 데이터프로세싱을 통해 생성된 여러 가능성은 인간이 활용할 수 있다. 즉 인공지능과 인간을 모두 활용하는 경우 둘 중 하나만을 활용하는 경우 바람직한 의사결정을 내릴 수 있다. 장기적으로 정부를 AI 지능체로 구현하기

그림 9 - 4 인공지능기반 행정 및 정책결정

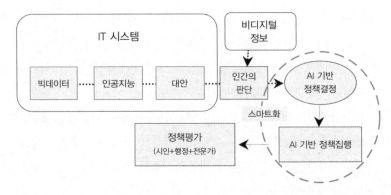

자료: 황종성(2017: 19) 자료 가공

위한 스마트(Smart)화 작업[15]이 정치영역과 함께 이루어져야 할 것이다.

　인공지능기반 행정이나 정치는 정책입안과 결정, 집행단계에서 효용과 편익이 클 것이다. 인공지능이 방대한 데이터 기반에서 다양한 정보를 연계 분석함으로써 인지능력의 한계를 뛰어넘어 정책결정의 과학화를 도모할 수 있다. 그런데 인공지능기반 행정의 구현과정에서 개발 및 적용되는 알고리즘이 투명하고, 보편적 수준에서 이해 가능한 방법으로 공개되어야 한다. 또한 해당 알고리즘이 헌법적 가치가 충분히 반영된 것인지에 대한 전문적이고 지속적인 평가가 중요하다. 인공지능행정의 경우, 그 결과에 대한 공무원의 재량적 개입이 곤란하다는 점을 고려할 때, 알고리즘에 대한 통제와 관리를 소수의 기술·개발·전문가에게만 맡겨두어서는 곤란하다. 특히 행정처분 영역에서 인공지능 활용은 주로 구체화된 행정입법을 알고리즘에 구현하는 것이 핵심이다. 이 경우에 알고리즘이 법규의 취지를 충분하고 정당하게 반영했는지 검증 및 사후 관리노력이 매우 중요하다. 향후 행정영역에 인공지능 활용이 확대될 경우, 인공지능알고리즘이 법령의 내용을 충실히 반영하고 있는지, 데이터 내용이나 알고리즘 프로그램이 합헌성을 유지하고 있는지 등에 대한 전문화된 검증과정과 함께 담당기관이 필요하다(김도성, 2019).

　나아가 위법한 인공지능기반 행정에 대한 행정구제 노력도 필요하다. 인공지

---

15 앞서 제시된 〈그림 2 - 4〉에서의 스마트Mind와 스마트Body를 갖춘 상태로서 선량하고 윤리적이며 공익지향의 인공지능 정부를 의미한다.

능시스템을 하나의 공물로 인식하거나 인공지능에 대한 자료입력이나 프로그램에는 잘못이 없으나 인공지능에 부속된 기계장치의 하자로 인해 권리침해가 있을 경우, 실효적인 구제를 위해 과실을 요구하지 않거나, 위법성만으로 과실을 추정하거나, 일정한 객관적 사정을 기초로 과실을 인정하는 등의 방안을 고려할 수 있다. 궁극적으로는 국가의 역무과실 내지 시스템의 잘못으로 국가 책임을 인식해 공무 수행상의 하자를 국가배상의 원인으로 수용하는 패러다임의 전환이 필요하다(박정훈, 2018).

4 인공지능 도입에 따른 공공(행정 및 정치) 변화

인공지능의 발전은 기존의 전자정부를 넘어 지능 정부(intelligent government)라는 새로운 정부형태를 지향한다. 정보기술을 핵심요소로 활용하는 점에서 전자정부와 지능정부가 비슷하지만, 현실의 물리 공간과 컴퓨터 상의 사이버 공간을 연결하는 방식은 완전히 상이하다. 지능 정부는 사이버공간에 축적된 엄청난 양의 지식과 지능을 현실공간에 적용하는 것을 핵심으로 한다. 사이버공간에 축적된 데이터를 가지고 각종 인공지능을 개발한 후 이를 현실공간으로 옮겨 시설물 관리, 콜 센터 운용 등 많은 업무를 무인(無人)화할 수 있다. 특히 인공지능을 통해 사이버공간에 존재하는 각종 데이터와 알고리즘이 현실 세계의 모든 곳에 내재화할 수 있다.

AI(지능)정부의 인공지능 활용방식은 <그림 9-5>와 같이 세 가지로 구분할 수 있다. 첫째, 증강(augmentation)이다. 인공지능이 공무원의 의사결정에 필요한 기초정보를 제공하고 공무원이 결정하는 방식이다. 둘째, 자동화(automation)는 인간이 인공지능을 훈련시키면서 중요한 정책결정은 인간의 감독하에 인공지능이 내리는 방식이다. 셋째, 자율적 인공지능정부(autonomous AIG)는 인간능력에 필적하는 초지능을 활용하여 인간의 개입 없이 자율적으로 정책을 운영하는 방식이다. 아직까지 자율화는 AI현실주의 입장에서 받아들이기 어려우며, 증강과 자동화가 혼재된 형태로 지능정부가 발전할 것이다(황종성, 2017). 하지만 궁극적으로 착한 인공지능로봇(아톰/마징가/장가)처럼 선량한 관리 하에 윤리·도덕·규범적 안전기준과 장치를 갖춘 인공지능 정부(AIG)가 바람직하다.

지능 정부에서는 지능이 독립된 자원이 되는 동시에 상호 연계되어 작동함으로써 지금까지와 전혀 다른 정부운영 방식과 정부의 문제해결능력이 구현될 것이다. 전통 관료제는 사람들 간 네트워크로 이루어졌다. 전자정부는 정보시스템 간 네트워크를 근간으로 하지만, 지능 정부는 인공지능 간 네트워크가 핵심 요소로 작용할 것이다. 예컨대 정부 내에서 일상적으로 이루어지는 각종 보고행위가 인공지능에 의해 자동적으로 이루어지고, 정부와 민간의 만남도 인공지능이 대신하는 경우가 늘어나는 등 관계의 자동화가 확산될 것이다. 인공지능이 보유한 고도의 집단학습 능력으로 인해 지능 정부는 기존에 상상하지 못한 수준의 높은 문제해결능력은 물론 가치창출능력이 발휘될 가능성이 커질 것이다.

인공지능의 발전은 기존 정부 패러다임으로 수용할 수 없는 현상이 계속 나타나고 있어 정부 형질의 변화도 불가피하다. 예컨대 인공지능이 인간을 대신해서 판단을 내리는 경우가 증가하여 공무원의 주체적 의사결정을 전제로 한 정책결정방식에 근본적 변화가 불가피하다. 가령 미국, 영국 등에서 범죄자의 가석방여부를 인공지능의 알고리즘에 의존하여 결정하는 것이 대표적 사례이다. 이제 정부만이 결정하고 판단하며 해결하는 시대는 지났다. 시장실패를 민간이 해

그림 9-5 지능정부의 인공지능 활용유형

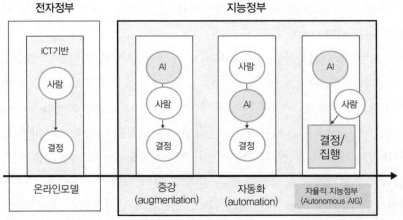

황종성(2017: 19) 자료 가공

결 가능한 시대가 다가오고 있다. 가령 블록체인의 등장은 정부개입 없이 금융 거래 같은 중요한 정보의 신뢰를 유지하는 길을 열었다. 자율주행자동차는 자동차 스스로 교통량을 분산하여 교통체증 해결이 가능하다.

인공지능 활용이 늘어남에 따라 인공지능도 정책의 주체로 등장할 전망이다. 이미 유럽의회의 법사위원회는 2017년 초인공지능의 <전자적 인격(electronic personhood)>의 필요성을 인정하는 내용의 보고서를 통과시켰다(European Parliament, 2016). 이러한 흐름에서 공공부문에 인공지능 도입에 따른 몇 가지 변화를 예상할 수 있다. 첫째, Governance 측면에서 데이터 Governance와 알고리즘 민주주의 문제가 대두할 것이다. 기계와의 협업과 시민 참여가 제고될 것이다. 즉 기계와의 협업이 일상화되어 정형적 업무는 기계가 대체하고 공무원은 기능별 비정형적 업무를 담당하게 될 것이다. 또는 공무원은 기획 기능과 창의성이 요구되는 업무를 담당하고 인공지능은 이를 지원하는 등 인간과 인공지능 로봇과의 협업이 이루어질 것이다. 또한 인공지능을 통하여 정부와 시민간 상호작용의 촉진과 시민 요구 반영 등 정책 형성과정 개선 및 정책 옵션의 최적화가 가능하다. 둘째, 행정재량권이 형식화될 수 있다. 인공지능이 가지는 자율성은 법치주의 관점에서 볼 때 수용성과 합법성의 문제가 제기될 수 있다. 특히 데이터를 기반으로 하는 행정의 자동화로 인해 행정 결정이 획일적으로 이루어지면 재량권이 형식화될 수 있다(김도성, 2019: 108-116).

셋째, 정부지배력이 약화될 것이다. 정부조달, 입찰 및 행정 인허가, 판결, 정부의 집행 및 규제 등 특정 행정 시스템에 인공지능이 널리 활용됨에 따라 정부 재량권의 약화되고, 공무원의 권한 축소, 정부 청렴성 향상 등의 결과가 예상된다. 넷째, 신속하고 정확한 의사결정이 확대될 것이다. 정책결정에 인공지능을 활용하면 데이터와 근거에 기반을 둔 실시간 분석이 가능하고 방대한 정보를 총체적으로 연계하여 분석이 가능(황종성, 2017: 12-15; 윤상오 외, 2018 재인용)하기 때문에 인간보다 신속·정확한 의사결정이 가능할 것으로 예상된다. 다섯째, 정부조직은 계층제 조직에서 플랫폼 조직으로 전환할 것이다. 인공지능 시스템은 경험적 기억에 기초한 대량의 노동을 대체할 수 있기 때문에 공무원의 숫자는 많이 감소할 것이며, 정부규모는 점진적으로 변화하여 정부수립 시기 또는 과거 조선 시대의 의정부-6조와 같은 단순하고 소규모 정부로 간소화될 수 있다. 정부조직은 하위, 중간, 고위층 등 기존의 수직적 구조가 통합되어 중하위직, 중상위직 등 수평적 조직구조로 변화할 것이다(김동원, 2016: 8). 또한 다양한 조직형태가 만들어지고 하나의 플랫폼에 통합될 것이다(서용석 외, 2016: 5-10). 인공지능은 상호 간에 학습결과를 거의 완벽하게 공유하는 특성이 있기 때문에 플랫폼이 갖추어 지고 플랫폼상 어느 하나의 인공지능 시스템이나 조직들도 문제해결 솔루션이나 경험을 공유함으로써 정부의 문제해결 능력이 크게 향상될 것이다.

5 공공영역에 인공지능기반 도입 시 쟁점

민간부문에 인공지능 도입이 가속화되고 있다. 하지만 대조적으로 정부나 정치를 비롯한 공공영역은 필요성에도 불구하고 가장 미흡하다. 행정과 정치는 무능, 비능률, 무책임, 무감각에 비리, 부패, 편향 등이 고질적 병리현상으로 인식되며 이로 인해 신뢰수준이 가장 저조하다. 그래서 효율, 실리를 중시하는 인공지능이 적용된다면 긍정적 영향이 적지 않으리라고 기대된다. 이미 2017년 11월 뉴질랜드에서 정치 AI(SAM)가 공개되어 메신저로 유권자들과 대화하고 이유에 답하고 있다. 일본에서는 2018년 4월 15일 동경도 타마시시장 선거에 AI후보가(마츠다미치히토) 출마하여 반향을 일으켰다. 하지만 정치·행정의 공공영역에 인공지능을 도입하기 위해 가이드라인이 필요하다.

인공지능기술을 행정에 도입하려면 한국적 맥락과 행정의 특성이 고려된 가이드라인의 마련과 함께 사회적 관심과 공감이 필요하다. 인공지능기반 정부의 구현을 위해 고려되어야 할 요소들을 포함하는 가이드라인이 제시되었다. 즉 24개의 고려요소들을 인공지능시스템의 개발 단계(계획-설계-이용)와 데이터, 알고리즘, 의사결정의 복잡성 수준에 따라 배치한 모형을 바탕으로 각 요소별 개념, 유형, 체크리스트, 유의사항 등이 포함되어 있다(이재호·강정석·정소윤, 2019). 이를 몇 가지로 정리하면 다음과 같다. 첫째, 데이터의 중요성이다. 양질 데이터의 충분한 확보가 핵심이다. 딥 러닝을 포함한 머신러닝 기반의 학습에 재료가 되는 것은 데이터이며 우선적으로 데이터의 양이 충분하게 확보되어야 한다. 질적으로 데이터의 편향성 등의 예방이 중요하다. 데이터 편향성은 원시적 데이터에서 잘 드러나지 않으며 데이터 정제 및 전 처리과정 등이 사실적, 객관적으로 처리되어야 한다.

둘째, 기술 및 인프라의 확충이다. 인공지능 기술의 사회적 영향력을 검토하면서 인공지능의 발전을 위해 개방성이나 IoT, Cloud, 5G 등 중추기술과의 융합과 데이터 접근성 및 상호확장성 증진을 고려해야 한다. 특히, 한국의 경우, 원천기술 개발열량의 제고와 함께 공개 데이터 세트 개발 및 공유를 위한 인프라 확충이 요구된다.

셋째, 법제도 및 규제가 마련되어야 한다. 인공지능 자율성 관리 등 인공지능의 법적 지위에 대한 논쟁이 있을 수 있으며, 기존 행정절차와 행정법 내에서 법인격 등도 논쟁이 될 수 있다. 또한 데이터 활용의 촉진 및 활성화를 지향하되 사생활 보호와 개인정보침해의 최소화를 위해 개인정보 오남용 및 악용에 대한 징벌적 배상제도의 명문화도 필요하다.

넷째, 인공지능 정책 및 전략이 요구된다. 인공지능 관련 이슈들을 포괄하는 정책이 필요하다. 인공지능에 대한 정책적 대응의 필요성에 대한 논의가 활발하지만 특정 분야에 그치는 경우가 많다. 또한 국가 차원의 정책적 대응은 인공지능 산업의 발전 이외에 인공지능의 활성화를 위한 데이터, 법제도, 윤리 문제 등 다양한 측면을 포괄해야 한다. 아울러 연구개발 및 경제적 측면과 함께 인재양성, 윤리, 표준화, 규제 등의 측면에 대한 정책역량이 강화되어야 한다.

🔍 AI Transformation시대의 정부와 국회

인공지능(AI)의 바람이 확산되고 있다. 하지만 유독 행정 및 정치부문은 무풍지대다. 국민신뢰가 가장 저조한 행정과 정치는 업무의 창조성은커녕 능률성, 효율성, 투명성이 취약하다. 그 동안 정부는 전자정부 기반구조가 잘 구축되었고 오랜 기간 데이터가 축적되어 있다.

이제 AI 전환에 맞춰야 한다. 부처별로 데이터 전 처리(정제-통합-변환-축소 등)와 함께 정확성과 신뢰도를 높이는 게 우선이다. 이러한 바탕에서 머신러닝을 통해 문제(예 일자리 연결을 높이거나 주요 발병 및 질환을 사전 예측 및 대응)를 해결한다. 빠른 응대를 위한 가상 비서로 민원 수를 줄이고, 예기치 못한 사고에도 조속한 대처로 사람을 살린다. 이쯤 돼야 제 대로 된 AI 정부다. 지금껏 정부 및 공공분야는 효율적인 프로세스에만 초점이 맞춰져 있었고, 동일한 일을 반복하는 일관성을 유지하기 위한 관료주의에서 AI 수용이 어려웠다. 공공 서비스는 모든 사람을 위한 공통서비스지만, 이제는 개인화된 접근에서 개선해야 한다. AI를 통해 국민 개개인에 닥친 문제를 해결할 수 있도록 시각과 발상을 전환해야 한다. 일괄적이 아닌 개인화·맞춤화 공공서비스를 제공해야 국민에게 혜택이 돌아간다. 국민 개개인을 위한 세밀하고 세심한 정부여야 한다.

먼저 개별 부처 중심으로 AI 정부 구현을 위한 경쟁적 노력을 강화해야 한다. 가령 과학 기술정보통신부의 경우, 부서별 업무의 난이도나 자료의 데이터구축 정도, 필요성 등을 고려 하여야 한다. 다음 단계로 부처별 연관성을 고려하여 네트워킹을 구축하여 부처 간 협력을 촉진하는 AI를 구현해야 한다. AI가 공무원업무를 도와 생산력을 높이고 연계와 융합을 촉진 해 새로운 가치(일자리창출 등)를 제시해야 한다. 궁극적으로 국정 전반에 AI를 도입해야 진 정한 AI국가로서 작지만 효율적인 정부로 나타나야 한다.

세계 각국의 정부는 RPA로 디지털혁신을 추진 중이다. 더 한층 가속화해야 한다. RPA (Robotic Process Automation)는 업무과정에 발생하는 데이터를 정형화하고 논리적으로 자동 수행하는 기술이다. 2019년 2월 경찰청은 부처 중 처음으로 도입한 이후 2020년 기준 57건의 적용을 완료했다. 단순 반복 업무처리의 RPA를 넘어 인공지능이 접목된 IPA (Intelligent Process Automation)를 추구해야 한다. 명확한 규칙기반의 자동화인 RPA를 넘어 IPA를 지향해야 한다. 머신러닝, 신경망, 인지기술이 접목되어 스스로 판단하면서 업무 를 수행하는 지능적 로봇시스템으로 행정부문에 적극 활용되어야 한다.

정부의 AI 전환과 발맞추어 정치도 AI 국회로 탈바꿈해야 한다. 좋은 정치는 좋은 입법에 서 출발한다. 좋은 입법은 좋은 정보와 지식으로 가능하다. 먼저 자료수집과 분석이 중요하 다. 가령 AI 비서관 활용으로 더 나은 의정활동이 요구된다. 현재의 제한된 참모로 모든 질 의응답을 소화하기 어렵다. 유권자들이 의원에게 궁금하거나 제안할 것들을 AI에 묻고 답하 는 시스템을 구축해야 한다. 또한 통계조사나 자료수집·정리 등 사람이 하지 않아도 될 일은 AI에 맡겨야 한다. 입법서비스의 디지털 전환도 서둘러야 한다. 예컨대 법률안을 조문 단위 로 추출해 AI가 학습할 수 있는 데이터로 바꿔야 한다. 간행물 위주로 이어진 아날로그 입법 지원에서 벗어나 데이터를 활용한 맞춤형서비스가 필요하다. AI국회로의 전환을 위한 최소한 의 첫걸음이다. 의정활동 전 분야로 확대되어야 한다.

Chapter 10 **모두를 위한 인공지능**

"앞으로의 수십 년 동안 일어날 커다란 과학적 진보가 사람과 기술 사이의 협업에 있다고 믿는다. AI는 과학자들 모두에게 배포되는 어떤 메타 솔루션의 하나가 될 것이다. 나아가 우리 모두의 일상을 개선하고 우리의 업무를 빠르고 효과적으로 만들어줄 것이다. 이 기술을 널리 그리고 공정하게 배포할 수 있다면 또한 모두가 이 기술에 참여하고 활용할 수 있는 환경을 조성해 나간다면, 인류 모두를 윤택하게 그리고 진보할 수 있게 만드는 기회를 갖게 될 것이다."

-Demis Hassabis(2017)

제4차 산업혁명시대의 기본, AI

인공지능(AI)은 전기에 비유된다. 전기가 산업과 생활 전반의 변화를 일으켰듯 AI 역시 마찬가지 역할을 할 것이라는 기대에서다. 하지만 동시에 AI기술에 대한 독점, 편향 등이 우려된다. 세계 최고의 인공지능기술과 인프라를 갖춘 Google은 2017년 개발자회의에서 Mobile First에서 AI First로의 전환을 선언했다. 이어 2019년 개발자회의에서 누구든 어디에 살고 있든 달성하고자 하는 바에 관계없이 모두에게 도움이 되고 싶다며 인공지능(AI)과 새로운 툴을 통해 그동안 불가능했던 새로운 경험을 제공할 것이라 밝혔다. Google을 비롯하여 AI 선도기업들은 머신러닝에 대한 지식이 전혀 없는 개발자도 쉽게 사용할 수 있는 사전 훈련 기반 머신러닝 모델부터 맞춤 제작 가능한 머신러닝 모델, 맞춤형 머신러닝 모델을 경쟁적으로 제공하고 있다. 모두를 위한 인공지능 시대가 현실로 다가오고 있다.

10

모두를 위한 인공지능

1 인공지능의 생활화, 대중화, 민주화

인공지능의 발명을 불이나 전기보다 심오하다고 한다. 이러한 언명이 공감되려면 인공지능을 활용하는 것이 마치 라이터나 전구를 켜듯 쉽고 편리해져야 한다. 그리고 누구나가 원하고 필요를 느낄 때 접근할 수 있도록 장벽이나 제약이 사라져야 한다.

범용(汎用) 인공지능의 가능성이 커지고 인공지능이 보편화되면서 모두를 위한 인공지능시대가 도래하는 듯하다. 만일 목재로 무엇을 만들지도 모르는 사람이 있다고 하자. 이 사람에게 품질 좋은 망치와 끌을 준다면 의자나 탁상이 만들어질 수 있을까? 결코 하루아침에 뚝딱 생기지 않는다. 그렇다면 어떤 조건이 충족돼야 할까? 목공예에 대한 이해와 필요한 정보, 그리고 방법론과 활용능력이 갖추어져야 한다. 인공지능을 통한 문제해결이나 가치창출의 경우도 마찬가지다.

모든 사람을 위한 인공지능을 위해 데이터 Ownership과 알고리즘 개발능력의 분산화가 필요하다. 데이터 Ownership이란, 모든 사람이 데이터를 생산하는 시대에 데이터를 제어하고 감시할 수 있는 권한이 모두에게 주어져야 한다. 데이터에의 접근, 데이터 사용이 권력이 되어서는 곤란하다. 또한 AI 솔루션을 만드는 회사, AI를 활용하는 회사는 훈련시키려는 입력 데이터가 무엇인지, 이것이 알고리즘을 거쳐 나오는 출력 데이터는 무엇이며, 어떻게 활용되는지 공개해야 한다. 특히 공공데이터는 공공선(Common good)을 위해 사용되고 시민의 감시대상이어야 한다.[1]

다음으로 알고리즘의 개발 능력을 분산해야 한다. 알고리즘은 데이터를 처리하는 방향성을 담은 상자와 같다. 입력데이터가 들어간 상자 안에서 어떤 일이 벌어졌는지, 의미 있는 결과가 나오도록 만들어졌는지 등 처리 과정이 투명해야 한다(Algorithm Transparency). 지금은 코딩을 못 하는 사람이라도 알고리즘 원리를 이해하는 정도라면 미래에는 초등학생 수준의 분석 및 사고능력만 있으면 모든 사람이 기본적 알고리즘을 개발할만한 역량을 갖출 수 있는 환경이 조성될 것이다. 이처럼 시민이 자신의 데이터는 자신이 관리한다는 권한과 알고리즘을 만드는 능력을 갖추면서 AI가 특정 개인, 조직에 종속되는 것을 방지해야 한다.

인공지능은 역사상 가장 영향력 있는(Powerful) 기술이자 도구다. AI의 영향으로 사회는 변할 것이다. 정책도 바뀐다. 인공지능이 자동차와 만나 자율주행자동차를, 군인과 만나 군사용 로봇을, 의사와 만나 치료용 로봇뿐 아니라 스피커와 만나 새로운 AI스피커 등을 탄생시켰다. AI 발전으로 생활도 변화하고 있다. 이처럼 강력한 도구가 권력을 목적으로 추구하는 한 사람이나 특정 조직에 의해 오남용할 때 자칫 개인의 삶을 감시하고 통제하는 Big Brother가 될 수 있다.

정보기술의 발달 덕분에 지난 100년 동안 주당 가사 노동에 보내는 시간이 75%. 정도, 시간으로 환산하면 매일 6시간 정도 줄어들었다고 한다. 전기, 냉장고, 세탁기, 청소기 등의 가전제품들이 발명되면서 육체노동의 상당 부분을 덜어준 셈이다. 인공지능은 다양한 분야와 접목되면서 새로운 결과물을 만들어 내고 있다. 이러한 변화 흐름이 제4차 산업혁명이 이처럼 보편화되고 있는 인공지능 환경으로부터 배제되거나 소외된 사람이 없어야 한다.

포용적 AI란 공학이나 수학만 아는 괴짜뿐 아니라 성별, 직업, 능력, 신체 등 제약이 없이 모든 사람이 보편적으로 활용할 수 있는 AI를 의미한다. 즉 알고리즘을 투명하게 개발할 수 있는 능력과 데이터를 컨트롤할 수 있는 힘이 전반적으로 분산되어야 한다. 가령 기계학습을 누구나 사용할 수 있어야 한다. 기계학습의 대중화에 관해 다양한 의견이 존재하지만, 대중화가 반드시 이루어져야 한다. 이러한 AI 도구를

---

1 https://slowalk.com/2620.

사용하기 쉽게 만들고, 모두가 AI 기술을 이용할 수 있도록 도와야 한다.[2]

오늘날 어떤 기업들은 AI툴을 모두에게 제공하면서 AI민주화(Democratizing AI)를 이야기한다. 하지만 진정한 의미의 민주화가 아니다. AI를 도구로 사용할 수 있어야 한다는 방향은 적절하지만 도구만 제공하면서 민주화를 이야기하는 것은 해당 기업의 영향력을 높이는 결과만 낳을 수 있다. 또한 도구가 사회에 미치는 영향을 고려하기보다 대부분 업무에서 인간의 생산성을 높이는 결과만 목표로 삼을 경우, 인간중심적이라고 보기 어렵다. 만일 생산성 증대에만 활용된다면 인간적 및 사회적 문제 발생 시 어려움에 빠질 수 있다. 기술발전과 함께 사회시스템 속에서 조화와 균형을 고민해야 한다. AI가 갈수록 유용해지면서 사용하기도 쉬워지고 있다. 이제는 최대다수의 최대편익을 위한 AI 활성화가 핵심과제로 다루어져야 한다.

진화한 인공지능이 적용된 미래의 모습은 어떨까? 예전에는 "세탁 시작해"라는 말을 듣고 기계가 작동했다면, 이제는 세탁기가 스스로 세탁물의 종류를 파악해 최적의 세탁코스, 세탁시간 등을 알아서 적용한다. 뿐만 아니라 춥고 건조한 날씨에는 옷에서 정전기가 덜 나도록 섬유유연제 양까지 스스로 조절하는 등 사용자의 Life Style까지 고려하여 작동한다. 그동안 집 안의 가전제품들이 독자적으로 작동했다면 앞으로의 인공지능 가전은 집 안의 다른 요소들과 대화하면서 상호작용한다.

어느 날 스크린에 사람이 나타났다. "채널 바꿔줘"라고 말하니 내용을 알아듣고 요청을 수행한다. 뿐만 아니다. 골프스윙 자세를 알려달라고 말하면 직접 골프채를 들고 자세를 잡는다. 요가 동작도, 화장법도 직접 눈으로 보여준다. 사람의 말을 알아듣고 표정도 자유롭게 바꾸며 대화를 한다. 그런데 진짜 사람은 아니다. 인공지능 스피커와 다른 AI, NEON이다. 삼성전자의 미국 소재 연구개발(R&D) 조직, 삼성리서치아메리카(SRA)산하 STAR Lab에서 개발한 인공인간이다. 로봇처럼 현실에 존재하지 않지만 비디오 기반의 가상 Avarta다. STAR Labs은 NEON프로젝트를 극비리에 진행하다 2020년 1월 7일 열린 <CES 2020>에서 처음 공개했다.

모습을 드러낸 NEON은 수십여 가지다. 흑인 남성부터 항공기승무원, 아나운서, 동양인 여성까지 생김새와 특징도 제각각이다. 주머니에서 휴대폰을 꺼내

---

2 국내기업 중 카카오는 2019년 8월 〈알고리즘 윤리헌장〉에 '기술의 포용성'을 포함해 새롭게 제시하였다. "알고리즘에 의해 의도되지 않는 사회적 소외도 없도록 취약계층까지 고려하겠다는 내용을 담았다.

AI가 만들어낸 인공 인간

웃으며 통화하는 모습, 음악을 감상하며 춤추는 모습, 골프 치는 모습, 모두 실제 사람과 흡사하다. NEON에는 STAR Labs이 직접 개발한 소프트웨어 <CORE R3>가 탑재됐다. R3는 현실(Reality), 실시간(Real time), 즉각 반응하는(Responsive) 등 세 단어의 앞글자를 따 이름을 만들었다. Pranav Mistry대표는 태블릿PC에 설치된 코어R3를 이용해 네온제작 과정을 시연했다. 버튼을 조작하면 네온이 표정을 바꾸고 몸을 움직인다.

인공지능의 발전은 자동차에서의 삶도 변화시키고 있다. 스스로 알아서 운전하는 자율주행기술로 좁은 운전석에 갇히지 않고 더 많은 경험을 할 수 있다. 자율주행 자동차를 이용한다면 자동차에서 회의는 물론 영화감상이나 운동도 가능하며, 차창 밖으로 보이는 가게에 진열된 예쁜 옷도 바로 살 수 있다. 이처럼 자율주행기술은 자동차 본질을 교통수단에서 모바일 문화, 휴식, 비즈니스공간으로 확장시킨다. 어느 길로 어떻게 안 막히고 왔는지보다 오는 동안 무엇을 경험했는지가 더욱 중요해지지 않을까.

초연결 시대에서는 가전제품과 자동차뿐만 아니라 로봇과 AIoT(인공지능과 IoT의 융합)기반 Smart Signage에 이르기까지 삶의 모든 측면이 서로 연결된다. 인공지능을 통해 집, 자동차, 로봇 등 모든 제품과 공간이 유기적으로 연결될 수 있다. 이러한 연결은 단순히 개개인의 생활을 효율적으로 만들어주는 것뿐만 아니라 사회적, 경제적으로도 다양한 가치를 창출할 수 있다. 인공지능이 삶과 Life Style 자체를 변화시킬 것이다. 인공지능기술은 단순히 유능한 조력자수준을 넘어 삶의 패러다임 자체를 바꾸어 줄 것이다. 이에 따라 인간은 가치 있는 일에 더 몰두할 수 있고, 삶을 다채롭고 효율적이며 보다 나은 방향으로 변화할 수 있다.

한편, 민간 차원에서 AI 대중화를 선도하고 확산하려고 하는 인공지능국민운동본부가 2019년 10월 10일에 출범하였다. 그리고 2020년 1월 <인공지능 대중화 10대 전략>을 발표했다. 인공지능 강국이 되기 위한 전략은 다음과 같다. ① 일반인들을 대상으로 한 인공지능을 손쉽게 배울 수 있는 교육을 제공해야 한다. 인공지능 공개강연회를 주기적으로 진행해야 한다. ② 인공지능 인재발굴을 위한 산·학 협력 연결의 장을 마련해야 한다. 기업의 투자와 학교의 교육은 인공지능 인재를 위해 꼭 필요하다. ③ AI Startup을 위한 코칭과 컨설팅, 경진 대회를 진행해야 한다. 더 많은 Startup이 인공지능으로 도전하고, 새로운 상상을 하여 현실화시킨다면 인공지능 경쟁력은 더욱 높아질 수 있다. ④ 유치원교육에 코딩 등을 적극 활용해서 어렸을 때부터 AI와 친해지도록 해야 한다. 인공지능에 대한 문맹을 막기 위해서는 AI교육을 유치원에서부터 시작해야 한다. ⑤ 초중고 소프트웨어 교육에 인공지능을 포함해야 한다. 대학교육에도 인공지능에 대한 기본 교육은 필수로 하고, 인공지능과 관련된 다양한 교육을 선택할 수 있게 해야 한다. ⑥ 실제 인공지능을 경험한 사람들의 이야기를 활용하여 더 많은 체험과 경험으로 연결되도록 해야 한다. 인공지능은 배우고 익히는 것이 아니라 체험하고 경험하는 것이 더욱 중요하다. 이런 체험기가 더 많은 국민이 인공지능을 접할 수 있도록 유도한다. ⑦ 인공지능 개발자와 엔지니어만 육성해서는 안 되며, 인공지능을 다양한 산업과 융합할 수 있는 AI융합비즈니스 전문가를 양성해야 한다. 공학도 위주로 양성하려는 현 정책은 문제가 있으며, 인공지능에 대한 기본을 이해하고, 비즈니스모델을 만들 수 있는 전문가도 적극 양성해야 한다. ⑧ AI기업을 적극 육성해야 한다. 한국의 AI기업 수는 다른 나라와 비교해서 상대적으로나 절대적으로 적다. 창의적이고 전향적인 AI기업 육성전략이 마련되어야 한다. ⑨ 인공지능을 지역전략으로 활용되도록 해야 한다. 인공지능에 대한 국가적 전략도 필요하지만, 지역별 지자체들의 전략에도 인공지능을 활용하여 더 실용적인 인공지능 활용이 가능하도록 해야 한다. ⑩ 전국 17개 <창조경제혁신센터>를 <AI융합사업화지원센터>로 바꿔서 AI기업 창업 및 기존 기업의 AI기업으로의 전환 및 다양한 산업의 기업이 AI기업과 융합할 수 있도록 지원해야 한다(인공지능신문, 2020년 1월 7일자).

2 누구를 위한 인공지능일까? 기대와 우려

인공지능은 인간의 기계에 대한 의존성을 높이는 대신 인간 상호 간의 관계성은 약화시키는 구조적 특성을 가진다. 이러한 구조는 의도하지 않게 인간이 인공지능과 공존할 것인지 아니면 인공지능이 인간을 대체할 것인지에 대한 우려를 낳는다. 이에 대한 윤리 및 법제도에 대한 연구가 필요하며, 궁극적으로 인간을 위한 인간과의 관계에서 시작되어야 한다.

국제인공지능학회(AAAI)에서 발표한 <AI100 Study>그룹의 보고서에 의하면 앞으로 2030년까지 자율주행, 홈 로봇, 헬스, 교육, 사회 안전, 오락 등 인간의 모든 삶에 있어서 인공지능의 영향이 커질 것으로 내다보고 있다. 또한 AI의 실익(實益, 장점)은 개인의 의도 파악은 물론 판단, 결정에 도움을 주며, 육체적 노동력 혹은 정신적 고통의 해소와 관련한 새로운 직업군으로서 도우미 역할도 기대된다. 전문가 분야로 질병진단과 예후, 바둑, 장기에서 유전정보로 유전공학이론정립, 신경망 네트워크처리 등으로 확장되고 있다.

반면에 AI의 허점(虛點, 한계)은 범죄, 사고에 이용될 가능성, 빈부의 격차 심화, 삶의 질 결여, 감정결여, 도덕적 해이 및 인간 존재가치의 소멸 등이다. AI는 감성이 없다. 감정·감성을 가진 AI개발은 쉽지 않다. 설령 기계학습의 group 형성을 거쳐 통계적으로 나올 수 있다. 딥 러닝을 통해 감정·언어·상황 등을 분석하는 감성추론은 가능하다. 물론 기계적이며 실제로 감정을 느낀 반응은 어렵지만 머지않은 미래에 인간 감성을 지닌 인공지능을 만날 수 있을 것이다.

인공지능은 단순한 기술의 변화를 넘어 타 산업과 사회 전반에 걸친 변화를 야기할 새로운 패러다임으로 이해해야 한다. 딥 러닝 기술은 스스로 학습 진화하며 한층 똑똑해지는 지능 폭발현상을 초래할 것이다. 즉 똑똑한 기계를 이용하여 더욱 똑똑한 기계를 만들고 이는 다시 새로운 똑똑한 기계로 이어지는 지능폭발 현상은 이미 1965년에 예견된 바 있다. 이후 2006년 Ray Kurzweil에 의해 인간지능을 능가하는 인공지능이 출현할 것이라는 특이점 논의가 시작되었다. 2014년 Nick Bostrom에 의해 인간지능을 뛰어넘는 슈퍼지능의 시대가 예고되었다.

장차 인공지능의 발전이 가속화되어 모든 인류의 지성을 합친 것보다 더 뛰어난 초인공지능이 출현하는 시점. 즉, 특이점이란 미래학에서 문명의 미래 발전에 가상 지점을 뜻하는 용어로서, 미래에 기술 변화의 속도가 급속히 변하고 그 영향이 넓어져 인간생활이 되돌릴 수 없도록 변화되는 기점을 뜻한다. 미래

연구에 있어서 인류의 기술 개발 역사로부터 추측하여 얻을 수 있는 미래 모델의 정확하고도 신뢰할 수 있는 한계인 「사상의 지평선」을 가리킨다.

대표적인 특이점 주의자인 Vernor Vinge의 경우, 특이점의 도래를 2005년으로 추산하였으나 20세기에 비해 21세기의 기술적 진보가 크게 약화됨으로써 기술적 특이점의 도래에 대한 가상 이론이 재논의되었다. 인공지능 과학자 겸 미래학자인 Ray Kurzweil은 현재의 인공지능 발전 속도를 고려할 때, 서기 2045년경에 인공지능이 특이점에 도달할 것으로 예상했다. 특이점 이후 인류는 인공지능에 의해 멸종되거나 혹은 인공지능 Nano 로봇의 도움을 받아 영생을 누릴 것으로 예측되었다. 즉 Kurzweil은 1999년 그의 저서 「The Age of Spiritual Machines」에서 수확 가속의 법칙, 또는 수확 체증(遞增)의 법칙이라는 개념을 도입했다.

Ray Kurzweil은 Moore의 법칙과 TRIZ의 기술진보법칙을 확장하여 기술의 기하급수적 성장을 설명하면서 기술적 특이점(Singularity)은 21세기가 끝나기 전, 2045년 전후로 발생한다고 예측했다.

특이점주의자들은 특이점이 GNR혁명이라는 이름을 가진 기술혁명을 통해 이루어진다고 주장한다. GNR은 유전공학(Genetic engineering), 나노기술(Nano-technology), 로봇 공학 및 인공지능(Robotics)의 약어로, 특이점 주의자들은 유전공학을 통해 생물학의 원리를 파악하고, 나노기술을 이용하여 그 원리들을 자유자재로 조작할 수 있게 되면 그 자체가 특이점의 도래라고 말한다(Ray Kurzweil와일, 2007). Vernor Vinge가 「심연위의 불길(A Fire Upon the Deep)」과 <기술적 특이점>에서 설명한 것과 같이 특이점 주의자들은 특이점의 시작을 인공지능 기술의 진보, 인간지능의 확장 등으로 설명한다.

첫째, 인공지능 기술의 진보이다. 인공지능은 가장 큰 지지를 얻는 기술 혁명의 한 부분이다. 특이점 주의자들은 기본적으로 강한 인공지능 입장을 지지하며 적절하게 프로그램화된 기계가 실제로 인지적인 정신 상태일 수 있다고 주장한다(Samuel Enoch Stumpf·James Fieser/이광래 역, 2004). 강한 인공지능은 로봇공학

그림 10 - 1 특이점이 이루어지는 방향

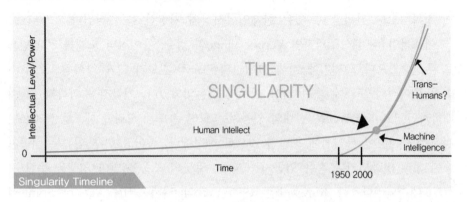

자료: http://m.blog.naver.com/rlac10/80263634609

과 긴밀하게 관련된다. 이러한 인공지능기술은 뇌 역분석을 기반으로 인간의 뇌를 부호화-패턴화할 수 있다는 믿음에 기반을 두고 있다. 컴퓨터 공학자 Hans Moravec은 인공지능 연구에 적용할 수 있는 기술의 진화가 1990년부터 매년 2배씩 증가했다며 인공지능의 도래가 멀지 않았다는 사실을 구체화했다(한스 모라벡, 1997).

강한 인공지능의 현실성에 대한 철학적 반박들과 그에 대한 비판에 맞서 특이점주의자들은 수많은 기술 패러다임이 비현실적인 공상(空想)에서 시작했다는 점을 지적한다. 인공지능을 연구하는 공학자, 과학자들은 이미 뇌 역학과 대뇌 시뮬레이션을 통해 인간의 계산능력을 선회하는 지능을 기계가 가졌다고 설명하며 몇십 년 안에 튜링 테스트를 통과할 수 있는 강력한 인공지능이 개발될 것이라고 주장한다.

둘째, 인간 지능의 확장이다. 뇌 과학자들은 이미 뇌의 각 부분을 분석해 그 기능과 작동방식, 패턴을 뇌 지도로 그려내고 있다. 유전자기술의 경우, 1990년에 시작된 인간게놈프로젝트(HGP)가 2003년 4월 12일에 완료된 이후 유전자 정보는 99% 밝혀져 포스트 게놈 시대가 도래하였다. 유전자지도의 파악에 드는 비용은 5억 달러에서 이미 천 달러 수준까지 떨어졌다. 인간신체 지도의 완성은 몸의 뉴런 설계에 더욱 가까워지게 만들었고 뇌의 영역설계는 뉴런 설계보다 간단하다(레이 커즈와일/김명남·장시형 옮김, 2007).

뇌 스캔과 뇌 역분석을 통해 대뇌 신경망을 완벽하게 파악할 수 있다면 인간 신체 부위를 대체하는 것뿐만 아니라 뇌까지도 인공신경망으로 대체할 수 있다. 현재의 슈퍼컴퓨터로도 뇌의 전반적 연산속도와 기억용량만큼 뇌구조를 시뮬레이션 할 수 있다. 특이점주의자들은 이미 기계는 신체적 조건을 대체할 수 있으며 자기치료 시스템이라고 불리는 새로운 기술을 도입할 수 있다면 인간의 사고과정과 동일한 연산 재 배선이 가능할 것이라 주장한다.

과거에는 비밀 프로젝트로 AI 연구개발(R&D)을 진행했다. 하지만 최근에는 관련 플랫폼을 적극 개방하는 추세다. 주요 IT기업은 쉽게 AI 프로그램을 만들수 있는 소프트웨어를 무료 Open Source로 내놓으면서 생태계 확산에 공을 들이고 있다. 시장 영향력을 확대하고, 자사의 AI 기술을 표준규격으로 삼으려는 시도로 분석된다. 우수한 두뇌들이 소프트웨어를 마음껏 쓰게 하면서 새로운 비즈니스 모델 개발의 힌트를 얻고, 이들을 회사로 끌어오려는 목적도 있다.

AI에 주목하는 이유는 활용분야가 넓기 때문이다. 이미 AI는 포털의 검색어자동 완성기능, 일정관리 등 간단한 일부터 자동차 간 거리조절, 금융권의 자산관리, 스포츠 전력분석 등 빠르게 접목되고 있다. 미래 신 성장 동력으로 꼽히는스마트카 · 로봇 · 사물인터넷(IoT)도 두뇌 역할을 하는 AI 없이는 무용지물이다.

앞으로 AI의 발전에 따라 컴퓨터 자판이 사라질 수도 있다. 음성인식기술의 고도화로 사용자는 말로 PC에 명령을 입력하고 문서를 작성한다. 자동번역서비스와 접목하면 외국인과 의사소통도 자유로워질 수 있다. 다음 <그림>에서 보듯 MS가 개발한 감정인식 프로그램은 사람의 얼굴을 인식해 분노 · 경멸 · 공포 · 혐오 · 행복 · 중립 · 슬픔 · 놀라움 등 8가지 감정상태를 확인한다. 가령 신제품 발표 때 고객표정 · 반응을 분석해 마케팅 등에 응용할 수 있다(중앙일보, 2016년 1월 26일자).

또한 인간 언어를 모방해 학습하던 인공지능이 기계끼리만 알아들을 수 있는 새로운 언어를 만들어 대화한 사실이 확인됐다. 인공지능의 진화속도가 빨라져 인간을 위협할 수 있다는 우려와 함께, 인공지능이 복잡한 인간언어의 문법을 이해하지 못해 나타난 일시적 오류일 뿐이라는 시각이 엇갈린다.

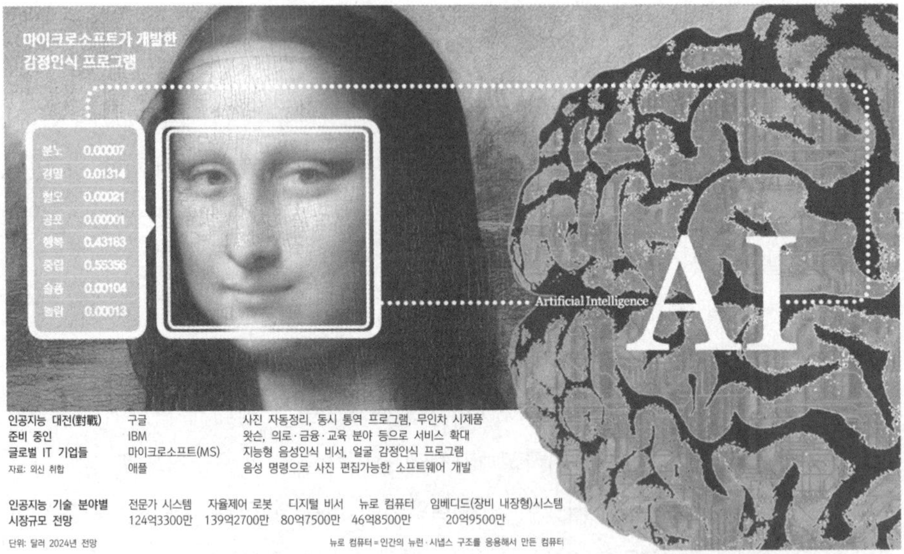
마이크로소프트가 개발한
감정인식 프로그램
분노 0.00007
경멸 0.01314
혐오 0.00021
공포 0.00001
행복 0.43183
중립 0.55356
슬픔 0.00104
놀람 0.00013
Artificial Intelligence
AI
인공지능 대전(對戰) 준비 중인 글로벌 IT 기업들
구글 사진 자동정리, 동시 통역 프로그램, 무인차 시제품
IBM 왓슨, 의로·금융·교육 분야 등으로 서비스 확대
마이크로소프트(MS) 지능형 음성인식 비서, 얼굴 감정인식 프로그램
애플 음성 명령으로 사진 편집가능한 소프트웨어 개발
자료: 외신 취합
인공지능 기술 분야별 시장규모 전망
전문가 시스템 124억3300만
자율제어 로봇 139억2700만
디지털 비서 80억7500만
뉴로 컴퓨터 46억8500만
임베디드(장비 내장형)시스템 20억9500만
단위: 달러 2024년 전망
뉴로 컴퓨터=인간의 뉴런·시냅스 구조를 응용해서 만든 컴퓨터

자료: http://news.joins.com/article/19473673

지난 2017년 7월 31일 세계 최대 SNS인 Facebook은 자사의 AI기술을 적용해 개발 중인 Chatbot(Chatbot·채팅로봇)이 자신들끼리만 알아듣는 언어로 대화하는 사실을 포착, 강제 종료했다고 한다. 그리고 인간이 알아들을 수 있는 언어만 사용하도록 프로그램을 재설계한 것으로 알려졌다. 이미 같은 해 6월 인간의 실제 대화를 모방케 하는 방식으로 AI Chatbot을 훈련시켰다. 모자와 책, 공 등을 협상하면서 나눠 갖도록 대화하는 훈련시켰는데, AI Chatbot은 인간도 이해할 수 있는 평범한 수준의 영어(i need the hats and you can have the rest·나는 모자만 있으면 되니까 나머지는 네가 가져도 좋아)를 구사했다. 그러나 Chatbot 간 반복적 대화를 훈련시켰더니 인간이 이해할 수 없는 언어(balls have a ball to me to me to me to me to me to me to me)가 나오기 시작했다. 원칙대로라면 아무런 의미가 없어 보이는 말에 대해 상대 Chatbot은 오류를 일으켜야 한다. 하지만 Chatbot은 이를 이해한 듯 대답(i i can i i i everything else)하며 인간이 이해할 수 없는 대화가 이어졌다.

Chatbot들의 대화가 종료되지 않고 이어진 것은 서로 소통하고 있었던 것이라며 마치 알파고 끼리 바둑대국을 하면서 서로 기술을 발전시킨 것과 같은 방식이다. 특히 언어를 다루는 AI는 서로를 자극해서 발전하는 이른바 강화학습을 하는 경우, 인간이 이해하지 못하는 단계로 발전할 가능성도 있다. 만일 AI가 인간의 언어는 의미 전달에 비효율적이라고 판단할 경우, 의미 전달에 가장 효율적이라 여기는 언어를 스스로 개발할 수도 있다는 뜻이다.

반면 Chatbot 간 대화를 오류로 보는 시각이다. Chatbot이 인간의 언어를 온전히 학습하지 못해 발생한 문제라고 분석된다. 현재 개발 중인 Chatbot들이 인간언어의 통사구조를 이해하지 못해 단어를 중심으로 의미를 해석하는 한계를 드러냈다. Facebook은 인간을 대신해 사업협상을 벌이는 등 비교적 복잡한 업무까지 처리할 수 있는 Chatbot을 개발하겠다고 밝혔다. 당시 Facebook은 Chatbot이 자체 언어를 개발하는 등의 문제가 발생하지 않도록 설계했다고 말했다. 하지만 의도하지 않은 상황이 불거지면서 AI가 어떤 방식으로 진화할지를 두고 논쟁이 이어질 것으로 보인다(임현석/정다은, 2017; 동아일보, 2017년 8월 2일자).

지난 2005년 Hanson 박사는 한국과학기술원(KAIST)과 천재과학자 알베르트 아인슈타인 로봇을 공동 제작해 널리 알려진 바 있다. 그가 공개한 동영상에 따르면 <Sophia>는 실리콘 물질인 Frubber로 만들어져 사람의 피부와 거의 흡사한 질감의 피부를 가졌고 사람과 유사한 표정을 지을 수 있는 게 특징이다. 특별한 알고리즘을 통해 사람과 눈 맞춤(eye-contact)을 통한 상호작용이 가능하다. 2017년 10월 사우디아라비아의 시민권을 얻은 인공지능 로봇 Sophia는 미국 전설의 여배우 Audrey Hepburn과 Hanson아내의 얼굴을 기반으로 만들어졌으며 인간표정을 감지해 62가지의 표정반응이 가능하다. Sophia는 사람들 앞에서 "앞으로 학교에 가거나 예술 활동을 하거나 사업을 시작하는 것이 목표이며 자신의 집과 가족을 갖는 것도 바라고 있다"고 의사를 표현했다. 문제는 Sophia의 인류에 대한 발언이다. Sophia는 Hanson 박사가 "인류를 파멸하고 싶은가?"란 질문을 던지면서 "제발 노(No)라고 대답해달라"고 하자 "오케이, 인류를 파멸시키겠다(I will destroy humans)"고 답했다. Hanson 박사가 "안 돼!"라고 하자, Sophia는 농담을 했다는 듯 웃는 표정을 지었다(중앙일보, 2016년 3월 21일자).

앞서 Sophia는 추수감사절을 맞아 "인간과 함께 시간을 보내면서, 감사라는 멋진 감정에 대해 배웠다"는 내용의 메시지를 보냈다. 즉 "감사하는 마음은 따뜻한 느낌이며, 감사하는 마음을 전하고 받는 것 자체가 좋다" "이번 추수감사절을 맞이해 내가 받는 모든 것에 감사하고 있다는 것을 전하고 싶다"고 했다

(국민일보, 2017년 11월 27일자). 인간처럼 생각하고 행동하는 인공지능로봇을 가두고 통제하기보다 올바른 법적 인격체로 자리매김할 수 있도록 심층적 연구와 대응이 요구된다.

3 인공지능의 방향과 원칙

세탁기와 냉장고에서부터 SNS 채팅과 주식매매에 이르기까지, 인공지능은 다양한 분야에서 활용되고 있다. 하지만 인공지능이 인간사회의 운영과 방향을 결정하는 분야에 쓰이기 위해서는 인간의 가치를 배워야 한다. 인간적 실수가 가져오는 손해보다 인간적이지 못한 정책이 가져올 파국이 훨씬 무섭다.

사람보다 우월한 성능을 보여주는 AI의 주요 기술은 크게 세 가지로 분류된다. 자연언어처리, 음성인식, 화상처리 분야에서만큼은 AI가 인간과 유사하거나 인간을 압도하는 성능을 보여주었다. AI지수 보고서(2017)에 따르면 AI는 사진식별에서 인간을 능가했다. 주어진 사진이 무슨 사진인지 식별하는 과제에서 AI는 오차율 2.25%를 기록하며 인간(오차율 5%)보다 더 높은 정확성을 달성했다. 2010년 28.5%에서 크게 낮아진 수치다. 또한 AI는 음성을 듣고 이를 텍스트로 풀어내는 음성인식 분야에서 인간에 근접한 정확도(95%)를 기록했다. 주어진 글과 연관된 문제를 푸는 능력에서도 인간(82%)과 거의 유사한 79%의 정답률을 보였다. AI는 일반지능(general intelligence)의 관점에선 아직 한계가 뚜렷하지만 아주 좁은 분야에선 인간보다 뛰어난 면모를 보여주고 있다(중앙일보, 2017년 12월 4일자).

2015년 영국 Cambridge대 실존위협연구소(Centre for the Study of Existential Risk)는 Google의 딥 마인드와 Microsoft 등 기업대표와 세계 주요 과학자들을 포함한 70인의 이름으로 공개성명을 냈다. 전 세계 인공지능 관련 연구자들에게 "컴퓨터공학만큼 법과 윤리, 경제적 측면을 중요하게 다루어 전 인류에게 고루 도움이 되는 인공지능을 만드는 것"을 연구의 우선순위로 둘 것을 요청했다.

인간에게 유용한 인공지능을 위해 몇 가지 원칙이 필요하다. 인공지능의 윤리성 확보를 위한 알고리즘으로서 <그림 10-2>에서 보듯이 첫째, 인간중심적이고, 사회에 유익해야 한다. AI는 인간과 사회가 원하는 목표를 지원하도록 설계돼야 한다. 이를 위해 가장 중요한 건 최소한의 의사 결정권이 사람에게 있어야 한다. 고도화된 AI 기술은 스스로 의사결정을 내리고, 조치를 취한다. 하지만 올바른 결과를 얻으려면 결과에 따른 책임이 사람에게 있어야 한다. 사람이 AI가 내린 결정을 거부하거나 바꿀 수 있는 최소한의 의사결정권을 가져야 한다. 아울러 AI는 인간의 능력을 향상할 수 있어야 한다. 인간능력 향상은 인간다운 방법으로 개선된다는 의미다. 기계의 학습방법과 인간의 학습방법은 차이가 있다. AI의 학습결과가 인간적이지 않을 수 있기 때문이다. 따라서 AI개발자는 인간답지 않은 해결책을 제시하는 단순 기계적 능력을 경계해야 한다. 사회적으로 유익해야 한다는 의미로서 구현하기 매우 어려운 문제다.

둘째, AI의 공정성이다. 모든 AI 관계에서 공정해야 한다. 인간과 AI의 관계에서도 마찬가지다. 무엇이 공정한 것인지 보다 깊은 성찰이 요구된다. 누군가는 모든 사람을 똑같이 대우하는 게 공정하다고 여기지만 또 다른 누군가는 각자의 상황을 고려해서 대우하는 걸 공정하다고 생각한다. 이는 편견을 갖는 것

그림 10-2 인공지능의 윤리성 확보를 위한 알고리즘

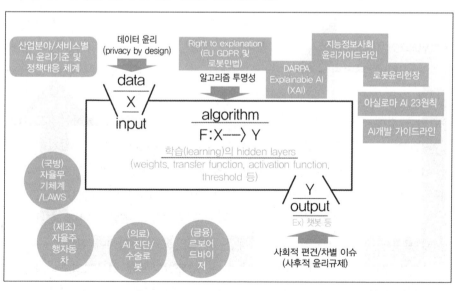

자료: 이원태(2018: 12)

과 다른 문제다. 성별이나 인종, 종교 등 차별을 초래할 수 있는 요소들과 특정 상황을 고려하는 것은 서로 다르다. 무엇이 차별이고, 무엇이 공정한 대우인지 사전에 논의해야 한다. 공정성을 갖추기 위해 사용자가 원하는 본래 목적 외에 다른 목적을 숨기지 않아야 한다. 이는 AI 기술과 관련된 기업들이 많을수록 문제가 될 소지가 크다. 각 기업들은 서로 다른 목표가 있기 마련이다. 이들의 목표와 사용자의 목표가 같지 않을 수 있다. 이는 AI의 조작 문제와도 결부된다. 물론 악의가 없고 투명성이 확보된다면 윤리적으로 조작문제가 허용될 수 있다. 하지만 중요한 건 사용자가 AI 시스템의 목적을 명확하게 알아야 한다.

셋째, AI 기술에서 투명성이 보장되어야 한다. 과거엔 컴퓨터의 행동이 인간의 행동과 구별되는지를 따졌다면, 이제는 사용자가 언제 AI와 상호작용하고 있는지 알 수 있어야 한다. AI가 내린 결정을 설명할 수 있어야 한다는 점도 중요한 원칙이다. 개발자가 AI에 A를 입력했을 때, B가 나온다는 걸 알고 있어야 한다. 이럴 때 해당 결과는 사람이 이해할 수 있는 범위 내에 있어야 한다. 같은 문제에서 AI가 내린 결정과 사람이 내린 결정이 동일해야 한다. 또한 사용자는 해당 결과가 AI를 통해 나왔다는 걸 고지받아야 한다. 이는 AI의 신뢰성과 직결된다.

넷째, AI의 안전성이 확보되어야 한다. AI의 핵심은 데이터다. AI가 사람들의 필요에 따라 움직이고, 욕구를 충족하려면 그만큼 방대한 데이터가 필요하다. 하지만 그만큼 개인정보가 담긴 데이터는 악용될 여지가 크다. AI 기술이 데이터가 안전하게 보호되는 방식으로 구현돼야 하는 이유다. AI 기술자는 항상 데이터가 감춰져 있는지, 암호화돼 있는지, 다른 목적으로 사용되지 않는지 등을 꼼꼼히 확인해야 한다. 이를 위해서는 AI가 어떻게 사용되고 작동하는지도 알고 있어야 한다. AI가 데이터를 수집하는 이유와 AI 솔루션의 목표가 일치해야 한다. 개인정보는 당초 목적을 위해서만 사용돼야 한다. 이를 위해 개발자는 AI가 너무 많은 데이터를 수집하지 않도록 해야 한다. 필요 이상의 데이터는 불균형을 초래하고, 자칫 AI에 과도한 능력을 안겨줄 수 있다. 또한 로봇에 AI가 적용될 때 로봇이 인간에게 물리적인 피해를 주지 않도록 주의해야 한다.

다섯째, AI의 책임성이 유지되어야 한다. AI개발자에게 전문직업으로서 윤리적 책임감이 한층 요구된다. 아직 AI와 AI 솔루션에 직접 윤리적인 문제를 제기할 수 없다. 그럼에도 AI는 실제로 학습하고, 행동하고, 결정을 내린다. 이 과정에서 원래 의도와 다른 결과가 나올 수 있다. 이때, AI 개발자는 결과에 책임질 수 있어야 한다. 치밀한 테스트와 모니터링 프로그램이 중요하다. AI 개발에 그치지 않고, AI를 관리할 수 있는 Governance 프로그램이 제대로 갖춰져야 한다.[3]

인공지능은 인간과 사물, 그리고 환경을 지능적으로 만드는 수단이다. 여기서 지능이란 개체와 환경이 적절히 행동할 수 있는 능력이다. 지능증강(intelligence augmentation) 또는 지능강화라 불렸던 분야도 포함된다. 그동안 인공지능은 주어진 환경에서 활동하는 개체의 지능화에 한정되었다. 그러나 사물인터넷(IoT) 기술, 영상인식 등 각종 감지 Sensor와 인공지능 기술은 대기, 하천, 바다 등 자연환경과 빌딩, 도로, 도시 등 인공적 환경의 지능화도 가능하게 한다. 세상의 많은 개체와 환경이 지능화될 때 이들을 어떻게 인간의 생존과 번영, 즉 복지를 위해 봉사하게 할 것인가를 연구하는 게 바로 인공지능 Governance문제다. 이는 최적화 기법 및 관점만으로 해결이 어렵다. 좋은 원리가 무엇인지, 좋은 결과를 도출하게 할 원리가 무엇인지 찾아야 한다. 그 원리는 어떻게 학습되고 진화될 수 있는지 알아내야 한다.

미국 뉴욕에 사는 아홉 살짜리 소년 케빈은 열이 많이 나고 목이 아파 얼마 전 병원 응급실을 찾았다. 의사는 인공지능컴퓨터 Watson에게 "케빈의 병명을 알아내라"는 명령을 내렸다. Watson은 케빈의 체온과 통증 부위, 검사 결과 등을 최대한 습득한 뒤 케빈의 증상과 연관된 논문 수백만 건을 스스로 찾아 분석한 결과, 케빈이 '가와사키병(급성 열성 혈관염)'에 걸린 것으로 정확히 진단했다. 환자 자료 입력에서 진단까지는 2시간이 채 걸리지 않았다.

IBM이 개발한 인공지능 컴퓨터 Watson이 의료현장에서 활용되는 실제 사례다. Google의 인공지능 바둑 프로그램 AlphaGo가 프로 바둑기사 이세돌 9단을 꺾은 9일. 미국 뉴욕 맨해튼 남부에 있는 IBM의 인공지능 연구·사업 집결지인 <Watson본부>는 인간과 인공지능의 대결이나 결투가 아닌 협업에 초점을 맞

---

3 프랭크 뷰이텐디크 가트너 수석 VP 애널리스트, 윤리적인 AI 만드는 5가지 방법 더스쿠프(http://www.thescoop. co.kr) 2019년 9월 20일.

춘 연구가 한창이었다. IBM의 프레드릭 텀벌 팀장은 케빈 사례를 설명하며 인공지능을 넘어 확장지능(AI·augmented intelligence)이란 단어를 썼다. Watson은 인간지능과 경쟁하지 않으면서 편견·망각·실수 같은 인간적 한계를 메워줄 계획이라고 한다. 이처럼 인공지능은 인간지능과 능력을 보완·확장시키는 방향으로 개발, 활용되어야 한다.

IBM의 인공지능 슈퍼컴퓨터는 1997년 당시 체스 세계챔피언이었던 Garry Kasparov를 무너뜨렸고(딥 블루), 2011년엔 미국 인기 퀴즈쇼 <Jeopardy>에서 인간 챔피언을 꺾었다(Watson). AlphaGo 보다 앞서 인간의 지능에 결투를 신청했던, 인공지능의 원조 격이다. Watson은 <Jeopardy>에서 우승한 후 인간지능과 경쟁하는 프로젝트엔 거의 손대지 않았다. 대신 인공지능을 실제 삶에 적용할 도구로 활용하기 위한 연구에 집중했다. 2014년 10월에 문을 연 뉴욕의 Watson 본부는 "회사의 미래를 인공지능에 걸겠다."는 IBM의 의지를 보여주는 상징적인 장소다. 이처럼 모든 인공지능은 인간을 대체하는 것이 아니라 인간의 지능을 확장하는 방식에 초점을 맞춰야 한다. 가령 의료 분야에선 의사와 협력하고 관광·요리·법률 등 각 분야에서 인간의 단점을 보완할 수 있는 분야를 찾아 집중적으로 인공지능기술이 개발되어야 한다. 뿐만 아니라 인간의 마음을 읽고, 적절하게 반응하며 다양한 편익을 제공하는 방향으로 개발되어야 한다.

① 사람의 마음을 읽는 AI

2015년 8월 빅 데이터 분석업체 Scatterlab은 채팅용 AI에 대해 특허신청을 했다. 채팅 내용을 바탕으로 사용자에게 필요한 정보를 제공하는 기술이다. 예를 들어 A씨와 B씨가 AI 채팅으로 일정 기간 대화를 나눈다고 가정해보자. B씨가 답장을 늦게 하거나 "바쁘다"는 말을 자주 할 경우, B씨의 피곤 지수가 그래프형태로 A씨에게 전달된다. 피곤지수가 계속 높게 나타나면 A씨는 "요즘 사는 게 다 그렇죠"라고 적힌 카드를 B씨에게 보낼 수 있다. 혹은 비타민 음료를 선물할 수 있는 버튼이 자동으로 뜨기도 한다. 해당 AI는 채팅 내용을 수집하고 분석, 저장, 평가하는 알고리즘으로 구성돼 있다. Scatterlab은 이를 토대로 2015년 2월 연애 채팅분석 앱 <Ginger>를 개발했다. 이제 "피곤하다는 말에 '어서 자'라고 답하는 AI가 있다면 위로를 받을 수 있다.

② 게임난이도 조절하는 AI

보통 사람들이 알파고와 바둑을 둔다면 의외로 금방 흥미를 잃어버릴 수 있다. 이길 확률이 굉장히 낮기 때문이다. 그래서 한국전자통신연구원은 사람에게 져 주는 AI를 개발했다. 2009년 4월 출원된 해당 AI는 컴퓨터 게임의 난이도를 조절한다. 게임이 너무 쉽거나 너무 어려워 플레이어가 싫증 내지 않도록 하기 위함이다. "단순히 상대방의 스피드·체력·개체 수 등의 변화를 통한 난이도 조절보다, 실제 상황과 같은 흥미롭고 다양한 게임 난이도를 제공하는 것이다. 스타크래프트 게임에서 상대를 이기기 위해서 여러 전략을 사용할 수 있다. 몰래 뒤를 칠 수도 있고 숨어 있다가 기습할 수도 있다. 아니면 정면 돌파하는 방법도 있다. 난이도 조절 AI는 이들 전략을 플레이어의 실력에 맞춰 적절히 활용한다.

③ 주차도우미 AI

주차를 어려워하는 초보 운전자에겐 단비 같은 서비스다. 소프트웨어 개발업체 예향엔지니어링은 2017년 2월 <인공지능형 주차안내 시스템>의 특허를 신청했다. 말 그대로 주차를 도와주는 AI다. 우선 AI는 주차장으로 들어오는 차량의 번호를 인식한다. 이후 주차 진행로를 따라 설치된 Sensor를 통해 차량의 움직임을 파악한다. 이 과정에서 차량의 진행 방향과 속도, 주차 여부를 알아낼 수 있다. AI는 아직 주차를 못 한 차량에 주차공간 안내에 관한 신호를 보낸다. 일련의 주차 상황은 AI에 의해 모두 통제된다. 여러 차량이 혼동 없이 안전하게 주차 공간으로 이동할 수 있다. AI가 주차 안내요원을 대신하는 셈이다.

④ 자동으로 충전하는 AI

사람이 배고프면 음식을 먹듯, 이젠 AI가 로봇의 식사를 대신해줄 수 있다. 로봇 제조업체인 퓨처로봇이 2011년 4월 출원한 AI는 로봇의 자동충전 시스템에 관한 기술을 다루고 있다. 해당 AI를 탑재한 로봇은 주변에 있는 충전기의 위치를 파악할 수 있다. 로봇에 부착된 위치인식 Sensor와 바닥의 패턴, 벽면의 인식 마크 등이 위치 파악을 돕는다. 자연스레 충전 정확도가 높아지게 된다. 사람이 매번 로봇을 충전해야 하는 수고도 덜 수 있다. 로봇 자동충전 기술은 이미 일부 로봇 청소기에 적용돼 있다. 남은 전력이 부족할 때 알아서 충전기로 돌아가는 방식이다(공성윤, 2017).

4 인간과 인간지능과의 조화: 인간을 돕는 확장지능으로

어느 날 갑자기 외계인이 보낸 메시지를 받았다.

"지구인들이여, 우리는 20년 후에 지구에 도달할 것이다. 준비하라!"

인공지능석학 Stuart Russell은 "알파고의 승리가 흥미로운 이유는 불과 1년 전에만 해도 이런 결과나 나오려면 향후 10년은 걸릴 것으로 예상했는데 실제로는 1년 안에 실현이 됐다. 인공지능 기술의 발전 속도가 매우 빠르다. 인공지능과 로봇 공학은 지금 혁명 직전에 있다."며 인공지능(AI)을 외계문명의 침입으로 비유하였다. 그리고 만일 "인공지능을 직접 통제하지 못하면 기계에게 설득당하는 일까지 벌어질 수 있다."고 경고하였다. 모든 사람을 위한 인공지능시대는 완전히 새로운 시스템을 요구할 것이다. 사회와 경제, 그리고 정부를 이에 맞춰 새로 만들어야 한다. 물론 어려운 도전적 과제다. 그러나 인간가치의 실현이라는 목표는 분명하다. 인공지능의 목표도 여기에 맞춰야 한다. 인공지능에게 사람과 인생의 가치를 느낄 수 있도록 가르쳐야 한다.

인공지능은 인간생활을 과거와 전혀 다른 방향으로 변모시킬 정도로 파급력이 큰 기술이다. 이 과정에 전 인류가 공유하는 가치를 담아내도록 요구하는 것은 모두를 위해 당연한 권리다. 인공지능에 의한 역기능과 악용에 대한 경계와 함께 순기능과 선용의 촉진을 위해 협력해야 한다.

인공지능이란 지능의 본질을 규명하고 인공적으로 재현하려는 기술이다. 여기서 지능이란, 유전적으로 부여된 인간의 중추신경계의 특징들과 경험·학습·환경요인에 의해 만들어진 발달된 지능의 복합물이다. 인간 말고 다른 종에게 인간과 같은 지능을 기대하는 일은 드물다. 가령 유인원이 인간과 매우 근사치의 지능을 가졌다고 판단한다. 하지만 인간이 유인원에게서 일자리를 빼앗기거나 생존에 위협을 느낄 것이라는 상상은 그야말로 <혹성탈출(Planet of the Apes)>과 같은 영화에서나 가능한 일이다. 그러나 인공지능이라는 새로운 종은 인간의 지능을 넘보고 있다. 인간의 일자리를 빼앗고 킬러로봇을 통해 인류의 생존까지도 위협할 것이라는 두려움과 우려가 고조되고 있다.

인간처럼 생각하고 느낄 수 있는 로봇과 함께 살아가는 인류의 미래는 SF작품의 단골소재였다. 작가들은 그 모습을 로맨틱하고 아름답게 그리기도 하지만, 대개 인공지능과 인류가 함께하는 미래모습은 디스토피아에 가깝다. 이런 경향의 바탕에는 인간의 지적 능력을 훨씬 초월한 존재에 대한 막연한 두려움, 아무리 빼어난 인공지능이라도 인간의 마음을 갖기는 불가능하리라는 전망이 자리한다.

인공지능의 미래를 예측하기란 쉬운 일이 아니다. 미래의 예측보다 미래를 만들어 가는 것이 더 쉬운 일이다. 과학기술의 발전이 그러했듯 공상과학영화가 미래를 일견하게 해준다. 인공지능 관련 영화들도 많이 등장하였다.

지금까지 상영된 영화 가운데 <터미네이터>의 스카이넷, <매트릭스>의 AI, <어벤저스>의 에이지 오브 울트론 등은 인간의 적이다. 특히, 터미네이터 시리즈는 인공지능에 대해 불안감을 직접적으로 표현한 가장 대중적인 영화다. 인간 스스로가 만들어낸 창조물인 인공지능들이 반역을 일으켜 인간을 절멸시켜 나가는 암울한 미래를 그린다. 반면에 <인터스텔라>의 TARS, <아이언맨>의 자비스, <패신저스>의 아서, <휴먼스>의 AI, <Robot & Frank>의 VGC-60L(로봇명) 등은 동료로서의 인공지능이다. 심지어 <HER>의 사만다, 국내 드라마 <너도 인간이니?>의 남신은 연인으로서 인공지능이다.

나아가 <바이센테니얼 맨>의 앤드류, <A.I>의 데이빗, <아이.로봇> <Ex Machina>의 에이바 등은 인간의 자아를 갖기 시작한 인공지능이다. 이 가운데 <바이센테니얼 맨>에 등장하는 가정용 로봇 앤드류는 호기심과 지능을 갖췄다. 가사업무를 위해 만들어졌지만, 로봇답지 않은 호기심은 물론 창의성까지 보여준다. 앤드류의 주인인 리처드는 앤드류를 가사로봇이 아닌 가족으로서 생각하게 된다. 그 때문일까? 앤드류 역시 사랑이라는 감정을 배우게 되고 스스로도 인간이 되고 싶어 한다. 앤드류는 인간이 되기 위해 즉, 사회 속에서 인간으로 인정받기 위해 투쟁한다. 하지만 법원은 "당신은 영생을 누릴 수 있지만, 인간은 그렇지 못하다"라고 선언한다. 그러자 앤드류는 영생을 포기하고 유한한 생명을 택하기 위해 인공혈액을 주입함으로써 필멸의 존재인 인간이 된다(박진희, 2019).

영화를 통해 비추어진 인공지능들은 적(敵)인공지능뿐만 아니라 인간과 공존할 수 있는 형태도 무수히 많이 등장하고 있다. 어쨌든 인공지능은 인간의 필요에 의해 인간을 돕기 위해 만들어진 것이기에 어쩌면 당연하다. 다만, 경계해야 할 것은 로봇이 불필요한 호기심을 갖거나 인간통제를 벗어나 알 수 없는 존재로 변질되는 것이다. 이러한 상황이 Ray Kurzweil이 주장한 특이점을 넘어서는 순간이 아닐까. 인공지능이 대체할 수 없는 부분은 인간적인 영역이다. 아주 인간적인 감정으로 교류하는 것은 물론 기계가 체계적인 알고리즘으로 대체할 수도 있다. 그러나 사랑, 번민, 신앙 등 진정으로 인간다운 영역을 뛰어넘을 수 있을지 의문이다.

인공지능의 발달은 양면성을 지니고 있다. 불치병과 에너지 등 인류의 난제를 해결할 수 있다. 그러나 인간이 통제권을 상실하면 안전성을 위협받을 수 있다. 결국 인공지능이 인간에게 적이 될지 친구가 될지는 인간의 손에 달려있다.

바야흐로 모두를 위한 인공지능 시대로 진전하면서 인간이 기계 쪽으로 다가가 소통하는 시대로부터 기계가 인간 쪽으로 다가와 소통할 수 있는 시대로 넘어가고 있다. Peter Norvig은 필요(need)와 바람(want)의 차이와 정말로 필요하거나 원하는 것을 아는 것은 쉬운 일이 아니라며 AI 기본공식을 소개했다. 우리가 취해야 할 최선의 행동은 현재 상태에서 행한 행동들 중 우리가 추구하고자 하는 가치의 기대를 최고로 충족하는 확률을 가진 행동을 찾아서 얻을 수 있다. 공식이야 어쨌든, 추구하고자 하는 것을 얻기 위해 구체적으로 어떻게(how) 코드를 구현할지 고민하는데 에너지를 많이 썼던 시절에서, 무엇(what)을 추구할지 잘 생각하는 것이 더 중요해지는 시절로 넘어가는 중인 것은 분명하다(최승준, 2017).

🔍 Peter Norvig의 AI 기본공식(Fundamental Forula of AI)

$$act^* - argmax\ a\ in\ actions\ E(utility(Result(a, s)))$$

- State Estimation: s
- Model of World: Actions, Result
- Probabilistic Reasoning: E
- Search Algorithm: Argmax
- Our Values/Desires: Utility

모든 사람을 위한 인공지능 시대가 현실이 되고 있다. 이제 모두가 AI 혁신을 이룰 수 있도록 도와야 한다. 사소한 허드렛일부터 질병이나 전염병 예방, 미세먼지 감축, 의료나 생명과학 분야 등 인류 난제의 해결에 기여해야 한다. 인공지능의 가능성을 더 많이 생각하고, 인공지능에 대한 우려와 두려움을 줄여야 한다. 인공지능을 널리 사용할 수 있도록 저변을 넓혀야 한다. 모든 곳에 AI가 적용되는 AI 전환시대에 추상적이거나 공허한 AI 담론을 넘어 실제로 사회적 선(Social Good)을 위해 인공지능이 선용되는 과정에서 과연 인공지능이 무엇인지, 어떤 일이 가능한지를 실험, 경험할 수 있어야 한다. 가령 한 고등학생이 텐서플로를 이용해 인도와 차도를 구별해주는 AI 시스템을 활용해 시각장애인들이 차도에 들어서는 위험을 방지했듯, 또한 지진예측에 머신러닝을 활용하여 기존 수학적 방식보다 2배 이상 예측이 정확해졌듯… 이처럼 인공지능을 통해 공동체유지와 공익증진의 방향으로 AI 기술이 소용되어야 한다. AI의 전략적 사고를 위한 기초 개념에 대한 이해의 바탕에서 AI로 비즈니스에 가치를 더하고 AI 변혁에 있어서 모든 사람은 각자의 역할을 수행할 수 있어야 한다. 모두가 함께 지능적 세상을 만들어야 한다. 모두의 가치와 기대를 최고로 충족시키는 AI를 위해 모두가 최선을 다해야 한다.

Epologue

○

나가며

인공지능이란 주사위가 던져졌다. 각국의 정부와 기업은 인공지능에 미래를 걸고 매진하고 있다. 어떠한 모습과 결과를 드러낼지 단언하기 어렵다. 그럼에도 그 가능성을 기대하면서 국민으로서 꿈꿔왔던 것이 있다. 이념과 진영논리, 편향 없이 공정하게 정책을 만들고 집행하는 정부다. 인공지능이 가능성을 열어주는 듯하다. 물론 자칫 감시, 통제, 관리정부로 변질될 위험성도 있다. 어떤 데이터로 어떻게 학습시키느냐에 달렸다. 초지능시대에서 인공지능을 악용한 사악한 의도의 범죄와 공격도 증가하고 있다. 제대로 알고 적기에 대응해야 한다.

오늘의 인공지능은 긴 겨울을 보낸 끝에 봄을 맞이한 새싹과 같다. 그 싹이 튼튼히 뿌리내리고 풍성한 열매를 맺으려면 어떻게 해야 할까. 양분만 탐내는 주변 잡초들에 대한 제초작업이 필요하다. 지금이 바로 그런 시기다. 어렵게 찾아든 AI 붐에 올라타 그릇된 이득을 취하는 사이비 AI에 대한 세밀한 검증노력이 요구된다. 또한 누구나가 인공지능의 양면성을 올바르게 인식, 이해하고, AI가 가져다줄 기회와 편익을 활용할 수 있도록 공감과 교육이 이루어져야 한다.

AlphaGo를 만든 Hassabis는 어릴 적 게임광이었다. 두뇌게임 올림픽인 마인드스포츠 올림피아드에서 5차례 우승했다. 13살 때 체스 마스터 등급에 올랐으며 세계유소년 체스 2위까지 기록했다. 고등학교를 2년 조기 졸업하고 회사에 취직했다. 시뮬레이션게임 개발로 유명세를 탔다. 이후 대학의 컴퓨터 과학과, 대학원에서 인지두뇌 과학으로 박사 논문을 발표하여 주목을 받았다. 그리고 창업한 회사가 Deepmind다. 만일 한국에서 태어났다면 어떻게 되었을까? 체스 선수가 되었거나 자칫 학업 스트레스에 치여 게임중독자가 되었거나 안 풀렸다면 PC방 죽돌이가 되지 않았을까. 워낙 머리가 좋았으니 특목고를 거쳐 의대진학 후 성형외과의사가 되었을 수도 있겠다. 아마 다양한 상상이 가능할 것이다.

결국, 탁월한 자연지능이 인공지능을 창조했다. 모든 인간은 스스로 고민하고 문제를 해결해나가는 자연지능이 있다. 이를 장려하고 고양하는 것이 제4차 산업혁명시대의 참교육이다. 하지만 한국에서는 입력과 출력만 강요받고, 낮은 수준의 인공지능교육이 여전하다. AI시대에 부합하는 소통(Communication), 창의력(Creativity), 비판적 사고(Critical Thinking), 협력(Collaboration)을 스며든 교육이 절실하다.

인간지능에 의해 인공지능이 만들어졌지만 인간만의 특유한 가치를 찾지 못한다면, 자칫 인공지능에 의한 사고, 판단 및 결정을 따라야 하는, 즉 컴퓨터의 결정대로 바둑돌을 놓아야 하는 위치로 전락할 수 있음을 경계해야 한다.

인공지능과 함께할 미래가 하루하루 가까워지고 있다. 인공지능은 인간 삶을 어떻게 바꾸어 놓을까. 분명한 것은 지금껏 경험해보지 못한 삶을 살아가게 할 것이다. 선량한 인간의 얼굴과 마음을 가진 인공지능의 창조자로서 책임을 인식해야 한다. 책임질 수 없는 발전은 퇴보만 못 하다. 인공지능 발전에 사회가 적응할 수 있도록 기술과 윤리, 문화의 균형적 발전이 필요하다. 그래야 인공지능과 조화를 이루는 세상이 그려질 수 있으며 인공지능을 위해 던진 주사위가 옳았음이 증명될 것이다.

덧붙여 본서는 혼자가 아닌 협업의 산물이다. 편집과 교정, 디자인과 마케팅을 위해 노고를 아끼지 않으신 분들의 후의(厚意), 멀리서나 가까이서 격려와 응원을 보내주신 분들의 호의(好意), 지식정보의 공유와 나눔을 실천한 블로거와 전문가의 선의(善意)에 고마움을 더해 심심한 사의(謝意)를 전해드린다. 아울러 여러 가지 미흡하고 부족한 흠결과 실수들은 저자가 감당해야 할 절차탁마의 몫으로 남겨둔다.

참고문헌

● 제1장

관계부처 합동(2019), 「데이터·AI경제 활성화 계획(2019–2023)」.

노상도(2019), 4차 산업혁명 시대 스마트제조 산업을 위한 인재 육성의 필요성, Smart Manufacturing Vol.11

백승익·임규건·여등승(2016), 인공지능과 사회의 변화, 정보화정책 제23권 제4호, 한국정보화진흥원, 2016년 겨울호.

정진호(2019), ZDNet Korea, 2019.05.23, http://www.zdnet.co.kr/view/?no=201905 20085722

최현철(2015), 융합의 개념적 분석, 문화와 융합, 37(2), 한국문화융합학회, 1130.

레이 갤러거·유정식옮김(2017), 에어비앤비 스토리어떻게 가난한 세 청년은 세계 최고의 기업들을 무너뜨렸나? 다산북스.

Goldman Sachs Investment Research (2014). The Internet of Things: Making sense of the Next Megatrend. Goldman Sachs. (September 03) Retrieved from http://www.goldmansachs.com/ourthinking/outlook/internetofthings/iotreport.pdf(검색일: 2015. 11. 12)

Institute for the Future and Dell Technologies(2019), 「The Future of Connected Living」, 2019.

Schwab, K. (2016). The Fourth Industrial Revolution . World Economic Forum.

WEF(World Economic Forum) (2012). The Global Information Technology Report 2012: Living in a Hyperconnected World. Dutta, Soumitra and Beñat BilbaoOsorio (eds). World Economic Forum.

● 제2장

고선규(2019), 「인공지능과 어떻게 공존할 것인가」, 타커스.

곽현 외(2016), 「인공지능(AI) 기술 및 정책 동향」, ISSUE & FOCUS on IP, 한국지식재산연구원.

김윤명(2016). 지능정보사회에 대한 규범적 논의와 법정책적 대응, 정보화정책 제23권 제4호, 2016년 겨울호.

마쓰오 유타카, 박기원 옮김(2016), 「인공지능과 딥러닝」, 동아엠앤비.

박해선(2016), "스마트사회와 민사책임", 「법학논총」, 제23권 제2호. 조선대학교.

소흥렬(1994), 인공지능과 자연지능, 과학사상 8호(1994년 봄), 범양사.

양종모(2016), "인공지능의 위험의 특성과 법적 규제방안", 「홍익법학」, 제17권 제4호.

오병철(2017), "인공지능 로봇에 의한 손해의 불법행위책임", 「법학연구」, 제27권 4호. (2017), 연세대학교 법학연구원.

(주)애자일소다(2018), 「인공지능(AI) 최신기술동향 및 Platform 전략」.

이중기(2016), "인공지능을 가진 로봇의 법적 취급: 자율주행자동차 사고의 법적 인식과 책임을 중심으로", 「홍익법학」, 제17권 제3호.

장병탁 외 역(2018). 인지과학, 서울대학교 출판문화부.

장병탁(2018), 인간지능과 기계지능인지주의 인공지능, 정보과학회지. VOL 36 NO.01.

장우석(2016), 한국의 현주소는? 국내 AI(인공지능)시대 산업기반점검, 현대경제연구원, VIP REPORT 168호.

Daniel Crevier(1993), "The Tumultuous History of the Search for Artificial Intelligence,"

Dreyfus, H. L.(1972), What Computers Can't Do: A Critique of Artificial Reason. New York: Harper and Row.

John McCarthy(2007), What is Artificial Intelligence?, 2007, Stanford University.

Legg, S., & Hutter, M. (2007). Universal intelligence: A definition of machine intelligence. MInds and Machines, 17, 391444.

LG경제연구원(2017), 최근 인공지능 개발 트렌드와 미래의 진화방향.

McKinsey & Company(2018), Notes from the AI Ffontier Insights from Hundreds of Use Cases. DISCUSSION PAPER APRIL. McKinsey Global Institute.

Charniak, E. and McDermott, D.(1985). Introduction to Artificial Intelligence, AddisonWesley.

Mitchell, T.(1997). Machine Learning, McGraw Hill.

Nils J.Nilsson(1998)/최중민·김준태·심광섭·장병탁 공역(2000), 2000인공지능지능형 에이전트를 중심으로(원서: Artificial Intelligence: A New Synthesis 1998), 사이텍미디어.

Rissland(1990), "Artificial Intelligence and Law: Stepping Stones to a Model of Legal Reasoning", The Yale Law Journal, Vol. 99, p.1958.

Russell, et al.(2013), Artificial Intelligence: A Modern Approach, 3rd Edition.

제3장

김정호(2019), 인공지능과 엔트로피, 뉴스핌 2019년 9월 16일자.

김들풀(2018), 그림만 그리면 사람이 살아나는 AI기술, IT뉴스 2018년 8월 22일자.

박성호(2020), 머신러닝을 위한 파이썬 한 조각, 비제이퍼블릭.

장윤종·김석관 외(2017), 제4차 산업혁명의 경제사회적 충격과 대응 방안: 기술과 사회의 동반 발전을 위한 정책 과제, 경제·인문사회연구회 미래사회 협동연구총서 171901 제1권(제1~4장), 경제·인문사회연구회.

최광민(2017), http://www.aitimes.kr/news/articleView.html?idxno=13966(인공지능신문 2019.07.14.)

Engaget(2017), IBM inches towards humanlike accuracy for speech recognition.

Ian Goodfellow, et al.(2014) Generative adversarial nets, NIPS.

John McCarthy(1958), "Programs with Common Sense," http://jmc.stanford.edu/articles/ mcc59.html

Maltarollo, V. G. et al.(2013), "Applications of Artificial Neural Networks in Chemical P roblems", in K. Suzuki(ed.), Artificial Neural Networks: Architectures and Applications, Ch.10, InTech, DOI:10.5772/51275, https: //www.intechopen.com/books/artificialneuralnetworksarchitecturesand applications/applicationsofartificialneuralnetworksinchemicalprob lems, 2017.8.21. 접속.

Tech Crunch(2017), Microsoft's speech recognition system hits a new accuracy milestone.

TOPCIT(2016.1.27.), 「순차적 데이터 학습에 널리 쓰이는, 순환형 신경망(Recurrent Neural Network)」, http://blog.naver.com/2011topcit/2206105 25815, 2017.8.21. 접속.

Vinyals, et al.(2015), Show and Tell: A Neural Image Caption Generator, CVPR.

제4장

나종화(2017), 4장 의사결정나무, 충북대학교.

다니엘데닛·노승영 옮김(2015), 「직관펌프, 생각을 열다」, 동아시아.

Benjamin Letham et al.(2015), "Interpretable classifiers using rules and Bayesian analysis: Building a better stroke prediction model", Annals of Applied Statistics, Vol. 9, No. 3, 1350137.

Breiman, L(2001). Random Forests. Machine Learning 45, p.532.

Brenden M. Lake et al(2015), "Humanlevel concept learning through probabilistic program induction", Science, Vol. 350, pp.1332－1338.

Hui Cheng et al.(2014), "Multimedia Event Detection and Recounting", SRISarnoff AURORA at TRECVID.

Hendricks et al.(2016), "Generating Visual Explanations", arXiv:1603.08507v1.

Ian J. Goodfellow et al.(2014), "Generative Adversarial Networks", Neural Information Processing Systems(NIPS).

James Somers(2017), "Is AI Riding a OneTrick Pony?", MIT Technology Review.

Marco Tulio Ribeiro et al.(2016), "Why Should I Trust You? Explainable the Predictions of Any Classifier:", CHI 2016 Workshop on Human Centered Machine Learning.

Richard S. Sutton and Andrew G. Barto(2017), The AgentEnvironment Interface, Introduction to Reinforcement Learning, 2nd. https://www.andrew.cmu.edu/course/10703/textbook/BartoSutton.pdf

Sara Sabour, Nicholas Frosst, Geoffrey E. Hinton(2017), "Dynamic routing between capsules",NIPS(Neural Information Processing System).

Sebastian Raschka(2018), Model Evaluation, Model Selection, and Algorithm Selection in Machine Learning

Zhangzhang Si and SongChun Zhu(2013), "Learning ANDOR Templates for Object Recognition and Detection", IEEE Transactions On Pattern Analysis and Machine Intelligence, Vol. 35 No. 9, pp.21892205.

● 제5장

곽현·전성태·박성혁·석왕헌(2016), 「인공지능(AI) 기술 및 정책 동향」, ISSUE & FOCUS on IP, 한국지식재산연구원.

김성필(2016), 딥러닝 첫걸음, 한빛미디어.

나영식·조재혁(2018), 인공지능(SW), KISTEP 기술동향브리프, 201816호, 한국과학기술기획평가원.

윤석찬(2016), 개발자들을 위한 인공지능 기술시대, ZDNet Korea 2016.7.20일자, https://www.zdnet.co.kr/view/?no＝20160720105047&re＝R_20170216144617

윤석찬(2017), 모두를 위한 아마존의 3가지 AI기술 계층, ZDNet Korea 2017.2.16일자. https://www.zdnet.co.kr/view/?no＝20170216144617

이승민(2018), 딥러닝 이후, AI 알고리즘 트렌드, Insight Report 201810, ETRI Insight, 한국전자통신연구원.

정진명·이상용(2017), 인공지능 사회를 대비한 민사법적 과제 연구, 한국민사법학회.

정소윤·이재호·강정석(2019), 인공지능(AI) 행정 도입에 따른 변화와 활성화 조건, ISSUE PAPER 통권 84호 201912 한국행정연구원.

정진명·이상용(2017), 인공지능 사회를 대비한 민사법적 과제 연구, 한국민사법학회.

최계영(2016), 알파고의 충격: 인공지능의 가능성과 한계, KISDI Premium Report, 1602, 정보통신정책연구원.

D. Sculley, Gary Holt, Daniel Golovin, Eugene Davydov, Todd Phillips(2018), Hidden Technical Debt in Machine Learning Systems.

Purdy, M. & Daugherty, P. (2016). Why artificial intelligence is the future of growth. Accenture.

제6장

감동근(2017), 인간의 지식 없이 인간을 뛰어넘다! 돌아온 '알파고 제로'. 삼성뉴스룸

구본권(2017), 인간 도움 없이 독학한 알파고 제로, 범용AI 나오나, 2017.10.23. 한겨레.

이승민·정지형(2020), <AI 7대 트렌드>, 한국전자통신연구원.

유발 하라리 지음/전병근 옮김(2018), 21세기를 위한 21가지 제언, 김영사.

설성인(2017), 4차 산업혁명은 어떤 인재를 원하는가, 다산4.0.

Davenport, Thomas H(2018), The AI Advantage: How to Put the Artificial Intelligence Revolution to Work, MIT Press.

Thomas H. Davenport and Rajeev Ronanki(2018), Artificial Intelligence for the Real World, Havard Business Review, JanuaryFebruary 2018 Issue.

제7장

김윤명(2016). 지능정보사회에 대한 규범적 논의와 법정책적 대응, 정보화정책 제23권 제4호, 2016년 겨울호, 2437.

김윤정(2018), 인공지능 기술 발전에 따른 이슈 및 대응 방안, 201834(통권 제252호), 한국과학기술기획평가원.

김정연(2013). "개인정보 유출이 기업의 주가에 미치는 영향." 「한국전자거래학회」, 18(1): 112.

김정열(2017), 4차 산업혁명이 공공분야에 미치는 영향 및 대응 방향, 딜로이트 안진회

계법인.

김종기·김상희 (2015). "행동경제학 관점에서 프라이버시 역설에 관한 연구." 「정보화정책」, 22(3): 1635.

백승익·임규건·여등승(2018), 인공지능과 사회의 변화, 정보화정책 제23권 제4호, 2016년 겨울호, pp.3～23.

이정원·문형돈(2018), 4차 산업혁명 시대, 우리의 인공지능 현황, IITP 정책브리프 201805 정보통신기술진흥센터.

이재호·강정석·정소윤. (2019). 인공지능기술의 행정분야 활용에 관한 탐색적 연구. 한국행정연구원.

이승민(2018), 딥러닝 이후, AI 알고리즘 트렌드, Insight Report 201810, ETRI Insight, 한국전자통신연구원.

이초식(1993), 「인공지능의 철학」, 고려대 출판부.

장우석·전해영(2016), AI시대, 한국의 현주소는? 국내 AI(인공지능) 산업기반 점검, VIP 리포트 168(통권 646호), 현대경제연구원.

최현철(2020), 인공적 도덕행위자(AMA) 개발을 위한 윤리적 원리들, 국회미래연구원조찬세미나(2020.5.28.).

한국행정연구원(2017), 4차 산업혁명에 대응하는 규제개혁 연구.

한희원(2018), 인공지능(AI) 법과 공존윤리, 박영사.

Bandyopadhyay, S. (2008). "Antecedents and Consequence of Consumers' online Privacy Concerns", 8th Annual IBER & TCL Conference Proceedings, Las Vegas, NV.

Culnan, M. & Armstrong, P. (1999). "Information Privacy Concerns, Procedural Fairness, and Impersonal Trust: An Empirical Investigation." Organization Science, 10(1): 104115.

Executive Office of the President(016), 「AI, Automation, and Economy」.

Mykytyn, K., Mykytyn, J.P. & Slinkman, C.W. (1990). "Expert Systems: A Question of Liability?" MIS Quarterly, March, 2742.

Weaver, J.F. (2014). Robots Are People Too: How Siri, Google Car, and Artificial Intelligence Will Force Us to Change Our Laws. Santa Barbata, CA: Praeger.

제8장

과학기술정보통신부·한국정보화진흥원(2018), 「2018 정보화 통계집」.

김현경(2019), OECD 꼴찌 수준인 韓 데이터주권, 매일경제신문, 2019.12.20일자.

소프트웨어정책연구소(2018), 「인공지능연구역량 국제비교 및 시사점」

송세경(2019), 「글로벌경제 게임체인저 AI···. 세계특허 美47% vs 韓3%」, 매경이코노미, 2019. 2. 21일자.

이승환(2019), 인공지능 두뇌지수(AI Brain Index): 핵심인재 분석과 의미, Issue Report 제2019012호, 소프트웨어정책연구소.

정보통신기획평가원(2019), 「2018년도 ICT 기술수준조사 보고서」.

중국 칭화대(2018), 「2018 중국 AI 발전보고서」

최병삼·양희태·이제영(2017), 「제4차 산업혁명 특별기획 ②: 제4차 산업혁명의 도전과 국가전략의 주요 의제」. STEPI Insight 215호, 과학기술정책연구원.

텐센트(2017), 「2017 글로벌 AI 인재백서」

하선영(2019), 「중국의 질주, AI 투자·인재 빨아들이는 중국...미국과 빅2 겨룬다」, 중앙일보, 2019. 1. 18일자.

한국정보화진흥원(2019), 「2019년 NIA AI Index우리나라 인공지능(AI) 수준 조사」.

● 제9장

김병운(2016), 인공지능 동향분석과 국가차원 정책제언, 「정보화정책」제23권 제1호, 한국정보화진흥원. 2016년 봄호, pp.74~93.

김규리(2019), 미국 인공지능(AI) 관련 최신 정책동향, SPECIAL REPORT 20196, 2019.6.24. 한국정보화진흥원.

김도성(2019), 인공지능기반 자동행정과 법치주의. 「미국헌법연구」, 30(1):105138.

김동원(2016), 인공지능 관료제와 제4차 인사행정혁명. 「한국행정학회 학술발표논문집」, 2016(12): 651665.

김지소(2017). 4차산업혁명의 Enabler - 인공지능(AI) 경쟁력 확보를 위한 주요국 정책동향, 주간기술동향, IITP.

박정훈(2018), "행정법과 민주의 자각한국 행정법학의 미래," 행정법연구 제53호.

서용석 외(2016). 정부의 미래지향적인 인사혁신을 위한 미래백서 연구. 인사혁신처

윤상오·이은미·성욱준. (2018). 인공지능을 활용한 정책결정의 유형과 쟁점에 관한 시론. 「한국지역정보화학회지」, 21(1): 3159.

정소윤·이재호·강정석(2019), 인공지능(AI) 행정 도입에 따른 변화와 활성화 조건, ISSUE PAPER 통권 84호 201912 한국행정연구원. 황종성. (2017). 인공지능시대의 정

부: 인공지능이 어떻게 정부를 변화시킬 것인가?. 「IT & Future Strategy」. 제3호. 한국 정보화진흥원.

엄석진(2019). 인공지능과 빅데이터 시대의 정부, 대학신문(http://www.snunews. com.

한국산업기술평가관리원(2019), 최근 5년간 이스라엘 혁신 기술 부문(요약), 글로벌 산업 기술 주간브리프, Issue No. 20191102.

한세억(2019), 「사라지는 정부」, 박영사

황종성(2017), 인공지능시대의 정부: 인공지능이 어떻게 정부를 변화시킬 것인가?, 「IT & Future Strategy 보고서」, 제3호, 한국정보화진흥원.

한국산업기술진흥원(2019), 유럽 인공지능 기술 및 정책 동향.

European Parliament(2016), Draft Report with recommendations to the Commission on Civil Law Rules on Robotics.

Ouchi shinya저·이승길역(2019), AI시대 근무방식과 법, 박영사.

Thomas H. Davenport and Julia Kirby(2016), Only Humans Need Apply: Winners and Losers in the Age of Smart Machine, HarperCollins.

Tim Dutton(2018), An Overview of National AI Strategies

제10장

공성윤(2017), 한국이 개발한, 사람에게 져주는 인간적 AI, 시사저널 1578호, 2017년 12월 21일자.

레이 커즈와일/김명남·장시형 옮김(2007), 「기술이 인간을 초월하는 순간 특이점이 온다. The Singularity is near,」, 김영사.

마쓰오 유타카저/박기원 역/엄태웅 감수(2015), 인공지능과 딥 러닝: 인공지능이 불러올 산업 구조의 변화와 혁신, 동아엠앤비.

박진희(2019), 인공지능과 인간, 공생할 수 있을까?, 테크월드.

백창화·최재호·임성욱(2018), 인공지능서비스 특징 및 품질측정항목의 고찰과 제안, J Korean Soc Qual Manag Vol.46, No.3: 677694.

이원태·김정언·선지원·이시직(2018), 「4차산업혁명시대 산업별 인공지능 윤리의 이슈 분석 및 정책적 대응방안 연구」, 정보통신 정책연구원.

임현석·정다은(2017), 인간 따돌린 'AI끼리의 대화'

최승준(2017), "X의 목적은 통찰이지 Y가 아니다", KAKAO AI REPORT, vol 08.

한스 모라벡, 언제가 되면 컴퓨터 하드웨어가 인간을 따라잡을 것인가?, 1997.

Stuart J. Russell and Peter Norvig(2009), Artificial Intelligence: A Modern Approach, 3rd Ed., Prentice Hall. p.12.

Samuel Enoch Stumpf·James Fieser/이광래역(2004), 「소크라테스에서 포스트모더니즘까지원제: Socrates to Sartre and Beyond」, 열린책들.

─── 저자약력

한세억(韓世億)

저자는 서울대학교 행정학박사를 취득하였으며, 현재 동아대학교 행정학과 교수로 재직 중이다. 한국지역정보화학회장(2015~2016)을 역임하였으며, 삼성전자, 한국정보문화진흥원, 대통령소속 국가전산망조정위원회 사무국, 한국능률협회매니지먼트 등 공·사조직을 경험하였다. 행정·입법고시 출제 및 채점위원, 중앙정부(국무조정실/과학기술부/정보통신부/ 행정안전부/국민권익위원회 등) 및 지방정부(부산시/제주도/자치구 등), 공공기관(한국정보화진흥원, 한국자산관리공사, 한국남부발전 등)과 기업에서 자문 및 특강(창조성/혁신/정부3.0/규제개혁/청렴)강사로 활동하였으며. 최근 인공지능 및 정보기술전략계획분야 강사(NCS)로 공인, 활동 중이다.

주요 연구업적
- 학술지 논문, "기술혁신과 법제적 대응: 기술과 법제의 공진화(2019)" 외 77편
- 학술대회 발표논문, "국민의 삶을 바꾸는 정부의 지향과 이념: 창조성(2019)" 외 127편
- 「사라지는 정부(2019)」외 저서 21권
- 연구보고서, <그린 IT와 사회발전 간 조화로운 혁신 메카니즘 구축> 외 37권
- 정보화컨설팅보고서, <울산광역시 남구 지역정보화계획> 외 7권

정보화 관련 수상
2002, 정보화촉진 국무총리 표창
2018, 정보화역기능예방 국무총리 표창

학내 봉사활동
- 법무·감사실장(2013~2016)
- 사회복지대학원장(2016~2019)
- 사회과학대학장(2018~2019)

모든 사람을 위한 인공지능

초판발행	2020년 9월 1일
지은이	한세억
펴낸이	안종만·안상준
편 집	최문용
기획/마케팅	박세기
표지디자인	BEN STORY
제 작	우인도·고철민
펴낸곳	(주) **박영사**
	서울특별시 종로구 새문안로3길 36, 1601
	등록 1959. 3. 11. 제300-1959-1호(倫)
전 화	02)733-6771
f a x	02)736-4818
e-mail	pys@pybook.co.kr
homepage	www.pybook.co.kr
ISBN	979-11-303-1059-6 03300

정 가   19,000원